Sven Schaier

Konvergenz von internem und externem Rechnungswesen

GABLER EDITION WISSENSCHAFT

Schriften des Center for Controlling & Management (CCM), Band 29

Herausgegeben von
Universitätsprofessor Dr. Dr. h. c. Jürgen Weber
WHU – Otto Beisheim School of Management, Vallendar

Die Schriftenreihe präsentiert Ergebnisse betriebswirtschaftlicher Forschung im Bereich Controlling und Führung. Sie basiert auf einer akteursorientierten Sicht des Controlling, in der die Rationalitätssicherung der Führung einen für die Theorie und Praxis zentralen Stellenwert einnimmt.

Sven Schaier

Konvergenz von internem und externem Rechnungswesen

Bedarf für eine Neustrukturierung des Rechnungswesens?

Mit einem Geleitwort von Prof. Dr. Dr. h.c. Jürgen Weber

Deutscher Universitäts-Verlag

Bibliografische Information Der Deutschen Nationalbibliothek
Die Deutsche Nationalbibliothek verzeichnet diese Publikation in der Deutschen Nationalbibliografie; detaillierte bibliografische Daten sind im Internet über <http://dnb.d-nb.de> abrufbar.

Dissertation WHU – Otto Beisheim School of Management Vallendar, 2007

1. Auflage September 2007

Lektorat: Frauke Schindler / Stefanie Loyal

Der Deutsche Universitäts-Verlag ist ein Unternehmen von Springer Science+Business Media.
www.duv.de

Umschlaggestaltung: Regine Zimmer, Dipl.-Designerin, Frankfurt/Main
Gedruckt auf säurefreiem und chlorfrei gebleichtem Papier
Printed in Germany

ISBN 978-3-8350-0891-5

Geleitwort

Das Rechnungswesen in Deutschland ist seit seinen Anfängen in einen externen und einen internen Teil differenziert. Dies gilt nicht nur in der Unternehmenspraxis, sondern auch in der Literatur. Sichtbarster Ausdruck dort ist das Nebeneinander getrennter Lehrbücher. Auch die Bildung separierter Lehrstühle lässt sich als ein Zeichen für die tief gehende Trennung der beiden Bereiche identifizieren. Seit gut zehn Jahren ist nun eine Annäherung zwischen interner und externer Rechnungslegung zu beobachten, die mit dem Begriff der Konvergenz belegt wird. Als Startpunkt dieser – insbesondere von der Internationalisierung der Rechnungslegung ausgelösten – Entwicklung wird zumeist der Entschluss der Siemens AG aufgefasst, für die Zwecke der Konzernsteuerung nur noch Informationen aus der externen Rechnungslegung zu verwenden. Dies löste eine umfangreiche Debatte aus, die zu einem breiten Schrifttum geführt hat. Man könnte nun erwarten, dass in diesem die Konvergenz hinreichend exakt beschrieben und begründet wird. Wie so häufig fokussiert sich die Diskussion aber auf wenige Ausschnitte (z.B. die Ausrichtung auf Anreizfragestellungen), ohne eine tief gehende Klärung der begrifflichen und konzeptionellen Grundlagen vorzunehmen. Hierunter leidet die gesamte Konvergenzdiskussion.

Die vorliegende Dissertation von Schaier setzt genau an diesem Defizit an. Er will systematisch und präzise durch die Analyse der Konvergenzdiskussion die für das Verständnis und die Konzeption einer Konvergenz im Rechnungswesen grundlegenden Begrifflichkeiten herausarbeiten und kritisch überprüfen. Damit nimmt er eine sehr grundsätzliche, nicht auf die Lösung von Einzelproblemen gerichtete Perspektive ein. Eine solche Arbeit fehlt bislang. Sie gewinnt ihren Reiz aus der sehr präzisen und sorgfältigen, methodisch kontrollierten Analyse der Problemstruktur. Schaier arbeitet überzeugend heraus, wie unscharf die bisherige Konvergenzdiskussion geführt wurde. Dies hat u.a. dazu geführt, dass unter Konvergenz in der einschlägigen Literatur sehr unterschiedliche Ausprägungen einer Verringerung der Unterschiedlichkeit von internem und externem Rechnungswesen gefasst werden. Versuche, diese Diskussion in der Folge auf eine präzisere begriffliche Grundlage zu stellen, gelingen nicht, wenn die herrschende Klassifikation in externes und internes Rechnungswesen beibehalten wird. Schaier unterbreitet deshalb anschließend, basierend auf einer verhaltensorientierten Perspektive des Rechnungswesens, einen alternativen Vorschlag für eine Strukturierung des Rechnungswesens, der Anlass für weit über die Konvergenzdiskussion hinausgehende Überlegungen zur Ausgestaltung des Rechnungswesens sein kann und soll.

Insgesamt hat sich Schaier einem Thema verschrieben, das im heutigen Wissenschaftsbetrieb eher als unattraktiv einzuschätzen ist. Sich mit Begrifflichkeiten und Klassifikationen auseinander zu setzen, verspricht keine großen Veröffentlichungschancen. Dennoch sind Arbeiten dieser Art für eine Disziplin sehr wichtig. Begriffliche und konzeptionelle Unschärfen führen zu angreifbaren Ergebnissen; hiervon ist die Konvergenzdiskussion voll. Dass Schaier mehr deren Grenzen aufzeigt, als selbst konstruktive Vorschläge unterbreitet, schränkt den Wert der ungewöhnlich[en] lesenswerten Arbeit nicht ein.

Prof. Dr. Dr. h.c. Jürgen Weber

Vorwort

„Kurz gesagt, die Wahrheit von Aussagen und die Richtigkeit von Beschreibungen, Darstellungen, Exemplifikationen, Ausdrücken – der Komposition, der Zeichnung, der Diktion, des Rhythmus – ist also vor allem eine Sache des Passens."
Nelson Goodman

Die Unterscheidung in „internes und externes Rechnungswesen" und die auf ihr aufbauende Strukturierung des Rechnungswesens werden in der Betriebswirtschaftslehre in Deutschland weitgehend als Selbstverständlichkeit akzeptiert. In aller Regel ist man sich nicht dessen bewusst, dass mit diesen Begriffen implizit ein komplettes Gestaltungsmodell für das Rechnungswesen verbunden wird. Und noch weniger im Bewusstsein dürfte stehen, dass es sich bei diesen Begriffen lediglich um vereinfachende Beschreibungen handelt, die nicht als „richtig" oder „falsch" eingestuft werden können. Hieraus darf aber nicht gefolgert werden, dass die zur Strukturierung des Rechnungswesens verwendeten Begriffssysteme willkürlich gewählt werden können. Vielmehr kommt es bei ihnen, wie das obenstehende Zitat von *Goodman* aus „Weisen der Welterzeugung" zum Ausdruck bringt, schlichtweg darauf an, dass sie „passen". Da sowohl die Praxis als auch die Theorie des Rechnungswesens von der Zweiteilung in ein internes und ein externes Rechnungswesen geprägt sind, widmet sich diese Arbeit der Frage, ob die bestehende Strukturierung des Rechnungswesens „passt".

Die Fertigstellung dieser Dissertation wäre ohne die Unterstützung zahlreicher Personen niemals möglich gewesen. Ganz besonders herzlich möchte ich mich bei meinem Doktorvater Herrn Prof. Dr. Dr. h.c. Jürgen Weber bedanken. Er hat mich stets durch seine Ideen und Anregungen unterstützt und hatte immer ein offenes Ohr für sämtliche Fragen und Anliegen. Darüber hinaus hat er am Lehrstuhl für eine Atmosphäre gesorgt, die persönliche Freiräume geschaffen und zur Kreativität angeregt und ermuntert hat.

Herrn Prof. Dr. Rolf Uwe Fülbier danke ich für die Übernahme des Zweitgutachtens und für die wertvollen Anregungen, die ich von ihm erhalten habe - insbesondere für die Denkanstöße bei der Konzeptionierung dieser Arbeit.

Mein Dank gilt ebenfalls meinen lieben Lehrstuhlkollegen, die entscheidend dazu beigetragen haben, dass mir die Jahre an der WHU in schöner Erinnerung bleiben werden. Besonders für die unvergeßliche Zeit bedanken möchte ich mich beim „CCM-Dream-Team" Anne Paefgen, Bernhard Hirsch, Dennis Spillecke und Oliver Strangfeld. Darüber hinaus danke ich Bernd Heine, Ramon Knollmann, Michael Löbig, Matthias Meyer, Roman Müller, Hendrik Schlüter,

Frauke Sill, Mascha Sorg, Carl Marcus Wallenburg, Eric Zayer und dem Sekretariats-Team Fotini Noutsia, Beata Kobylarz und Sonja Kayser.

Den entscheidenden persönlichen Rückhalt habe ich immer in meiner Familie gefunden. Meinen Eltern, meinem Bruder Aare und seiner Frau Sylvia danke ich für ihre liebevolle Unterstützung und widme ihnen diese Arbeit.

Sven Schaier

Inhaltsübersicht

Inhaltsverzeichnis

Abbildungsverzeichnis

Tabellenverzeichnis

Abkürzungsverzeichnis

Abl.	=	Amtsblatt
Abs.	=	Absatz
AICPA	=	The American Institute of Certified Public Accountants
Art.	=	Artikel
Aufl.	=	Auflage
BB	=	Betriebs-Berater (Zeitschrift)
BDI	=	Bundesverband der Deutschen Industrie
BFuP	=	Betriebswirtschaftliche Forschung und Praxis (Zeitschrift)
BilReG	=	Bilanzrechtsreformgesetz
BiRiLiG	=	Bilanzrichtliniengesetz
CAPM	=	Capital Asset Pricing Model
CVA	=	Cash Value Added
DB	=	Der Betrieb (Zeitschrift)
d.h.	=	das heißt
DB	=	Der Betrieb (Zeitschrift)
DBW	=	Die Betriebswirtschaft (Zeitschrift)
DRSC	=	Deutsches Rechnungslegungs Standards Committee e.V.
DSR	=	Deutscher Standardisierungsrat
DStR	=	Deutsches Steuerrecht (Zeitschrift)
ebd.	=	ebenda
ed.	=	edition
ED	=	Exposure Draft
EDV	=	elektronische Datenverarbeitung
EG	=	Europäische Gemeinschaft
EGHGB	=	Einführungsgesetz zum Handelsgesetzbuch
erw.	=	erweitert(e)
et al.	=	et alii
etc.	=	et cetera
EU	=	Europäische Union
e.V.	=	eingetragener Verein
EVA	=	Economic Value Added
EWR	=	Europäischer Wirtschaftsraum
f.	=	folgende

FASB	=	Financial Accounting Standards Board
ff.	=	fortfolgende
Fn.	=	Fußnote
GKR	=	Gemeinschaftskontenrahmen
GoB	=	Grundsätze ordnungsgemäßer Buchführung
GuV	=	Gewinn- und Verlustrechnung
HGB	=	Handelsgesetzbuch
Hrsg.	=	Herausgeber
IAS	=	International Accounting Standards
IASC	=	International Accounting Standards Committee
i.d.R.	=	in der Regel
IFRS	=	International Financial Reporting Standards
IKR	=	Industrie-Kontenrahmen
inkl.	=	inklusive
Jg.	=	Jahrgang
KapAEG	=	Kapitalaufnahmeerleichterungsgesetz
KapCoRiLiG	=	Kapitalgesellschaften- und Co-Richtlinie-Gesetz
KonTraG	=	Gesetz zur Kontrolle und Transparenz im Unternehmensbereich
KoR	=	Kapitalmarktorientierte Rechnungslegung (Zeitschrift)
krp	=	Kostenrechnungspraxis (Zeitschrift)
l.	=	Liter
LSBÖ	=	Leitsätze für die Preisermittlung aufgrund der Selbstkosten bei Bauleistungen für öffentliche Auftraggeber
LSÖ	=	Leitsätze für die Preisermittlung aufgrund der Selbstkosten bei Leistungen für öffentliche Auftraggeber
m.	=	mit
No.	=	Number
Nr.	=	Nummer
o.	=	ohne
PublG	=	Publizitätsgesetz
RPÖ	=	Richtlinien für die Preisbildung bei öffentlichen Aufträgen
S.	=	Seite(n)
SFAS	=	Statement of Financial Accounting Standards
SG-DGfB	=	Schmalenbach-Gesellschaft – Deutsche Gesellschaft für Betriebswirtschaft
TransPuG	=	Gesetz zur weiteren Reform des Aktien- und Bilanzrechts, zu Transparenz und Publizität

u.	=	und
u.a.	=	unter anderem
USA	=	United States of America
US-GAAP	=	United States of America - Generally Accepted Accounting Principles
Verw.	=	Verweis
vgl.	=	vergleiche
Vol.	=	Volume
WHU	=	Wissenschaftliche Hochschule für Unternehmensführung
WiSt	=	Wirtschaftswissenschaftliches Studium (Zeitschrift)
WPg	=	Die Wirtschaftsprüfung (Zeitschrift)
WpHG	=	Wertpapierhandelsgesetz
z.B.	=	zum Beispiel
ZfB	=	Zeitschrift für Betriebswirtschaft
ZfbF	=	Zeitschrift für betriebswirtschaftliche Forschung
ZfCM	=	Zeitschrift für Controlling und Management

1 Einleitung

1.1 Einführung in die Thematik

Die Vorschläge zur Untergliederung des betrieblichen Rechnungswesens[1] in der deutschsprachigen Fachliteratur sind zahlreich.[2] Die (grobe) Aufteilung des betrieblichen Rechnungswesens in internes und externes Rechnungswesen ist in der betriebswirtschaftlichen Forschung und Lehre in Deutschland ebenso wie in der deutschen Unternehmenspraxis jedoch die wohl bei weitem gebräuchlichste.[3] Im Regelfall werden dabei die Bestandteile des betrieblichen Rechnungswesens danach unterschieden, ob diese an unternehmensinterne oder -externe Adressaten gerichtet sind.[4] Die Aufteilung in internes und externes Rechnungswesen wird darüber hinaus auch oftmals bei der Kategorisierung anderer Aspekte des Rechnungswesens fortgesetzt: So folgt z.B. die aufbauorganisatorische Binnengliederung von Rechnungswesenabteilungen oder die Dualität von kalkulatorischer und pagatorischer Erfolgsrechnung häufig ebenfalls der Unterteilung in internes und externes Rechnungswesen.[5]

Die Untergliederung und Ausdifferenzierung des betrieblichen Rechnungswesens folgt, ausgehend von dem Grundsatz „different costs for different purposes“[6], der Überzeugung, dass „unterschiedliche Rechnungszwecke und -ziele nur .. mit unterschiedlichen Rechnungssystemen zufrieden gestellt werden [können]“[7]. Im deutschsprachigen Raum wird – vor allem von Vertretern der Theorie – zudem traditionell eine hohe Ausdifferenzierung der Kostenrechnung[8] propagiert, die insbesondere erforderlich ist, um den häufig betonten Zweck der Kostenrechung, Informationen für unternehmerische Entscheidungen zur Verfügung zu

---

[1] Hier definiert als systematische Erfassung und Auswertung quantifizierbarer Beziehungen und Vorgänge der Unternehmung. Im Folgenden wird der Begriff „Rechnungswesen“, soweit nicht anders angegeben, synonym für „betriebliches Rechnungswesen“ verwendet.

[2] Vgl. Küpper (2002), Sp. 2036.

[3] Vgl. beispielsweise Coenenberg (2003), S. 4f.; Hummel/Männel (1986), S. 4ff.; Kilger (1987), S. 7; Schneider (1954), S. 7; Schneider (1997), S. 29ff.; Schweitzer/Ziolkowski (1999), S. 2.

Die Ursprünge der Unterscheidung von internem und externem Rechnungswesen reichen zurück bis in das 18. Jahrhundert (vgl. Dorn (1961), S. 23). Die entsprechenden Bezeichnungen finden sich bereits bei *Lehmann* (vgl. Lehmann (1925), S. 16). Eine detaillierte Auseinandersetzung mit der historischen Entwicklung der Unterscheidung von internem und externem Rechnungswesen und der Gliederung des betrieblichen Rechnungswesens erfolgt in Abschnitt 3.1.

[4] Vgl. beispielsweise Ewert/Wagenhofer (2005), S. 4ff.; Horváth (2003), S. 421ff.; Pellens/Fülbier/Gassen (2004), S. 2; Schneider (1997), S. 29ff.; Weber (2004), S. 147.

[5] Vgl. Hummel/Männel (1986), S. 6ff.; Kilger (1987), S. 10ff.; Männel (1997b), S. 6; Schneider (1954), S. 7; Schweitzer/Ziolkowski (1999), S. XI, 2.

[6] Clark (1923), S. 175.

[7] Küpper (2005), S. 134 mit Verweis auf Schneider (1991), S. 766f. Vgl. auch Männel/Küpper (1999) S. 1; Schmalenbach (1919), S. 349; Schweitzer/Ziolkowski (1999), S. 14.

[8] Der Begriff „Kostenrechnung“ wird in dieser Arbeit als Kurzform für „Kosten-, Erlös- und Ergebnisrechnung“ verwendet. In Anlehnung an Weber (2004), S. 189f.

stellen, erfüllen zu können.[9] Der dabei im Rechnungswesen erreichte Grad der Ausdifferenzierung verschiedener Rechnungssysteme wird von *Küpper* als ein „häufig schwer durchschaubares Dickicht“[10] charakterisiert.

In der Praxis des betrieblichen Rechnungswesens konnte sich die in der Theorie befürwortete starke Ausdifferenzierung des Rechnungswesens im Allgemeinen und der Kostenrechnung im Speziellen allerdings nicht durchsetzen.[11] Auch von wissenschaftlicher Seite sieht sich die Kostenrechnung zunehmender Kritik ausgesetzt.[12]

Spätestens seitdem Siemens 1993 seinen weitgehenden Verzicht auf ein separates internes Rechnungswesen präsentiert und zur Diskussion gestellt hat,[13] ist im deutschsprachigen Raum zudem eine rege Debatte um eine „Harmonisierung“ beziehungsweise „Konvergenz“[14] des Rechnungswesens entbrannt.[15] Mit einer „Konvergenz des Rechnungswesens“ wird dabei in der Regel eine Annäherung von internem und externem Rechnungswesen bezeichnet.[16] Eine solche Annäherung soll insbesondere durch einen Verzicht auf ein separates internes Rechnungswesen oder eine starke Reduktion desselben zu Gunsten einer verstärkten Nutzung der Daten des externen Rechnungswesens erreicht werden.[17] Die Unterscheidung von internem und externem Rechnungswesen bildet somit eine wichtige Grundlage der Konvergenzdiskus-

---

9 Vgl. zur propagierten Entscheidungsorientierung der Kostenrechung Bungenstock (1995), S. 1; Coenenberg (2003), S. 18; Hummel/Männel (1983), S. 49; Pfaff/Weber (1998), S. 152f.; Riebel (1994), S. 409ff.; Schweitzer/Küpper (2003), S. 8.

Zur Komplexität der dafür erforderlichen Kostenrechnung vgl. Coenenberg (1995), S. 2079; Weber (1994), S. 103.

10 Küpper (1998), S. 144.

11 Vgl. hierzu die Ergebnisse der Untersuchung von Währisch (1998), S. 91, in der die dahingehenden Ergebnisse diverser anderer Studien bestätigt werden (vgl. ebd., S. 20f.), sowie die entsprechenden Wertungen von Pfaff/Weber (1998), S. 151ff. und Weber (2004), S. 203f.

Die Kluft zwischen Theorie und Praxis manifestiert sich insbesondere in dem „Theorie-Praxis-Paradox der Kostenrechnung“ (Wiese (1994), S. 525), das darin besteht, dass in der Theorie Kostenrechnungssysteme auf Teilkostenbasis befürtwortet werden, während in weiten Teilen der Praxis Kostenrechnungssysteme auf der Basis von Vollkosten dominieren (vgl. ebd., Weber (2005), S. 45 sowie den von Chmielewicz (1983) herausgegebenen Tagungsband zur entsprechenden Kontroverse zwischen Theorie und Praxis).

12 Vgl. Aust (1999), S. 1f.; Bungenstock (1995), S. 14ff.; Johnson/Kaplan (1987), 1ff.; Kloock (1995), S. 52.

13 Vgl. Ziegler (1994). Zwar stammt die Veröffentlichung aus dem Jahr 1994, sie basiert jedoch auf einem Vortrag, der auf der Schmalenbach-Tagung am 27. April 1993 in Neuss gehalten wurde.

14 Vgl. Küting/Lorson (1998d), S. 483. Zum Teil werden auch noch weitere Begriffe wie „Integration" (vgl. Burger/Burchhart (2001), S. 549) oder „Konversion“ benutzt (vgl. Seeliger/Kaatz (1998), S. 125, 128). Eine detaillierte Analyse von Konvergenzbegriffen erfolgt in Kapitel 4.2.

15 Vgl. hierzu u.a. die Replik auf den vorgenannten Artikel von Pfaff (1994), die diesem Thema gewidmeten Sonderhefte der Zeitschriften CONTROLLING (4/1997), KRP (3/1999), ZFBF (34/1995) und ZFBF (42/1999) und die Behandlung des Themas auf diversen wissenschaftlichen Kongressen (vgl. Klein (1999b), S. 2).

16 Vgl. Hebeler (2003), S. 13; Hoke (2001), S. 1, 24; Küting/Lorson (1998d), S. 483f.; Melcher (2002), S. 16; Schulte-Nölke (2001), S. 2f. sowie die detaillierte Analyse von Konvergenzbegriffen in Kapitel 4.2.

17 Vgl. beispielsweise Burger/Burchhart (2001), S. 549ff.; Kammer (2005), S. 131ff.; Küting/Lorson (1998d), S. 488ff.; Weißenberger (2003a), S. 175ff. Zur Bezeichnung des Gegenteils einer Konvergenz im Rechnungswesen wird im Folgenden der Begriff „Divergenz“ verwendet.

sion. Die Veränderung oder Aufhebung der Unterscheidung von internem und externem Rechnungswesen kann sogar als der Kern der Konvergenzdiskussion angesehen werden.

Die fortschreitende Internationalisierung der Rechnungslegung[18] hat der Konvergenzdiskussion in jüngster Zeit erneuten Vorschub gegeben.[19] Empirische Untersuchungen zur Gestaltung des betrieblichen Rechnungswesens bestätigen eine Ausweitung des Trends hin zu einem „konvergenten" Rechnungswesen in der Unternehmenspraxis.[20] Über die Kritik an der in der Theorie propagierten hohen Ausdifferenzierung einer vom externen Rechnungswesen abgekoppelten Kostenrechnung hinaus wird damit nun auch die Zweckmäßigkeit einer grundlegenden Trennung von internem und externem Rechnungswesen in Frage gestellt. Theorie und Praxis drohen damit, sich hinsichtlich der Gestaltung des betrieblichen Rechnungswesens weiter von einander zu entfernen.

Angesichts der oben bereits erwähnten regen Diskussion zur Konvergenz im Rechnungswesen stellt sich die Frage, ob beziehungsweise inwieweit dieses offenbare Theorie-Praxis-Paradoxon[21] nicht bereits aufgelöst wurde und ob die Fragen und Probleme hinsichtlich einer konvergenten Gestaltung des Rechnungswesens als geklärt angesehen werden können. Dass dies bei weitem noch nicht der Fall ist, zeigen die in Abschnitt 1.2 folgende Darstellung des Forschungsstandes zur Konvergenz im Rechnungswesen und die hieraus abgeleiteten Forschungsdefizite. Im Anschluss hieran werden das Ziel, die Methodik und der Gang der Untersuchung erläutert.

---

18 Rechnungslegung wird hier als Unterbestandteil der Unternehmensberichterstattung verstanden. Unternehmensberichterstattung umfasst sämtliche von Unternehmen genutzten Instrumente und Informationskanäle zur Information von außerhalb des Unternehmens stehenden Personen und Institutionen. Rechnungslegung ist der Bestandteil der Unternehmensberichterstattung, der freiwillig oder aufgrund von gesetzlichen Vorschriften auf der Basis von Rechnungslegungsstandards oder von gesetzlichen Vorschriften erfolgt. Damit sind z.B. auch freiwillig aufgestellte IFRS-Jahresabschlüsse Bestandteil der Rechnungslegung im hier verwendeten Sinne.

Die Internationalisierung der Rechnungslegung wurde zudem maßgeblich durch die Gesetzgebung auf europäischer Ebene vorangetrieben. So sind durch Art. 4 der unmittelbar als deutsches Recht wirksamen Verordnung (EG) Nr. 1606/2002 (Abl. EG Nr. L 243 S. 1) kapitalmarktorientierte Gesellschaften verpflichtet, für Geschäftsjahre, die am oder nach dem 1. Januar 2005 beginnen, ihre konsolidierten Abschlüsse nach den von EU übernommenen IFRS aufzustellen. Für weitere Ausführung zur Internationalisierung der Rechnungslegung vgl. Abschnitt 3.1.5.

19 Hier sind insbesondere die Dissertationen von Hebeler (2003), Himmel (2004), Hoke (2001), Kammer (2005), Klein (1999b), Melcher (2002), Schulte-Nölke (2001) und Siefke (1999), die Habilitationsschriften von Müller (2003) und Weißenberger (2003a), ein Herausgeberband zu Controlling und IFRS-Rechnungslegung (vgl. Wagenhofer (Hrsg.) (2006)) sowie das Sonderheft 2/2004 der ZFCM anzuführen.

20 Vgl. Haring/Prantner (2005), S. 151; Hoke (2001), S. 161f.; Horváth/Arnaout (1997), S. 261f.; Pellens/Tomaszewski/Weber (2000), S. 1830.

21 Vgl. Weißenberger (2004), S. 72.

1.2 Forschungsstand und Forschungsdefizite

In diesem Abschnitt wird der Forschungsstand zur Konvergenz im Rechnungswesen dargestellt und verbleibende Forschungslücken werden aufgezeigt. Angesichts der hohen Anzahl an Publikationen zum Thema soll an dieser Stelle jedoch lediglich ein erster Überblick über den Stand der Forschung gegeben werden.

Hierfür wird im Folgenden zunächst zum Teil von den Spezifika einzelner Arbeiten abstrahiert sowie auf die Darstellung des Forschungsstandes zu Detailproblemen weitgehend verzichtet. Zuerst werden kurz die wichtigsten Ergebnisse empirischer Studien zur Konvergenz des Rechnungswesens dargestellt, anschließend wird auf sachlich-analytische[22] Arbeiten zum Thema eingegangen. Den Schwerpunkt der Analyse des Forschungsstandes bilden dabei die bisherigen Dissertationen und Habilitationsschriften zum Thema.[23]

1.2.1 Empirische Ergebnisse zur Konvergenz des Rechnungswesens

Empirische Erkenntnisse zur Konvergenz des Rechnungswesens können aus verschiedenen Untersuchungen zur Gestaltung des Rechnungswesens abgeleitet werden, zudem existieren auch spezifische empirische Beiträge zum Thema.[24] An dieser Stelle soll es genügen, einen kurzen Überblick über den Stand der Konvergenz des Rechnungswesens in der Unternehmenspraxis und die wesentlichen von Unternehmensseite angeführten Gründe für und gegen eine Konvergenz des Rechnungswesens zu geben.

Die vorliegenden empirischen Studien, die sich auf die Gestaltung des Rechnungswesens auf der Konzernebene deutscher Großunternehmen konzentrieren, bestätigen einen ausgeprägten Trend zu einer Konvergenz zwischen internem und externem Rechnungswesen in den befragten Unternehmen: So gaben zwischen 39% und 53% der Unternehmen an, eine Vereinheitlichung des Rechnungswesens bereits vollzogen zu haben.[25] Der Anteil der Unternehmen, bei

[22] Im Sinne der Verfolgung einer sachlich-analytischen Forschungsstrategie nach Grochla (1978), S. 72ff.

[23] Vgl. Fn. 19. Da die Habilitationsschrift von *Müller* einen vergleichsweise weiten Analysegegenstand besitzt, indem sie auf eine „konsequente Orientierung [des Rechnungswesens] an der betriebswirtschaftlichen Realität" (Müller (2003), S. 1) abzielt, wird sie im Rahmen dieses einführenden Überblicks zum Forschungsstand nicht berücksichtigt.

[24] Vorrangig mit der Konvergenz des Rechnungswesens befasst sind die empirischen Untersuchungen von Haring/Prantner (2005), Hoke (2001) und Horváth/Arnaout (1997). Zudem enthält die Dissertation von Hebeler (2003) einen empirischen Teil, der den Stand des betrieblichen Rechnungswesens in den USA insbesondere unter dem Gesichtspunkt der Konvergenz untersucht. Empirische Erkenntnisse zur Konvergenz des Rechnungswesens lassen sich ferner der Untersuchung von Pellens/Tomaszewski/Weber (2000) zum Thema Wertorientierung entnehmen. Weitere empirische Hinweise auf die Ausgestaltung des Rechnungswesens unter Konvergenzgesichtspunkten lassen sich auch aus den (zahlreicher vorliegenden) empirischen Untersuchungen zur Gestaltung der Kostenrechnung ableiten (vgl. Fn. 11).

[25] Vgl. Haring/Prantner (2005), S. 151; Hoke (2001), S. 161f.; Pellens/Tomaszewski/Weber (2000), S. 1830. Die Untersuchung von *Horváth/Arnaout* bestätigt diese Aussagen (vgl. Horváth/Arnaout (1997), S. 261f.).

denen sich eine Vereinheitlichung des Rechnungswesens in der Phase der Planung oder der Umsetzung befand, lag zwischen 27% und 34%. Lediglich zwischen 14% und 25% der Unternehmen gab an, dass eine Vereinheitlichung des Rechnungswesens nicht geplant sei.[26] Zudem deuten die verschiedenen Untersuchungsergebnisse auf eine Verstärkung des Trends zu einem konvergenten Rechnungswesen seit Ende der 1990er Jahre hin.

Als wichtigste Vorteile beziehungsweise Chancen eines konvergenten Rechnungswesens werden von Unternehmensseite eine verbesserte Verständlichkeit eines konvergenten Rechnungswesens sowie eine erhöhte Einfachheit, Einheitlichkeit und Transparenz desselben hervorgehoben. Ebenfalls (jedoch weniger häufig beziehungsweise prominent) werden Effizienzsteigerungen und eine verbesserte Abbildung des Unternehmensgeschehens als Vorteile einer Konvergenz im Rechnungswesen genannt.[27]

Nachteile und Risiken einer entsprechenden Veränderung des Rechnungswesens werden in deutlich geringerem Umfang angeführt und im Vergleich zu den Vorteilen als weniger schwerwiegend bewertet. Zu den befürchteten Nachteilen gehören insbesondere die Abhängigkeit von den Normsetzungsprozessen der Rechnungslegungsgremien und eine Verschlechterung der Abbildungsqualität und der Eignung des Rechnungswesens für Zwecke der Unternehmenssteuerung.[28] Ein nicht unwesentlicher Anteil von Unternehmen (zwischen 25% und 29%) sieht jedoch keinerlei Nachteile oder Risiken eines konvergenten Rechnungswesens.[29] In der Untersuchung von *Haring/Prantner* gibt von den Unternehmen, die bereits auf ein konvergentes Rechnungswesen umgestellt haben, nahezu die Hälfte an, durch die Umstellung keine Nachteile erlitten zu haben.[30]

Als wichtige Einflussfaktoren für den ausgeprägten Trend zur Konvergenz identifizieren die Unternehmen die Umstellung auf eine Rechnungslegung nach IFRS oder US-GAAP, die Internationalisierung der Unternehmenstätigkeit sowie eine zunehmende Kapitalmarktorientierung, insbesondere in Form einer Umsetzung wertorientierter Steuerungskonzepte.[31]

Die Ergebnisse der zuletzt genannten empirischen Untersuchung sind jedoch nicht direkt mit denen der anderen Studien vergleichbar, da die befragten Unternehmen offenbar nicht die Möglichkeit hatten zu antworten, dass eine Vereinheitlichung des Rechnungswesens nicht geplant sei, wodurch offensichtlich nur ein Teil der befragten Unternehmen, dessen Umfang nicht angegeben wird, den entsprechenden Fragenteil beantwortet hat (vgl. Horváth/Arnaout (1997), S. 264f.).

[26] Vgl. ebd.

[27] Vgl. Haring/Prantner (2005), S. 152; Hoke (2001), S. 155ff.; Horváth/Arnaout (1997), S. 262f.

[28] Vgl. Haring/Prantner (2005), S. 152f.; Hoke (2001), S. 158ff.; Horváth/Arnaout (1997), S. 262.

[29] Vgl. Haring/Prantner (2005), S. 152f.; Horváth/Arnaout (1997), S. 262.

[30] Vgl. Haring/Prantner (2005), S. 152f.

[31] Vgl. ebd., S. 149. Der Zusammenhang zwischen einer Umstellung der Rechnungslegung auf international anerkannte Rechnungslegungsstandards und einem konvergenten Rechnungswesen wird von *Weißenberger*

Die Ergebnisse der empirischen Untersuchungen dazu, was unter einem „konvergenten" oder „integrierten" Rechnungswesen zu verstehen ist, beziehungsweise was in der Unternehmenspraxis darunter verstanden wird, sind lediglich rudimentär. Die Ergebnisse zeigen aber, dass sich in der Praxis unter der Bezeichnung „konvergentes Rechnungswesen" ein breites Spektrum an Gestaltungsvarianten finden lässt, das von einer weitgehenden Integration bis hin zu einer nach wie vor deutlichen Trennung von internem und externem Rechnungswesen reicht.[32]

1.2.2 Ergebnisse sachlich-analytischer Arbeiten zur Konvergenz des Rechnungswesens

Die Mehrzahl der zur Konvergenz im Rechnungswesen vorliegenden Dissertationen verfolgt eine sachlich-analytische Forschungsstrategie.[33] Zudem werden in den Arbeiten vor allem Aussagen praxeologischer[34] Natur angestrebt.[35] Neben der Verfolgung einer ähnlichen Forschungsstrategie und ähnlicher Forschungsziele werden in den Arbeiten auch ähnliche inhaltliche Schwerpunkte gesetzt. Dabei wird die Frage in den Vordergrund gestellt, ob und inwieweit ein an den Anforderungen des externen Rechnungswesens ausgerichtetes konvergentes Rechnungswesen für Zwecke der Unternehmenssteuerung, -planung und -kontrolle geeignet ist.[36] Sämtliche Dissertationen untersuchen diese Frage insbesondere vor dem Hintergrund einer Rechnungslegung nach IFRS und/oder US-GAAP.[37]

---

unter Rückgriff auf Ergebnisse der Untersuchungen von Pellens/Tomaszewski/Weber (2000) und Horváth/Arnaout (1997) empirisch bestätigt (vgl. Weißenberger (2003a) S. 185f.).

32 Vgl. Hoke (2001), S. 153f.; Horváth/Arnaout (1997), S. 265.

33 Vgl. die Arbeiten von Hebeler (2003), Himmel (2004), Kammer (2005), Klein (1999b), Melcher (2002), Siefke (1999) und Schulte-Nölke (2001). Weißenberger (2003a) greift bei ihrer Untersuchung schwerpunktmäßig auf formal-analytische Methoden zurück. Die Arbeit von Hebeler (2003) enthält auch einen empirischen Teil. In der Arbeit von *Kammer* erfolgt eine „empirische Überprüfung der theoretischen Untersuchung ... im Rahmen von Fallstudien" (Kammer (2005), S. 16).

34 Praxeologische Aussagen werden von *Grochla* als „Aussagen, die einem praktisch Handelnden *unmittelbare Hilfestellungen für seine Problemlösung* zu bieten vermögen" (Grochla (1978), S. 70, Hervorhebung im Original), charakterisiert.

35 Ausdrücklich bei Hebeler (2003), S. 17 und Klein (1999b), S. 7. Implizit bei Kammer (2005), S. 10f., Himmel (2004), S. 3, Melcher (2002), S. 10f.; Siefke (1999), S. 5 und Schulte-Nölke (2001), S. 3. Anders die Dissertation von *Hoke*, die einen empirischen Schwerpunkt besitzt (vgl. Hoke (2001), S. 3).

36 Vgl. Hebeler (2003), S. 10; Klein (1999b), S. 6; Melcher (2002), S. 70ff.; Siefke (1999), S. 5 und Schulte-Nölke (2001), S. 3. Bei *Hoke* stellt dies ein Teilziel der Arbeit dar (vgl. Hoke (2001), S. 3). Die insgesamt weiter gefasste Arbeit von *Weißenberger* stellt ebenfalls diese Frage in den Vordergrund (vgl. Weißenberger (2003a), S. 21f.). *Himmel* stellt praktisch die gleiche Frage andersherum, indem er untersucht, inwieweit die Daten eines unternehmensintern für Zwecke der Unternehmenssteuerung betriebenen Rechnungswesens für die externe (Segment-)Berichterstattung geeignet sind (vgl. Himmel (2004), S. 3).

Der Schwerpunkt der Arbeit von *Kammer* liegt auf den Auswirkungen der IFRS-Einführung auf das Reporting als Instrument der Unternehmensführung. Da die „Informationsübermittlung für die unternehmensinterne Planung, Steuerung und Kontrolle" (Kammer (2005), S. 4) als eine wichtige Aufgabe des Reportingsystems gesehen wird, besteht aber auch hier eine starke thematische Nähe zu den oben genannten Arbeiten (vgl. ebd., S. 3f.).

37 Vgl. Hebeler (2003), S. 10; Himmel (2004), S. 4; Hoke (2001), S. 1; Kammer (2005), S. 4; Klein (1999b), S. 7; Melcher (2002), S. 7ff.; Schulte-Nölke (2001), S. 3; Siefke (1999), S. 5.

Allen Arbeiten ist die Akzeptanz des nach *Schneider* „obersten Grundsatz[es] eines aussagefähigen Rechnungswesens" gemein: „**Aus dem Rechnungszweck folgt der Rechnungsinhalt.**"[38] Aus diesem Grundsatz folgt, dass unterschiedliche Rechnungszwecke durch den Ansatz unterschiedlicher Kosten beziehungsweise mittels unterschiedlicher Rechnungssysteme - also durch ein divergentes Rechnungswesen – zu erfüllen sind.[39] Eine etwaige Konvergenz im Rechnungswesen ist vor diesem Hintergrund nur über eine Einschränkung der verfolgten Rechnungszwecke oder im Hinblick auf eine Einsparung von Kosten für die Erstellung eines ausdifferenzierten Rechnungswesens als sinnvoll anzusehen. Da in den Arbeiten zudem bezüglich der grundsätzlich abzudeckenden Rechnungszwecke und der weiteren Ausgestaltung des Rechnungswesens keine nennenswerten Freiheitsgrade angenommen werden,[40] lautet ihre Basisfrage, pointiert formuliert, damit: „Wie schnell kann man mit der Krücke laufen?" Denn dass ein konvergentes Rechnungswesen eine Art von „Krücke" ist und neben Kosteneinsparungen keine eigenständigen Vorteile bieten kann, liegt bei (uneingeschränkter) Akzeptanz der Prämisse, dass für die Erfüllung verschiedener Rechnungszwecke divergente Rechnungssysteme grundsätzlich erforderlich sind, auf der Hand. Mögliche eigenständige Vorteile eines konvergenten Rechnungswesens durch eine verbesserte Verständlichkeit sowie eine erhöhte Einfachheit, Einheitlichkeit und Transparenz als die, wie oben ausgeführt, aus Sicht der Unternehmen empirisch wichtigsten Vorteile eines konvergenten Rechnungswesens, werden in den Analysen zwar durchgängig benannt, jedoch nicht systematisch in selbige integriert.[41]

Unter den beschriebenen Prämissen kann die Frage, ob das Rechnungswesen konvergent zu gestalten ist, als ein Optimierungsproblem angesehen werden, bei dem es gilt, die gegebenen Rechnungszwecke so lange durch eine Ausdifferenzierung des Rechnungswesens zu erfüllen, bis der Grenznutzen einer zusätzlichen Ausdifferenzierung die zusätzlichen Kosten einer solchen übersteigt.[42] Konflikte zwischen den verschiedenen mit dem Rechnungswesen verfolgten Zielen werden dabei nur insoweit thematisiert als sie einer Konvergenz hinderlich sind und quasi die natürlichen Grenzen einer konvergenten Ausgestaltung des Rechnungswesens bil-

---

38 Schneider (1997), S. 33 (Hervorhebung im Original). Dieser These wird in sämtlichen zum Thema vorliegenden Dissertationen entweder explizit (vgl. Hebeler (2003), S. 50f.; Himmel (2004), S. 30; Kammer (2005), S. 84f., 127ff.; Klein (1999b), S. 11; Hoke (2001), S. 17ff.; Schulte-Nölke (2001), S. 36f.; Siefke (1999), S. 6) oder implizit (vgl. Melcher (2002), S. 37) gefolgt.

Zur Akzeptanz dieses Grundsatzes in der deutschsprachigen Literatur zum betrieblichen Rechnungswesen vgl. Küpper (2001a), S. 116; Männel/Küpper (1999); Schmalenbach (1948), S. 66ff. und Schneider (1991), S. 766f.

39 Vgl. Himmel (2004), S. 30; Schneider (1997). Eine genauere Auseinandersetzung mit diesem Grundsatz findet in Kapitel 3.2.2.4 statt.

40 Vgl. Hebeler (2003), S. 46f.; Himmel (2004), S. 13ff.

Zur Notwendigkeit und den Möglichkeiten einer unternehmensspezifischen Gestaltung der Kostenrechnung vgl. Weber (2005), S. 1ff.

41 So z.B. bei Hebeler (2003), S. 3, 116ff.; Himmel (2004), S. 26; Hoke (2001), S. 18; Kammer (2005), S. 89f.; Küpper (1998), S. 156; Melcher (2002), S. 40; Schulte-Nölke (2001), S. 79f. und Siefke (1999), S. 62, 227.

42 So sinngemäß beispielsweise bei Schulte-Nölke (2001), S. 80.

den.[43] Die Möglichkeit einer konvergenten Gestaltung des Rechnungswesens wird dementsprechend mit einem Fokus auf eine Effizienzsteigerung des Rechnungswesens durch Einsparung von Kosten für das Rechnungswesen analysiert. Solche Ersparnisse erhofft man sich durch den Verzicht auf ein separates internes Rechnungswesen beziehungsweise von einer massiven Einschränkung desselben.[44] Dieses wird - im Gegensatz zum weitgehend obligatorischen externen Rechnungswesen - als prinzipiell frei gestaltbar sowie als grundsätzlich einsparbar[45] angesehen. Entsprechend wird im Wesentlichen die Tragfähigkeit der „Radikallösung“ in Form einer Abschaffung eines separaten internen Rechnungswesens (zumindest auf Konzernebene) untersucht.[46]

Um angesichts der Vielfalt der mit dem Rechnungswesen verfolgten Zwecke und der hieraus abgeleiteten Anforderungskataloge sowie der Vielfalt der Informationsbedürfnisse in wirtschaftlich handelnden Organisationen zu den angestrebten Gestaltungsempfehlungen bezüglich eines konvergenten Rechnungswesens zu gelangen, wird in den entsprechenden Arbeiten eine starke Einengung des Untersuchungsbereiches vorgenommen. Darüber hinaus werden zum Teil restriktive Annahmen getroffen. Der Untersuchungsbereich der Arbeiten wird dabei auf den Einsatz eines (konvergenten) Rechnungswesens zur Steuerung dezentraler organisatorischer Einheiten respektive auf die Ebene der Konzernsteuerung beschränkt.[47] Zudem wird in den Arbeiten von Hebeler, Himmel, Schulte-Nölke und Siefke als einziges Unternehmensziel, in Bezug auf das Steuerungsbedarf besteht, die Steigerung des Unternehmenswertes gesetzt.[48] Das Erfordernis, die Aktivitäten der zu steuernden Unternehmenseinheiten mit Hilfe des Rechnungswesens zu koordinieren, wird bei Siefke zudem dadurch eliminiert, dass Interdependenzen zwischen den Unternehmensbereichen per Annahme ausgeschlossen werden.[49] In den anderen Arbeiten wird die Verwendung eines auf pagatorischen Größen basierenden Rechnungswesens für Entscheidungszwecke abgelehnt. Hierdurch verbleiben für ein konvergentes Rechnungswesen auf Konzernebene nur die Rechnungszwecke der Verhaltens-

[43] Eine Auseinandersetzung mit solchen Zielkonflikten bei der Gestaltung des betrieblichen Rechnungswesens findet sich in der Literatur bisher jedoch kaum. Ausnahmen sind hier Zimmerman (2003), S. 5 und - bezogen auf die Kostenrechnung - Bungenstock (1995), S. 6ff.; Zimmerman (1979), S. 519; Weber (2002), S. 141 und Weber (2005), S. 44. Erwähnung finden mögliche Zielkonflikte zudem bei Pfaff (1994), S. 1076 und Wagenhofer (1995), S. 84.

[44] Vgl. Hebeler (2003), S. 1, 8, 110; Himmel (2004), S. 26, 28; Klein (1999b), S. 1; Melcher (2002), S. 87; Pfaff (1994), S. 1077f.; Schulte-Nölke (2001), S 2 und Siefke (1999), S. 2f.

[45] Vgl. beispielsweise Hebeler (2003), S. 42; Klein (1999b), S. 6, 23f. Diese Annahme ist im Übrigen durchaus üblich. So konstatiert *Weber*, die Aussage, die „Kostenrechnung ziehe als fakultative Rechnung ihre Daseinsberechtigung aus der Erfüllung von Rechnungszwecken“ (Weber (1996), S. 927), sei eine „stets formulierte Grundaussage“ (ebd.) und ergänzt in der dazugehörigen Endnote, „Sie fehlt in keinem Kostenrechnungslehrbuch.“ (ebd., S. 941).

[46] Vgl. Himmel (2004), S. 33f.; Klein (1999b), S. 6f., 12f.; Melcher (2002), S. 70ff.; Siefke (1999), S 12.

[47] Vgl. ebd.

[48] Vgl. Hebeler (2003), S. 112f.; Himmel (2004), S. 8; Schulte-Nölke (2001), S. 18ff.; Siefke (1999), S. 23f.

[49] Vgl. Siefke (1999), S. 50.

steuerung und der Kontrolle. Als theoretische Grundlage einer Gestaltung des Rechnungswesens für diese Zwecke wird bei Hebeler, Hoke, Klein, Siefke und Schulte-Nölke Bezug auf die Prinzipal-Agenten-Theorie mit den Annahmen der Informationsasymmetrie und am Eigennutz orientierter Akteure genommen.[50] Unter Rückgriff auf bestehende Literatur und/oder mittels theoretischer Erwägungen werden Anforderungskriterien an ein Rechnungswesen für diese Zwecke abgeleitet.[51] Anhand dieser wird geprüft, ob beziehungsweise inwieweit durch den Einsatz des externen Rechnungswesens die Einsparung des internen Rechnungswesens möglich und sinnvoll erscheint.

1.2.3 Ableitung von Forschungsdefiziten

Wie die vorstehende Übersicht über den Stand der Forschung zeigt, sind wesentliche Forschungsdefizite durch einen sehr ähnlichen und zugleich engen Fokus der bisherigen theoretischen Überlegungen zur Konvergenz im Rechnungswesen bedingt. Dieser Fokus ist aus drei Gründen unzureichend: Erstens werden durch die Einschränkung der Untersuchungen auf den Bereich der Konzernsteuerung wesentliche Bereiche und Aufgaben des betrieblichen Rechnungswesens, insbesondere der Kostenrechnung, nahezu vollständig aus der Untersuchung ausgeklammert.[52] Zweitens sind die im Rahmen der Analysen getroffenen Annahmen sehr restriktiv. Insbesondere die Annahmen, dass die Unternehmenswertsteigerung das einzige Unternehmensziel darstellt, in Bezug auf das Steuerungsbedarf besteht, und dass zwischen den zu steuernden Unternehmensbereichen keine sachlichen Interdependenzen bestehen, sind problematisch.[53] Durch diese Annahmen werden sowohl die Gültigkeit als auch die Relevanz der abgeleiteten Gestaltungsempfehlungen in Frage gestellt, ebenso wie eine empirische Fun-

---

[50] Vgl. Klein (1999b), S. 66ff.; Hoke (2001), S. 104ff.; Hebeler (2003), S. 119f.; Schulte-Nölke (2001), S. 42ff.; Siefke (1999), S. 44ff.

[51] Vgl. Hebeler (2003), S. 113ff.; Hoke (2001), S. 98ff.; Klein (1999b), S. 63ff.; Schulte-Nölke (2001), S. 58ff.; Siefke (1999), S. 53ff. Bei *Kammer* werden die Anforderungskriterien für die Gestaltung des Rechnungswesens auf die Gestaltung des Reportings übertragen (vgl. Kammer (2005), S. 85ff.).

[52] So spielt das Rechnungswesen insbesondere in Form der Kostenrechnung eine wichtige Rolle im Bereich der operativen Steuerung. In der Studie von *Währisch* wurde beispielsweise die Kalkulation im Vergleich zu anderen Aufgaben der Kostenrechnung von den befragten Unternehmen im Durchschnitt als die Wichtigste angesehen (vgl. Währisch (1998), S. 80f.). Auch weitere von *Währisch* zu den Aufgaben der Kostenrechnung angeführte Studien (vgl. ebd., S. 16) kamen diesbezüglich zu ähnlichen Ergebnissen. Kritisch zu hinterfragen bleibt jedoch, ob die angegebenen Kostenrechnungszwecke tatsächlich mit den in der Praxis realisierten Kostenrechnungen erreicht werden können (vgl. Bungenstock (1995), S. 356ff.; Lange/Schauer (1996), S. 208).

Lediglich bei *Schulte-Nölke* (vgl. Schulte-Nölke (2001), S. 59) findet eine Aufteilung der an ein konvergentes Rechnungswesen zu stellenden Anforderungen nach dem Einsatz des Rechnungswesens für die Steuerung dezentraler organisatorischer Einheiten und zur (kurzfristigen) operativen Steuerung statt.

[53] Die Steuerung in Bezug auf Sachziele sowie die sachliche Koordination sind vielmehr als zentrale Aufgaben der Unternehmenssteuerung und der Kostenrechnung anzusehen (vgl. Bärtl/Pfaff (1997), S. 371ff.; Pfaff (1994), S. 1070f.; Pfaff (1995), S. 127f.).

Jüngere Forschungsergebnisse weisen zudem darauf hin, dass der Umfang an Interdependenzen zwischen organisatorischen Einheiten und damit die Notwendigkeit sachlicher Koordination zunimmt (vgl. Gerdin (2005), S. 297f.).

dierung derselben zumindest erheblich erschwert wird. Drittens bleibt durch die Analyse der „Radikallösung“ anhand der Frage, wie weit eine Abschaffung des internen Rechnungswesens (die letztlich von den Autoren auch gar nicht befürwortet wird) möglich ist, die Frage nach Gestaltungsmöglichkeiten hinsichtlich einer mehr oder weniger weitgehenden Konvergenz des Rechnungswesens in weiten Teilen unbeantwortet. Dieses Defizit wird dadurch verschärft, dass das Problem der Gestaltung des Rechnungswesens für Zwecke der Unternehmenssteuerung weitgehend als gelöst behandelt wird. Auch hier werden etwaige Gestaltungsspielräume oder erforderliche Anpassungen des Rechnungswesens, z.B. an Kontextfaktoren, in den Analysen vernachlässigt.[54]

Ein weiteres Forschungsdefizit besteht hinsichtlich der Berücksichtigung von Veränderungen im Rechnungswesen bei einer Rechnungslegung nach IFRS oder US-GAAP. Bereits bei einer Rechnungslegung nach den Vorschriften des HGB war die Verbindung zwischen internem und externem Rechnungswesen über die Kostenrechnung als Grundlage für bilanzielle Bewertungen, zum Teil übereinstimmende Basisdaten (Ein- und Auszahlungen, Mengen) sowie die buchhaltungstechnische Kopplung über Rechenkreise (Einkreis-, Zweikreissystem),[55] durchaus als eng zu bezeichnen.[56] Die Internationalisierung der Rechnungslegung führt über diese Verbindung hinaus zu einer Neudefinition und zu einer enormen Verbreiterung der Schnittstelle zwischen internem und externem Rechnungswesen. Zum einen erfordert die stärkere Zukunfts- und Zahlungsstromorientierung der IFRS und US-GAAP eine verstärkte Einbeziehung von Planungs- und Prognoserechnungen auch für Zwecke des externen Rechnungswesens.[57] Zum anderen findet im Rahmen des „Management Approach“[58] partiell eine direkte Kopplung der externen Rechnungslegung hinsichtlich ihrer Daten und Strukturen an das interne Rechnungswesen statt. Durch die stärkere inhaltliche Verknüpfung zwischen internem und externem Rechnungswesen erwachsen daher auch Konsequenzen für die Gestaltung des internen Rechnungswesens, selbst wenn dieses möglichst unabhängig von der externen Rechnungslegung betrieben werden soll.[59] Angesichts dieses veränderten Zusammenspiels von internem und externem Rechnungswesen stellt sich die Frage, was dies für die etablierte Untergliederung in internes und externes Rechnungswesen bedeutet beziehungsweise ob und wie die geläufige Unterscheidung von internem und externem Rechnungswesen aufrechterhalten werden kann.

---

[54] Zur Notwendigkeit einer unternehmensspezifischen Gestaltung der Kostenrechnung vgl. Weber (2005), S. 1ff. und Währisch (1998), S. 79f.

[55] Vgl. Eisele (2002), S. 582ff. zur buchhaltungstechnischen Verbindung von internem und externem Rechnungswesen.

[56] Vgl. Küpper (1998), S. 144, aber auch bereits Schmalenbach (1956), S. 26ff.

[57] Vgl. Kirsch (2003a).

[58] Vgl. Haller/Park (1999), S. 60 und Pellens (2001), S. 509 zum Management Approach.

[59] Dieses Problem findet lediglich bei *Himmel* Erwähnung (vgl. Himmel (2004), S. 138ff.).

Ein Forschungsdefizit besteht zudem hinsichtlich der Berücksichtigung von Konflikten zwischen verschiedenen mit dem betrieblichen Rechnungswesen verfolgten Zielen. Wie bei der Darstellung des Forschungsstandes ausgeführt, wird die Diskussion einer möglichen Konvergenz im Rechnungswesen mit einem Fokus auf Wirtschaftlichkeitsüberlegungen geführt. Dies folgt aus der Grundüberzeugung, dass verschiedene Rechnungszwecke durch ein ausdifferenziertes beziehungsweise divergentes Rechnungswesen zu erfüllen sind. Konflikte zwischen verschiedenen Rechnungszielen stellen damit Barrieren für ein konvergentes Rechnungswesen dar. Eine Konvergenz im Rechnungswesen kann demzufolge lediglich durch eine Einschränkung der verfolgten Rechnungszwecke oder aufgrund von Wirtschaftlichkeitserwägungen (wenn die Kosteneinsparungen die verringerte Leistung des Rechnungswesens überwiegen) sinnvoll sein. Argumente für eine konvergente Gestaltung des Rechnungswesens werden in dieser Sichtweise vorrangig durch die beschriebene Einschränkung des Untersuchungsbereiches auf die Konzernsteuerung und die Betonung des Rechnungszweckes der Kontrolle sowie durch die Nichtberücksichtigung eines sachlichen Koordinationsbedarfes zwischen Unternehmensbereichen hergeleitet. Hierdurch werden zum einen Überlegungen zu den Möglichkeiten eines Managements von Konflikten zwischen verschiedenen innerhalb eines einheitlichen Rechnungswesens verfolgten Rechnungszwecken aus der Analyse ausgeblendet. Zum anderen stehen die Ergebnisse der beschriebenen theoretischen Analysen im Widerspruch zu den empirischen Befunden hinsichtlich der Vor- und Nachteile eines konvergenten Rechnungswesens aus Unternehmenssicht. Von Unternehmensseite wird vor allem die Bedeutung eigenständiger Vorteile eines konvergenten Rechnungswesens, insbesondere in Form einer verbesserten Verständlichkeit sowie einer erhöhten Einfachheit, Einheitlichkeit und Transparenz des Rechnungswesens hervorgehoben. Für eine Berücksichtigung oder Erklärung dieser Vorteile fehlt in den bisherigen wissenschaftlichen Arbeiten eine theoretische Grundlage.[60] Dies wird insbesondere daran deutlich, dass das Ziel, ein einfaches und verständliches Rechnungswesen zu schaffen, offensichtlich nicht wie andere Rechnungszwecke mit Hilfe eines zusätzlichen (in diesem Falle in Form eines zusätzlichen „einfachen") Rechenwerkes erfüllt werden kann.[61] Hier stößt der für die divergente Gestaltung des Rech-

[60] Vgl. Fn. 41. Die fast durchgängig herangezogene Prinzipal-Agenten-Theorie wird oft implizit als theoretische Basis auch für diese Vorteile angeführt. Auf Grundlage der Prinzipal-Agenten-Theorie lassen sich zwar Anforderungen an die Gestaltung von Kontrollrechnungen beziehungsweise für Zwecke der Anreizgestaltung ableiten, Argumente in Richtung einer Vereinfachung des Rechnungswesens können aus ihr jedoch nicht ohne weiteres abgeleitet werden. Wie z.B. die Beiträge von *Pfaff* und *Wagenhofer* zeigen, kann die Prinzipal-Agenten-Theorie vielmehr ebenso als Grundlage für eine divergente (vgl. Pfaff (1995), S. 127ff.) oder sehr komplexe „verzerrte" (vgl. Wagenhofer (1995), S. 86ff.) Gestaltung des Rechnungswesens herangezogen werden. Eine Auseinandersetzung mit der Prinzipal-Agenten-Theorie als Erklärungsgrundlage für eine Konvergenz im Rechnungswesen erfolgt in Abschnitt 4.6.

[61] Zur Veränderung der Gestaltungsaufgabe des Rechnungswesens durch eine Berücksichtigung der Verständlichkeit und Einfachheit des Rechnungswesens vgl. auch Abschnitt 5.2.2.

nungswesens maßgebliche Grundsatz „Der Rechnungszweck bestimmt den Rechnungsinhalt.“ offenbar an seine Grenzen.[62]

Ein weiteres grundlegendes Forschungsdefizit kann für das Thema Konvergenz im Rechnungswesen für den Bereich der Begrifflichkeiten identifiziert werden. Hier ist momentan eine weitgehende Begriffsverwirrung zu konstatieren.[63] Dies wird insbesondere daran deutlich, dass in Bezug auf die Konvergenz zwischen internem und externem Rechnungswesen deutlich verschiedene Ausgestaltungsformen des betrieblichen Rechnungswesens gleichsam als „konvergent“ oder „integriert“ bezeichnet werden. Auch die in sachlich-analytischen Arbeiten zur Konvergenz erarbeiteten und verwendeten Begrifflichkeiten sind kaum ausdifferenziert und damit nicht geeignet, die Vielfalt der in der Praxis auftretenden Gestaltungsvarianten[64] zu erfassen oder zu ordnen, geschweige denn, eine hinreichende Basis dafür, die Gestaltungsvielfalt zu erklären. Durch dieses Defizit im Bereich der Begrifflichkeiten wird die fachliche Diskussion ebenso wie die Interpretation der empirischen Ergebnisse zum Stand der Konvergenz erheblich erschwert. Angesichts der zentralen Rolle, welche die Unterscheidung von internem und externem Rechnungswesen und ihre Veränderung oder Aufhebung in der Diskussion um eine Konvergenz im Rechnungswesen spielt, ist es unverständlich, dass in den bisherigen Arbeiten zum Thema kaum eine konsequente Auseinandersetzung mit grundlegenden Begriffen des Rechnungswesens stattfindet. So werden die etablierten, häufig vagen und angesichts der Veränderungen im Rechnungswesen zum Teil nur noch schwer anwendbaren Begrifflichkeiten unreflektiert verwendet oder es wird versucht, grundlegenden Begriffsdefinitionen gänzlich auszuweichen. Insbesondere die allgemein akzeptierte und bei der Konvergenzdiskussion im Mittelpunkt stehende Untergliederung des Rechnungswesens in internes und externes Rechnungswesen wird dabei ebenso wenig hinterfragt wie weitergehende Untergliederungen des betrieblichen Rechnungswesens, die zumeist auf dieser grundlegenden Unterscheidung aufbauen.

Zusammenfassend können folgende Forschungsdefizite festgestellt werden: Erstens eine zu starke Verengung des Untersuchungsbereiches, die wesentliche Aufgaben und Bereiche des Rechnungswesens ausklammert und eine Ableitung differenzierter Gestaltungsempfehlungen nicht zulässt. Das zweite Forschungsdefizit besteht in einer unzureichenden Berücksichtigung

[62] Zum theoretischen Hintergrund und für eine kritische Diskussion dieses Grundsatzes siehe Abschnitt 3.2.2.4.

[63] Dies dürfte allerdings zum Teil auch auf die für das gesamte betriebliche Rechnungswesen zu konstatierende „Begriffsvielfalt beziehungsweise -verwirrung“ (Küpper (1995b), S. 46) zurückzuführen sein. Angesichts der bereits in den 1930er Jahren betriebenen ausufernden Diskussion von Begrifflichkeiten und den gleichzeitigen Bestrebungen zur Vereinheitlichung derselben, stellt dies fast schon eine Tradition des deutschen Rechnungswesens dar (vgl. Fachausschuss für Terminologie (1930); Dorn (1961), S. 97ff.). Die Begriffsverwirrung dürfte dabei jedoch weniger auf die Tatsche, dass eine Diskussion von Begrifflichkeiten stattfindet sondern vielmehr darauf zurückzuführen sein, wie diese geführt wird.

[64] Vgl. Fn. 32.

der inhaltlichen Kopplung von internem und externem Rechnungswesen bei einer Rechnungslegung nach IFRS und US-GAAP und die hieraus resultierende Veränderung der etablierten Abgrenzung von internem und externem Rechnungswesen. Ein drittes Forschungsdefizit resultiert aus einer Sichtweise auf das betriebliche Rechnungswesen, in der Konflikte zwischen mit dem Rechnungswesen verfolgten Zielen lediglich unzureichend berücksichtigt werden und die nicht geeignet erscheint, eventuelle eigenständige Vorteile eines konvergenten Rechnungswesens in Form einer verbesserten Verständlichkeit, Einfachheit und Transparenz zu erklären. Ein viertes grundlegendes Forschungsdefizit besteht im Bereich der Begrifflichkeiten. Hier konnte bisher kein umfassendes Konzept einer Konvergenz im Rechnungswesen entwickelt werden. Insbesondere fehlt es nahezu an jeglicher Auseinandersetzung mit der Unterscheidung von internem und externem Rechnungswesen, der als Grundlage und Gegenstand der Konvergenzdiskussion in diesem Zusammenhang eine zentrale Bedeutung zukommt.

1.3 Zielsetzung und Methodik

Das Thema dieser Arbeit ist die Strukturierung des betrieblichen Rechnungswesens als begriffliche und konzeptionelle Grundlage einer Konvergenz im Rechnungswesen. Dabei wird an die im deutschsprachigen Raum geführte Diskussion um eine Konvergenz im Rechnungswesen angeknüpft. Wie oben festgestellt, bildet die Untergliederung des betrieblichen Rechnungswesens in internes und externes Rechnungswesen eine wesentliche Grundlage der Konvergenzdiskussion, deren zentrales Thema die Veränderung oder Aufhebung dieser Untergliederung ist.

In dieser Arbeit wird die Konvergenzdiskussion unter dem Aspekt der Strukturierung des betrieblichen Rechnungswesens untersucht und zugleich als Ausgangspunkt für eine grundlegende Auseinandersetzung mit der Strukturierung des betrieblichen Rechnungswesens verwendet. Damit liegt der Schwerpunkt der Arbeit auf dem für den Bereich der Begrifflichkeiten festgestellten Forschungsdefizit. Das erste Ziel der Untersuchung besteht darin, durch die Analyse der Konvergenzdiskussion unter dem Aspekt der Strukturierung des Rechnungswesens die für das Verständnis und die Konzeption einer Konvergenz im Rechnungswesen grundlegenden Begrifflichkeiten herauszuarbeiten und kritisch zu prüfen. Auf diesem Wege sollen Grundlagen für ein Verständnis des Phänomens der Konvergenz im Rechnungswesen und für eine Gestaltung des betrieblichen Rechnungswesens unter Konvergenzgesichtspunkten verbessert beziehungsweise geschaffen werden. Das zweite Ziel dieser Arbeit besteht in der Untersuchung der Frage, ob vor dem Hintergrund der Konvergenzdiskussion Bedarf für eine Neustrukturierung des betrieblichen Rechnungswesens besteht, sowie darin, Ansätze für eine eventuelle Veränderung oder Weiterentwicklung der Strukturierung des betrieblichen Rechnungswesens aufzuzeigen.

Die Auseinandersetzung mit den im betrieblichen Rechnungswesen und in der Konvergenzdiskussion verwendeten Begrifflichkeiten wird in eine wissenschaftstheoretische Reflexion der Bedeutung und des theoretischen Status der für die Strukturierung des betrieblichen Rechnungswesens verwendeten Begriffssysteme eingebettet. Den Ausgangspunkt hierfür bildet die Betrachtung dieser Begriffssysteme als Klassifikationen.[65] Darüber hinaus werden auch die Rolle und Bedeutung dieser Klassifikationen für die Gestaltung des betrieblichen Rechnungswesens in der Unternehmenspraxis untersucht, denn „Das Rechnungswesen ist ein eindrucksvolles Beispiel dafür, dass solche Begriffssysteme nachhaltige Wirkungen auf die Praxis haben können."[66]

Angesichts der angestrebten Forschungsziele wird in dieser Arbeit eine sachlich-analytische Forschungsstrategie[67] verfolgt. Die angestrebten Aussagen auf der Ebene der Begriffsbildung sollen insbesondere unter Bezugnahme auf bestehende Begrifflichkeiten und durch eine Prüfung derselben erarbeitet werden. Zudem soll ein Abgleich mit den Ergebnissen empirischer Untersuchungen zum Stand der Konvergenz und zur Gestaltung des betrieblichen Rechnungswesens in der Unternehmenspraxis erfolgen. So sollen Aussagen auf der Ebene der Begriffsbildung mit deskriptiven, explanatorischen und auch praxeologischen Aussagen konfrontiert beziehungsweise verbunden werden.[68] Mit Hilfe der angestrebten Erkenntnisfortschritte soll der Themenbereich zudem weiterer empirischer Forschung besser zugänglich gemacht werden. Darüber hinaus sollen Implikationen für die Gestaltung des betrieblichen Rechnungswesens in der Praxis abgeleitet werden.

Vor dem Hintergrund der Themenstellung der Arbeit liegt der Schwerpunkt der Analyse auf dem Rechnungswesen großer und mittelständischer kapitalmarktorientierter[69] Unternehmen. Bei diesen Unternehmen kommt dem Thema der Arbeit aus zwei Gründen eine besondere Bedeutung zu: Erstens verfügen sie aufgrund ihrer Größe in der Regel über ein ausdifferenziertes Rechnungswesen. Zweitens kommt für diesen Kreis von Unternehmen den für eine Konvergenz im Rechnungswesen empirisch besonders wichtigen Faktoren der Kapitalmarkt-

65 Zum Begriff der „Klassifikation" vgl. Abschnitt 2.1. Im weiteren Verlauf der Arbeit werden die Begriffe „Gliederung", „Strukturierung" und „Unterteilung" synonym für den Begriff der Klassifikation verwendet.

66 Frank (2003), S. 283.

67 Vgl. Grochla (1978), S. 72ff.

68 Zu den verschiedenen Aussagestufen vgl. ebd., S. 68ff.

Auch wenn *Grochla* in seinem Modell der Theorieentwicklung die Bildung von Theorien als einen in Stufen verlaufenden Prozess darstellt, indem er davon ausgeht, dass zuerst begriffliche, dann deskriptive, dann explanatorische und schließlich praxeologische Aussagen entwickelt werden (vgl. Grochla (1978), S. 68ff.), erkennt er den engen Zusammenhang und mögliche Rückwirkungen zwischen den verschiedenen Aussageebenen an (vgl. Grochla (1978), S. 64).

69 Als kapitalmarktorientiert werden hier, soweit nicht anders angegeben, solche Unternehmen angesehen, die den Kapitalmarkt zur Finanzierung des Unternehmens nutzen oder diesem Finanzierungsweg grundsätzlich aufgeschlossen gegenüberstehen.

orientierung und der Verwendung internationaler Rechnungslegungsstandards besondere Bedeutung zu. Angesichts der voranschreitenden Internationalisierung und Kapitalmarktorientierung der Rechnungslegung, insbesondere großer und mittelständischer Unternehmen, werden für diese Arbeit die International Financial Reporting Standards (IFRS vormals IAS) als relevante Rechnungslegungsvorschriften zugrunde gelegt.[70]

1.4 Gang der Untersuchung

In Kapitel 2 wird zunächst ein wissenschaftstheoretisch fundierter konzeptioneller Bezugsrahmen für die Untersuchung von Strukturierungen des betrieblichen Rechnungswesens entwickelt. Die Grundlage dieses Bezugsrahmens bildet die Betrachtung der Untergliederung des betrieblichen Rechnungswesens in ein internes und ein externes Rechnungswesen sowie weiterer auf dieser grundlegenden Unterscheidung aufbauender Untergliederungen des Rechnungswesens als Klassifikationen. Dementsprechend werden die grundlegenden Arten und Eigenschaften sowie der theoretische Status und Kriterien für eine Beurteilung von Klassifikationen aufgezeigt, wobei besonderes Augenmerk auf für Klassifikationen des betrieblichen Rechnungswesens relevante Aspekte gelegt wird.

In Kapitel 3 werden der Inhalt sowie die Funktion und die Bedeutung der Unterscheidung von internem und externem Rechnungswesen untersucht. Hierfür wird zunächst die historische Entstehung und Entwicklung dieser Unterscheidung aufgezeigt. Anschließend wird der aktuelle Stand der Untergliederung in ein internes und ein externes Rechnungswesen und der entsprechenden etablierten Begrifflichkeiten anhand einer Lehrbuchanalyse dargestellt.

Kapitel 4 befasst sich mit der Diskussion um eine Konvergenz von internem und externem Rechnungswesen und den in dieser Diskussion verwendeten Klassifikationen des betrieblichen Rechnungswesens. Dabei erfolgt eine Zusammenfassung und Strukturierung sowie eine erste kritische Beurteilung der Inhalte der Konvergenzdiskussion. Nach einer Abgrenzung der Konvergenzdiskussion werden die in der Konvergenzdiskussion verwendeten Konvergenzbegriffe und -definitionen dargestellt. Anschließend wird die Unterscheidung von internem und externem Rechnungswesen in dieser Diskussion untersucht. Danach werden die wichtigsten Auslöser und Motive für eine Konvergenz im Rechnungswesen behandelt. Schließlich wird auf die für eine Konvergenz im Rechnungswesen vorgeschlagenen Konzepte eingegangen.

In Kapitel 5 werden die Ergebnisse der in Kapitel vier durchgeführten Zusammenfassung und Strukturierung der Konvergenzdiskussion unter dem Aspekt der Klassifikation des Rech-

[70] Vgl. Fn. 18.

nungswesens untersucht. Zunächst wird dabei die bestehende Klassifikation des betrieblichen Rechnungswesens als Grundlage der Untersuchung einer Konvergenz von internem und externem Rechnungswesen analysiert. Nach der Darstellung der klassifikatorischen Eigenschaften der bestehenden Klassifikation wird geprüft, wie eine Konvergenz vor dem Hintergrund dieser Klassifikation konzipiert werden kann. Hierauf aufbauend wird die Eignung der bestehenden Klassifikation als Heuristik[71] für die Gestaltung des Rechnungswesens geprüft. Anschließend werden die Notwendigkeit sowie Möglichkeiten für eine Modifikation der bestehenden Klassifikation sowie für eine Neustrukturierung des Rechnungswesens untersucht. Dabei wird auch beispielhaft eine alternative Klassifikation des betrieblichen Rechnungswesens entwickelt.

Die Arbeit schließt in Kapitel 6 mit einer Zusammenfassung und einem Fazit der Analyse.

---

[71] Als Heuristik werden in dieser Arbeit Strategien bezeichnet, die das Finden von Lösungen zu Problemen ermöglichen sollen, die auf mathematischem oder logischem Wege nicht eindeutig lösbar sind. Damit kann eine Heuristik sinngemäß als eine „Faustregel" verstanden werden.

2 Klassifikation als konzeptionelle Grundlage der Untersuchung

Wie bereits zu Eingang dieser Arbeit ausgeführt, wird das betriebliche Rechnungswesen im deutschsprachigen Raum in der betriebswirtschaftlichen Forschung und Lehre ebenso wie in der Unternehmenspraxis allgemein in externes und internes Rechnungswesen unterteilt. In der Regel richtet sich diese Unterteilung des Rechnungswesens und seiner Bestandteile danach, ob bestimmte Informationen des Rechnungswesens primär an unternehmensinterne oder -externe Adressaten gerichtet sind.[72] Im Rahmen der Diskussion um ein konvergentes Rechnungswesen spielt diese Untergliederung des Rechnungswesens eine zentrale Rolle. Konvergenz im Rechnungswesen wird zumeist als eine „Annäherung“, „Anpassung“ oder „Vereinheitlichung“ von internem und externem Rechnungswesen definiert.[73] Oftmals findet auch eine weitere Untergliederung von internem und externem Rechnungswesen in Teilbereiche statt, die dann der Identifikation von Teilbereichen im internen und externen Rechnungswesen dient, in denen eine Annäherung für mehr oder weniger sinnvoll gehalten wird.[74] Damit bildet die Unterscheidung von internem und externem Rechnungswesen eine wichtige Grundlage für die Konvergenzdiskussion, deren Hauptthema die Veränderung oder Aufhebung dieser Unterscheidung ist.

Bei der Darstellung der Forschungsdefizite wurde bereits festgestellt, dass sich die Begrifflichkeiten zur Konvergenz des Rechnungswesens lediglich auf einem rudimentären Stand befinden.[75] Dabei wirkt sich zum einen die für das gesamte betriebliche Rechnungswesen zu konstatierende „Begriffsvielfalt beziehungsweise -verwirrung“[76] nachteilig aus. Zum anderen findet in den bisherigen Arbeiten trotz des oder aber auch gerade aufgrund dieses Begriffswirrwarrs kaum eine konsequente Auseinandersetzung mit grundlegenden Begriffen des Rechnungswesens statt. So werden die etablierten, häufig vagen Begrifflichkeiten, unreflektiert verwendet oder es wird versucht, grundlegenden Begriffsdefinitionen gänzlich auszuweichen. Insbesondere wird die allgemein akzeptierte und bei der Konvergenzdiskussion im Mit-

---

72 Vgl. Fn. 3 und 4, für eine nähere Analyse vgl. Kapitel 3.

73 Vgl. beispielsweise Hebeler (2003), S. 13; Hoke (2001), S. 1, 24; Küting/Lorson (1998d), S. 483f.; Melcher (2002), S. 16; Schulte-Nölke (2001), S. 2f. Für eine detaillierte Analyse von Konvergenzbegriffen vgl. Kapitel 4.2.

74 Vgl. beispielsweise Himmel (2004), S. 33ff.; Hoke (2001), S. 27ff.; Klein (1999b), S. 19ff.; Melcher (2002), S. 69ff.

75 Vgl. Abschnitt 1.2.3.

76 Küpper (1995b), S. 46.

telpunkt stehende Untergliederung des Rechnungswesens in internes und externes Rechnungswesen ebenso wenig hinterfragt wie weitergehende Untergliederungen des betrieblichen Rechnungswesens, die auf dieser grundlegenden Unterscheidung zumeist aufbauen.

Um die Konvergenzdiskussion und die Möglichkeiten einer Gestaltung des betrieblichen Rechnungswesens unter Konvergenzgesichtspunkten näher zu untersuchen, scheint eine Auseinandersetzung mit der Unterscheidung von internem und externem Rechnungswesen unabdingbar. Diese Unterscheidung und ihre Veränderung oder Aufhebung kann als Kern der Konvergenzdiskussion angesehen werden. Im Folgenden soll für diese Auseinandersetzung zunächst eine theoretische Basis geschaffen werden. Ausgangspunkt ist dabei die Betrachtung der Unterteilung des betrieblichen Rechnungswesens in internes und externes Rechnungswesen sowie von weitergehenden Untergliederungen des Rechnungswesens im Kontext der Konvergenzdiskussion als **Klassifikationen**.

Im weiteren Verlauf dieses Kapitels findet eine grundlegende Auseinandersetzung mit den Eigenschaften von Klassifikationen statt. Dabei soll insbesondere aufgezeigt werden, was Klassifikationen ausmacht, welchen theoretischen Status und welche Eigenschaften sie besitzen und welche Kriterien für eine Beurteilung von Klassifikationen existieren. Auf dieser Basis können dann die Klassifikationen des Rechnungswesens, die im Kontext der Konvergenzdiskussion aufgestellt beziehungsweise benutzt werden, genauer analysiert und gegebenenfalls beurteilt werden. Abschließend werden die Überlegungen zu Klassifikationen zusammengefasst und es wird aufgezeigt, wie sie in die weitere Untersuchung von Klassifikationen des betrieblichen Rechnungswesens einfließen.

2.1 Grundlagen der Klassifikation

Klassifikationen, häufig auch als Taxonomien bezeichnet, sind in allen Bereichen der Wissenschaft weit verbreitet.[77] Besonders prominente Beispiele sind das Periodensystem der Elemente von Mendelejew oder das Linnésche System zur Klassifikation von Pflanzen. Auch in der

[77] Vgl. Rudner (1966), S. 28.

Controlling- und Accounting-Forschung werden regelmäßig Klassifikationen verwendet.[78] In der Literatur zum betrieblichen Rechnungswesen werden grundlegende wissenschaftstheoretische oder methodische Aspekte der Klassifikation jedoch selten erörtert. Eine Diskussion klassifikatorischer Grundlagen findet sich allerdings im Bereich der international vergleichenden Accounting-Forschung.[79]

Eine *Klassifikation* ist die Strukturierung eines Gegenstandsbereichs durch seine begriffliche Einteilung in Klassen.[80] In einer Klasse wird eine Menge von Elementen des Gegenstandsbereichs in Abgrenzung zu anderen Elementen zu einer Gruppe zusammengefasst. Die Gruppierung basiert dabei zwangsläufig in irgendeiner Form auf der Ähnlichkeit respektive der Unterschiedlichkeit der Elemente des Gegenstandsbereichs.[81] Die Klassen können in verschiedenen Relationen (Beziehungen) zueinander stehen.[82] Der Gegenstandsbereich, auf den sich eine Klassifikation bezieht, wird entweder explizit angegeben oder aber er wird implizit vorausgesetzt.[83] Die Bestimmung des Gegenstandsbereichs erfordert die Definition dessen, was klassifiziert werden soll; etwas zu klassifizieren bedeutet dementsprechend immer auch, es zu definieren.[84] Ebenso bedürfen die Klassen einer Definition. Daher soll zunächst kurz auf *Definitionen* eingegangen werden.

---

[78] Die Klassifikation wirtschaftlicher Sachverhalte kann im Übrigen als wichtiger Aspekt des betrieblichen Rechnungswesens an sich angesehen werden. Eine wesentliche Leistung der doppelten Buchhaltung besteht z.B. in der Ordnung (Klassifikation) wirtschaftlicher Sachverhalte mit Hilfe des Kontenplans der Buchhaltung. Auch die Unterteilung der Bilanz (z.B. in Anlage- und Umlaufvermögen) ist eine Form der Klassifikation (vgl. Gröjer (2001), S. 696).

[79] Vgl. insbesondere American Accounting Association (1976); Nobes (1992), S. 27ff.; Roberts (1995). Eine Ausnahme stellt der Artikel von Gröjer (2001) dar, der klassifikatorische Aspekte in Bezug auf immaterielle Vermögenswerte analysiert.

[80] Vgl. Simons (1992), S. 22. Der Begriff der Klassifikation wird im Folgenden zur Bezeichnung des Prozesses der Klassifikationserarbeitung, des Klassifikationssystems als Ergebnis der Klassifikationserarbeitung und des Prozesses des Klassifizierens, d.h. des gegenseitigen Zuordnens von Objekten und Klassen des Klassifikationssystems, verwendet (vgl. Manecke (1997), S. 141).

Der Aspekt der Notation, also der Bezeichnung von Klassen durch Symbole, ist an dieser Stelle nicht von gesonderter Bedeutung und wird daher aus der Betrachtung ausgeklammert. Zum Aspekt der Notation vgl. Stock (2000), S. 63ff.

[81] Vgl. Roberts (1995), S. 641.

[82] Die Klassen einer Klassifikation stehen automatisch in Beziehung zueinander, da sie dem Gegenstandsbereich angehören und sich durch ein Merkmal voneinander unterscheiden.

[83] Vgl. Simons (1992), S. 23; Rudner (1966), S. 32f.

[84] Vgl. Gröjer (2001), S. 698. *Gröjer* vertritt zudem die Ansicht, dass auch jede Beschreibung und damit jede Definition bereits eine Klassifikation voraussetzt, da für eine Definition die Auswahl von Merkmalen des zu beschreibenden Objektes erforderlich ist, die eine Zuordnung des Objektes zu bestimmten Klassen impliziert. Daraus folgt die Paradoxie, dass jede Klassifikation mit einer Meta-Klassifikation beginnen muss, um ihren Gegenstandsbereich vom Rest der Welt zu separieren (vgl. Gröjer (2001), S. 698, 700). Allerdings könnte diese Feststellung den Eindruck erwecken, dass zwischen Definition und Klassifikation kein Unterschied besteht.

Definition ist „das Verfahren, mit dem Worte und Vorstellungsinhalte als «Begriffe» festgelegt werden“[85]. So kann beispielsweise dem Wort „Student“ der Vorstellungsinhalt „Jugendlicher männlichen Geschlechts, der eine Universität besucht“ zugewiesen werden. Der Vorstellungsinhalt kann sich auf Merkmale, Kombinationen von Merkmalen und Beziehungen zwischen Merkmalen von Objekten beziehen.[86] Definitionen erfüllen in wissenschaftlichen Formulierungen verschiedene Funktionen. Zum einen ermöglichen sie kurze Aussagen, indem die einzelnen, unter Umständen zahlreichen Merkmale eines Vorstellungsinhalts auf einen Begriff übertragen werden, der dann synonym für sie verwendet werden kann. Zum anderen dienen Definitionen der Festlegung klarer Vorstellungsinhalte. So können Sprachprobleme in Form von Mehrdeutigkeiten oder unklaren Begriffen vermieden werden, damit diese bei der Klärung von Sachproblemen nicht im Wege stehen. So erleichtern beziehungsweise ermöglichen klare Begriffe die Verständigung in der wissenschaftlichen Diskussion. Damit am Ende eines Definitionsvorgangs klare Vorstellungsinhalte gegeben sind, ist darauf zu achten, dass die in einer Definition verwendeten Begriffe selbst vollständig, eindeutig und verständlich sind und bleiben.[87]

Der Begriff „Klassifikation“ wird zur Bezeichnung einer Vielzahl unterschiedlicher Arten von Ordnungssystemen verwendet. Im Folgenden werden zunächst grundlegende Arten von Klassifikationen dargestellt.[88] Die Arten von Klassifikationen können danach unterschieden werden, in welchen Relationen die Klassen in ihnen zueinander stehen. Anschließend wird auf

---

Rudner vermeidet dieses Problem, indem er zwischen den logischen beziehungsweise linguistischen Eigenschaften wissenschaftlicher Aussagen und ihrem Bedeutungsgehalt beziehungsweise ihrer Interpretation differenziert (vgl. Rudner (1966), S. 12ff.). Durch eine Konzentration auf die rein logischen beziehungsweise formalen Aspekte wissenschaftlicher Aussagen kann gezeigt werden, unter welchen Voraussetzungen ein Klassifikationsschema in ein Definitionsschema überführt werden kann und inwiefern Klassifikations- über reine Definitionsschemata hinausgehen können (vgl. Rudner (1966), S. 32ff.).

Die von *Rudner* durchgeführte Analyse wissenschaftlicher Theorien als konstruierte oder künstliche Sprachsysteme im Sinne der Prädikatenlogik (vgl. Rudner (1966), S. 12ff.) erlaubt einen klareren Einblick in die Struktur theoretischer Aussagen, indem es die Ausblendung der von *Gröjer* erwähnten Paradoxie erlaubt. Das Auftreten dieser Paradoxie in interpretierten wissenschaftlichen Aussagen (also in Aussagen, die nicht rein logischer Natur sind) kann aber auch hierdurch letztlich nicht eliminiert werden. Eine derart grundlegende Herangehensweise wie in der Analyse von *Rudner* ist im Rahmen dieser Arbeit jedoch nicht erforderlich. Der interessierte Leser sei daher bei Interesse auf die entsprechende Fundstelle verwiesen.

85 Prim/Tilmann (2000), S. 28.

86 Vgl. ebd., S. 26ff.

87 Vgl. ebd., S. 28ff. Diese Voraussetzungen sind jedoch oftmals schwer erfüllbar, ebenso wie ihre Erfüllung häufig nicht oder nur schwer bewertet werden kann. Hier tritt insbesondere das Problem des definitorischen Regresses auf (vgl. ebd., S. 29ff.). Für die Diskussion weiterer Probleme vgl. Rudner (1966), S. 20ff.

88 Für eine Übersicht und Ordnung von Klassifikationen siehe auch American Accounting Association (1976), S. 84. Diese Übersicht und Ordnung von Klassifikationen vermischt jedoch verschiedene hier getrennt betrachtete Aspekte von Klassifikationen.

den theoretischen Gehalt von Klassifikationen eingegangen. Dieser wird vor allem dadurch bestimmt, in welchem Grad die Klassen beziehungsweise die Objekte des Gegenstandsbereichs durch eine Klassifikation geordnet werden. Zudem werden Kriterien für eine Beurteilung von Klassifikationen abgeleitet.

2.2 Arten von Klassifikationen

Die Beziehungen zwischen den in einer Klassifikation enthaltenen Klassen heißen *Relationen*. In der einfachsten Form der Klassifikation wird der Gegenstandsbereich lediglich in zwei oder mehr Klassen unterteilt, ohne dass darüber hinausgehende Relationen zwischen den Klassen hergestellt werden.[89] Hierfür ist es erforderlich, dass die den Klassen zuzuordnenden Elemente sich durch mindestens ein Merkmal voneinander unterscheiden. Diese Form der Klassifikation wird im Folgenden als „Gruppierung" bezeichnet.[90]

Komplexere Klassifikationen stellen weitergehende Relationen zwischen den in ihnen enthaltenen Klassen her. Die sowohl in Klassifikationen im Allgemeinen als auch in Klassifikationen des Rechnungswesens im Speziellen besonders häufig verwendete Relation ist die Hierarchierelation, die ein Über- oder Unterordnungsverhältnis zwischen Klassen bezeichnet. Alle Objekte, die in eine niedriger stehende Klasse fallen, tragen alle Merkmale der ihnen übergeordneten Klassen und unterscheiden sich zudem durch mindestens ein weiteres Merkmal von den ihnen über- und nebengeordneten Klassen. Die Hierarchierelation kann zudem auch Ganzheiten und deren Teile bezeichnen (partitative Hierarchie).[91] Neben der Hierarchierelation existiert eine Vielzahl weiterer Relationen, wie z.B. die Relation „Vater von", „größer als", die Ähnlichkeitsrelation aber auch die Kausalrelation, die das Verhältnis von Ursache und Wirkung bezeichnet. Im Weiteren werden zunächst hierarchische und anschließend nicht-hierarchische Klassifikationen näher erläutert.

---

89 Den Extremfall stellt eine Katalogisierung dar, bei der die Elemente des Gegenstandsbereichs einzeln bezeichnet werden (vgl. ebd., S. 84). Vgl. auch Fn. 82.

90 Vgl. ebd.

91 Vgl. Stock (2000), S. 60ff.

2.2.1 Hierarchische Klassifikationen

In *Monohierarchien* stehen die Klassen in hierarchischer Relation zueinander und zudem besitzt jede Klasse nur eine Oberklasse. Damit zeichnet sich die gesamte Klassifikation durch eine Baumstruktur aus.[92] Für Monohierarchien wird zumeist gefordert, dass sie zwei Bedingungen erfüllen: Erstens sollten die Klassen überschneidungsfrei sein und zweitens sollte die Klassifikation ihren Gegenstandsbereich vollständig abdecken.[93] Eine Klassifikation ist überschneidungsfrei (disjunkt), wenn jedes Objekt des Gegenstandsbereichs in genau eine Klasse fällt. Sie ist vollständig (erschöpfend), wenn sie alle Objekte ihres Gegenstandsbereichs erfasst.

Eine beispielhafte Monohierarchie könnte in der Unterteilung des Gegenstandsbereichs der „sozialen Individuen" in „weibliche" und „männliche" Individuen bestehen.[94] Bei dieser Klassifikation handelt es sich jedoch noch um eine Gruppierung. Eine Monohierarchie liegt erst dann vor, wenn die Klassen innerhalb des Gegenstandsbereiches in hierarchischer Relation zueinander stehen. Im Beispiel kann hierfür die Klasse der männlichen Individuen um die Unterklassen „verheiratet" und „nicht-verheiratet" erweitert werden. In der Regel besitzen Monohierarchien jedoch eine stärker verästelte Struktur. Erweiterungen können horizontal (z.B. durch Erweiterung um die Klasse „Eunuch") oder vertikal (durch die Ergänzung weiterer Subkategorien) erfolgen. Wenn auch die einzelnen Unterkategorien den Teilbereich ihrer jeweiligen Superkategorie vollständig abdecken und zudem überschneidungsfrei sind, dann fällt jedes Element des Gegenstandsbereichs genau in eine Unterkategorie und zudem in alle der Unterkategorie übergeordneten Superkategorien. Eine Monohierarchie, die diese Voraussetzungen erfüllt, wird auch als „vollkommene Hierarchie" bezeichnet. Diese wird oft als das Ideal einer Klassifikation dargestellt.[95] Abbildung 1 zeigt ein Beispiel für eine Monohierarchie.

---

[92] Vgl. ebd., S. 60f.

[93] Die *American Accounting Association* führt diese Eigenschaften sogar als Grundlage „guter" Klassifikation ein (vgl. American Accounting Association (1976), S. 77ff.). Eine Auseinandersetzung mit möglichen Kriterien zur Bewertung von Klassifikationen erfolgt in Abschnitt 2.4.

[94] Das Beispiel wurde in Anlehnung an ein bei *Rudner* angeführtes Beispiel entwickelt (Rudner (1966), S. 33).

[95] Vgl. Simons (1992), S. 25f. Wie an ihren Kriterien „guter" Klassifikation ersichtlich wird, hält offenbar auch die *American Accounting Association* vollkommene Hierarchien für die beste Art der Klassifikation (vgl. American Accounting Association (1976), S. 77ff.). Vgl. kritisch hierzu Roberts (1995), S. 654f. und Fn. 101. Allerdings ist zu berücksichtigen, dass solche Formen der Klassifikation insbesondere im Anwendungsbereich der Dokumentationswissenschaften den Vorteil bieten, dass sie bei größeren Datenbeständen schnelle Suchprozesse ermöglichen und auch aus diesem Grunde häufig zum Einsatz kommen (vgl. Manecke (1997), S. 143).

Dass es sich bei einer Monohierarchie um eine vollkommene Hierarchie handelt, kann zum einen dadurch sichergestellt werden, dass die Klassifikation *allein* mittels logischer Unterteilung auf Basis der Definitionen der klassifizierenden Merkmale konstruiert wird. Dies ist in der Basisversion des Beispiels dann der Fall, wenn „weiblich" gleichzeitig als „nicht-männlich" definiert wird. In diesen Fällen folgt die Eigenschaft der vollkommenen Hierarchie rein logisch (analytisch) aus der Definition der Merkmale, die zur Einteilung der Klassen genutzt werden. Eine so konstruierte Klassifikation besitzt damit jedoch keine über die Definitionen hinausgehende Aussagekraft.[96]

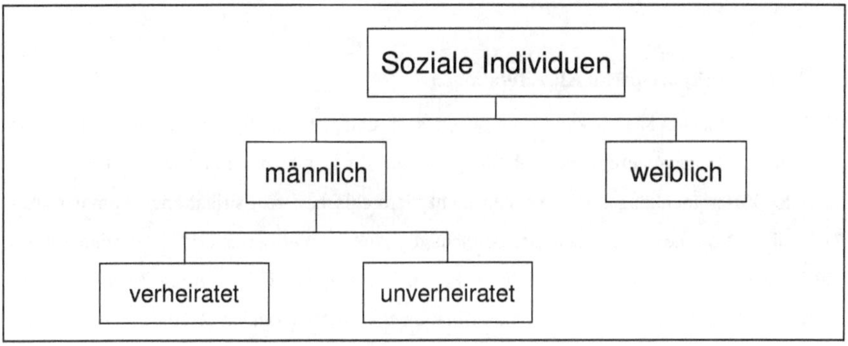

Abbildung 1: Beispiel einer Monohierarchie

Häufiger und zumeist auch deutlich interessanter sind Monohierarchien, die nicht rein logisch aus den Definitionen der klassifizierenden Merkmale hergeleitet werden.[97] Bei diesen ist jedoch nicht sichergestellt, dass sie ihren Gegenstandsbereich tatsächlich erschöpfend und disjunkt unterteilen. Wenn ihnen dieses dennoch gelingt, dann nicht auf der Basis rein logischer Operationen, sondern durch Rückgriff auf prinzipiell ungewisse Eigenschaften der Welt, beispielsweise weil bestimmte Objekte des Gegenstandsbereichs, auf die eine in der Klassifikation nicht zulässige Kombination von Merkmalen oder ein fehlendes Merkmal zutreffen würden, in der Realität nicht auftreten.[98] Eine Unterteilung der Wale in solche mit Zähnen und mit

96 Vgl. Rudner (1966), S. 32f.

97 Vgl. Hafner (1992), S. 4.

98 Vgl. Rudner (1966), S. 32f.

Barten ist deshalb disjunkt, weil in der (bekannten) Welt nur Wale mit Zähnen oder mit Barten auftreten aber nicht, weil die Kombination von beidem logisch ausgeschlossen wäre.[99]

In *Polyhierarchien* stehen die Klassen ebenfalls in hierarchischer Relation zueinander. Im Unterschied zu Monohierarchien kann in ihnen eine Klasse jedoch auch mehreren Oberklassen zugeordnet werden.[100] Damit handelt es sich bei den Polyhierarchien nicht um Hierarchien im strengen Sinne. Polyhierarchien sind in den Dokumentationswissenschaften in der Form von Thesauri verbreitet. Sie erlauben es z.B., den Begriff „Uhr" sowohl dem Oberbegriff „Zeit" als auch dem Oberbegriff „Messinstrument" zuzuordnen.

2.2.2 Nicht-hierarchische Klassifikationen

Nicht-hierarchische Klassifikationen können sehr unterschiedliche Formen annehmen. Sie ermöglichen unter anderem die Abbildung netzwerkartiger Strukturen oder die Darstellung kausaler Zusammenhänge. Die meisten nicht-hierarchischen Klassifikationen kommen aufgrund ihrer Komplexität für den hier betrachteten Anwendungsbereich der Klassifikation des betrieblichen Rechnungswesens nicht in Frage. Die *American Accounting Association* bemerkt im Zusammenhang mit der Klassifikation von internationalen Rechnungswesensystemen, dass Klassifikationen in den Sozialwissenschaften generell kaum über den Stand ungeordneter Monohierarchien hinausgehen.[101]

Eine von ihrer Systematik sehr einfache und für den Anwendungsbereich der Klassifikation des betrieblichen Rechnungswesens potentiell relevante Form der nicht-hierarchischen Klassifikation ist die *Facettenklassifikation*. In einer Facettenklassifikation werden Merkmale von Objekten des Gegenstandsbereichs und ihre möglichen Ausprägungen in Gruppen (Facetten)

---

[99] Vgl. Simons (1992), S. 25. In diesem Fall ist die Klassifikation dadurch erschöpfend, dass alle Objekte ihres Gegenstandsbereichs tatsächlich in eine Klasse fallen; die Klassifikation ist *extensional* (bezogen auf die Objekte des Gegenstandsbereichs) erschöpfend. Wenn die Vollständigkeit rein logisch auf Basis der Definitionen der Merkmale hergestellt wird, so ist die Klassifikation *intensional* (auf Basis der Merkmale anhand derer klassifiziert wird) erschöpfend (vgl. ebd., S. 23ff.).

[100] Vgl. Stock (2000), S. 61.

[101] Vgl. American Accounting Association (1976), S. 91f.; Nobes (1992), S. 38; Stock (2000), S. 63.
Die Bemängelung der *American Accounting Association*, dass in den Sozialwissenschaften lediglich sehr einfache Klassifikationen zum Einsatz kommen, erscheint vor dem Hintergrund bemerkenswert, dass nur wenige Seiten vorher im gleichen Bericht Empfehlungen für „gute" Klassifikation gegeben werden, die nur bei Monohierarchien anwendbar sind (vgl. American Accounting Association (1976), S. 71ff.). Eine Auseinandersetzung mit diesen und weiteren Kriterien für eine Bewertung von Klassifikationen erfolgt in Abschnitt 2.4.

zusammengefasst.[102] Die Objekte des Gegenstandsbereichs werden anhand der bei ihnen vorliegenden Kombination von Merkmalsausprägungen in Klassen eingeteilt. Somit stellt jede mögliche Kombination von Merkmalsausprägungen eine Klasse dar.

Tabelle 1 veranschaulicht die Facettenklassifikation am Beispiel einer Klassifikation der von einem Automobilproduzenten angebotenen Fahrzeugtypen. Dabei sind in der ersten Spalte die Facetten angegeben. Eine Facette ist der „Fahrzeugtyp", der die verschiedenen Ausprägungen „Limousine", „Kombi", „Van" und „Coupé" annehmen kann. Die möglichen Kombinationen der Merkmalsausprägungen ergeben die Klassen der Facettenklassifikation. Eine Klasse sind beispielsweise alle Vans der Farbe Silber mit einem 2,0 l. Benzinmotor ohne Turbo-Aufladung. Die Einordnung eines konkreten Fahrzeugs in eine Klasse erfolgt anhand der bei diesem Fahrzeug vorliegenden Kombination von Merkmalsausprägungen.

Facettenklassifikation der Fahrzeugtypen eines Automobilherstellers

Fahrzeugtyp	Limousine	Kombi	Van	Coupé
Farbe	Silber	Schwarz	Rot	Blau
Motor	2,0 l. Benziner	2,3 l. Benziner	2,0 l. Diesel	
Turbo-Aufladung	ja	nein		

Tabelle 1: Beispiel einer Facettenklassifikation

Die Facettenklassifikation erleichtert ein Vorgehen, welches sich von dem üblicherweise bei der Erstellung einer Klassifikation angewendeten Verfahren unterscheidet. Normalerweise werden zuerst die Klassen auf der Basis der möglichen Kombinationen von Merkmalsausprägungen gebildet und anschließend erfolgt die Zuordnung der Objekte des Gegenstandsbereichs zu diesen Klassen (präkombiniert). Die Facettenklassifikation erlaubt ein umgekehrtes Vorgehen, indem zunächst die Eigenschaften der Objekte betrachtet werden, auf deren Basis dann die Bildung der möglichen Klassen erfolgt (postkombiniert).[103]

Ein Vorteil der Facettenklassifikation besteht darin, dass sie es erleichtert, sich auch bei einer großen Anzahl an Klassen einen Überblick über die Klassifikation zu verschaffen. Werden in

[102] Vgl. Manecke (1997), S. 145f. Damit existiert eine Hierarchie in dem Sinne, dass bestimmte Merkmalsausprägungen einer Facette untergeordnet werden. Die Klassen sind aber nicht hierarchisch geordnet. Von der *American Accounting Association* wir diese Art der Klassifikation als „dimensioning" bezeichnet (vgl. American Accounting Association (1976), S. 85f.).

[103] Vgl. Manecke (1997), S. 145.

einer Facettenklassifikation beispielsweise 4 Merkmale betrachtet, die jeweils 6 Ausprägungen annehmen können, umfasst die Klassifikation bis zu 1.296 (6^4) Klassen. Dennoch können die möglichen Klassen noch relativ übersichtlich in Form einer Tabelle dargestellt werden. Eine Facettenklassifikation ist zudem sehr leicht um zusätzliche Dimensionen und Ausprägungen erweiterbar. Sie eignet sich daher besonders, wenn Unsicherheit hinsichtlich der Eigenschaften der zu klassifizierenden Objekte besteht, oder wenn diese einem stetigen Wandel unterworfen sind.[104] Die Facettenklassifikation bietet sich zudem dann an, wenn die Eigenschaften der zu klassifizierenden Objekte keine hierarchische Struktur aufweisen, diese sich nicht sinnvoll in Form einer Hierarchie darstellen lassen oder nur geringes Wissen über die Struktur ihrer Eigenschaften besteht. Eine Facettenklassifikation kann jedoch um hierarchische Elemente erweitert werden, wenn Redundanzen innerhalb der Eigenschaften vorhanden sind, z.B. wenn bestimmte Eigenschaften andere voraussetzen.[105] Umgekehrt kann eine Facettenklassifikation hierarchische Klassifikationen ergänzen.

Ein sehr viel höherer Grad der Systematisierung von Elementen des Gegenstandsbereichs kann mit Hilfe von Facettenklassifikationen erreicht werden, welche die Ausprägungen der Merkmale ihrer Facetten, beispielsweise auf einer ordinalen oder kardinalen Skala, ordnen. Durch die Kombination dieser Skalen können die Elemente des Gegenstandsbereichs im mehrdimensionalen Raum geordnet werden.

2.3 Theoretischer Status von Klassifikationen

Dieser Abschnitt beschäftigt sich mit dem theoretischen Status von Klassifikationen. Die Bestimmung des theoretischen Gehalts von Klassifikationen ist zum einen für die Bestimmung der für eine Bewertung von Klassifikationen anzulegenden Kriterien von Bedeutung. Hierfür spielt es insbesondere eine Rolle, ob die in Klassifikationen enthaltenen Aussagen theoretischer oder nicht-theoretischer Natur sind. Darüber hinaus ist der theoretische Gehalt von Klassifikationen und wodurch dieser theoretische Gehalt bestimmt wird für den generellen Umgang mit Klassifikationen und für ihre Erstellung von Bedeutung.

---

104 Vgl. ebd., S. 146.

105 Vgl. Simons (1992), S. 26. Es handelt sich dann aber nicht mehr um eine reine Facettenklassifikation.

Um den theoretischen Gehalt von Klassifikationen ermitteln zu können, ist es zunächst erforderlich, den in dieser Arbeit zugrunde gelegten Theoriebegriff zu explizieren. Eine Theorie wird hier verstanden als „a systematically related set of statements, including some lawlike generalizations, that is empirically testable“[106]. Damit wird dem Theoriebegriff des Kritischen Rationalismus gefolgt.[107] Damit es sich bei Klassifikationen um theoretische Aussagen im Sinne dieses Theoriebegriffes handelt, müssen Klassifikationen Sätze beinhalten, die als wahr oder falsch charakterisiert und empirisch geprüft werden können.[108]

Grundsätzlich besteht die Möglichkeit, dass Klassifikationen theoretische Aussagen beinhalten. Insbesondere bei vielen der in den Sozialwissenschaften verwendeten Klassifikationen ist dies allerdings nicht der Fall. Nach *Rudner* können zwei Arten von Klassifikationen unterschieden werden, die keine theoretische Aussage beinhalten:[109]

---

[106] Rudner (1966), S. 10.

[107] Vgl. Popper (1989); Prim/Tilmann (2000), S. 77ff.; Fülbier (2004), S. 268f.

Der Rückgriff auf diesen mit „insgesamt relativ hohen Anforderungen“ (Grochla (1978), S. 61) behafteten Theoriebegriff ergibt sich auf der Grundlage der folgenden Überlegungen:

Auch *Grochla*, auf dessen Überlegungen bereits bei der Charakterisierung der in dieser Arbeit verfolgten Forschungsstrategie zurückgegriffen wurde (vgl. Kapitel 1.3), greift auf den Kritischen Rationalismus als wissenschaftstheoretische Grundlage zurück. So ist zunächst sichergestellt, dass die Verwendung dieses Theoriebegriffes mit den von *Grochla* unterschiedenen Forschungsstrategien kompatibel ist.

Allerdings modifiziert *Grochla* die seines Erachtens „insgesamt relativ hohen Anforderungen“ (Grochla (1978), S. 61) des Kritischen Rationalismus für den Anwendungsbereich der Organisationstheorie. Insbesondere legt er einen erweiterten Theoriebegriff zugrunde, der „sowohl *begriffliche, beschreibende* als auch *erklärende* Aussagen über reale Tatbestände beinhaltet sowie schließlich auch Aussagen, aus denen in der Praxis direkt *Handlungsanweisungen zur Lösung realer Probleme* abgeleitet werden können“ (Grochla (1978), S. 55, Hervorhebung im Original).

In dieser Arbeit wird auf eine solche Erweiterung des Theoriebegriffes verzichtet. Allerdings wird den Überlegungen *Grochlas* insofern gefolgt, als die hohe Bedeutung nicht-theoretischer Aussagen für die Theoriebildung und die Notwendigkeit einer Ergänzung des Kriteriums der empirischen Bewährung um Kriterien für die Beurteilung von nicht-theoretischen Aussagen herausgestellt werden. Die Aufrechterhaltung der rigideren Unterscheidung in theoretische und nicht-theoretische Aussagen ist hier jedoch aus verschiedenen Gründen sinnvoll: Zum einen ist sie nützlich, da sie den Geltungsanspruch für die im Bereich des betrieblichen Rechnungswesens oftmals ohne Anbindung an Theorien bestehenden nicht-theoretischen Aussagen zu relativieren hilft. Zum anderen erleichtert diese Unterscheidung die Differenzierung der Kriterien für die Beurteilung von theoretischen und nicht-theoretischen Aussagen.

Die im Folgenden für die Beurteilung nicht-theoretischer Aussagen abgeleiteten Kriterien korrespondieren mit der von *Grochla* (für die Beurteilung von im Sinne *Grochlas* theoretischen Aussagen) formulierten Anforderung der Informativität, die eine möglichst präzise Aufschlüsselung aller einbezogenen Variablenkategorien fordert. Die nachfolgend erarbeiteten Kriterien für die Beurteilung von Klassifikationen, welche keine theoretischen Aussagen beinhalten, sind dabei als eine Konkretisierung und Erweiterung dieser Anforderung der Informativität zu verstehen. Zum Kriterium der Informativität vgl. Grochla (1978), S. 56.

[108] Vgl. Rudner (1966), S. 34.

[109] Vgl. ebd., S. 32ff.

Erstens Klassifikation, die *gar keine* Aussagen in Form von Sätzen, die als wahr oder falsch charakterisiert werden können (im Folgenden schlicht als „Aussagen" bezeichnet), enthalten. Dies ist unter anderem bei Facettenklassifikationen der Fall, welche lediglich die Kombination der Merkmalsausprägungen der Objekte des Gegenstandsbereichs, also die Definitionen dieser Objekte, wiedergeben. Ebenso enthalten Gruppierungen, wie die im vorstehenden Abschnitt beispielhaft angeführte Unterteilung des Gegenstandsbereichs der „sozialen Individuen" in „weibliche" und „männliche" Individuen, keine Aussagen.

Zweitens Klassifikationen, die zwar Aussagen enthalten, deren Aussagen aber nicht theoretischer sondern rein logischer (analytischer) Natur sind. Solche Aussagen sind bereits auf Basis der Definitionen der Objekte des Gegenstandsbereichs evident und lassen sich damit nicht empirisch prüfen. Diese Art von Klassifikationen ist insbesondere in den Sozialwissenschaften sehr verbreitet.

Klassifikationen, die nicht den Status theoretischer Aussagen besitzen, kommt im wissenschaftlichen Kontext eine rein heuristische Funktion zu. Dies schließt jedoch zwei Dinge ausdrücklich *nicht* aus, nämlich das solche nicht-theoretischen Aussagen erstens in Theorien verwendet werden und zweitens extrem hilfreich dabei sein können, theoretische Aussagen und empirisch prüfbare Hypothesen zu entwickeln. Letzteres dürfte insbesondere dann der Fall sein, wenn Klassifikationen offenbaren, dass bestimmte Kombinationen von Merkmalen scheinbar nicht auftreten, wie z.B. Wale mit Zähnen *und* Barten.[110] Nicht-theoretische Klassifikationen spielen somit eine bedeutsame Rolle im Prozess der Theoriebildung.[111]

Klassifikationen haben dann den Status theoretischer Aussagen, wenn sie nicht nur die Beziehungen zwischen Klassen herstellen, sondern zusätzlich bestimmte Aussagen über die Eigenschaften dieser Beziehungen enthalten. Diese Aussagen dürfen zudem nicht rein logischer Natur sein und müssen einer empirischen Überprüfung zugänglich sein.[112] Dies soll an einem Beispiel veranschaulicht werden, das sich an dem Thema dieser Arbeit, der Annäherung von

[110] Vgl. Rudner (1966), S. 32ff.

[111] Damit werden nicht-theoretische Aussagen im Sinne des hier zugrunde gelegten Theoriebegriffes nicht, wie z.B. bei *Kruk/Potthoff/Sieben*, automatisch dem unwissenschaftlichen oder vorwissenschaftlichen Bereich zugeordnet (vgl. Kruk/Potthoff/Sieben (1984), S. 281).

[112] Vgl. Rudner (1966), S. 37ff.

internem und externem Rechungswesen, orientiert.[113] Der Gegenstandsbereich unserer Betrachtung ist die Ausgestaltung des betrieblichen Rechnungswesens in verschiedenen Unternehmen. Diese Ausgestaltungen sollen auf der Basis einer Ordnungsrelation nach dem Grad ihrer Konvergenz auf einer ordinalen Skala angeordnet werden. Die Anordnung auf der Ordinalskala impliziert, dass bestimmte Aussagen über die Ordnungsrelation wahr sind, insbesondere, dass die Eigenschaft der Transitivität[114] erfüllt ist. Das bedeutet, wenn die Ausgestaltung des Rechnungswesens in Unternehmen A konvergenter ist als die in Unternehmen B, die wiederum konvergenter ist als die Ausgestaltung in Unternehmen C, dann ist auch das Rechnungswesen in A konvergenter als das in C. Wenn die Eigenschaft der Transitivität nicht schon rein logisch aus den der Klassifikation zugrunde liegenden Definitionen folgt, dann beinhaltet diese Klassifikation eine theoretische Aussage.

Häufig erreichen, dem soeben angeführten Beispiel ähnliche, Formen der Klassifikationen in den Sozialwissenschaften deshalb nicht den Status theoretischer Aussagen, weil die Ordnungsbeziehung zwischen den Elementen ihres Gegenstandsbereichs nicht hinreichend konkretisiert wird. Dies soll anhand eines weiteren Beispiels veranschaulicht werden: Bei einer Messung der Pressefreiheit kann beispielsweise gesagt werden, dass in einer Gesellschaft, in der die Berichterstattung im Fernsehen zensiert wird, im Vergleich zu einer Gesellschaft ohne jede Zensur die Pressefreiheit geringer ist. Aber wenn in einer Gesellschaft die Berichterstattung im Fernsehen und in einer anderen die im Radio zensiert wird, kann ohne eine genauere Ausarbeitung des Konzepts der Pressefreiheit nicht festgelegt werden, in welcher der beiden Gesellschaften die Pressefreiheit geringer beziehungsweise größer ist.[115]

2.4 Kriterien für eine Beurteilung von Klassifikationen

Wie bereits im vorangehenden Abschnitt erwähnt, sind die Kriterien für die Beurteilung von Klassifikationen von dem theoretischen Gehalt der jeweiligen Klassifikation abhängig zu machen. Die an eine Klassifikation anzulegenden Kriterien richten sich insbesondere danach, ob die Klassifikation theoretische Aussagen enthält oder nicht. Wenn Klassifikationen theore-

[113] Dabei soll ausdrücklich darauf hingewiesen werden, dass dieses Beispiel lediglich einen ersten Eindruck davon geben soll, welche Rolle die hier gemachten Aussagen zu Klassifikationen im Kontext der Konvergenz des Rechnungswesens spielen könnten. Darüber hinaus sollen an dieser Stelle aber noch keine inhaltlichen Aussagen zum Konvergenz-Thema gemacht werden.

[114] Die Transitivität einer zweiseitigen Relation R ist gegeben, wenn aus xRy und yRz stets xRz folgt.

[115] Vgl. Rudner (1966), S. 39f.

tische Aussagen enthalten, dann ist das Hauptkriterium für ihre Bewertung dasselbe wie für andere theoretische Aussagen auch, nämlich ihre empirische Bewährung.

Klassifikationen im Bereich des betrieblichen Rechnungswesens beinhalten schon aufgrund der Art der Klassifikation in der Regel keine eigenständigen theoretischen Aussagen. Damit können sie für sich genommen nicht durch das Kriterium der empirischen Bewährung bewertet werden. Diese Tatsache wäre für ihre weitere Beurteilung dann nicht weiter problematisch, wenn sich das betriebliche Rechnungswesen durch ein umfangreiches Theoriegebäude auszeichnen würde. Dies würde bedeuten, dass Klassifikationen nur selten unabhängig von bestehenden Theorien vorkämen und zusammen mit diesen Theorien einer Beurteilung unterzogen werden könnten.[116] Für das betriebliche Rechnungswesen ist jedoch eine weitgehende Theorielosigkeit - im Sinne des in dieser Arbeit zugrunde gelegten Theoriebegriffs des Kritischen Rationalismus - zu konstatieren.[117] Dieser Vorwurf bezieht sich vor allem auf die Theorie der Gestaltung des Rechnungswesens (beziehungsweise der Kostenrechnung).[118] Diesbezüglich vertritt *Dellmann* die These, Kostenrechnung sei „primär Technologie ohne theoretischen Unterbau“[119].

Dies hat zur Folge, dass bei der Bewertung von Klassifikationen des betrieblichen Rechnungswesens auf alternative Beurteilungskriterien zurückgegriffen werden muss. Im Folgenden wird zunächst auf die bei *Rudner* angegebenen Beurteilungskriterien für nichttheoretische Aussagen eingegangen. Anschließend werden Empfehlungen für „gute“ Klassifikation der *American Accounting Association* diskutiert.

---

[116] Vgl. ebd., S. 40f.

[117] Vgl. Dellmann (1979), S. 319ff.; Bungenstock (1995), S. 71ff.; Weber (2005), S. 1ff., 75ff.
Küpper vertritt dagegen die These, die Struktur der Teilsysteme des Rechnungswesens könne auf der Basis von Theorien, insbesondere auf Grundlage der Entscheidungstheorie, erklärt werden (vgl. Küpper (2001b), S. 3ff.).

[118] Anderes gilt für die in enger Verbindung mit der Theorie der Kostenrechnung stehende *Produktions- und Kostentheorie*, die durch die Analyse von Zusammenhängen zwischen Kosten- und Leistungshöhe eine Optimierung des Produktionsprozesses anstrebt. Vgl. hierzu auch Bungenstock (1995), S. 72ff.; Weber (2005), S. 1ff.

[119] Dellmann (1979), S. 319.

2.4.1 Kriterien nach Rudner

Rudner nennt die vier Beurteilungskriterien *theoretische Ergiebigkeit*, *Klarheit*, *Reichweite* und *strukturelle Einfachheit* für nicht-theoretische Aussagen,[120] auf die in diesem Abschnitt näher eingegangen wird.

Die *theoretische Ergiebigkeit* einer Klassifikation richtet sich danach, in wie vielen und in wie bedeutsamen Theorien sie Verwendung findet. Dieses Kriterium kann nur im Kontext der Bestätigung theoretischer Aussagen zum Einsatz gelangen. Auf der Grundlage der oben bereits konstatierten Theorielosigkeit des betrieblichen Rechnungswesens wird es bei einer Beurteilung von Klassifikationen des betrieblichen Rechnungswesens kaum zur Anwendung kommen können.

Das Kriterium der *Klarheit* bezieht sich auf die Klarheit der in einer Klassifikation verwendeten Begriffe.[121] Zwar ist eine abschließende Bewertung der Klarheit von Definitionen nicht möglich, es ist jedoch darauf zu achten, dass die den verwendeten Begriffen per Definition zugeordneten Vorstellungsinhalte selbst möglichst vollständig, eindeutig und verständlich sind.[122]

Die *Reichweite* einer Klassifikation richtet sich nach dem Umfang ihres Gegenstandsbereichs. Dabei ist eine Klassifikation einer anderen ceteris paribus vorzuziehen, wenn sie einen weiteren Gegenstandsbereich umfasst, also mehr Objekte einschließt als eine andere. In Fällen, in denen der Gegenstandsbereich von Klassifikationen und der Grad ihrer Überdeckung nicht klar bestimmt werden können oder keine alternativen Klassifikationen für einen Vergleich zur Verfügung stehen, ist auch darauf zu achten, inwieweit Objekte, von denen weitgehend sicher ist, dass sie vom Gegenstandsbereich einer Klassifikation erfasst werden sollten, auch tatsächlich in diesen fallen.

---

[120] Vgl. Rudner (1961), S. 41ff. Im Original werden diese Kriterien mit „*theoretic fruitfulness* […], *clarity*, *power*, and *simplicity*“ (ebd., S. 41, Hervorhebung im Original) bezeichnet.

Die Herleitung der Kriterien bei *Rudner* beruht auf einer Analyse wissenschaftlicher Theorien als konstruierte oder künstliche Sprachsysteme im Sinne der Prädikatenlogik (vgl. Rudner (1966), S. 12ff.) sowie auf den Überlegungen *Goodmans*, auf die nachfolgend näher eingegangen wird.

[121] Dabei geht es ausschließlich um die Klarheit der Definitionen der Begriffe, die nicht auf rein logischer Basis aus den Definitionen anderer Elemente des Gegenstandsbereichs abgeleitet sind.

[122] Vgl. Abschnitt 2.1.

Das Kriterium der *strukturellen Einfachheit* bezieht sich ausschließlich auf die Einfachheit der Beschreibungsleistung einer Klassifikation und nicht auf ontologische Aspekte der Einfachheit der Welt, die unabhängig von einer Beschreibung existieren. *Rudner* unterscheidet zwei Aspekte der beschreibenden Einfachheit: Die psychologische Einfachheit, also als wie einfach eine Beschreibung wahrgenommen beziehungsweise empfunden wird, und ihre objektiv-logische oder strukturelle Einfachheit, wobei hier ausschließlich auf Letztere rekurriert wird.[123] Für das präzise Verständnis des Kriteriums der strukturellen Einfachheit von Klassifikationen ist es erforderlich, zwischen den in einer Klassifikation enthaltenen Aussagen, die rein logischer Natur sind, und den Aussagen, die sich auf prinzipiell ungewisse Aspekte der Realität beziehen, zu unterscheiden. Die in einer Klassifikation enthaltenen rein logischen Aussagen sind in den Definitionen der Elemente des Gegenstandsbereichs einer Klassifikation bereits enthalten oder mitgedacht. Rein logische Untergliederungen liegen häufig dann vor, wenn die Bildung von Klassen auf Gegensätzen beruht, wenn z.B. die Klasse „internes Rechnungswesen" zugleich als „nicht-externes Rechnungswesen" definiert ist, oder wenn Auffangkategorien, wie z.B. eine Klasse „übrige Rechnungssysteme", gebildet werden. Da solche Aussagen in nahezu beliebigem Umfang getroffen werden können und keinen eigenständigen Gehalt besitzen, sind sie bei der Beurteilung der strukturellen Einfachheit von Klassifikationen nicht zu beachten. Vielmehr sind lediglich die Definitionen und Relationen bei der Beurteilung zu berücksichtigen, die sich auf prinzipiell ungewisse Aspekte der Realität beziehen.

Die Möglichkeit einer Messung der strukturellen Einfachheit besteht lediglich für vollständig formalisierte Theorien. Aus dem bei dieser Messung verfolgten Ansatz können jedoch Anhaltspunkte für die Bestimmung der Einfachheit von Klassifikationen gewonnen werden. Ausschlaggebend für die Beurteilung der strukturellen Einfachheit einer Klassifikation sollte demzufolge der Umfang beziehungsweise Grad der Systematisierung der Elemente des Gegenstandsbereichs durch die Klassifikation sein, also in welchem Umfang beziehungsweise Grad ihre Elemente durch die Eigenschaften der zwischen den Klassen bestehenden Relationen, wie z.B. Transitivität, Irreflexivität und Asymmetrie, systematisiert werden.[124] Warum dies ein geeigneter Ansatzpunkt für die Bestimmung der Einfachheit einer Klassifikation ist

[123] Die Aspekte der Einfachheit oder Eleganz der Notation werden hier, wie auch bereits bei der Erörterung der Arten und Eigenschaften von Klassifikationen (vgl. Fn. 80.), außer Acht gelassen.

[124] *Rudner* verweist bei diesem Aspekt auf *Goodman* (vgl. Rudner (1961), S. 41ff. m. Verw. auf Goodman (1958) und Goodman (1977)).

und warum es sich hierbei um einen wichtigen Aspekt von Klassifikationen handelt, soll mit folgendem Zitat verdeutlicht werden:

> „All scientific activity amounts to the invention of and the choice among systems of hypotheses. One of the primary considerations guiding this process is that of simplicity. Nothing could be more mistaken than the traditional idea that we first seek a true system and then, for the sake of elegance alone, seek a simple one. We are inevitably concerned with simplicity as soon as we are concerned with system at all; for system is achieved just to the extent that the basic vocabulary and set of first principles used in dealing with the given subject matter are simplified. When simplicity of basis vanishes to zero – that is, when no term or principle is derived from any others – system also vanishes to zero. Systematization is the same thing as simplification of basis."[125]

Zusammenfassend ist festzustellen, dass insbesondere die Kriterien der Klarheit, Reichweite und strukturellen Einfachheit für die Beurteilung von Klassifikationen des betrieblichen Rechnungswesens herangezogen werden können. Das Kriterium der theoretischen Ergiebigkeit erscheint angesichts der weitgehenden Theorielosigkeit des Anwendungsbereichs weniger viel versprechend. Allerdings ist zu beachten, dass die betrachteten Klassifikationen des betrieblichen Rechnungswesens einen theoretischen Gehalt in der Form besitzen können, dass Elemente aus Theorien explizit oder implizit Eingang in sie finden.[126] So stellt Weber fest, dass die Autoren im Schrifttum zur Kostenrechnung implizit oder explizit Theoriepositionen einnehmen, die ihren Argumentationsgang wesentlich bestimmen.[127] Keines der Kriterien für die Beurteilung von Klassifikationen ermöglicht jedoch eine objektive Bewertung. Darüber hinaus ist bei der Beurteilung von Klassifikationen darauf zu achten, dass die Kriterien gemeinsam betrachtet werden, da konfliktäre Beziehungen zwischen ihnen zu erwarten sind. So kann beispielsweise die Reichweite einer Klassifikation dadurch erhöht werden, dass die Elemente ihres Gegenstandsbereichs weniger eindeutig definiert werden. Bei einer Klassifikation mit geringerer Reichweite dürfte es hingegen leichter fallen, die in ihr enthaltenen Elemente zu systematisieren und so die strukturelle Einfachheit der Klassifikation zu erhöhen.

[125] Goodman (1958), S. 1064.

[126] Vgl. Hafner (1992), S. 170.

[127] Vgl. Weber (2005), S. 75ff.

Nachdem die Eignung der Kriterien für die Beurteilung nicht-theoretischer Aussagen nach *Rudner* auf ihre Eignung für eine Beurteilung von Klassifikationen des betrieblichen Rechnungswesens geprüft wurden, sollen nachfolgend die Regeln der *American Accounting Association* für „gute" Klassifikation auf ihre Eignung für diesen Zweck hin untersucht werden.

2.4.2 Kriterien der American Accounting Association

Die Kriterien der *American Accounting Association* für die Beurteilung von Klassifikationen entstammen einem Bericht dieser Organisation, der sich mit der international vergleichenden Accounting-Forschung und hier insbesondere mit Aspekten der Klassifikation der in verschiedenen Ländern anzutreffenden Rechnungswesensysteme auseinandersetzt. In diesem Bericht werden auf Basis der Mengenlehre vier Grundregeln guter Klassifikation aufgestellt:

„1. The *characteristics* of a chosen classification should be adhered to consistently.
2. The subsets of a given universe should be *exhaustive*, i.e., they should jointly cover the whole field.
3. The subsets should be *pairwise disjoint*, i.e., be mutually exclusive.
4. There should be a preservation of *hierarchical integrity*, i.e., elements of one hierarchical rank should not be confused or mixed with elements of some other rank."[128]

Zu dem ersten Kriterium der *Konsistenz* wird weiter ausgeführt, dass eine gute Klassifikation ihren Gegenstandsbereich nach einem einheitlichen Gesichtspunkt beziehungsweise Prinzip untergliedern sollte. Dies sei erforderlich, da eine Klassifikation immer im Hinblick auf einen bestimmten Zweck zu erstellen ist. So dürfe innerhalb einer Klassifikation der Wirbeltiere beispielsweise nicht einmal nach skeletalen und einmal nach physiologischen Aspekten klassifiziert werden.[129] Diese Regel erlaubt verschiedene Interpretationen.[130] Hier wird das Kriterium der Konsistenz dahingehend interpretiert, dass bei der Auswahl der klassifizierenden Merkmale einem einheitlichen Prinzip gefolgt werden sollte und dass die Auswahl der klassifizierenden Merkmale am Zweck der Klassifikation auszurichten ist.[131]

---

[128] American Accounting Association (1976), S. 77, Hervorhebung im Original.

[129] Vgl. ebd., S. 77.

[130] Vgl. Roberts (1995), S. 653f.

[131] Damit wird der Interpretation von *Roberts* gefolgt (vgl. ebd., S. 653f., 661). *Roberts* unterscheidet zudem vier grundsätzliche Strategien für die Auswahl der klassifizierenden Merkmale: Erstens die essentialistische Strategie, bei der die Elemente des Gegenstandsbereichs nach ihren wesensbestimmenden Merkmalen geordnet

Das zweite Kriterium der *Vollständigkeit* bezieht sich sowohl darauf, dass eine Klassifikation ihren Gegenstandsbereich vollständig erfassen sollte, als auch auf den Aspekt, dass die Unterkategorien einer Klassifikation ihren Bereich vollständig abdecken sollen.[132] Der erste Aspekt der Vollständigkeit erscheint unmittelbar einleuchtend. Dabei gilt es ergänzend zu beachten, dass der Gegenstandsbereich möglichst explizit gemacht werden sollte.[133] Das Kriterium der Vollständigkeit von Unterkategorien kann lediglich in Hierarchien sinnvoll angewendet werden.

Auch die Kriterien Nummer drei und vier, nämlich das der *Überschneidungsfreiheit* von Unterkategorien und das der *hierarchischen Integrität* – letzteres fordert, dass jede Unterkategorie in der ihr übergeordneten Kategorie enthalten sein sollte[134] – sind nur für hierarchische Klassifikationen anwendbar.

Zur Herleitung der Kriterien der *American Accounting Association* aus der Mengenlehre sei angemerkt, dass die Mengenlehre lediglich eine Möglichkeit bietet, bestimmte Kriterien beziehungsweise Eigenschaften von Klassifikationen zu formulieren und diese auch mathematisch darzustellen. Die Mengenlehre stellt jedoch keine echte Hilfe für die Beurteilung von Klassifikationen oder für ihre Erstellung dar. *Simons* konstatiert hierzu: „Nur wer für die

---

werden. Zweitens die ähnlichkeitsbasierte Strategie, die Objekte nach dem Grad ihrer allgemeinen Ähnlichkeit untergliedert. Drittens die entwicklungsgeschichtliche Strategie. Und viertens die archetypische Strategie, welche die Elemente des Gegenstandsbereichs nach den Relationen klassifiziert, in denen sie zueinander stehen (vgl. Roberts (1995), S. 641).

Eine andere Interpretation dieses Kriteriums findet sich bei *Gröjer* und *Nobes*. Diese interpretieren es dahingehend, dass bei einer Klassifikation eine eventuelle weitere Untergliederung die ihr vorangehende(n) mit einschließen und fortsetzen müsse. So dürfe beispielsweise bei einer Klassifikation von Tieren nach der Anzahl ihrer Füße im Anschluss an die Bildung einer Klasse von Tieren „mit Füßen" weiter in „zweifüßig" und „vierfüßig" aufgeteilt werden aber nicht mehr in „Herdentier" und „Einzelgänger", da diese Unterscheidung nicht mehr darauf aufbaut, wie viele Füße ein Lebewesen hat (vgl. Gröjer (2001), S. 704; Nobes (1992), S. 33). Offensichtlich basiert diese Interpretation bei *Nobes* auf Gedanken der biologischen Taxonomie, die *Nobes* in seinen Überlegungen zur Klassifikation generell stark beeinflussen. Diese Grundsätze sind wiederum stark von den Arbeiten des *Aristoteles* geprägt, der als einen Grundsatz der Klassifikation die Regel aufgestellt hat, dass in einer Monohierarchie die finale Unterscheidung die ihr vorangehenden Unterscheidungen mit einschließen müsse. Diese etwas zweifelhaft erscheinende und in der Praxis sehr schwierig anzuwendende Regel des *Aristoteles* ist aber wohl eher aus einer Kritik an der von *Plato* ausgeübten Form der Klassifikation anzusehen, die auf dichotomen Unterteilungen aufbaute und solche Klassifikationen wie die des Menschen als einen „federlosen Zweifüßer" zur Folge hatte (vgl. Balme (1987), S. 73ff.; das Beispiel der von *Plato* erstellten Klassifikation stammt aus Nobes (1992), S. 31).

Im Übrigen ist nicht ersichtlich, inwiefern dieses Kriterium auf der Mengenlehre basiert. Auch die vorstehenden Interpretationen dieses Kriteriums beruhen nicht auf Grundsätzen der Mengenlehre.

[132] Vgl. American Accounting Association (1976), S. 77f.

[133] Vgl. Roberts (1995), S. 654.

[134] Vgl. American Accounting Association (1976), S. 78. Das Kriterium bezieht sich zudem auf die Notation verschiedener Hierarchiestufen.

Probleme eines Virologen oder eines Bibliothekars kein Verständnis hat, könnte meinen, dass das angemessene Werkzeug zur Klassifikation die Mengenlehre sei.“[135]

Zusammenfassend ist festzustellen, dass die Kriterien der Überschneidungsfreiheit, hierarchischen Integrität und der Aspekt der Vollständigkeit von Unterkategorien lediglich für Hierarchien anwendbar sind. Zusammengenommen ergeben sie eine „vollkommene Hierarchie“. Eine vollkommene Hierarchie kann erstrebenswert sein, weil sie bei einer hinreichenden Anzahl von Klassen und Unterklassen einen relativ hohen Grad an struktureller Einfachheit aufweist. Wenn eine solche Klassifikation explizit oder implizit angestrebt wird, was z.B. aus der Abbildung der Klassifikation in Form einer Monohierarchie ersichtlich werden kann, ist darauf zu achten, dass diese Kriterien erfüllt sind. Kritisch ist hierzu jedoch erstens anzumerken, dass diese Art der Klassifikation nicht immer passend sein muss. Zweitens kann die Erfüllung der entsprechenden Kriterien durch rein logische Unterteilung des Gegenstandsbereichs leicht sichergestellt werden. Eine derartige Klassifikation kann den (in diesem Fall lediglich scheinbaren) Vorteil der strukturellen Einfachheit jedoch zunichte machen.

Das Kriterium der Vollständigkeit einer Klassifikation in Bezug auf ihren Gegenstandsbereich ist unmittelbar einsichtig. Bei Klassifikationen, die ihren Gegenstandsbereich lediglich implizit voraussetzen, ist dieses Kriterium jedoch entweder nicht anwendbar oder automatisch erfüllt. Der Gegenstandsbereich einer Klassifikation sollte daher möglichst offengelegt werden. Es bietet sich an, diesen Aspekt in der weiteren Analyse nicht als eigenständiges Kriterium zu etablieren, sondern die von *Rudner* angeführten Kriterien der Klarheit und Reichweite entsprechend zu ergänzen. Bei dem Kriterium der Klarheit soll dementsprechend zusätzlich berücksichtigt werden, ob und wie vollständig, eindeutig und verständlich der Gegenstandsbereich einer Klassifikation bestimmt ist. Bei einer Beurteilung der Reichweite einer Klassifikation sollte nicht nur der Umfang ihres Gegenstandsbereichs geprüft werden, sondern auch, inwieweit dieser durch die Klassifikation tatsächlich abgedeckt wird.

Das Kriterium der Konsistenz soll nachfolgend bei der Beurteilung von Klassifikationen des betrieblichen Rechnungswesens als zusätzliches Kriterium berücksichtigt werden. Es offenbart die Notwendigkeit, die Auswahl der klassifizierenden Merkmale möglichst nach einem einheitlichen Prinzip zu treffen und hierbei den Zweck der Klassifikation zu berücksichtigen.

[135] Simons (1992), S. 22. Ähnlich bei Gröjer (2001), S. 702 und Roberts (1995), S. 653.

2.5 Zusammenfassung

Zum Abschluss der Auseinandersetzung mit Klassifikationen werden die vorstehenden Überlegungen in diesem Unterabschnitt noch einmal zusammengefasst. Dabei wird besonderes Augenmerk darauf gelegt, wie diese Überlegungen in die nachfolgende Untersuchung von Klassifikationen des betrieblichen Rechnungswesens als Grundlage und Gegenstand der Diskussion um eine Konvergenz des Rechnungswesens einfließen sollen.

Zunächst erscheint es für das Verständnis und für eine Beurteilung von Klassifikationen des betrieblichen Rechnungswesens von erheblicher Bedeutung, sich den theoretischen Status und die Funktion derselben vor Augen zu führen. Angesichts der Theorielosigkeit des Anwendungsbereichs ist zu erwarten, dass die Klassifikationen des betrieblichen Rechnungswesens nicht den Status theoretischer Aussagen besitzen, auch wenn sie vor dem Hintergrund unterschiedlicher theoretischer Perspektiven auf die Unternehmung beziehungsweise das Rechnungswesen erstellt wurden. Vielmehr ist davon auszugehen, dass es sich bei ihnen vor allem um vereinfachende Beschreibungen handelt.[136] Damit können diese Klassifikationen weder als richtig noch als falsch eingestuft oder in irgendeiner Form widerlegt werden. Dies schließt jedoch weder aus, dass diese Klassifikationen eine wichtige Rolle für die Theorie und Praxis des betrieblichen Rechnungswesens spielen, noch dass diese einer Beurteilung unterzogen werden können.

Die hohe Bedeutung von Klassifikationen für die Theorie und Praxis des betrieblichen Rechnungswesens ergibt sich unter anderem aus dem weitgehend fehlenden Theoriegebäude in diesem Bereich. Zum einen bilden Klassifikationen eine wichtige Vorstufe beziehungsweise Grundlage für die Bildung von Theorien.[137] Zum anderen kommt ihnen in der Abwesenheit theoretisch fundierter Gestaltungsempfehlungen eine potentiell wichtige Funktion als Gestaltungsheuristik in der Praxis des betrieblichen Rechnungswesens zu. Einfache und klare Beschreibungen des betrieblichen Rechnungswesens in Form von Klassifikationen erhöhen die Chancen, das Verständnis des betrieblichen Rechnungswesens in Theorie und Praxis zu verbessern.[138]

---

[136] Vgl. Gröjer (2001), S. 700.
[137] Vgl. Hafner (1992), S. 4f.
[138] Vgl. Gröjer (2001), S. 697.

Für die Beurteilung von Klassifikationen, die keine theoretischen Aussagen beinhalten, wurden fünf Kriterien festgelegt: *strukturelle Einfachheit, Klarheit, Konsistenz, Reichweite* und *theoretische Ergiebigkeit*. Das Kriterium der *strukturellen Einfachheit* stellt darauf ab, inwieweit die Elemente des Gegenstandsbereichs einer Klassifikation durch diese systematisiert werden. Dabei ist zu berücksichtigen, inwieweit diese Systematisierung lediglich durch rein logische Untergliederungen, die direkt aus den Definitionen der Elemente des Gegenstandsbereichs folgen, erreicht wird. Für die Beurteilung der *Klarheit* einer Klassifikation sind die Vollständigkeit, Eindeutigkeit und Verständlichkeit der in ihr verwendeten Begriffe und Konzepte zu prüfen. Dabei sollte auch die Definition des Gegenstandsbereichs der Klassifikation untersucht werden. Für die Beurteilung des Kriteriums der *Konsistenz* ist entscheidend, dass eine Klassifikation zum einen zweckadäquat ist und zum anderen ihren Gegenstandsbereich möglichst auf der Basis eines einheitlichen Prinzips untergliedert. Da sich die im Folgenden untersuchten Klassifikationen weitgehend auf den gleichen Gegenstandsbereich in Form des betrieblichen Rechnungswesen beziehen, können sie sich hinsichtlich ihrer *Reichweite* vor allem dadurch unterscheiden, wie der Begriff des betrieblichen Rechnungswesens gefasst wird und was als die Elemente dieses Gegenstandsbereichs angesehen wird. Das Kriterium der *theoretischen Ergiebigkeit* wird angesichts der Theorielosigkeit des Anwendungsbereichs der untersuchten Klassifikationen wenig Berücksichtigung finden können. Hier ist jedoch zu prüfen, ob die Klassifikationen vor dem Hintergrund einer theoretischen Perspektive der Unternehmung beziehungsweise des Rechnungswesens zu verstehen sind und welche theoretische Perspektive dies ist.

Da für den Grad der Erfüllung dieser Kriterien für die Beurteilung von Klassifikationen kein objektiver Maßstab zur Verfügung steht und zudem konfliktäre Beziehungen zwischen den Kriterien zu erwarten sind, sollen diese Kriterien im Folgenden nicht als ein starres Prüfschema verwendet werden. Die Kriterien sollen vielmehr gemeinsam mit der Berücksichtigung des theoretischen Status und der Funktion von Klassifikationen den Rahmen der Untersuchung bilden und als Anhaltspunkt dienen, auf welche Aspekte bei der Untersuchung und Beurteilung von Klassifikationen des betrieblichen Rechnungswesens besonders geachtet werden sollte.

3 Die Unterscheidung von internem und externem Rechnungswesen

In diesem Kapitel werden der Inhalt, die Funktion und die Bedeutung der Unterscheidung von internem und externem Rechnungswesen untersucht. Hierfür wird zunächst die historische Entstehung und Entwicklung dieser Unterscheidung und die hiermit einhergehende Ausdifferenzierung des betrieblichen Rechnungswesens dargestellt (Abschnitt 3.1). Für die entwicklungsgeschichtliche Untersuchung wird auf historische Quellen und auf Sekundärliteratur zur Geschichte des betrieblichen Rechnungswesens zurückgegriffen. Anschließend wird der aktuelle Stand der Untergliederung des betrieblichen Rechnungswesens mit einem besonderen Fokus auf der Unterscheidung von internem und externem Rechnungswesen anhand einer Lehrbuchanalyse herausgearbeitet (Abschnitt 3.2). Abschließend werden die Ergebnisse der Analyse der historischen Entwicklung und der Lehrbuchanalyse vor dem Hintergrund der im vorstehenden Kapitel dargestellten grundlegenden Eigenschaften von Klassifikationen und der für ihre Beurteilung abgeleiteten Kriterien zusammengefasst und bewertet (Abschnitt 3.3).

3.1 Historische Entwicklung der Unterscheidung

In diesem Abschnitt wird dargestellt, wie sich die im deutschsprachigen Raum in der Betriebswirtschaftslehre geläufige Unterscheidung von internem und externem Rechnungswesen im Lauf der Zeit herausgebildet hat. Dabei wird auf die Entstehung und Entwicklung des Inhaltes dieser Unterscheidung sowie auf ihre Funktion und ihre Bedeutung eingegangen.[139]

Eine solche entwicklungsgeschichtliche Analyse erscheint auch deshalb geboten, weil in der Literatur zur Konvergenz zumeist auf die Historie des Rechnungswesens und die Ursprünge der divergenten Ausgestaltung im deutschsprachigen Raum Bezug genommen wird, ohne diese Aspekte einer detaillierten Analyse zu unterziehen.[140] Dabei wird in der Regel die These vertreten, dass der seit den 90er Jahren zu verzeichnende Trend zu einer konvergenten Gestaltung des Rechnungswesens einen Bruch mit der Tradition des betrieblichen Rechnungswesens bedeutet[141] oder gar einem Paradigmenwechsel gleichkommt.[142] Durch ein Aufzeigen der historischen Entwicklung der Begrifflichkeiten, die in Bezug auf eine Konvergenz bezie-

[139] Vgl. zum Wert historischer Analysen in der Wissenschaft allgemein Kuhn (1976), S. 15, in den Wirtschaftswissenschaften Bellinger (1967), S. 9f. und Schneider (2001), S. 1ff. und mit Bezug auf die Entwicklung des Rechnungswesens Bungenstock (1995), S. 5, Dorn (1961), S. 1ff., Edwards (1989), S. 3ff., Pleitgen (2005), S. 1ff. und Schneider (1992b), S. 3. Zu einem mangelnden Geschichtsbewusstsein in der Betriebswirtschaftslehre vgl. Schneider (1984).

[140] Kurze Analysen oder Verweise auf die historische Entwicklung im deutschsprachigen Raum finden sich beispielsweise bei Coenenberg (1995), S. 2077ff.; Hebeler (2003), S. 21ff.; Hoke (2001), S. 21ff; Klein (1999b), S. 27ff.; Männel (1999a), S: 13ff.; Weißenberger (2003a), S. 1ff.

[141] Vgl. Hebeler (2003), S. 1; Schweitzer/Ziolkowski (1999), S. 2f.

[142] Vgl. Schildbach (1995), S. 10; Weißenberger (2003a), S. 1ff.

hungsweise Divergenz im Rechnungswesen Verwendung finden, soll versucht werden, der diesbezüglich im Rechnungswesen verbreiteten „Begriffs- und Denkverwirrung“[143] ein Stück weit Herr zu werden und die Untersuchung der Konvergenz von internem und externem Rechnungswesen auf ein solides Fundament zu stellen.

Eine Schwierigkeit bei der Darstellung von historischen Entwicklungen im Rechnungswesen liegt darin, dass die Entwicklung des Rechnungswesens eng mit der Geschichte der Betriebswirtschaftslehre[144] und darüber hinaus mit gesellschaftlichen und technischen Entwicklungen[145] verbunden ist. Bei der Betrachtung der Entwicklung der Unterscheidung von internem und externem Rechnungswesen gilt es außerdem, sowohl Entwicklungen im Bereich der Kostenrechnung als auch im Bereich der Rechnungslegung zu beachten, die zum Teil miteinander verknüpft waren und zum Teil unabhängig voneinander verlaufen sind. Hieraus ergibt sich für die folgende Darstellung die Notwendigkeit, auf die Entwicklungen, die für die Trennung beziehungsweise Unterscheidung von internem und externem Rechnungswesen als entscheidend anzusehen sind, zu fokussieren.

In diesem Sinne erfolgt als erstes eine Eingrenzung der betrachteten Zeitspanne. Dabei erscheint es vertretbar, auf eine Darstellung und Analyse der Herausbildung des Rechnungswesens als solches an dieser Stelle zu verzichten. Hierfür wird auf ausführliche Darstellungen in anderen Quellen verwiesen.[146] Die detaillierte Betrachtung der Entwicklung des betrieblichen Rechnungswesens wird hier ab dem Ende des 19. Jahrhunderts begonnen. Die Entwicklung bis dahin wird lediglich insoweit grob skizziert, als dies zur Darstellung des Ausgangspunktes der weiteren Entwicklung des Rechnungswesens erforderlich ist. Der Darstellung der für die Herausbildung der Divergenz besonders relevanten Entwicklungen in den Jahren 1919 bis 1933 wird ihrer Bedeutung entsprechend vergleichsweise viel Platz eingeräumt. Von der detaillierten Betrachtung der historischen Entwicklung sind der aktuelle Stand der Untergliederung in internes und externes Rechnungswesen und der entsprechenden etablierten Begrifflichkeiten sowie die seit Anfang der 90er Jahre intensiv geführte Konvergenzdiskussion ausgenommen. Diese Aspekte werden im weiteren Verlauf der Arbeit eingehend separat behandelt.

---

143 Küpper (1995b), S. 47.

144 Vgl. Dorn (1992), S. 97.

145 So stellt beispielsweise die Entwicklung der Schrift eine technologische Grundvoraussetzung des Rechnungswesens dar. Später haben Erfindungen im Bereich der Mathematik und in der Informationstechnologie wesentliche Weiterentwicklungen des Rechnungswesens und der Buchführungstechnik ermöglicht (vgl. Schneider (2001), S. 69ff.; Eisele (2002), S. 500ff.; Schmalenbach (1950), S. 11ff.; Pleitgen (2005), S. 80ff.).

146 Für eine umfassende Darstellung vgl. Schneider (2001), S. 69ff., der insbesondere auf die Anfänge der Entwicklung des Rechnungswesens eingeht, und Dorn (1961).

Die weitere Darstellung der historischen Entwicklung wird in Zeitabschnitte unterteilt.[147] Die verschiedenen Abschnitte sind vor allem durch bestimmte Leitideen in Bezug auf die Gestaltung des betrieblichen Rechnungswesens gekennzeichnet. Darüber hinaus sind die Übergänge auch durch einschneidende historische Ereignisse, insbesondere durch zwei Weltkriege, beeinflusst. Die als Anfang und Ende der Zeitabschnitte angegebenen Jahreszahlen sind jedoch eher als eine grobe Richtschnur denn als exakte und eindeutige Abgrenzungen der Perioden voneinander anzusehen.

3.1.1 Entwicklung bis zum Ende des 19. Jahrhunderts

Der Ursprung der Entwicklung des Rechnungswesens kann vor allem aus der Notwendigkeit erklärt werden, bei einer Übertragung von Aufgaben an Dritte von den Beauftragten Rechenschaft über die Erfüllung der an sie übertragenen Aufgaben einzuholen. Seinen Anfang hat das Rechnungswesen damit als Instrument der Dokumentation und Kontrolle zur Bewältigung von Problemen der Auftragsdelegation.[148] Die Entwicklung des Rechnungswesens als solches ist damit nicht an das Unternehmertum gebunden. Wichtige Weiterentwicklungen des Rechnungswesens fanden insbesondere im Bereich des staatlichen Rechnungswesens statt.[149] In vielen Fällen findet damals wie heute die These von *Schneider* Bestätigung, dass wesentliche Entwicklungen des betrieblichen Rechnungswesens nicht der Unternehmenspraxis entstammen, sondern vor allem auf staatliche Regulierungseingriffe zurückzuführen sind.[150]

Die Zeit gegen Ende des 19. Jahrhunderts war zum einen durch die Ausbreitung von Großbetrieben und Kapitalgesellschaften gekennzeichnet.[151] Damit war eine Ausweitung der Arbeitsteilung und der Trennung von Eigentum und Verfügungsmacht an den Produktionsmitteln verbunden, die eine Verbreitung des Rechnungswesens für betriebliche Zwecke unterstützte.[152] Dabei diente selbiges zunächst vorrangig als Instrument für die oben genannten Zwecke der Dokumentation und Kontrolle. Nach und nach trat jedoch auch der Zweck der Preiskalkulation vermehrt in den Vordergrund.[153] Zum anderen wurde Deutschland nach 1873

[147] Eine solche Periodisierung stellt zwangsläufig eine Form der Vereinfachung dar. In Bezug auf Darstellungen und Analysen der historischen Entwicklung des Rechnungswesens kann eine solche Periodisierung in der Literatur jedoch als üblich und bewährt angesehen werden (vgl. Dorn (1961), S. 21ff.; Jehle (1973), S. 22ff.; Pleitgen (2005), S. 21ff.; Schneider (2001), S. 189ff.).

[148] Vgl. Schneider (2001), S. 69.

[149] Vgl. ebd., S. 92ff.

[150] Vgl. Schneider (1997), S. 26f.; anders bei Edwards (1989), S. 17.

Zur Bestätigung dieser These in jüngster Zeit können die Konkursfälle von Enron und Worldcom und die anschließenden regulativen Eingriffe insbesondere in Form des Sarbanes-Oxley Acts angeführt werden (vgl. Rauchhaus/Sieler (2004)).

[151] Vgl. Dorn (1961), S. 38; Kruk/Potthoff/Sieben (1984), S. 293; Pleitgen (2005), S. 21ff.

[152] Vgl. Schneider (1992b), S. 7.

[153] Vgl. Dorn (1961), S. 23ff.; Schweitzer/Wagener (1998), S. 440.

von einer Rezession heimgesucht, die das Interesse an Möglichkeiten zu Kosteneinsparungen weckte. Diese Faktoren zusammen hatten eine verstärkte Auseinandersetzung mit dem betrieblichen Rechnungswesen in Deutschland zur Folge.[154]

3.1.2 Entwicklung vom Anfang des 20. Jahrhunderts bis 1918

Als Ausgangspunkt für die detaillierte Betrachtung der Entstehung und Entwicklung der Unterscheidung von internem und externem Rechnungswesen wird hier aus zwei Hauptgründen der Anfang des 20. Jahrhunderts gewählt:

Erstens beginnt zu dieser Zeit in Deutschland ein neuer Abschnitt in der Geschichte der Betriebswirtschaftslehre und damit auch in der des betrieblichen Rechnungswesens,[155] welcher häufig als der Übergang zu einer Betriebswirtschaftslehre mit dem Status einer Wissenschaft aufgefasst wird.[156] Dabei ist für die Auswahl dieses Zeitpunktes hier ausschlaggebend, dass vom Anfang des 20. Jahrhunderts an die Betriebswirtschaftslehre in Deutschland quasi komplett neu aufgebaut wurde, da kaum in nennenswerter Weise an frühere Erkenntnisse und an das vorhandene handelswissenschaftliche Schrifttum angeknüpft wird.[157] Vielmehr beginnt erst nun ein wissenschaftlicher Diskurs in Form einer systematischen Auseinandersetzung mit den Auffassungen Andersgesinnter. Frühere Beiträge tragen dagegen zumeist den Charakter isolierter Einzelerkenntnisse.[158]

Der zweite Grund für die Auswahl dieses Zeitpunktes ist, dass bis hierhin die Entwicklung von internem und externem Rechungswesen in Deutschland weitgehend gemeinsam stattfand.[159] Der wesentliche Grund für diese Gemeinsamkeit der Entwicklung des betrieblichen Rechnungswesens bis zum Ende des 19. Jahrhunderts war ein Fehlen verbindlicher Bewertungsvorschriften und einer einheitlichen gesetzlichen Regelung zur Durchführung der Buch-

---

[154] Vgl. Kruk/Potthoff/Sieben (1984), S. 293.

[155] Vgl. Bellinger (1967), S. 51; Bungenstock (1995), S. 21; Dorn (1961), S. 38ff.; Jehle (1973), S. 22.; Schneider (2001), S. 189; Schweitzer/Wagener (1998), S. 441.

[156] Vgl. Bungenstock (1995), S. 21; Schneider (2001), S. 194. Die Erhebung der Betriebswirtschaftslehre in den Status einer Wissenschaft ist für die hier vorgenommene Argumentation jedoch nicht entscheidend, zumal hierfür aufgrund unterschiedlicher Kriterien an die Wissenschaftlichkeit von Forschungsbereichen zum Teil deutlich unterschiedliche Zeitpunkte festgesetzt werden. So legt z.B. *Jehle* den Beginn der wissenschaftlichen Betriebswirtschaftslehre „in etwa um die Wende des 17. Jahrhunderts“ (Jehle (1973), S. 18) fest. *Schneider* dagegen sieht die Gründung der Handelshochschulen in Deutschland um das Jahr 1912 als den Beginn einer „wissenschaftlichen Gemeinschaft der «Betriebswirtschaftslehre»“ (Schneider (2001), S. 194).

[157] Vgl. Bellinger (1967), S. 52; Jehle (1973), S. 36f.

[158] Vgl. Dorn (1961), S. 24; Schweitzer/Wagener (1998), S. 442.

[159] Vgl. Schneider (1992a), S. 88; Schweitzer/Wagener (1998), S. 442. Allerdings weist *Dorn* darauf hin, dass in einzelnen Betrieben auch zu einer früheren Zeit in verschiedenen Fällen eine Zweiteilung des Rechnungswesens vorgenommen wurde (vgl. Dorn (1992), S. 97).

haltung.[160] Dies führte, in Kombination mit einem bis zu Beginn des 20. Jahrhunderts allenfalls schleppend in Gang kommenden Gedankenaustausch über die Gestaltung des Rechnungswesens in unterschiedlichen Betrieben, zu zumeist unternehmensspezifischen Lösungen für die Gestaltung und Durchführung des Rechnungswesens. Mit den fehlenden Vorschriften zur Unternehmenspublizität fehlt außerdem ein wesentliches Element für die spätere Trennung von internem und externem Rechnungswesen. Entsprechende einheitliche Regelungen wurden im deutschsprachigen Raum erstmals mit der Einführung des HGB im Jahr 1861 in Kraft gesetzt und dann in den Folgejahren auf fast alle Staaten des damaligen Deutschen Bundes ausgedehnt. Diese Regelungen verpflichteten aber lediglich zur Buchführung und beinhalteten keine Informationspflicht nach außen.[161] Wesentlich weiterentwickelt wurden diese Vorschriften dann mit Inkrafttreten des zweiten HGB-Entwurfes und der Entwicklung der heute noch relevanten Grundsätze ordnungsgemäßer Buchführung (GoB) mit Beginn des 20. Jahrhunderts.[162]

Zur Zeit des Übergangs vom 19. zum 20. Jahrhundert beginnt Eugen Schmalenbach seine akademische Tätigkeit, auf welche heute die Divergenz im Rechnungswesen weitgehend zurückgeführt wird.[163] Die eigentliche „Schmalenbach-Periode"[164], in der seine Arbeiten weiten Anklang in Theorie und Praxis finden, beginnt jedoch erst in etwa um das Jahr 1920.[165] Bis hierhin überwiegen in der Literatur zum betriebswirtschaftlichen Rechnungswesen systematisierende und vor allem deskriptive Arbeiten.[166]

Die für die Entwicklung zur Divergenz des Rechnungswesens wichtige Unterteilung der Buchführung in Finanz- und Betriebsbuchhaltung (häufig mit unterschiedlichen Bezeichnungen für diese Bestandteile der Buchhaltung) wird bereits zu dieser Zeit geprägt. Die genaue Abgrenzung zwischen diesen Buchhaltungsbereichen wird jedoch unterschiedlich gehandhabt.[167] Die Finanzbuchhaltung bildet dabei zumeist die Transaktionen mit unternehmensexternen Parteien ab und dient insbesondere dem Jahresabschluss. Die Betriebsbuchhaltung dagegen, die schwerpunktmäßig die betriebsinternen Abläufe darstellt, dient vor allem der Selbstkostenrechnung mit dem Ziel der Ermittlung von Verkaufspreisen.[168] Die Periodenrechnung hat im Rahmen der Betriebsbuchhaltung vor allem Hilfscharakter für die als Stück-

[160] Vgl. Pleitgen (2005), S. 43ff.

[161] Vgl. Coenenberg (2005), S. 11; Pleitgen (2005), S. 45.

[162] Vgl. Pleitgen (2005), S. 46f.; Schweitzer/Wagener (1998), S. 440f.

[163] Vgl. beispielsweise Hebeler (2003), S. 24; Schweitzer/Ziolkowski (1999), S 2; Weißenberger (2004), S. 72.

[164] Schäfer (1953), S. 207, zitiert nach Dorn (1961), S. 83.

[165] Vgl. Dorn (1961), S. 83; Schmalenbach (1934), S. 1f.

[166] Vgl. Jehle (1973), S. 35ff.; Schweitzer/Wagener (1998), S. 442.

[167] Vgl. Dorn (1961), S. 41f.; Schneider (1992a), S. 92.

[168] Vgl. Dorn (1961), S. 81.

kostenrechnung betriebene Selbstkostenrechnung.[169] In dieser wird zur Verrechnung von Gemeinkosten auf eine zwischen Kostenarten- und Kostenträgerrechnung geschaltete Kostenstellenrechnung zurückgegriffen. Damit existieren bereits die Trennung von Einzel- und Gemeinkosten sowie die Strukturierung der Kostenrechnung in Form einer Kostenarten-, Kostenstellen- und Kostenträgerrechnung, wodurch eine Verrechnung von Gemeinkosten auf die Erzeugnisse entsprechend des Verursachungsprinzips ermöglicht wird.[170]

Auch eine Systematisierung verschiedener Formen einer in Finanz- und Betriebsbuchhaltung geteilten Buchhaltung findet sich bereits bei Calmes.[171] Allerdings überwiegt zu dieser Zeit der Gedanke einer Geschlossenheit und Einheit der Buchhaltung in dem Sinne, dass ihre Bestandteile in Form eines möglichst ununterbrochenen Buchungszusammenhangs zu verbinden sind.[172]

3.1.3 Entwicklung von 1919 bis 1933 (die „Schmalenbach-Periode")

Die Darstellung der Herausbildung einer Divergenz im betrieblichen Rechnungswesen innerhalb des in diesem Kapitel untersuchten Zeitraums, beschränkt sich auf eine ausführliche Darstellung der bei Schmalenbach in dieser Zeit entwickelten Ideen und Begrifflichkeiten.[173] Dies

---

[169] Vgl. ebd., S. 46ff.

[170] Vgl. Schneider (1992a), S. 92.

[171] Vgl. Calmes (1908), S. 127f.; Dorn (1961), S. 42f.

[172] Vgl. Dorn (1961), S. 43f., 81.

[173] Ausgangspunkt der nachfolgenden Darstellung ist dabei insbesondere der Aufsatz *„Selbstkostenrechnung I"* (vgl. Schmalenbach (1919)), der in Bezug auf die Entwicklung eines divergenten Rechnungswesens und der zugehörigen Begrifflichkeiten als das bedeutendste Werk *Schmalenbachs* anzusehen ist (vgl. Dorn (1961), S. 86f., 90).

Da *Schmalenbach* zu diesem Aufsatz einen zweiten Teil mit einer systematischen Darstellung von Kalkulationsverfahren in der Praxis plante, erschien der Aufsatz als Teil I. Der zweite Teil wurde jedoch nie veröffentlicht (vgl. Kruk/Potthoff/Sieben (1984), S. 352).

Schmalenbach entwickelte allerdings wesentliche der in dem Aufsatz enthaltenen Ideen bereits früher und veröffentlichte diese auch mehrfach (vgl. Dorn (1961), S. 86; Kruk/Potthoff/Sieben (1984), S. 352). So erschien der Aufsatz, von dem *Schmalenbach* schreibt, man könne ihn „als erste Auflage dieses Buches [Selbstkostenrechnung und Preispolitik, Anm. d. Verf.] betrachten" (Schmalenbach (1934), S. 1) bereits 1899 in der Deutschen Metall-Industrie-Zeitung (vgl. Schmalenbach (1899)). Zu dieser Zeit war *Schmalenbach* noch Student. Erst die Veröffentlichung im Jahr 1919 stieß jedoch auf größere Resonanz und ermöglichte *Schmalenbach* seinen Durchbruch. Außerdem wurden wesentliche Bestandteile der von *Schmalenbach* eingeführten Begrifflichkeiten, die auch heute noch vielfach geläufig sind, maßgeblich in dem 1919 erschienenen Aufsatz geprägt.

Überarbeitungen des Aufsatzes erschienen später als Buchveröffentlichungen. Die zweite Auflage erschien unter dem Titel *„Grundlagen der Selbstkostenrechnung und Preispolitik"* und die dritte bis sechste Auflage als *„Selbstkostenrechnung und Preispolitik"*. Die siebte und achte Auflage erschienen unter dem Titel *„Kostenrechnung und Preispolitik"*. Die beiden letzten Auflagen wurden von *Richard Bauer* bearbeitet und erschienen beide, nachdem *Schmalenbach* im Jahr 1955 verstorben war (vgl. Kruk/Potthoff/Sieben (1984), S. 443f.).

Im Rahmen der hier vorgenommenen Analyse der Herausbildung einer Divergenz im betrieblichen Rechnungswesen bei *Schmalenbach* wurden der ursprüngliche Aufsatz aus dem Jahr 1899 (vgl. Schmalenbach (1899)), der Aufsatz von 1919 (vgl. Schmalenbach (1919)) sowie die sechste Auflage der *„Selbstkostenrech-*

geschieht vor allem aus dem Grunde, dass diese Arbeiten für diese Periode ebenso wie für die weitere Entwicklung des betrieblichen Rechnungswesens in Deutschland, und zwar sowohl in der Theorie als auch in vielen Bereichen der Unternehmenspraxis, maßgeblich waren.[174]

Im Weiteren werden drei Aspekte der Untergliederung und Ausdifferenzierung des betrieblichen Rechnungswesens bei Schmalenbach unterschieden, die nacheinander detailliert betrachtet werden:

a) Gliederung des betrieblichen Rechnungswesens
b) Definition des Kostenbegriffs
c) Zusammenhang zwischen den Bereichen des Rechnungswesens

Dabei ist grundsätzlich zu beachten, dass diese drei Aspekte gedanklich eng miteinander verwoben sind: So stellt Schmalenbach bei der Gliederung des betrieblichen Rechnungswesens auf die Erfüllung unterschiedlicher Rechnungszwecke ab; die Erfüllung dieser Rechnungszwecke macht die Einführung eines von Aufwand und Ertrag abweichenden kalkulatorischen Kostenbegriffes (im Sinne des Grundsatzes „different costs for different purposes") erst erforderlich. Art und Umfang, in dem im betrieblichen Rechnungswesen mit unterschiedlichen Rechengrößen operiert wird, beeinflussen dann wiederum, ob und wie ein Zusammenhang zwischen den unterschiedlichen Bereichen des Rechnungswesens herzustellen ist. Auch wenn diese Aspekte in engem inhaltlichem Zusammenhang stehen, wurden sie, wie anhand der nachfolgenden Ausführungen deutlich wird, in der Theorie und der Praxis des betrieblichen Rechnungswesens jeweils unterschiedlich aufgenommen.

a) Gliederung des betrieblichen Rechnungswesens

Zu Beginn seiner Ausführungen zur Selbstkostenrechnung verortet Schmalenbach „die Selbstkostenrechnung im Rahmen des gesamten kaufmännischen Rechnungswesens"[175]. Dabei nimmt er eine, wie oben ausgeführt zu dieser Zeit bereits geläufige, Zweiteilung des Rechnungswesens vor, indem das Rechnungswesen in die beiden Bereiche „kaufmännische Buchführung" und „Betriebsbuchführung" untergliedert wird.[176] Da Schmalenbach die

---

nung und Preispolitik" als die letzte von *Schmalenbach* selbst bearbeitete Auflage (vgl. Schmalenbach (1934)) und die in den untersuchten Zeitraum fallenden Veröffentlichungen *Schmalenbachs* zum Kontenrahmen (vgl. Schmalenbach (1927) und Schmalenbach (1929)) detailliert untersucht. Ergänzend wird auf weitere Veröffentlichungen *Schmalenbachs* sowie auf Sekundärliteratur zurückgegriffen.

[174] Vgl. Bellinger (1967), S. 54; Dorn (1961), S. 84f., 102ff.; Schildbach (1995), S. 3; Schweitzer/Ziolkowski (1999), S. 2; Weißenberger (2004), S. 72.

Damit soll jedoch nicht unterstellt werden, dass sämtliche dieser Ideen erstmals bei *Schmalenbach* entwickelt wurden. Wem dieser Verdienst letztlich im Einzelnen zusteht, ist jedoch für die inhaltliche Auseinandersetzung mit der Divergenz im Rechnungswesen weitgehend ohne Belang.

[175] Schmalenbach (1919), S. 261.

[176] Vgl. ebd., S. 261.

Bezeichnungen dieser Buchhaltungsbereiche später mehrmals verändert,[177] werden im Folgenden die ebenfalls von Schmalenbach geprägten und heute weit verbreiteten Begriffe „Finanzbuchhaltung“ und „Betriebsbuchhaltung“ verwendet.[178] Die Finanzbuchhaltung ist als „Buchführung des Außendienstes“ vor allem mit Lieferanten, Kunden und Tauschmitteln, also mit dem Zahlungsverkehr befasst. Sie bildet Transaktionen mit unternehmensexternen Parteien ab und dient der „Kontrolle des Schuldenwesens“.[179] Die Betriebsbuchhaltung dagegen wird von Schmalenbach als „Rechnungswesen des Innendienstes“ bezeichnet. Sie dient der Abbildung innerbetrieblicher Vorgänge und „kontrolliert den Betriebsgang auf seine Wirtschaftlichkeit und die Betriebsvorräte auf Ordentlichkeit der Verwaltung.“[180] Hinsichtlich des Umfangs dessen, was unter den Begriff der Buchführung gefasst werden soll, weist Schmalenbach darauf hin, dass „das Wort Buchführung .. im weitesten Sinne, mit seinem ganzen Formular- und Aktenwesen, auch einschließlich statistischer Aufschreibungen“[181] gemeint ist. Der Umfang und die Elemente des „gesamten kaufmännischen Rechnungswesens“ werden von Schmalenbach nicht näher definiert.

Die „Jahreserfolgs- oder Bilanzrechnung“ wird von Schmalenbach ausdrücklich der Finanzbuchhaltung zugeordnet.[182] Dies bezeichnet er allerdings als eine „Ausnahmeerscheinung“, da selbige „nach ihrem Inhalt … vornehmlich der Betriebsrechnung angehören“[183] würde. Als Grund für diese Zuordnung wird angeführt, dass es für die Erstellung des Jahresabschlusses der gleichen hohen Sorgfalt wie für die Finanzbuchhaltung bedarf.[184]

Zusätzlich zu dieser Grobgliederung des Rechnungswesens nimmt Schmalenbach eine genauere Untergliederung der Betriebsbuchhaltung vor. Insgesamt hat die Klassifikation des Rechnungswesens damit die Form einer Monohierarchie. Innerhalb der Betriebsbuchhaltung unterscheidet Schmalenbach vier Bereiche:

[177] So verwendet *Schmalenbach* auch die Bezeichnungen „Geschäftsbuchhaltung“ und „Betriebsbuchhaltung“ (vgl. Schmalenbach (1929), S. 20) und „Finanzbuchführung und Betriebsbuchführung“ (vgl. Schmalenbach (1934), S. 109).

[178] Vgl. Schmalenbach (1927), S. 394.

[179] Schmalenbach (1919), S. 261; Schmalenbach (1934), S. 109.

[180] Schmalenbach (1919), S. 261; Schmalenbach (1934), S. 108.

[181] Schmalenbach (1934), S. 108.

[182] Vgl. Schmalenbach (1919), S. 261; Schmalenbach (1934), S. 109.

[183] Schmalenbach (1919), S. 261; Schmalenbach (1934), S. 109.

[184] Vgl. Schmalenbach (1919), S. 261; Schmalenbach (1934), S. 109.

1. Lohnrechnung
2. Materialrechnung
3. Selbstkostenrechnung
4. Erfolgsrechnung[185]

Die Lohn- und Materialrechnung werden lediglich kurz charakterisiert. Sie werden mit der Debitoren- und Kreditorenbuchhaltung in der Finanzbuchhaltung verglichen und haben die Form von Nebenbuchhaltungen.[186]

Der Selbstkostenrechnung und der Erfolgsrechnung wird jedoch ein anderes Wesen zugeschrieben, da in ihnen eine systematische Bearbeitung der von den anderen Buchhaltungsbereichen gelieferten Daten erfolgt.[187] Zudem sind die Zwecke dieser beiden Bereiche der Betriebsbuchhaltung laut Schmalenbach nur im Allgemeinen umrissen. Als ihre Hauptzwecke werden die „Kontrolle der Betriebsgebarung" und die „Preiskalkulation" genannt.[188] Dabei hebt Schmalenbach hervor, dass unterschiedliche Zwecke eine unterschiedliche Ausgestaltung der Selbstkostenrechnung erfordern und befürwortet eine Ausrichtung der Selbstkostenrechnung am jeweils verfolgten Hauptzweck.[189]

Der wesentliche Unterschied zwischen der Selbstkostenrechnung und der Erfolgsrechnung ist, dass es sich bei der Selbstkostenrechnung um eine stückbezogene Rechnung handelt, während die Erfolgsrechnung periodenbezogen ist. Die Selbstkostenrechnung, die Schmalenbach auch als „Stück-Selbstkostenrechnung" bezeichnet, bezieht Kosten und Leistungen auf Leistungseinheiten, die Erfolgsrechnung dagegen auf Zeiträume.[190]

---

185 Vgl. Schmalenbach (1919), S. 262; Schmalenbach (1934), S. 109. In der ersten von *Bauer* bearbeiteten Veröffentlichung kommt als weiterer Bestandteil der Betriebsbuchhaltung die Anlagenrechnung hinzu (vgl. Schmalenbach (1956), S. 33).

Ergänzt man die von *Schmalenbach* der Finanzbuchhaltung zugerechnete Kontokorrentbuchhaltung und das Wechselbuch, dann entspricht die Liste der Nebenbuchführungen den heute üblicherweise unterschiedenen Nebenbüchern. Der Unterschied ist jedoch, dass sämtliche dieser Nebenbuchführungen mittlerweile zumeist der Finanzbuchhaltung zugeordnet werden. Vgl. die beiden Lehrbücher zur Buchführung Deitermann/ Schmolke/Rückwart (2004), S. 93 und Straube/Arens/Trappe (1994), S. 10. Anders bei *Eisele*, der Lohn-, Anlagen- und Materialrechnung nicht zur Finanzbuchhaltung im engeren Sinne zählt, da diese Buchhaltungsbestandteile häufig über das buchhalterische System der Doppik hinausgehen (vgl. Eisele (2002), S. 539).

186 Vgl. Schmalenbach (1919), S. 262; Schmalenbach (1934), S. 109f.

187 Vgl. Schmalenbach (1919), S. 263; Schmalenbach (1934), S. 110.

188 Vgl. Schmalenbach (1919), S. 348; Schmalenbach (1934), S. 119. Später tritt darüber hinaus die „Beobachtung von Strukturwandlungen" als näher beschriebener Zweck hinzu (vgl. Schmalenbach (1934), S. 121ff.).

189 Vgl. Schmalenbach (1919), S. 349; Schmalenbach (1934), S. 120.

Angesichts der für die Erfüllung unterschiedlicher Rechnungszwecke erforderlichen unterschiedlichen Wertansätze entwickelt *Schmalenbach* später die Idee einer Aufteilung der Kostenrechnung in eine zweckunabhängige (oder an einem Hauptzweck ausgerichtete) Grundrechnung und zusätzliche Zweckrechnungen, welche die Grundrechnung ergänzen (vgl. Schmalenbach (1948), S. 66ff.).

190 Vgl. Schmalenbach (1919), S. 263ff.; Schmalenbach (1934), S. 111f.

Die Erfolgsrechnung wird von Schmalenbach weiter in eine jahresbezogene und in eine kurzfristige, meist monatliche, Erfolgsrechnung untergliedert. Dabei wird die jahresbezogene Rechnung der Finanzbuchhaltung, die kurzfristige Erfolgsrechnung dagegen (allerdings nur im Normalfall) der Betriebsbuchhaltung zugerechnet.[191] Als Grund für die Zuordnung der jahresbezogenen Erfolgsrechnung zur Finanzbuchhaltung wird ihr „offizieller Charakter" angeführt, der zum einen eine für die Betriebsbuchhaltung übermäßige Genauigkeit erfordert und zum anderen verfälschend wirkt.[192] Während in der Erfolgsrechnung der Fokus normalerweise auf Kontinuität und Vollständigkeit gelegt wird, liegt in der Selbstkostenrechnung die Betonung auf dem Grundsatz der Vergleichbarkeit, dem eben jene Kontinuität und Vollständigkeit im Zweifelsfall zu opfern sind.[193] Dass auch die kurzfristige Erfolgsrechnung nicht eindeutig der Betriebsbuchhaltung zugeordnet wird, hängt offensichtlich damit zusammen, dass Schmalenbach die Tendenz sieht, diese in Übereinstimmung mit der Jahreserfolgsrechnung zu bringen und dementsprechend die für die Jahreserfolgsrechnung geltenden Grundsätze auch auf die kurzfristige Erfolgsrechnung anzuwenden.[194] Je nachdem, ob die kurzfristige Erfolgsrechnung den Grundsätzen der Selbstkostenrechnung oder denen der Jahreserfolgsrechnung folgt, ist sie in die Betriebs- oder in die Finanzbuchhaltung einzuordnen.

Das Bestreben Schmalenbachs, die Erfolgsrechnung möglichst eindeutig innerhalb seiner Klassifikation des Rechnungswesens zu verorten, verdeutlicht, dass die Bereiche des Rechnungswesens in Form einer Monohierarchie beziehungsweise einer vollkommenen Hierarchie systematisiert werden sollen. Die bei der Zuordnung der Erfolgsrechnung zur Finanz- oder Betriebsbuchhaltung auftretenden Probleme sind jedoch nicht lediglich auf eine allgemeine Unschärfe der Klassifikation zurückzuführen. Sie offenbaren vielmehr eine Inkonsistenz der Klassifikation, die daraus resultiert, dass die Auswahl der Merkmale, nach denen das Rechnungswesen untergliedert wird, keinem einheitlichen Prinzip folgt. Das Haupt-Unterscheidungskriterium zwischen Finanz- und Betriebsbuchhaltung bezieht sich auf den Rechnungsinhalt, indem nach der Unterschiedlichkeit der vom Rechnungswesen erfassten Objekte differenziert wird: Transaktionen mit unternehmensexternen Parteien (den Außendienst betreffende Vorgänge) sind in der Finanzbuchhaltung abzubilden, unternehmensinterne (den Innendienst betreffende) Vorgänge dagegen in der Betriebsbuchhaltung. Das zweite wesentliche Unterscheidungskriterium richtet sich dagegen nach qualitativen Eigenschaften der Rechnungsbestandteile in Form der Genauigkeit der Rechnung beziehungsweise danach, ob der Fokus auf Vergleichbarkeit oder auf Kontinuität und Voll-

191 Vgl. Schmalenbach (1919), S. 263; Schmalenbach (1934), S. 110.

192 Vgl. Schmalenbach (1919), S. 263, 265; Schmalenbach (1934), S. 110.

193 Vgl. Schmalenbach (1919), S. 269f.; Schmalenbach (1934), S. 114f.

194 Vgl. Schmalenbach (1919), S. 270f.

ständigkeit gelegt wird. Die Unvereinbarkeit der Gliederungskriterien tritt bei der Einordnung der (Jahres-)Erfolgsrechnung in die Gliederung des Rechnungswesens deutlich zu Tage: Ihrem Inhalt nach wäre sie der Betriebsbuchhaltung zuzuordnen, aufgrund ihres offiziellen Charakters und ihres Fokus auf Kontinuität und Vollständigkeit gehört sie jedoch in die Finanzbuchhaltung.[195] Dieser Teil der Überlegungen Schmalenbachs zur Untergliederung des betrieblichen Rechnungswesens lässt damit die ihm von Dorn bescheinigte „äußerste Klarheit der Gedankenführung“[196] in diesem wichtigen Punkt leider vermissen.[197]

---

195 Auch die weitere Untergliederung der Betriebsbuchhaltung folgt keiner einheitlichen Gliederungslogik. So werden die Material- und Lohnrechnung wiederum nach den in ihnen abgebildeten Transaktionen und Objekten unterschieden. Die Selbstkosten- und die Erfolgsrechnung unterscheiden sich von der Material- und Lohnrechnung dagegen dadurch, dass beide Rechnungen mit Stromgrößen operieren. Der Unterschied zwischen Selbstkosten- und Erfolgsrechnung ist dagegen, dass die erste stück- und die zweite periodenbezogen ist.

196 Dorn (1961), S. 88.

197 Diese Abgrenzung zwischen den beiden Bereichen der Buchhaltung wird in der ersten von *Bauer* bearbeiteten Auflage der Selbstkostenrechnung (vgl. Fn. 173) überarbeitet (vgl. Schmalenbach (1956)). Die grundlegende Untergliederung der Buchhaltung in einen Teilbereich für die Abbildung der Außenbeziehungen des Unternehmens und in einen Teilbereich zur Abbildung unternehmensinterner Vorgänge bleibt dabei als Leitmotiv erhalten. So ist beispielsweise die Rede davon, dass die Finanzbuchhaltung in der Praxis zum Teil zusätzlich „Aufgaben, die mit dem Innenbetrieb zu tun haben“ (Schmalenbach (1956), S. 27) übernimmt. Außerdem wird der Finanzbuchhaltung „die *Betriebsbuchhaltung* als das Rechnungswesen des Innendienstes gegenüber[gestellt]“ (Schmalenbach (1956), S. 28, Hervorhebung im Original). Diese Unterteilung bildet jedoch nicht mehr ausdrücklich die Grundlage der Klassifikation von Rechnungswesenbestandteilen (vgl. Schmalenbach (1956), S. 26ff.). Die Abgrenzung der Buchhaltungsbereiche wird stattdessen nun durch Zuordnung bestimmter Buchhaltungsbestandteile zur Finanzbuchhaltung vorgenommen. Dieser werden sämtliche den Geldverkehr und die Finanzierung betreffenden Buchungen, die Buchungen zur Erstellung der Jahresbilanz und der Gewinn- und Verlustrechnung (inkl. Abschreibungen und Rückstellungen) sowie die Buchungen für die Erledigung von Steuererklärungen zugeordnet (vgl. Schmalenbach (1956), S. 27). Die restlichen Buchhaltungsbestandteile fallen dann in den Bereich der Betriebsbuchhaltung.

Klare inhaltliche Kriterien für diese Unterteilung finden sich nicht. Viel Raum wird jedoch der Benennung der beiden Bereiche der Buchhaltung eingeräumt (vgl. Schmalenbach (1956), S. 26ff.). Zur Auswahl der Bezeichnungen wird angeführt, dass diese so gewählt wurden, dass sie die Aufgabenbereiche, die in der Praxis in der Regel mit ihnen verbunden sind, am besten kennzeichnen. Für die Namensfindung soll also die Praxis der Organisation von Rechnungswesenabteilungen maßgeblich sein. Da inhaltliche Kriterien für die vorgenommene Untergliederung des Rechnungswesens fehlen und dem organisatorischen Aspekt viel Raum gewidmet wird, entsteht beim Leser fast zwangsläufig der Eindruck, auch die vorgenommene Gliederung des Rechnungswesens würde sich nach der Aufbauorganisation der Rechnungswesenabteilungen in der Praxis richten.

Ebenso wird die Untergliederung der Erfolgsrechnung in eine kurz- und eine langfristige Rechnung nicht mehr vorgenommen. Stattdessen wird die „Erfolgsrechnung“ in „Betriebsabrechnung“ umbenannt, was eine größere Nähe zur Betriebsbuchhaltung und eine größere Distanz zur Jahreserfolgsrechnung der Finanzbuchhaltung signalisiert. Daraus, dass die Betriebsabrechnung in der Regel die Kostenarten-, Kostenstellen- und die Betriebsergebnisrechnung umfasst, wird deutlich, dass es sich bei der Betriebsabrechnung um eine Erfolgsrechnung auf Basis der Betriebsbuchhaltung handelt (vgl. Schmalenbach (1956), S. 34).

Durch diese Veränderungen wird auf der einen Seite eine Verbesserung erreicht, indem die zuvor inkonsistente Zuordnung der Erfolgsrechnung beseitigt wird. Auf der anderen Seite wird die vorherige Widersprüchlichkeit der Untergliederung nur dadurch eliminiert, dass nun kein grundlegendes inhaltliches Kriterium für die Untergliederung des Rechungswesens mehr angeführt wird. Da die grundlegende Differenzierung zwischen Betriebs- und Finanzbuchhaltung nach dem Abbildungsobjekt jedoch latent erhalten bleibt, ist dies allerdings eher als eine kosmetische Veränderung anzusehen.

Zusammenfassend ergibt sich bei Schmalenbach die in Abbildung 2 dargestellte Untergliederung des betrieblichen Rechnungswesens.

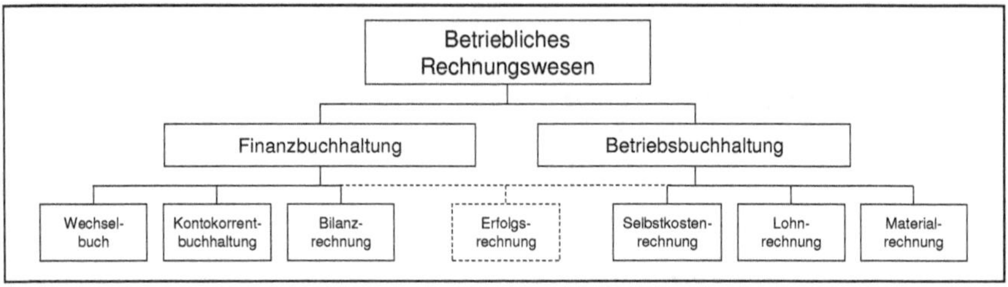

Abbildung 2: Gliederung des betrieblichen Rechnungswesens nach Schmalenbach

b) Definition des Kostenbegriffs

Eine weitere Abgrenzung von Finanz- und Betriebsbuchhaltung wird bei Schmalenbach durch die Einführung des kalkulatorischen Kostenbegriffes herbeigeführt. Diese hat zur Folge, dass in den beiden Buchführungsbereichen mit unterschiedlichen Rechengrößen operiert wird. Während in der Finanzbuchhaltung mit „Aufwand" gerechnet wird, werden in der Betriebsbuchhaltung „Kosten" angesetzt. Später ergänzt Schmalenbach dies zu den Begriffspaaren „Aufwand und Ertrag" und „Kosten und Leistungen".[198]

Für die Definition von Aufwand und Ertrag verweist Schmalenbach auf sein Buch „Dynamische Bilanz". Dort wird der „Aufwand" eines wirtschaftlichen Betriebes als das definiert, „was der Gesamtwirtschaft entzogen wird, ohne in sie zurückzugehen"[199] und „Ertrag" als das, „was an die Gesamtwirtschaft geleistet wird".[200] Die Differenz aus Aufwand und Ertrag heißt Erfolg. Aufwand und Ertrag lassen sich immer auf Zahlungsvorgänge in Form von Einnahmen und Ausgaben zurückführen; es handelt sich damit um pagatorische Rechengrößen. Die Verwendung der Größen Aufwand und Ertrag wird durch die Unterteilung der Totalerfolgsrechnung in Perioden und durch das Auftreten „schwebender Geschäfte" erforderlich, bei denen der Zahlungsvorgang in eine andere Periode als die wirtschaftliche Verursachung von Aufwand und Ertrag fällt.[201] In einer Totalerfolgsrechnung von der Gründung bis zur Liquidation eines Betriebes kann dementsprechend auf die Verwendung von Aufwand und Ertrag verzichtet und stattdessen mit Einnahmen und Ausgaben gerechnet werden. In diesem Fall entspricht die Differenz von Einnahmen und Aus-

[198] Vgl. Schmalenbach (1934), S. 116f.
[199] Vgl. Schmalenbach (1947a), S. 19.
[200] Vgl. ebd., S. 19.
[201] Vgl. ebd., S. 23ff.

gaben (unter Berücksichtigung von Einlagen und Entnahmen) zwangsläufig der Größe Erfolg.[202]

Die in der Betriebsbuchhaltung verwendeten Kosten und Leistungen stimmen zwar zu einem großen Teil mit Aufwand und Ertrag überein, es gibt jedoch Abweichungen sowohl hinsichtlich der Höhe als auch hinsichtlich des Umfangs der anzusetzenden Werte.[203] Dies führt zwangsläufig zu einem Auseinanderfallen von dem in der Finanzbuchhaltung ausgewiesenen „Erfolgsgewinn" und dem in der Selbstkostenrechnung „kalkulierten Gewinn".[204] Schmalenbach akzeptiert ausdrücklich, dass dies „von vielen Kalkulatoren als ein Nachteil empfunden"[205] wird, ist jedoch der Überzeugung, dass die hierdurch erlangten Vorteile die Nachteile überwiegen.

Schmalenbach definiert „Kosten im Sinne der Selbstkostenrechnung [als] Vergleichswerte der für eine Leistung verzehrten Güter."[206] Kosten zeichnen sich demnach erstens dadurch aus, dass sie in direktem Zusammenhang zur betrieblichen Leistungserstellung stehen. Zweitens sollen sie als Grundlage für Vergleiche im Sinne des Grundsatzes „Wirtschaften heißt Wählen" [207] dienen. Sie stellen damit auch eine informatorische Grundlage für unternehmerische Entscheidungen dar.

Da Kosten und Leistungen immer einen direkten Bezug zur betrieblichen Leistungserstellung aufweisen, sind alle Aufwendungen und Erträge, auf die dies nicht zutrifft, aus der Betriebsbuchhaltung zu eliminieren. Dementsprechend werden Aufwendungen und Erträge, die nicht mit der eigentlichen Leistungserzeugung des Betriebes verbunden sind, also betriebsfremden Charakter haben, als „neutraler Aufwand" und „neutraler Ertrag" nur in der Finanzbuchhaltung nicht aber in der Betriebsbuchhaltung erfasst. Hierunter fallen z.B. Aufwendungen in Form von Spenden sowie Gewinne oder Verluste aus Spekulationsgeschäften. In der Finanzbuchhaltung ist die Erfassung sämtlicher im Zeitablauf einnahmebeziehungsweise ausgabewirksamer Erfolgskomponenten erforderlich, um die Vollständigkeit der Erfolgsrechnung zu gewährleisten.[208]

---

[202] Vgl. ebd., S. 26. Damit wird für die Erfolgsrechnung die Gültigkeit des Kongruenzprinzips angenommen (vgl. zum Kongruenzprinzip Fn. 557).

[203] Vgl. Schmalenbach (1919), S. 270.

[204] Vgl. ebd., S. 273.

[205] Ebd., S. 273.

[206] Ebd., S. 270; ähnlich bei Schmalenbach (1934), S. 113.

[207] Schmalenbach (1919), S. 269.

[208] Vgl. ebd., S. 269.

Des Weiteren ist die Selbstkostenrechnung durch weitgehende Normalisierungsbestrebungen gekennzeichnet.[209] Dementsprechend sind die Auswirkungen von Zufallseinflüssen und außergewöhnlichen Ereignissen in der Selbstkostenrechnung zu tilgen. Ebenso gilt es, eventuelle Verfälschungen in der durch ihren offiziellen Charakter und bilanzpolitische Bestrebungen gekennzeichneten Jahreserfolgsrechnung zu korrigieren.[210] Zusammengenommen führt dies zu weiteren Abweichungen der Kosten und Leistungen von Aufwand und Ertrag: Zum einen hinsichtlich der Höhe der anzusetzenden Werte, wenn z.B. in der Jahreserfolgsrechnung zu hohe oder zu niedrige Abschreibungen angesetzt werden,[211] zum anderen kann aber auch ein Ansatz von Kosten oder Leistungen in Fällen erforderlich sein, in denen kein Aufwand oder Ertrag vorliegt. Dann handelt es sich um so genannte Zusatzkosten oder Zusatzleistungen. Unter die Zusatzkosten fallen bei Schmalenbach z.B. Zinsen für eigenes Kapital,[212] als Zusatzleistungen sind z.B. Gewinne zu erfassen, die unter normalen Umständen zu erwarten gewesen wären, wenn beispielsweise keine „Kampfpreise" hätten gemacht werden müssen.[213]

Der Einsatz von Kosten und Leistungen als Vergleichswerte für das Treffen von Wahlentscheidungen macht weitere Abweichungen von Aufwand und Ertrag erforderlich. Dabei beeinflussen auch die Art des vorgenommenen Vergleichs beziehungsweise die diesem zugrunde liegende Wahlentscheidung sowie die jeweilige betriebliche Situation ob und inwiefern Kosten und Leistungen von Aufwand und Ertrag abweichen.[214] Die jeweils anzusetzenden Kosten sind damit zweckabhängig im Sinne des Grundsatzes „different costs for different purposes". Der im konkreten Fall anzusetzende Wert wird „Kalkulationswert"[215] genannt, später wird die Bezeichnung in „Betriebswert"[216] geändert.

Hinter dem Kalkulationswert verbergen sich im Normalfall Grenzkosten[217], von Schmalenbach ursprünglich als der „proportionale Satz"[218] bezeichnet. Für die Ermittlung von Kalkulationswerten sind die Kosten dementsprechend in ihre fixen und variablen Bestandteile aufzulösen. Einsatzfaktoren sind im Normalfall mit ihren Zeitwerten anzusetzen.[219] Treten

---

[209] Vgl. ebd., S. 270ff.; Schmalenbach (1934), S. 115.

[210] Vgl. Schmalenbach (1919), S. 271f.

[211] Vgl. ebd., S. 271.

[212] Vgl. ebd., S. 271.

[213] Vgl. Schmalenbach (1934), S. 117.

[214] Vgl. Schmalenbach (1919), S. 269; Schmalenbach (1934), S. 10.

[215] Vgl. Schmalenbach (1919), S. 274.

[216] Vgl. Schmalenbach (1934), S. 10. Noch später wird der Begriff in „optimale Geltungszahl" verändert (vgl. Schmalenbach (1947b), S. 14). Die Begriffe können aber immer synonym verwendet werden.

[217] Vgl. Schmalenbach (1934), S. 24.

[218] Vgl. Schmalenbach (1919), S. 321.

[219] Vgl. ebd., S. 274; Schmalenbach (1934), S. 13.

jedoch Engpässe, z.B. auf den Beschaffungsmärkten oder bei betrieblichen Ressourcen, auf, sind Grenznutzenwerte als Kalkulationswert anzusetzen. In diesen Fällen sind die unterschiedlichen Einsatzmöglichkeiten des Engpassfaktors einander gegenüberzustellen und es findet eine Bewertung des Engpassfaktors zu Opportunitätskosten statt.[220]

Schmalenbach betont die Bedeutung des proportionalen Satzes insbesondere für Zwecke der innerbetrieblichen Leistungsverrechnung, in der für die Bildung von Verrechnungspreisen nur die variablen Kosten zu berücksichtigen sind.[221] Auf der Basis einer detaillierten Analyse der betrieblichen Kostenverläufe, die für die Trennung von fixen und variablen Kostenbestandteilen erforderlich ist, soll zudem festgestellt werden, in welchen Bereichen eines Betriebes mit progressiven und in welchen mit degressiven Kosten gearbeitet wird. Daraufhin können dann die Auslastung beziehungsweise die Kapazitäten der verschiedenen Betriebsbereiche entsprechend beeinflusst werden.[222]

Auch für die Preiskalkulation wird dem proportionalen Satz besondere Bedeutung zugewiesen.[223] Allerdings erkennt Schmalenbach früh, dass „die Preisabgabe von der Kalkulationsrechnung zu trennen [ist], sie verfährt nach Grundsätzen, die mit der Kalkulation nur indirekt zu thun [!] haben. Bei der Preisabgabe ist das Studium des Marktes entscheidend, die Kalkulation stellt nur die Unterlage fest."[224] Mit Hilfe des proportionalen Satzes lässt sich jedoch feststellen, wie viel die einzelnen Erzeugnisse zur Deckung der fixen Kosten beitragen.[225] Dies ermöglicht insbesondere eine verbesserte Zusammensetzung des Produktprogramms. Auf die Kostenträger sind demzufolge in der Regel nur variable Kostenbestandteile zu verrechnen.

Das Verhältnis von Aufwand und Kosten wird von Schmalenbach mit Hilfe eines klassisch gewordenen in Abbildung 3 wiedergegebenen Schaubilds verdeutlicht.

---

220 Vgl. Schmalenbach (1919), S. 276ff.

221 Vgl. ebd., S. 323.

222 Vgl. ebd., S. 284ff.; Schmalenbach (1934), S. 29ff.

223 Vgl. Schmalenbach (1899), S. 116; ähnlich bei Schmalenbach (1919), S. 352.

224 Schmalenbach (1899), S. 130.

225 Vgl. Schmalenbach (1934), S. 174ff.

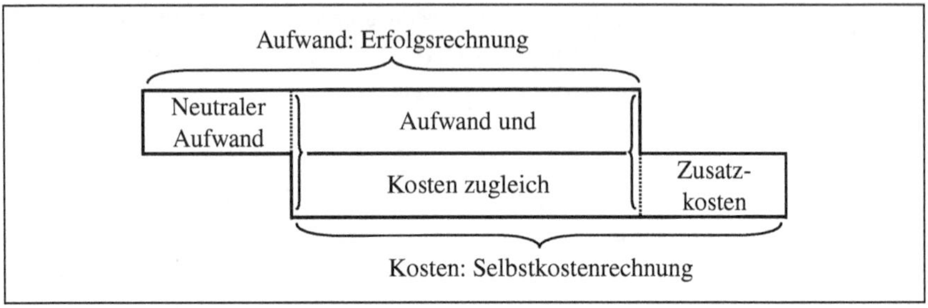

Abbildung 3: Verhältnis von Aufwand und Kosten[226]

c) Zusammenhang zwischen den Bereichen des Rechnungswesens

Die obige Abbildung veranschaulicht noch einmal, dass (Jahres-)Erfolgsrechnung und Selbstkostenrechnung trotz ihrer Unterschiede Überschneidungsbereiche besitzen. Die in ihnen verwendeten Rechengrößen sind in weiten Teilen gleich und fallen nur partiell auseinander. Grundsätzlich betont Schmalenbach dennoch die Notwendigkeit einer Trennung des Rechnungswesens in Betriebs- und Finanzbuchhaltung.[227] Nichtsdestotrotz beschwört er auch vor allem in seinen späteren Veröffentlichungen immer wieder die Notwendigkeit eines „organischen Zusammenwirkens" dieser beiden Bestandteile des Rechnungswesens.[228] Damit ist jedoch nicht gemeint, dass Betriebs- und Finanzbuchhaltung nicht in weiten Teilen voneinander getrennt und nach deutlich unterschiedlichen Gesichtspunkten ausgestaltet werden sollten. Vielmehr sollen „sie erst dort auseinander gehen, wo die Verschiedenheit der Zwecke eine Verschiedenheit der Methoden erzwingt."[229] Eine Betonung der Verschiedenheit der Rechnungszwecke vermeidet so unnötige Doppelarbeit und weist den Buchhaltungsbereichen ihren Platz innerhalb des Rechnungswesens eindeutig zu. Dies ermöglicht eine geordnete Beziehung zwischen Betriebs- und Finanzbuchhaltung.

Die Herstellung einer solchen geordneten Beziehung der beiden Rechnungswesenbereiche steht auch in dem von Schmalenbach entwickelten Kontenrahmen im Vordergrund.[230] Während die zuvor dargestellten Aspekte der Divergenz hinsichtlich der Untergliederung des Rechnungswesens und der Definition des Kostenbegriffs eher theoretischer Natur

[226] Quelle: Modifiziert nach Schmalenbach (1927), S. 595.

[227] Vgl. Schmalenbach (1919), S. 261, 265.

[228] Vgl. Schmalenbach (1935), S. 5; Schmalenbach (1948), S. 69; Schmalenbach (1956), S. 30.

[229] Schmalenbach (1948), S. 68.

[230] Vgl. ebd., S. 69. Beim Kontenrahmen an sich handelt es sich jedoch nicht um eine Erfindung *Schmalenbachs*. Der Beginn der Diskussion um die Entwicklung von Konterahmen wird von *Eisele* auf *J. F. Schär* und das Jahr 1890 zurückgeführt (vgl. Eisele (2002), S. 566).

waren, so ist der Kontenrahmen vor allem als wichtiges Umsetzungsinstrument dieser Ideen in der Buchhaltungspraxis zu sehen.[231]

Der im Jahr 1927 erschienene Kontenrahmen[232] stieß zur damaligen Zeit aus verschiedenen Gründen auf fruchtbaren Boden: Zunächst wurde es zu dieser Zeit erforderlich, das in seinem Umfang anwachsende betriebliche Rechnungswesen so zu organisieren, dass es arbeitsteilig abgewickelt werden konnte. Zudem bestand aus pädagogischen Bedürfnissen der Hochschulen aber auch von Seiten der Praxis ein genereller Wunsch nach einer Vereinheitlichung des Rechnungswesens.[233] Entsprechende Arbeitskreise und Fachausschüsse, in die Schmalenbach auch eingebunden war, waren bereits eingerichtet. Doch die Veröffentlichung des Kontenrahmens durch Schmalenbach erfolgte in Form eines Alleingangs - ein Vorgehen, das nicht ohne Kritik blieb.[234] In der durch diesen Alleingang ermöglichten frühzeitigen Veröffentlichung liegt aber wohl gerade ein wesentlicher Grund für den enormen Einfluss, den der Schmalenbach'sche Kontenrahmen auch heute noch auf die Entwicklung von Kontenrahmen in Deutschland besitzt.[235]

Schmalenbach betont in seiner Veröffentlichung des Kontenrahmens, dass dieser keineswegs als enges Korsett zu verstehen ist, sondern dass er im jeweiligen Einzelfall den betrieblichen Bedürfnissen angepasst werden sollte.[236] Zwar orientiert sich der Kontenrahmen grundsätzlich an den Bedürfnissen der Fabrikunternehmen, ist aber ebenso für weitere Betriebe gedacht. Für Betriebe ohne erheblichen Materialaufwand sowie für reine Handelsbetriebe und Banken hält Schmalenbach ihn jedoch für ungeeignet.[237]

Der von Schmalenbach entworfene Kontenrahmen ist formal folgendermaßen gegliedert: Die Konten werden mit Hilfe des dezimalen Systems durchnummeriert, wobei die erste Zahl der Kontonummer die Zugehörigkeit des Kontos zu einer übergeordneten Kontenklasse und die weiteren Zahlen die Zugehörigkeit zu weiteren Untergruppen angeben, die letzte dient der Identifikation eines einzelnen Kontos. Je nachdem, wie viele Konten benötigt werden, ist die Länge der verwendeten Kontonummern variabel. In jedem Fall ergeben sich zehn übergeordnete Kontenklassen mit den Nummern 0 bis 9.[238] Dieses System der

231 Vgl. Dorn (1961), S.119.
232 Vgl. Schmalenbach (1927).
233 Vgl. Dorn (1961), S. 120; Schmalenbach (1935), S. 1f.
234 Vgl. Dorn (1961), S. 119; Kruk/Potthoff/Sieben (1984), S. 373f.
235 Vgl. Kruk/Potthoff/Sieben (1984), S. 380; Eisele (2002), S. 566.
236 Vgl. Schmalenbach (1927), S. 387.
237 Vgl. ebd., S. 391.
238 Vgl. ebd., S. 387.

dekadischen Kontengliederung nach Melville-Dewey hat sich bis heute in der Praxis durchgesetzt.[239]

Hinsichtlich der materiellen Gliederung folgt der Kontenrahmen dem Prozessgliederungsprinzip. Dabei orientiert sich die Unterteilung des Kontenrahmens am unternehmensbezogenen Wertefluss.[240] Dass die Gliederung des Schmalenbach'schen Kontenrahmens diesbezüglich nicht vollkommen homogen ist, zeigt sich daran, dass die Kontenklassen 0 und 1 danach voneinander getrennt werden, wie häufig die in ihnen enthaltenen Konten in der Buchhaltung angesprochen werden[241]; eine Aufteilung, die sich ganz an praktischen Erwägungen hinsichtlich der Bewältigung der Buchführung orientiert.

Die Gliederung des Kontenrahmens ist in Abbildung 4 wiedergegeben. Sie zeigt, dass die ersten drei Kontenklassen der Finanzbuchhaltung vorbehalten sind. Die Kontenklasse 2 dient der Separierung von neutralem Aufwand und Ertrag von der Betriebsbuchhaltung. Wenn die monatliche beziehungsweise generell die kurzfristige Erfolgsrechnung sich nach den Grundsätzen der Betriebsbuchhaltung richtet (was von Schmalenbach im Normalfall befürwortet wird), so ist diese Kontenklasse komplett der Jahresrechnung vorbehalten.[242] Die Kontenklassen 3 bis 8 und damit die überwiegende Mehrheit der Konten, ist eindeutig der Betriebsbuchhaltung vorbehalten. Dementsprechend ist die Erfassung eventueller Zusatzkosten in Kontenklasse 3 vorgesehen. Die Kontenklasse 9, in der Verkaufserlöse und -kosten gesammelt werden, ist wahlweise in der Betriebs- oder in der Finanzbuchhaltung zu führen. Alternativ schlägt Schmalenbach vor, die Vertriebskosten in der Betriebsbuchhaltung und die Erlöse in der Finanzbuchhaltung zu erfassen.[243]

An dem von ihm entwickelten Kontenrahmen wird die Überzeugung Schmalenbachs sichtbar, dass das „gesamte Rechnungswesen eines Betriebes in allen seinen Teilen ein Ganzes bilden muss."[244] Sowohl die Abwicklung der Kostenstellenrechung als auch die Trennung von proportionalen und fixen Kosten sind grundsätzlich im Kontenrahmen und damit auch in Form beziehungsweise auf der Basis buchhalterischer Konten vorgesehen. Allerdings erwies sich diese im Kontenrahmen angelegte, vergleichsweise enge Kopplung von Finanz- und Betriebsbuchhaltung in der Praxis bald als problematisch. Es zeigte sich, dass

---

239 Vgl. Kruk/Potthoff/Sieben (1984), S. 377; Eisele (2002), S. 567.

240 Vgl. Eisele (2002), S. 568. Andere Kontenrahmen, wie der IKR, orientieren sich am Abschlussgliederungsprinzip (vgl. hierzu S. 67).

241 Eine weitere praktische Erwägung liegt darin, dass man in die Konten der Klasse 0 vertrauliche Konten aufnehmen und diese separat, ähnlich wie die Konten einer Geheimbuchführung, führen kann (vgl. Schmalenbach (1927), S. 392f.).

242 Vgl. Dorn (1961), S. 121f.

243 Vgl. Schmalenbach (1927), S. 391f.

244 Schmalenbach (1935), S. 5.

die innerbetriebliche Leistungsverrechnung ebenso wie die Auflösung der Kosten in fixe und variable Bestandteile nicht in buchhalterischer Form bewältigt werden konnten.[245] Schmalenbach hebt zwar die Vorteile der Doppik hervor, allerdings wird bereits in der ersten Veröffentlichung des Kontenrahmens darauf hingewiesen, dass man „das Wort «Konto» nicht in zu engem Sinne verstehen [darf].“[246] Somit wird offenbar nicht davon ausgegangen, dass sämtliche Aspekte der Betriebsbuchhaltung durchgängig in Kontenform abzuwickeln wären.[247] Hier ist zu beachten, dass die Struktur des Kontenrahmens zwar die inhaltliche und abrechnungstechnische Gestaltung des Rechnungswesens beeinflusst, sie legt jedoch nicht fest, wie Betriebs- und Finanzbuchhaltung abrechnungstechnisch[248] durchzuführen und miteinander zu verbinden sind. Dennoch besitzt der Kontenrahmen insbesondere bei einer manuellen Abwicklung[249] der Buchführung über die Beeinflussung der Belegorganisation und des Abrechnungsgangs auch einen wesentlichen Einfluss auf die Struktur und die Auswertungsmöglichkeiten des gesamten Rechnungswesens.[250] Während Schmalenbach auf den Aspekt der abrechnungstechnischen Kopplung von Finanz- und Betriebsbuchhaltung bei der ersten Veröffentlichung des Kontenrahmens nicht weiter eingeht, widmet er diesem Thema - wohl auch aufgrund der in der Praxis aufgetretenen Probleme - in der zweiten Auflage des Kontenrahmens bereits einen eigenen Abschnitt. Darin werden drei grundlegende Formen der abrechnungstechnischen Kopplung von Finanz- und Betriebsbuchhaltung unterschieden:[251]

[245] Vgl. Kruk/Potthoff/Sieben (1984), S. 379.

[246] Schmalenbach (1927), S. 385; ähnlich bei Schmalenbach (1935), S. 5.

[247] Vgl. Schmalenbach (1935), S. 5; Kruk/Potthoff/Sieben (1984), S. 379f.

[248] Die abrechnungs- beziehungsweise buchhaltungstechnische Kopplung von Finanz- und Betriebsbuchhaltung wird häufig als „organisatorischer“ Aspekt der Buchführung bezeichnet (vgl. Eisele (2002), S. 582; Kruk/Potthoff/Sieben (1984), S. 380; Schmalenbach (1956), S. 28ff.). Dieser Begriff wird hier bewusst vermieden, da er zu dem Fehler verleitet, diese technischen Aspekte der Buchführung mit Aspekten der Organisation der Rechnungswesenabteilung zu vermischen.

[249] Im Sinne einer fehlenden EDV-technischen Unterstützung.

[250] Vgl. zu den Problemen der manuellen Abwicklung der Buchführung und der Belegorganisation beispielhaft Calmes (1908), S. 122ff.; Schmalenbach (1899), S. 171ff.; Schmalenbach (1927), S. 25ff. Bei *Pleitgen* findet sich zudem eine Darstellung der Entwicklung von technischen Hilfen in der Buchhaltung im Zeitraum von 1890 bis 1940 (vgl. Pleitgen (2005), S. 80ff.).

[251] Vgl. Schmalenbach (1929), S. 75ff.

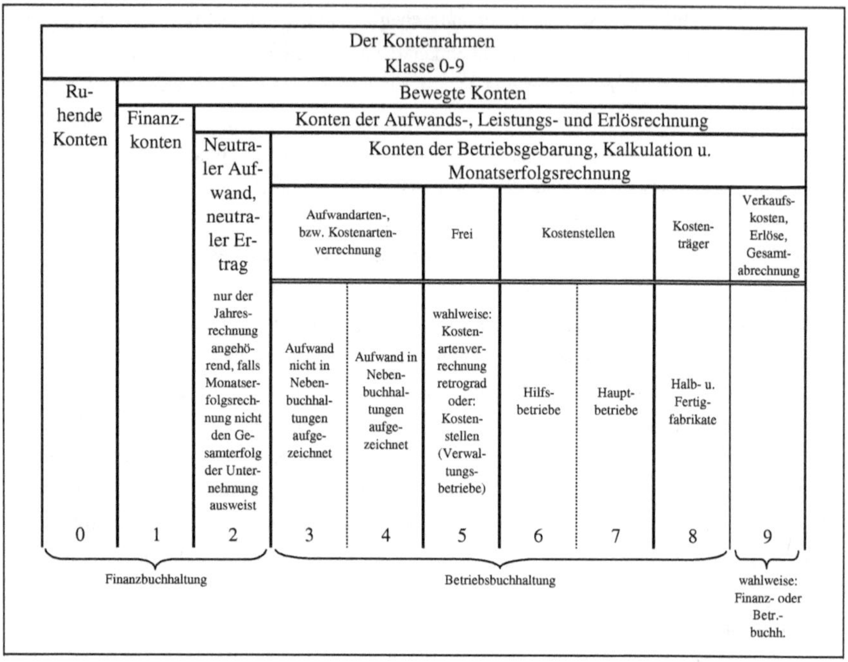

Abbildung 4: Der Kontenrahmen nach Schmalenbach[252]

In der ersten Form werden Finanz- und Betriebsbuchhaltung innerhalb eines einzigen integrierten Kontensystems geführt. Dabei wird auch die gesamte Betriebsbuchhaltung, inkl. Kostenarten-, Kostenstellen- und Kostenträgerrechnung, in Kontenform abgewickelt. In diesem System bilden Finanz- und Betriebsbuchhaltung ein Ganzes und können nicht getrennt voneinander abgeschlossen werden. Diese Form der Verbindung von Finanz- und Betriebsbuchhaltung wird als „Einkreissystem" bezeichnet.[253] Schmalenbach führt hierzu aus, dass diese Form der Buchführung häufig dann zum Einsatz kommt, wenn im Rahmen der Kostenrechnung nur einfache innerbetriebliche Verrechnungen vorgenommen werden. Allerdings sei auch innerhalb eines solchen einheitlichen Kontensystems eine weitgehende Untergliederung der Kosten möglich.[254] In der zweiten von Schmalenbach beschriebenen Form wird die Betriebsbuchhaltung in Form einer Nebenbuchhaltung an die Finanzbuchhaltung angebunden. Dabei werden die Konten der Betriebsbuchhaltung in der Finanzbuchhaltung nur summarisch geführt, die weitere Untergliederung findet separat statt. Diese Art der Kopplung fällt ebenfalls unter die „Einkreissysteme", da auch hier für die

[252] Quelle: Modifiziert nach Schmalenbach (1929), S. 20.

[253] Vgl. Eisele (2002), S. 582f.

Finanz- und Betriebsbuchhaltung ein einheitliches, integriertes Kontensystem zur Anwendung kommt.[255] Es handelt sich jedoch nicht um ein Einkreissystem in seiner „reinen Form“, sondern um ein „ergänztes Einkreissystem“. Da die Betriebsbuchhaltung als Nebenbuchhaltung geführt wird, ist sie bis auf die Sammelkonten von der Finanzbuchhaltung abgesondert und bildet damit de facto einen selbständigen Rechnungskreis. Die innerbetriebliche Leistungsverrechnung kann im ergänzten Einkreissystem in Form von Konten aber auch in tabellarischer Form dargestellt beziehungsweise abgewickelt werden.[256] In der dritten Form der Verbindung von Finanz- und Betriebsbuchhaltung werden die beiden Buchhaltungsbereiche in zwei selbständigen und weitgehend getrennten Kontensystemen geführt. Dies wird als „Zweikreissystem“ bezeichnet.[257]

Schmalenbach befürwortet keine Form der Kopplung von Finanz- und Betriebsbuchhaltung ausdrücklich und lässt offen, in welcher Form die innerbetriebliche Abrechnung abgewickelt werden sollte.[258] In jedem Fall sollen Finanz- und Betriebsbuchhaltung jedoch so aneinander gekoppelt werden, dass eine Kontrolle beziehungsweise Abstimmung dieser Buchführungsbestandteile stattfinden kann.

Insgesamt ist Schmalenbach eher ein Vertreter einer engen Verbindung denn einer weitgehenden Trennung von Finanz- und Betriebsbuchhaltung. Die organische Verbindung dieser Bereiche miteinander und die Wahrung einer gewissen Einheit des Rechnungswesens ist für Schmalenbach dabei vor allen Dingen eine Frage der Effizienz. Unnötige Doppelarbeit soll so nach Möglichkeit vermieden werden. Die Rechnungen sollen lediglich dort auseinander gehen, wo die Rechenzwecke dies verlangen. Explizitere Aussagen zum Zusammenspiel von Finanz- und Betriebsbuchhaltung finden sich insbesondere in den frühen Veröffentlichungen von Schmalenbach allerdings kaum. In späteren Veröffentlichungen haben dann offenbar auch die Erfahrungen aus der Praxis Eingang gefunden, in der sich

---

254 Vgl. Schmalenbach (1929), S. 75.

255 Vgl. Eisele (2002), S. 582f.

256 Vgl. ebd., S. 582f.; Schmalenbach (1929), S. 75ff.

Neben die kontenmäßige Darstellungs- beziehungsweise Abrechnungsform wird hier die tabellarische Form gestellt, die häufig auch als „statistisch tabellarische“ oder „statistische“ Form bezeichnet wird. Die Bezeichnung als „statistisch“ wird von *Kosiol* aber zurecht kritisiert, da bei der innerbetrieblichen Abrechnung normalerweise keine statistischen Methoden zur Anwendung kommen (vgl. Kosiol (1950), S. 32f.).

257 Vgl. Eisele (2002), S. 585ff.

Die Unterteilung der Formen der Kopplung von Finanz- und Betriebsbuchhaltung in Einkreissysteme, ergänzte Einkreissysteme und Zweikreissysteme erfolgt hier ausschließlich auf der Basis der Eigenschaften des Kontensystems. Zum Teil wird zur Charakterisierung der Kopplung von Finanz- und Betriebsbuchhaltung jedoch auch die Art der Darstellung beziehungsweise Abwicklung der Betriebsbuchhaltung (kontenmäßig versus tabellarisch) genutzt; häufig werden auch beide Aspekte miteinander vermischt (so z.B. bei Schneider (1954), S. 179ff. oder Kilger (1987), S. 452ff.). Eine besonders detaillierte und präzise Unterscheidung verschiedener Formen der Kopplung von Finanz- und Betriebsbuchhaltung, die beide Aspekte berücksichtigt, findet sich bei *Kosiol* (vgl. Kosiol (1950), S. 39ff.)

258 Vgl. Schmalenbach (1929), S. 78.

eine stärkere Trennung von Finanz- und Betriebsbuchhaltung als die praktikabelste Variante herausstellte.[259]

Nachdem die Untergliederung und Ausdifferenzierung des betrieblichen Rechnungswesens bei Schmalenbach getrennt nach den drei Aspekten Gliederung des Rechnungswesens in Teilbereiche, Definition des Kostenbegriffs und Zusammenhang zwischen den Teilbereichen des Rechnungswesens dargestellt wurde, sollen die diesbezüglichen Ausführungen noch einmal zusammengefasst und gebündelt werden.

Als erstes ist festzuhalten, dass sich bei Schmalenbach keine Untergliederung in internes und externes Rechnungswesen nach den Adressaten der Rechnungsweseninformationen findet. Aspekte einer solchen Untergliederung werden lediglich vereinzelt und am Rande erwähnt.[260] Zentral für die Untergliederung des betrieblichen Rechnungswesens bei Schmalenbach ist vielmehr die Unterteilung nach den im Rechnungswesen abgebildeten Objekten und Transaktionen. Mit der Unterteilung in ein Rechnungswesen des „Innendienstes" und des „Außendienstes", findet sich aber auch hier eine Unterteilung des Rechnungswesens in eine „interne" und „externe" Sphäre. Diese Zweiteilung des betrieblichen Rechnungswesens wird zu dieser Zeit von der Mehrheit der Autoren vertreten. Dorn nennt als profilierteste Vertreter dieser Richtung neben Schmalenbach auch Beste, Kosiol, Walb und Lehmann,[261] wobei Letzterer sogar ausdrücklich zwischen „internem" und „externem" Rechnungswesen unterscheidet.[262]

Die Untergliederung des Rechnungswesens in Teilbereiche folgt bei Schmalenbach allerdings keinem einheitlichen Gliederungsprinzip. So sind neben den Abbildungsobjekten auch die verschiedenen mit dem Rechnungswesen verfolgten Zwecke von mindestens ebenso hoher Bedeutung für die Gliederung des Rechnungswesens. Insgesamt werden durch die Untergliederung in Finanz- und Betriebsbuchhaltung bei Schmalenbach zwei in vielerlei Hinsicht unterschiedliche Hauptbereiche innerhalb des betrieblichen Rechnungswesens gebildet. Diese

---

259 In der Literatur wird die Position *Schmalenbachs* zur Verbindung von Finanz- und Betriebsbuchhaltung unterschiedlich eingeordnet: So sieht *Erich Schneider* den *Schmalenbachschen* Kontenrahmen als typischen Ausdruck eines „radikalen Monismus" der Buchführung an, da hier die Kostenstellenrechnung in der Regel in Kontenform abzuwickeln sei (vgl. Schneider (1939), S. 146ff.). *Kruk/Potthoff/Sieben* relativieren die diesbezügliche Position *Schmalenbachs* mit Verweis auf dessen spätere Veröffentlichungen (vgl. Kruk/Potthoff/Sieben (1984), S. 379f.). *Eisele* stuft zumindest die enge Verzahnung von Finanz- und Betriebsbuchhaltung als charakteristisch für den Ansatz *Schmalenbachs* ein (vgl. Eisele (2002), S. 566). Die Schwierigkeiten einer exakten Einordnung der diesbezüglichen Position *Schmalenbachs* dürften jedoch auch darauf zurückzuführen sein, dass hierbei häufig verschiedene Aspekte der Kopplung von Finanz- und Betriebsbuchhaltung betrachtet werden (vgl. hierzu auch Fn. 257).

260 So z.B. bei der Anmerkung, die Erfolgsrechnung sei im Gegensatz zur Selbstkostenrechnung „durch ihren offiziellen Charakter beeinflusst" (Schmalenbach (1919), S. 265), die Selbstkostenrechnung dagegen habe „ihr Wesen nur innerhalb der Wände des Betriebes" (ebd.).

261 Vgl. Dorn (1961), S. 104ff. *Dorn* erwähnt zudem eine zweite Gruppe von Autoren (u.a. *Geldmacher*), welche diese Zweiteilung anerkennen, darüber hinaus jedoch eine weitergehende Untergliederung befürworten.

262 Vgl. Lehmann (1925), S. 16.

unterscheiden sich in Bezug auf die in ihnen abgebildeten Objekte und die mit ihnen verfolgten (Haupt-)Zwecke, aber auch hinsichtlich der in ihnen verwendeten Rechengrößen, in ihrer Genauigkeit, ihrem Detailgrad und in ihrem Auswertungszyklus. Auch Aspekte der arbeitsteiligen Bewältigung des Rechnungswesens und der Organisation der Rechnungswesenabteilung[263] sowie der in der Praxis des Rechnungswesens anzutreffenden Nebenbuchhaltungen spielen in die Überlegungen zur Untergliederung des Rechnungswesens mit hinein. An den Problemen bei der Zuordnung der Erfolgsrechnung zu den Teilbereichen des Rechnungswesens wird die Inkonsistenz der Klassifikation deutlich: es fehlt an einem einheitlichen Prinzip für die Auswahl der klassifikatorischen Merkmale. Die Konsistenz einer Klassifikation ist jedoch auch vor dem Hintergrund ihrer Funktion zu betrachten.

Die Funktion der Untergliederung des betrieblichen Rechnungswesens bei Schmalenbach ist nicht vorrangig die einer möglichst weitgehenden Systematisierung des betrieblichen Rechnungswesens oder einer Beschreibung von den in der Praxis bestehenden Strukturen innerhalb desselben. Ihr Zweck ist es vielmehr, Strukturen für die Gestaltung des betrieblichen Rechnungswesens in der Unternehmenspraxis zu entwerfen. Zwar berücksichtigt Schmalenbach bei seinen Überlegungen in der Praxis bereits etablierte und verbreitete Verfahren und Strukturen, diese werden von ihm jedoch auch kritisiert. So bemängelt er die Verbreitung von „praktischen Fehltheorien“[264] im betrieblichen Rechnungswesen. Den ursprünglichen Charakter seiner Publikationen zur Selbstkostenrechnung beschreibt Schmalenbach selbst sogar als den einer „Kampfschrift .., die sich gegen herrschende Auffassungen und Gewohnheiten wandte“[265]. Die Schmalenbach'sche Untergliederung des betrieblichen Rechnungswesens ist damit in erster Linie als eine Gestaltungsanweisung für das Rechnungswesen anzusehen.[266] Die Zweiteilung in Finanz- und Betriebsbuchhaltung ist dabei für die Gestaltung des Rechnungswesens von grundlegender Bedeutung, da diese beiden Teilbereiche nach deutlich unterschiedlichen Gesichtspunkten und weitgehend unabhängig voneinander auszugestalten sind. Insgesamt kommt der Zweiteilung des betrieblichen Rechnungswesens in Finanz- und Betriebsbuchhaltung, auch im Vergleich zur weiteren Untergliederung dieser beiden Teilbereiche, eine hohe Bedeutung im Schmalenbach'schen Konzept des betrieblichen Rechnungswesens zu.

Es verbleibt die Frage nach dem theoretischen Gehalt der Klassifikation des Rechnungswesens bei Schmalenbach. Die Zweiteilung des Rechnungswesens in Finanz- und Betriebsbuch-

---

263 Vgl. Schmalenbach (1956), S. 26ff. und Fn. 197.

264 Schmalenbach (1919), S. 260.

265 Schmalenbach (1934), S. 1.

266 Dies entspricht dem *Schmalenbachschen* Verständnis der Betriebswirtschaftslehre als „Kunstlehre“, die Verfahrensregeln für die Praxis erarbeiten sollte (vgl. Lehmann (1925), S. 9f.; Schmalenbach (1911/12); Kruk/Potthoff/Sieben (1984), S. 280ff.).

haltung nach den abgebildeten Objekten in eine Buchhaltung des „Außendienstes" und eine des „Innendienstes" ist die einfachste Form einer Monohierarchie. Indem die Unterteilung auf dem Gegensatzpaar „interne" versus „externe" Transaktionen aufbaut, handelt es sich um eine dichotome Unterteilung. Eine solche Klassifikation beinhaltet für sich keinerlei theoretische Aussage im Sinne des hier zugrunde gelegten Theoriebegriffes. Wie oben ausgeführt, folgt die weitere Untergliederung des betrieblichen Rechnungswesens keinem einheitlichen Prinzip. Finanz- und Betriebsbuchhaltung stellen vielmehr zwei weitgehend unabhängig voneinander zu gestaltende und in vielerlei Hinsicht unterschiedliche Teilbereiche innerhalb des Rechnungswesens dar.

Da diese Klassifikation des Rechnungswesens als solche keine theoretischen Aussagen beinhaltet, stellt sich die Frage, ob sie in ihrer Funktion als Anweisung für die Gestaltung des betrieblichen Rechnungswesens in eine Theorie der Gestaltung des Rechnungswesens integriert ist oder Elemente aus anderen Theorien in sie Eingang gefunden haben. Schmalenbachs Überlegungen zur Gestaltung des Rechnungswesens nehmen zwar Bezug auf bestehende Theorien, wie die Preistheorie der Wiener Schule und die Produktions- und Kostentheorie, die Untergliederung des betrieblichen Rechnungswesens im Allgemeinen und die Zweiteilung in Finanz- und Geschäftsbuchhaltung im Speziellen werden jedoch weder aus diesen Theorien abgeleitet oder eng mit ihnen verbunden noch wird von Schmalenbach eine Theorie der Gestaltung des Rechnungswesens entworfen.[267] Die Orientierung der Strukturierung und Gestaltung des Rechnungswesens in Abhängigkeit von den verfolgten Rechnungszwecken bietet zwar Orientierung, ist jedoch nicht als theoretisch fundiert anzusehen. Dabei fehlt es insbesondere an einer Grundlage für die Ableitung der konkreten Ausgestaltung des Rechnungswesens in Abhängigkeit vom Rechnungszweck.[268] Die diesbezüglichen Ausführungen sind eher im Rahmen von Schmalenbachs praktisch-normativem Verständnis der Betriebswirtschaftslehre[269] als Regeln für die Gestaltung des Rechnungswesens in der Unternehmenspraxis zu verstehen.

---

[267] Vgl. Kruk/Potthoff/Sieben (1984), S. 280f. Zur Abgrenzung von Produktions- und Kostentheorie gegenüber einer Theorie des Rechnungswesens beziehungsweise einer Theorie der Kostenrechnung vgl. Fn. 118.

[268] Eine solche theoretische Basis wurde erst später in Form der auf der klassischen Entscheidungstheorie beruhenden „entscheidungsorientierten Sichtweise" der Kostenrechnung entwickelt, die als heute vorherrschendes Kostenrechnungsparadigma anzusehen ist (vgl. Heinen (1968), S. 168ff.; Weber (2005), S. 43).

Anklänge an diese Sichtweise der Kostenrechnung finden sich allerdings in *Schmalenbachs* Sichtweise auf die Kostenrechnung als Instrument für die Fundierung von Wahlentscheidungen.

Ob beziehungsweise wie weit die entscheidungsorientierte Sichtweise als Grundlage für das Gestaltungsprinzip „Der Rechnungszweck bestimmt den Rechnungsinhalt." in seiner geläufigen Interpretation trägt, ist jedoch äußerst fragwürdig (vgl. Riebel (1983), S. 29; Weber (2005), S. 77f. und die Ausführungen in Abschnitt 3.2.2.4).

[269] Vgl. Kruk/Potthoff/Sieben (1984), S. 283; Fn. 266.

Insgesamt zeichnet sich die allgemeine Entwicklung des Rechnungswesens in der Zeit von 1919 bis 1933 durch die Entwicklung der soeben geschilderten Ideen Schmalenbachs sowie durch ihre Verbreitung in der Unternehmenspraxis aus. Die Überzeugung, dass eine Selbstkostenrechnung ein notwendiger Bestandteil des betrieblichen Rechnungswesens ist, setzt sich in diesem Zeitraum immer weiter durch.[270] Darüber hinaus gibt es starke Bestrebungen, zu einer Vereinheitlichung des betrieblichen Rechnungswesens zu gelangen. Neben einem „Fachausschuss für Terminologie", dessen Arbeit jedoch als weniger einflussreich anzusehen ist,[271] werden in den Jahren von 1927 bis 1930 in einem von Schmalenbach geleiteten Fachausschuss des Reichskuratoriums für Wirtschaft in enger Zusammenarbeit mit der Praxis branchenspezifische „Einheitsbuchführungen" entwickelt. Die so geschaffenen Modell-Buchführungen finden starken Zuspruch in der Unternehmenspraxis und dienen als Vorbild für die Entwicklung weiterer Kontenrahmen.[272] Diese in Praxis und Wissenschaft begonnenen Vereinheitlichungsbestrebungen finden in der nationalsozialistisch geprägten Folgezeit eine in vielen Punkten unrühmliche Fortsetzung.

3.1.4 Entwicklung von 1933 bis 1945

Zunehmende staatliche Eingriffe prägen im Zeitraum von 1933 bis 1945 das betriebliche Rechnungswesen in Deutschland. Um die von der nationalsozialistischen Regierung angestrebte staatlich gelenkte Unternehmerwirtschaft durchsetzen zu können, muss das betriebliche Rechnungswesen vereinheitlicht werden. Hierfür nimmt der Staat verstärkt Einfluss auf die Gestaltung des Rechnungswesens, insbesondere auf die Gestaltung der Kostenrechnung. Dies erleichtert die Kontrolle von Unternehmen und ermöglicht Vergleiche zwischen verschiedenen Betrieben. Letztlich haben diese Eingriffe das Ziel, vor allem über eine Beeinflussung der Preissetzung staatlichen Einfluss auf die Menge und die Art der wirtschaftlichen Produktion zu nehmen.

Eine exponierte Rolle in den Bestrebungen zur Vereinheitlichung des betrieblichen Rechnungswesens spielen die mit Erlass des Reichswirtschaftsministeriums vom 11.11.1937 in Kraft gesetzten „Richtlinien zur Organisation der Buchführung". Diese Vorschriften bilden den Rahmen und die Grundlage für die staatliche Anordnung der zuvor von vielen Unternehmen freiwillig angestrebten Vereinheitlichung des Rechnungswesens. So enthält der Erlass

270 Vgl. Dorn (1961), S. 130; Pleitgen (2005), S. 73f.

271 Der Fachausschuss für Terminologie stand unter Leitung von *Nicklisch* (vgl. Nicklisch (1929); Fachausschuss für Terminologie (1930)).

272 Vgl. Eisele (2002), S. 566; Dorn (1961), S. 123ff.

auch den verbindlichen „Erlasskontenrahmen“, der in der Folgezeit durch rund 200 zweigwirtschaftliche Pflicht- und Mindestkontenrahmen für Betriebe unterschiedlicher Branchen konkretisiert und ergänzt wird. Inhaltlich baut der Erlasskontenrahmen stark auf den Vorarbeiten *Schmalenbachs* und den im letzten Abschnitt genannten Einheitsbuchführungen des *Reichskuratoriums für Wirtschaft* auf.[273]

Der Erlass enthält folgende Definition und Gliederung des betrieblichen Rechnungswesens: „Das betriebliche Rechnungswesen umfasst alle Verfahren zur ziffernmäßigen Erfassung und Zurechnung der betrieblichen Vorgänge. Es gliedert sich in *vier Grundformen*:

a) Buchführung und Bilanz (Zeitrechnung).
b) Selbstkostenrechnung (Kalkulation, Stückrechnung).
c) Statistik (Vergleichsrechnung).
d) Planung (betriebliche Vorschaurechnung).“[274]

Diese Untergliederung des Rechnungswesens ist auch heute noch geläufig, was unter anderem dadurch begründet sein dürfte, dass sie auch nach 1945 in den Empfehlungen der Verbände der deutschen Wirtschaft beibehalten wurde.[275] Ein einheitliches Kriterium für die Auswahl der klassifizierenden Merkmale dieser Gliederung des Rechnungswesens ist nicht ersichtlich. Offenbar korrespondieren die vier Bereiche des Rechnungswesens jedoch mit den im vorstehenden Absatz des Erlasses genannten vier „Grundzwecken“ des Rechnungswesens.[276] Die vier Bereiche des Rechnungswesens sollen jedoch nicht unverbunden nebeneinander stehen sondern eng miteinander verbunden werden. Bemerkenswert an dieser Untergliederung des Rechnungswesens ist, dass auch hier Finanzbuchhaltung (Buchführung und Bilanz) und Betriebsbuchhaltung (Selbstkostenrechnung) separiert werden. Damit geht in diesem Fall allerdings keine Untergliederung des gesamten Rechnungswesens in zwei Bereiche einher. Stattdessen stehen Statistik und Planung auf einer Ebene neben Finanz- und Betriebsbuchhal-

---

[273] Vgl. Kruk/Potthoff/Sieben (1984), S. 380f.; Dorn (1961), S. 156ff.; Eisele (2002), S. 566; Weber/Rogler (2004), S. 1f., 18.

[274] Zitiert nach Schlegelberger (1973), S. 301, Hervorhebung im Original.

[275] Vgl. Weber/Rogler (2004), S. 18; Schweitzer/Wagener (1998), S. 441.

[276] Diese lauten wie folgt:
„a) Ermittlung der Bestände – Vermögens- und Schuldteile – und des Erfolgs am Ende des Jahres (Jahresbestands- und Erfolgsrechnung) und während der Betriebsperiode (kurzfristige Erfolgsrechnung).
b) Preisbildung, Kostenüberwachung und Preisprüfung (auf der Grundlage der Selbstkosten).
c) Überwachung der Betriebsgebarung (Wirtschaftlichkeitsrechnung).
d) Disposition und Planung.“ (Schlegelberger (1973), S. 300f.).

tung. Zu den Inhalten der Bereiche Statistik und Planung und dazu, wie diese mit den anderen Bereichen des Rechnungswesens zu verbinden sind, finden sich, im Gegensatz zu den Inhalten und zum Zusammenwirken von Finanz- und Betriebsbuchhaltung, jedoch praktisch keine weiteren Ausführungen im Erlass.[277] Insgesamt ist festzustellen, dass die im Erlass enthaltene Klassifikation des Rechnungswesens in diesem praktisch kaum erläutert wird. Damit fehlt es an einer Grundlage für eine detaillierte Analyse derselben.[278] Es kann lediglich davon ausgegangen werden, dass die in ihr verwendeten Begrifflichkeiten ebenso wie die restlichen Inhalte des Erlasses im Wesentlichen auf den Arbeiten *Schmalenbachs* aufbauen.

Neben der Festlegung der Bestandteile und der Gliederung des betrieblichen Rechnungswesens schreibt der Erlass die Einrichtung einer vereinheitlichten Selbstkostenrechnung mit Kostenarten-, Kostenstellen- und Kostenträgerrechnung vor. Zudem wird empfohlen, die Kostenstellenrechnung in der Regel außerhalb der doppelten Buchführung in tabellarischer Form mit Hilfe eines Betriebsabrechnungsbogens abzuwickeln.[279] Diese Form der Kostenstellenrechnung findet sich auch in dem im Erlass ausführlich dargestellten „Beispiel eines Kontenplanes für Fertigungsbetriebe".[280] *Erich Schneider*, Verfechter einer weitgehenden Trennung von Finanz- und Betriebsbuchhaltung,[281] führt in einer Veröffentlichung aus dem Jahr 1939 zudem an, dass „sich eine Reihe von Industriezweigen in den für die Entwicklung des industriellen Rechnungswesens führenden Ländern für eine *organisatorische Trennung von Geschäftsbuchhaltung und Betriebsrechnung* entschlossen"[282] haben. Als Beispiel nennt er zwei deutsche branchenspezifische Kontenrahmen, die eine Trennung von Finanz- und Betriebsbuchhaltung festschreiben.[283]

Über die Verpflichtung zur Selbstkostenrechnung hinaus wird weiterer staatlicher Einfluss auf die Ausgestaltung und die konkreten Inhalte der Kostenrechnung genommen. Dies geschieht

---

[277] Vielmehr werden in einem separaten Abschnitt des Erlasses Selbstkostenrechnung und Statistik gemeinsam behandelt (vgl. ebd., S. 306).

[278] Eine nähere Auseinandersetzung mit dieser Definition und Gliederung des betrieblichen Rechnungswesens findet sich dennoch bei *Weber/Rogler* (vgl. Weber/Rogler (2004), S. 18ff.).

[279] Vgl. Schlegelberger (1973), S. 306. Dies veranlasst *Schneider*, den Erlasskontenrahmen als Beispiel für einen „gemäßigten Monismus" von Finanz- und Betriebsbuchhaltung anzuführen (vgl. Schneider (1939), S. 191).

[280] Vgl. Schlegelberger (1973), S. 306ff.

[281] Vgl. Schneider (1939), S. 180ff.

[282] Ebd., S. 192, Hervorhebung im Original.

[283] Es handelt sich hierbei um „Kontenrahmen und Richtlinien in der Textilindustrie. Leipzig 1939" und den „Einheitskontenrahmen für die Süßwarenindustrie" aus dem gleichen Jahr (vgl. Schneider (1939), S. 193).

zum einen in der Form von direkten Kostenrechnungsvorschriften. In diesen wird unter Rückgriff auf den Kostenbegriff *Schmalenbachs* die Verwendung kalkulatorischer Zusatzkosten geregelt. Dabei werden der Ansatz von kalkulatorischem Unternehmerlohn, kalkulatorischen Wagniszuschlägen, kalkulatorischen Zinsen und kalkulatorischen Abschreibungen ausdrücklich bejaht. Ebenso werden die Verfahren zur Kostenverrechnung reglementiert, wobei die damals übliche pauschale Verrechnung von Gemeinkosten als unzureichend abgelehnt wird. Stattdessen wird eine Verrechnung von Gemeinkosten auf der Basis differenzierter Zuschlagssätze gefordert.[284] Zum anderen wird über die Regelungen zur Preisermittlung auf indirektem Wege erheblicher Einfluss auf die Ausgestaltung der Kostenrechnung genommen. Die unzähligen Verordnungen[285] zwingen die Unternehmen zur Errichtung einer detaillierten und systematischen Kostenrechnung. Allerdings haben sie zugleich eine erhebliche Bürokratisierung der Kostenrechnung zur Folge und machen diese zudem zu einem Instrument der opportunistischen Einflussnahme der Unternehmensführung auf die Preisgestaltung, was sich insbesondere in einem verstärkten Umwandeln von Gewinnbestandteilen in (kalkulatorische) Kosten äußert.[286]

Auf dem Gebiet der Unternehmenspublizität fanden in dem hier betrachteten Zeitraum ebenfalls wichtige Weiterentwicklungen statt. Nach dem Zusammenbruch vieler Unternehmen durch die Wirtschaftskrise im Jahr 1930 wurden 1931 durch die Aktienrechtsnovelle zunächst die Bilanzierungsregeln verschärft, und für bestimmte Unternehmen wurde eine Pflicht zur Abschlussprüfung eingeführt. Im Aktiengesetz von 1937 wurde zudem der Schutz der Gläubiger von Aktiengesellschaften durch eine Begrenzung der Ausschüttungen an Aktionäre und eine öffentliche Rechnungslegungspflicht für Aktiengesellschaften ausgebaut.[287]

Ingesamt wurde in dem in diesem Abschnitt betrachteten Zeitraum im betrieblichen Rechnungswesen zweierlei erreicht: Erstens wurde eine starke Vereinheitlichung des Rechnungswesens und der Kostenrechnung in der Unternehmenspraxis durchgesetzt. Die im vorigen Abschnitt dargestellten Überlegungen *Schmalenbachs* dienten dabei als die wesentliche Basis

---

284 Vgl. Dorn (1961), S. 162ff.

285 Hier sind insbesondere die „Richtlinien für die Preisbildung bei öffentlichen Aufträgen" (RPÖ), die „Leitsätze für die Preisermittlung aufgrund der Selbstkosten bei Leistungen für öffentliche Auftraggeber" (LSÖ), die beide aus dem Jahr 1938 stammen, sowie die „Leitsätze für die Preisermittlung aufgrund der Selbstkosten bei Bauleistungen für öffentliche Auftraggeber" (LSBÖ) aus dem Jahr 1940 zu nennen (vgl. ebd., S. 171).

286 Vgl. ebd., S. 170ff.; Schneider (2001), S. 233f.; Schneider (1992a), S. 93; Schweitzer/Wagener (1998), S. 443f.

287 Vgl. Coenenberg (2005), S. 11; Wagenhofer/Ewert (2003), S. 24.

für diese Vereinheitlichung. Zweitens hat die Kostenrechnung während dieser Zeit eine enorme Verbreitung erfahren, was ohne den ausgeübten Zwang wohl kaum möglich gewesen wäre. Der staatliche Dirigismus auf dem Gebiet des Rechnungswesens hatte jedoch einen ausgeprägten Schematismus der Kostenrechnung zur Folge. Zudem wurde die Kostenrechnung von den Unternehmen zur opportunistischen Einflussnahme auf die Preissetzung verfälscht. Ihre originären Aufgaben konnte die Kostenrechnung damit nur in begrenztem Umfang erfüllen.

3.1.5 Entwicklung nach 1945

Der in diesem Abschnitt betrachtete Zeitraum in der Herausbildung und Entwicklung der Unterscheidung von internem und externem Rechnungswesen ist im Vergleich zu den zuvor untersuchten Zeitabschnitten der längste und zudem ist er noch nicht abgeschlossen. Eine detailliertes Nachzeichnen und Analysieren der Entwicklung der Unterscheidung von internem und externem Rechnungswesen innerhalb dieses Zeitraums ist aufgrund der enormen Anzahl an potentiell relevanten Veröffentlichungen im Rahmen dieser Arbeit nicht möglich. Daher ist in diesem Abschnitt eine noch stärkere Fokussierung der Analyse auf die wesentlichen für die Unterscheidung von internem und externem Rechnungswesen relevanten Entwicklungen auf dem Gebiet des betrieblichen Rechnungswesens erforderlich. Auch die seit den 1990er Jahren geführte Diskussion um eine Konvergenz des Rechnungswesens wird an dieser Stelle zunächst aus der Betrachtung ausgeblendet. Die Darstellung wird jedoch erstens durch die im nachfolgenden Abschnitt dargestellte Lehrbuchanalyse ergänzt, in welcher der aktuelle Stand der etablierten Klassifikationen des betrieblichen Rechnungswesens herausgearbeitet wird. Zweitens werden die Konvergenzdiskussion und die wesentlichen Entwicklungen, die mit ihr in Zusammenhang stehen, in Kapitel 4 eingehend separat behandelt.

Zu Beginn des hier analysierten Zeitraums steht zunächst die Loslösung vom vorherigen staatlichen Dirigismus im Vordergrund der Weiterentwicklung des betrieblichen Rechnungswesens. Diese Loslösung von staatlichen Einflüssen wird jedoch nicht in radikaler Weise sondern eher schrittweise vollzogen.[288] Es kommt zur Aufhebung einer Reihe von Vorschriften, die oftmals in Empfehlungen umgewandelt werden. Andere werden zunächst in modifizierter Form für den öffentlichen Bereich beibehalten.[289] Im Folgenden wird zunächst die wei-

[288] So wurden in der amerikanischen und britischen Zone zunächst alle vor dem 1. Mai 1945 gültigen Vorschriften über das betriebliche Rechnungswesen beibehalten (vgl. Kosiol (1950), S. 20).

[289] Vgl. Dorn (1961), S. 206ff.; Schweitzer/Wagener (1998), S. 444.

tere Entwicklung der Kontenrahmen nach 1945 betrachtet. Danach werden die Weiterentwicklung der Kostenrechnung und die Herausbildung des Controllings dargestellt. Schließlich werden die wesentlichen Entwicklungen auf dem Gebiet der Unternehmensberichterstattung aufgezeigt.

In Bezug auf die Entwicklung der Kontenrahmen wird die Tradition *Schmalenbachs* fortgesetzt. Der nach dem 2. Weltkrieg von den Industrieverbänden entwickelte und 1951 veröffentlichte Gemeinschaftskontenrahmen (GKR) lehnt sich stark an dem zuvor gültigen Erlasskontenrahmen an, hat jedoch nur noch Empfehlungscharakter. Wie im Erlasskontenrahmen ist auch im GKR eine enge Verzahnung von Finanz- und Betriebsbuchhaltung angelegt.[290] Von der Praxis wird der GKR trotz Empfehlung durch den Bundesverband der Deutschen Industrie (BDI) jedoch nur zögerlich angenommen. Dies äußert sich auch in der Entwicklung einer Reihe vom GKR stark abweichender branchenspezifischer Kontenrahmen.[291] Empirische Untersuchungen des BDI in Zusammenarbeit mit dem Rationalisierungskuratorium der Deutschen Wirtschaft ergeben in den Folgejahren, dass sich, abweichend von der im GKR angelegten engen Verzahnung von Finanz- und Betriebsbuchhaltung, in der Unternehmenspraxis eine stärkere Trennung von Finanz- und Betriebsbuchhaltung etabliert hat. Dies veranlasst den BDI zur Entwicklung des Industrie-Kontenrahmens (IKR), der im Jahr 1971 veröffentlicht wird.[292] Anders als der GKR sieht der IKR eine weitgehende Trennung von Finanz- und Betriebsbuchhaltung vor. Dabei regelt der IKR lediglich die Konten der Finanzbuchhaltung, die in ihm nach dem Abschlussgliederungsprinzip[293] gegliedert sind. Die Betriebsbuchhaltung kann in der für sie freigehaltenen Kontenklasse 9 betriebsindividuell und unabhängig von der Finanzbuchhaltung abgewickelt werden. Finanz- und Betriebsbuchhaltung bilden im IKR zwei weitgehend voneinander getrennte Rechenkreise im Sinne des Zweikreissystems und

[290] Vgl. Eisele (2002), S. 566; Kruk/Potthoff/Sieben (1984), S. 381f.; Grochla (1957), S. 562f. Heute wird die Kostenstellenrechnung jedoch auch bei Anwendung des GKR zumeist in tabellarischer Form mit Hilfe eines Betriebsabrechnungsbogens abgewickelt (vgl. Straube/Arens/Trappe (1994), S. 17f.).

[291] Vgl. Grochla (1957), S. 556.

[292] Vgl. Angermann (1973), S. 41ff.; Eisele (2002), S. 566f.; Kruk/Potthoff/Sieben (1984), S. 381. Eine geringe Akzeptanz des GKR in der Praxis konstatiert *Grochla* bereits im Jahr 1957 und führt dies auf eine im GKR angelegte Überbetonung der Betriebsbuchführung zurück (vgl. Grochla (1957), S. 562f.).

[293] Vom Abschlussgliederungsprinzip wird gesprochen, wenn sich, wie beim IKR, der Aufbau der Kontenklassen eines Kontenrahmens an den im Jahresabschluss auszuweisenden Bilanz- und GuV-Positionen orientiert, so dass die Bilanz und die Gewinn- und Verlustrechnung direkt aus den Konten-Abschlusssalden erstellt werden können (vgl. Eisele (2002), S. 576). Da davon auszugehen ist, dass der im IKR weitgehend frei gestaltbare Kontenplan für die Betriebsbuchhaltung am Prozessgliederungsprinzip ausgerichtet wird, wird auch oft davon gesprochen, dass der IKR nach dem Prinzip der „dualen Gliederung", in dem Abschluss- und Prozessgliederungsprinzip miteinander verbunden werden, aufgebaut ist (vgl. Angermann (1973), S. 11f.).

werden damit abrechnungstechnisch separiert.[294] Die starke Verbreitung des IKR in der Folgezeit wurde zusätzlich durch die Veränderung der Ausweispflichten in der externen Rechnungslegung im Rahmen des im Jahr 1985 erlassenen Bilanzrichtliniengesetzes (BiRiLiG) und die entsprechende Anpassung des IKR im Jahr 1986 befördert.[295] Auch heute sind der GKR und der IKR sowie die Kontenrahmen für den Groß- und Außenhandel und für den Einzelhandel die wichtigsten in der Praxis verwendeten Kontenrahmen.[296]

Die Entwicklung der Kostenrechnung stand nach dem zweiten Weltkrieg im Zeichen ihres Ausbaus zu einem entscheidungsorientierten Instrument der Unternehmensführung.[297] Dabei herrscht in der Theorie bis in die Gegenwart hinein weitgehende Einigkeit darüber, dass kurzfristige Entscheidungsprobleme nur durch Rückgriff auf Konzepte der Teilkostenrechnung gelöst werden können.[298] Als die wichtigsten teilkostenbasierten Kostenrechnungskonzepte werden die von *Hans-Georg Plaut* und von *Wolfgang Kilger* entwickelte Grenzplankostenrechnung sowie die von *Paul Riebel* entworfene Einzelkosten- und Deckungsbeitragsrechnung angesehen.[299] Durch die Arbeiten von *Kilger* und *Laßmann* wird zudem die produktionstheoretische Fundierung der Kostenrechnung vorangetrieben.[300] In der Praxis überwiegen jedoch Kostenrechnungen auf der Basis von Vollkosten.[301] Mit der in Deutschland seit Anfang der 1990er Jahre stark beachteten Prozesskostenrechnung ist erneut ein vollkostenbasiertes Kostenrechnungskonzept in den Fokus der Theorie getreten.[302]

294 Vgl. Eisele (2002), S. 576f.; Kruk/Potthoff/Sieben (1984), S. 382f. Eine getrennte Abwicklung der Buchführung auf Basis des Zweikreissystems wird auch bereits im Jahr 1957 von *Grochla* als Alternative zum GKR vorgeschlagen (vgl. Grochla (1957), S. 567ff.).

295 Vgl. Eisele (2002), S. 576f.; Kruk/Potthoff/Sieben (1984), S. 382f.

296 Vgl. Eisele (2002), S. 570 sowie die Lehrbücher zur Buchführung nach dem IKR Deitermann/Schmolke/Rückwart (2004) und GKR Straube/Arens/Trappe (1994), S. 4.

Zunehmend an Bedeutung gewinnen mittlerweile Kontenrahmen, die auf die EDV-technische Abwicklung der Buchhaltung ausgerichtet sind. Hier sind insbesondere die verschiedenen Kontenrahmen der DATEV (Datenverarbeitungsorganisation des steuerberatenden Berufes in der Bundesrepublik Deutschland) zu nennen (vgl. Eisele (2002), S. 577ff.).

297 Diese Sichtweise der Kostenrechnung basiert auf der entscheidungsorientierten Betriebswirtschaftslehre und betrachtet die Kostenrechnung als Instrument zur Fundierung betrieblicher Entscheidungen (vgl. Ewert/Wagenhofer (2005), S. 7f.; Weber (2005), S. 75ff.).

298 Vgl. Bungenstock (1995), S. 1.

299 Vgl. Schweitzer/Wagener (1998), S. 444; Bungenstock (1995), S. 146ff.

300 Vgl. Schildbach (1995), S. 3.

301 Vgl. Währisch (1998), S. 20ff., 89ff.; Bungenstock (1995), S. 2; Chmielewicz (1983), S. VII; Menrad (1983), S. 8ff.; Pfaff/Weber (1998), S. 151ff.; Weber (2004), S. 203f.

302 Vgl. Bungenstock (1995) für eine detaillierte Analyse der Entwicklung der Kostenrechnung in Deutschland unter dem Aspekt der Entscheidungsorientierung.

Neben die genannten Kostenrechnungskonzepte sind in der jüngeren Vergangenheit zudem der Ansatz des Behavioral Accounting, welcher verhaltenswissenschaftliche Erkenntnisse für die Erklärung und Gestaltung des Rechnungswesens nutzbar macht, sowie Prinzipal-Agenten-Modelle, die das Rechnungswesen unter den Annahmen der Informationsasymmetrie und am Eigennutz orientierter Akteure analysieren, getreten.[303]

Darüber hinaus findet im Rahmen der voranschreitenden Kapitalmarktorientierung eine zunehmende Ausrichtung der Unternehmensführung an der Zielsetzung der Steigerung des Unternehmenswertes (Shareholder Value) statt. Dies führt auch zu Veränderungen im internen Rechnungswesen, die vor allem in der zunehmenden Verbreitung wertorientierter Steuerungskennzahlen zutage treten.[304]

Die Unterscheidung von internem und externem Rechnungswesen wurde in Deutschland insbesondere in ihrer Bedeutung für die Aufbau- und Ablauforganisation des betrieblichen Rechnungswesens durch die Herausbildung des Controllings seit den 1970er Jahren beeinflusst. In der Theorie wurden vor allem die funktionale Definition und die Abgrenzung des Controllings von anderen Funktionsbereichen kontrovers diskutiert. Auch wenn die funktionale Konzeption des Controllings nach wie vor umstritten ist, hat sich das Controlling als Institution in Form von Controllerabteilungen beziehungsweise Controllerstellen in der Unternehmenspraxis mittlerweile jedoch fest etabliert.[305] Empirische Untersuchungen zu den Tätigkeiten von Controllern zeigen, dass das betriebliche Rechnungswesen den Aufgabenschwerpunkt von Controllern bildet. Als typisch für Deutschland beziehungsweise für den deutschsprachigen Raum ist dabei die Aufgabenteilung zwischen der Controllerabteilung und den anderen Abteilungen im Finanzbereich anzusehen. Die üblicherweise mit dem Begriff des externen Rechnungswesens identifizierten Aufgaben im Bereich der Bilanzierung, der Steuern und der Finanzen fallen in Deutschland in der Regel nicht in den Tätigkeitsbereich der Controller.[306] Stattdessen wird gerade in der Phase der Herausbildung und Verbreitung des Controllings bis zum Beginn der 1980er Jahre gemäß der Philosophie „Zunächst einmal ist

---

303 Vgl. Weber (2005), S. 78ff.

304 Vgl. Gebhardt/Mansch (2005), S. 1ff.

305 Die empirische Untersuchung von *Stoffel* unter deutschen Unternehmen mit mehr als 800 Mitarbeitern ergab, dass 90% der befragten Unternehmen eine Controlling-Abteilung oder Controller-Stellen eingerichtet hatten (vgl. Stoffel (1995), S. 139). Ähnliche Ergebnisse finden sich auch in der empirischen Untersuchung von *Küpper/Winckler/Zhang* (vgl. Küpper/Winckler/Zhang (1990), S. 439).

306 Vgl. Weber (2004), S. 15ff.; Lingnau (1998), S. 278.

der Controller Chef des internen Rechnungswesens."[307] verfahren.[308] Neuere Untersuchungen zum Aufgabenspektrum von Controllern belegen, das auch aktuell die normalerweise dem internen Rechnungswesen zugeordneten Bereiche der Kostenrechung, Budgetierung und Investitionsrechnung das Aufgabenspektrum von Controllern dominieren. Die Bereiche Bilanzierung, Steuern und Unternehmenspublizität beziehungsweise Investor Relations fallen dagegen in der Regel nicht in den Tätigkeitsbereich der Controllerabteilung.[309]

Die Unternehmensberichterstattung ist seit 1945 durch eine zunehmende Reglementierung der Unternehmenspublizität insbesondere in Form einer starken Ausdehnung der Publizitätspflichten gekennzeichnet. Zu Beginn des betrachteten Zeitraumes waren die aktienrechtlichen Bilanzierungsvorschriften nahezu vollständig von den Prinzipien des Gläubigerschutzes und der kaufmännischen Vorsicht beherrscht. Diese einseitige Ausrichtung der Bilanzierung wurde durch die Reform des Aktiengesetzes im Jahr 1965 leicht abgemildert, mit der auch die Ausschüttungsinteressen und die informatorischen Interessen der Aktionäre festgeschrieben wurden. Im Zuge dieser Reform wurde auch erstmals die Pflicht zur Konzernrechnungslegung eingeführt.[310] Durch das im Jahr 1969 erlassene Publizitätsgesetz (PublG) wurde zudem die rechtsformunabhängige Pflichtpublizität für Unternehmen eingeführt, die bestimmte Größenordnungen überschreiten. Mit diesem Schritt wurde dem allgemeinen Informationsinteresse der Öffentlichkeit Tribut gezollt.[311]

Das BiRiLiG im Jahr 1985 ist bereits als erster Schritt hin zu einer europäischen Harmonisierung und zu einer generellen Internationalisierung der Unternehmenspublizität zu sehen. Anlass für das BiRiLiG war die Umsetzung der 4., 7. und 8. EG-Richtlinie, die in erster Linie der europäischen Harmonisierung des Gesellschaftsrechts dienten, in deutsches Recht.[312] Für die Unternehmenspublizität in Deutschland bedeutete das BiRiLiG eine Ausweitung der Publizitätspflichten für Einzelgesellschaften. Maßgeblich überarbeitet wurde mit dem BiRiLiG jedoch vor allem die Konzernrechnungslegung. Hier wurde erstens das Weltabschlussprinzip eingeführt, nach dem bis auf wenige Ausnahmen Konzernunternehmen unabhängig von ihrem

307 Deyhle (1971), S. 9.

308 Vgl. hierzu die Ergebnisse der empirischen Untersuchung von *Weber/Schäffer* zur Entwicklung der Aufgabenfelder von Controllern im Zeitraum von 1949 bis 1994 (vgl. Weber/Schäffer (1998), S. 228ff.).

309 Vgl. Stoffel (1995), S. 92f., 155ff.; Landsberg/Mayer (1988), S. 69ff.

310 Vgl. Coenenberg (2005), S. 11; Wagenhofer/Ewert (2003), S. 24.

311 Vgl. ebd.

312 Vgl. Kirsch (2004), S. 744.

Unternehmenssitz in den Konzernabschluss mit einzubeziehen sind. Zweitens wurde der Grundsatz der Einheitlichkeit von Ansatz und Bewertung im Konzernabschluss in Kraft gesetzt, und es wurde die Möglichkeit eingeräumt, den Konzernabschluss stärker vom dividenden- und steuerpolitisch beeinflussten Einzelabschluss abzukoppeln.[313]

Erhebliche Auswirkungen auf die Unternehmensberichterstattung in Deutschland resultierten zudem aus einer starken Bedeutungszunahme der Aktienmärkte.[314] Dies hatte zur Folge, dass deutsche Unternehmen ihre Rechnungslegung vermehrt an den Erfordernissen der Kapitalmärkte ausrichten. Der Gesetzgeber reagierte auf diese Veränderung mit verschiedenen Maßnahmen:[315] Erstens wurde im Jahr 1998 mit dem „Gesetz zur Kontrolle und Transparenz im Unternehmensbereich" (KonTraG) der Umfang der Konzernrechnungslegung von börsennotierten Mutterunternehmen um eine Kapitalflussrechnung sowie eine Segmentberichterstattung erweitert.[316] Zudem wurde mit dem KonTraG die Möglichkeit geschaffen, in Deutschland ein privates Rechnungslegungsgremium zu installieren, um den zuvor allein vom Gesetzgeber gesteuerten Normsetzungsprozess zu flexibilisieren. Ein solches nicht-staatliches Rechnungslegungsgremium wurde im gleichen Jahr mit dem Deutschen Standardisierungsrat (DSR), dessen Trägerorganisation das Deutsche Rechnungslegungs Standards Committee e.V. (DRSC) ist, eingesetzt.[317] Zweitens erleichterte der deutsche Gesetzgeber mit der Verabschiedung des Kapitalaufnahmeerleichterungsgesetzes (KapAEG) im Jahr 1998 eine freiwillige Rechnungslegung nach international anerkannten Rechnungslegungsvorschriften, indem er börsennotierte Mutterunternehmen bis zum 31.12.2004 von der Pflicht zur Konzernrechnungslegung nach den Vorschriften des HGB befreite, wenn diese einen Konzernabschluss nach international anerkannten Grundsätzen, sprich nach den Vorschriften der IFRS oder der US-GAAP, vorlegten.[318]

---

[313] Vgl. Baetge/Kirsch/Thiele (2005), S. 26ff.; Baetge/Kirsch/Thiele (2004), S. 18f.; Coenenberg (2005), S. 11f.; Wagenhofer/Ewert (2003), S. 24f.

[314] Vgl. Gebhardt/Mansch (2005), S. 1ff.; Glaum (1998), S. 1, 5ff. ; Henrici (2004), S. 4.

[315] Vgl. Havermann (2000), S. 121ff.

[316] Diese Regelungen zum Umfang eines Konzernabschlusses nach den Vorschriften des HGB wurden im Jahr 1999 durch das „Kapitalgesellschaften- und Co-Richtlinie-Gesetz" (KapCoRiLiG), 2002 durch das „Gesetz zur weiteren Reform des Aktien- und Bilanzrechts, zu Transparenz und Publizität" (TransPuG) und schließlich im Jahr 2004 durch das „Bilanzrechtsreformgesetz" (BilReG) modifiziert, so dass nunmehr eine Kapitalflussrechnung und ein Eigenkapitalspiegel Pflichtbestandteile sind und eine Segmentberichterstattung optionaler Bestandteil des HGB-Konzernabschlusses ist.

[317] Vgl. Baetge/Kirsch/Thiele (2004), S. 25ff.; Coenenberg (2005), S. 48ff.

[318] Vgl. Wagenhofer/Ewert (2003), S. 25f. Der Anwendungskreis dieser Befreiungsvorschrift wurde mit dem KapCoRiLiG auf alle im Sinne des Gesetzes kapitalmarktorientierten Unternehmen ausgedehnt (vgl. Burger/Ulbrich (2004), S. 243).

Seit dem 01.01.2005 wurde diese Regelung von der im Jahr 2002 erlassenen EU-Verordnung Nr. 1606/2002 (Abl. EG Nr. L 243 S. 1) abgelöst. Durch Art. 4 dieser unmittelbar als deutsches Recht wirksamen Verordnung sind kapitalmarktorientierte Gesellschaften verpflichtet, für Geschäftsjahre, die am oder nach dem 1. Januar 2005 beginnen, ihre konsolidierten Abschlüsse nach den von EU übernommenen IFRS aufzustellen. Als kapitalmarktorientiert gelten dabei solche Gesellschaften, deren Wertpapiere zum jeweiligen Bilanzstichtag in einem geregelten Markt eines beliebigen Mitgliedstaates zum Handel zugelassen sind. Für Mutterunternehmen, die entweder nur Schuldtitel emmittieren oder die bei Erlass der Verordnung in einem Staat, der nicht der EU oder dem EWR angehört - insbesondere den USA -, Wertpapiere in den Börsenhandel gebracht haben und hierfür nach anderen international anerkannten Rechnungslegungsstandards, also nach US-GAAP, bilanzieren, wurde eine Übergangsfrist bis 2007 eingeräumt (vgl. Art. 57 EGHGB). § 315a Abs. 2 HGB weitet die Pflicht zur IFRS-Konzernrechnungslegung auch auf Mutterunternehmen aus, die am Abschlussstichtag die Zulassung einer Wertpapieres zu einem organisierten Markt im Sinne des § 2 Abs. 5 WpHG im Inland lediglich beantragt habe. Auch für den Anwendungsbereich des § 315a Abs. 2 HGB gilt eine zweijährige Übergangsfrist (vgl. Art. 58 Abs. 3 Satz 2 EGHGB). Über diese Pflichten zu einer IFRS-Konzernrechnungslegung hinaus hat die IFRS-Bilanzierung auch bei nichtbörsennotierten und mittelständischen Unternehmen bereits eine hohe Bedeutung erlangt, die weiter zunimmt.[319] Die zunehmende Kapitalmarktorientierung und die Internationalisierung der Rechnungslegung werden als wichtige Einflussfaktoren auf die Konvergenz im Rechnungswesen in Abschnitt 4.4 noch eingehend analysiert.

3.1.6 Zusammenfassung

Die Entwicklung des betrieblichen Rechnungswesens in Deutschland und seine Untergliederung in internes und externes Rechnungswesen sind maßgeblich von den Arbeiten *Schmalenbachs* beeinflusst. Insbesondere hervorzuheben sind hierbei die Einführung eines eigenständigen kalkulatorischen Kostenbegriffes und die Zweiteilung des Rechnungswesens in Finanz- und Betriebsbuchhaltung durch *Schmalenbach*. Aus der Darstellung und kritischen Analyse der Gliederung des betrieblichen Rechnungswesens bei *Schmalenbach* wurde ersichtlich, dass hinter dieser Gliederung eine Gestaltungsanweisung für das Rechnungswesen steht, die eher pragmatischen denn theoretischen Ursprungs ist. Durch die Untergliederung des Rechnungs-

[319] Vgl. hierzu die empirischen Studien von Wetzel (2003), S. 51ff. und Mandler (2004), S. 66ff.

wesens in Finanz- und Betriebsbuchhaltung werden zwei in vielerlei Hinsicht verschiedene Hauptbereiche im betrieblichen Rechnungswesen gebildet. Diese unterscheiden sich sowohl hinsichtlich der in ihnen abgebildeten Objekte und Transaktionen als auch in Bezug auf die in ihnen verwendeten Rechengrößen, ihre Genauigkeit, ihren Detailgrad und ihren Auswertungszyklus. Die Probleme, die sich bei der Einordnung der Erfolgsrechnung in diese Gliederung des Rechnungswesens ergeben, machen deutlich, dass die von *Schmalenbach* entwickelte Gliederung des Rechnungswesens nicht auf einem einheitlichen Gliederungsprinzip beruht.

Die von *Schmalenbach* stammenden Bahn brechenden Neuerungen im Rechnungswesen haben ihre hohe Verbreitung in der Praxis auch dem Umsetzungsinstrument des Kontenrahmens zu verdanken. Verstärkt wurde dies durch die verpflichtende Einführung einer ausgebauten Kostenrechnung *Schmalenbach'scher* Prägung in der Zeit des Nationalsozialismus. Mit der staatlichen Beeinflussung des betrieblichen Rechnungswesens im Nationalsozialismus gingen jedoch auch Fehlentwicklungen, wie das Verstecken von Gewinnen in Kostenbestandteilen, einher. Dieser Mangel wird der Kostenrechnung auch heute noch angelastet.[320] Die ursprünglich von *Schmalenbach* vorgesehene enge Verbindung von Finanz- und Betriebsbuchhaltung ließ sich in der Unternehmenspraxis allerdings nur schwer umsetzen. Entsprechend kam es zu einer weitergehenden Trennung dieser beiden Hauptbereiche des Rechnungswesens in den Unternehmen, die sich in der starken Verbreitung des IKR und des damit verbundenen Zweikreissystems manifestierte.

Mit der Zweiteilung des betrieblichen Rechnungswesens in internes und externes Rechnungswesen ging auch eine entsprechende Aufgabenteilung im Rechnungswesen einher. So sind die seit den 1970er Jahren in größeren Unternehmen vermehrt entstandenen Controllerabteilungen schwerpunktmäßig mit dem internen Rechnungswesen betraut, das externe Rechnungswesen ist dagegen in der Regel in vom Controlling getrennten Abteilungen angesiedelt.

Nach dem zweiten Weltkrieg wurde von Vertretern der Wissenschaft der Ausbau der Kostenrechnung zu einem entscheidungsorientierten Instrument der Unternehmensführung propagiert. Die entscheidungsorientierte Sichtweise der Kostenrechnung ist nach wie vor als vorherrschendes Kostenrechnungsparadigma anzusehen. Auf die Funktion der Kostenrechnung als Entscheidungshilfe wird in vielen Fällen auch die Notwendigkeit einer von der externen

320 Vgl. Männel (1999a), S. 17f.; Männel (1999b), S. 13; Schneider (1991), S. 765.

Rechnungslegung weitgehend unabhängigen Kostenrechnung gegründet.[321] Die im Rahmen der Entscheidungsorientierung der Kostenrechnung propagierten teilkostenbasierten Kostenrechnungskonzepte konnten sich jedoch in der Praxis nicht in großem Umfang durchsetzen.

Weitere Impulse für das betriebliche Rechnungswesen gingen insbesondere seit den 1990er Jahren von Veränderungen im externen Rechnungswesen aus. Hier fand ein Wechsel von der durch die Zielsetzung des Gläubigerschutzes dominierten und oftmals von steuerlichen Erwägungen beeinflussten HGB-Rechnungslegung zu einer stärker an den Informationsbedürfnissen der Aktionäre ausgerichteten Rechnungslegung statt. Diese Veränderung wurde insbesondere durch die Verbreitung internationaler Rechnungslegungsvorschriften befördert, deren Anwendung für den Konzernabschluss kapitalmarktorientierter Mutterunternehmen mittlerweile Pflicht ist. Diese Entwicklung ist zudem im Zusammenhang mit der Bedeutungszunahme der Kapitalmärkte und einer zunehmenden Ausrichtung der Unternehmensführung am Shareholder Value zu sehen. Da diese Entwicklungen in engem Zusammenhang mit dem Trend zu einer konvergenten Gestaltung des Rechnungswesens stehen, werden sie im Rahmen der Analyse der Konvergenzdiskussion näher behandelt.

3.2 Aktueller Stand der Untergliederung des betrieblichen Rechnungswesens und der Unterscheidung von internem und externem Rechnungswesen

In diesem Abschnitt wird der aktuelle Stand der Untergliederung des betrieblichen Rechnungswesens mit einem besonderen Fokus auf der Unterscheidung von internem und externem Rechnungswesen anhand einer Lehrbuchanalyse herausgearbeitet. Die Analyse der Klassifikationen des betrieblichen Rechnungswesens dient dabei insbesondere dazu, den Inhalt und die Bedeutung der Unterscheidung von internem und externem Rechnungswesen im Vergleich mit anderen Klassifikationen des Rechnungswesens beziehungsweise die Rolle dieser Unterscheidung innerhalb anderer Klassifikationen des Rechnungswesens besser einordnen zu können. Im folgenden Unterabschnitt wird zunächst auf die Methode der Lehrbuchanalyse im Allgemeinen und anschließend auf ihre Anwendung in diesem konkreten Fall eingegangen. Danach werden die Ergebnisse der Analyse gegliedert nach den verschiedenen untersuchten Aspekten dargestellt und zum Abschluss noch einmal gebündelt.

---

321 Vgl. beispielsweise Coenenberg (1995), S. 2079.

3.2.1 Methode der Untersuchung

Die Methode der Lehrbuchanalyse erscheint besonders gut geeignet, um den aktuellen Stand der Untergliederung des betrieblichen Rechnungswesens zu ermitteln. Dies beruht auf der Annahme, dass aktuelle und weit verbreitete Standardlehrbücher zum betrieblichen Rechnungswesen die vorherrschende akademische Meinung widerspiegeln.[322] Diese vorherrschende akademische Meinung beeinflusst den Sprachgebrauch und die Vorstellungen vom Aufbau des betrieblichen Rechnungswesens in der Unternehmenspraxis und umgekehrt. Dies geschieht zum einen auf direktem Wege durch einen Austausch zwischen Theorie und Praxis und zum anderen durch die Rolle der Lehrbücher bei der Ausbildung von Studenten, die später in der Praxis tätig werden. Insgesamt wird daher davon ausgegangen, dass sich der aktuelle Stand der Untergliederung des betrieblichen Rechnungswesen und der Unterscheidung von internem und externem Rechnungswesen auf der Grundlage einer Lehrbuchanalyse ableiten lässt, da in Lehrbüchern Begriffe so benutzt werden wie von einem Großteil der fachlichen Vertreter in Theorie und Praxis.[323]

Allerdings sind bei einer Lehrbuchanalyse zur Untergliederung des betrieblichen Rechnungswesens zwei Aspekte besonders zu beachten: Erstens wurde bereits konstatiert, dass sich das betriebliche Rechnungswesen oftmals durch unklare Begrifflichkeiten und die unterschiedliche Verwendung gleicher oder ähnlicher Begriffe auszeichnet. Es ist also durchaus möglich, dass die Lehrbuchanalyse kein einheitliches Ergebnis liefert und damit keine „geläufige" oder „etablierte" Untergliederung des Rechnungswesens beziehungsweise keine einheitliche Unterscheidung von internem und externem Rechnungswesen herausgearbeitet werden kann. Diese Möglichkeit wurde bei der Ausgestaltung der hier durchgeführten Lehrbuchanalyse von vornherein berücksichtigt. Zudem wurde ein besonderes Augenmerk darauf gerichtet, ob die analysierten Begrifflichkeiten uneinheitlich sind oder uneinheitlich verwendet werden. Zweitens darf die Annahme, dass die analysierten Begriffe von fachlichen Vertretern in der Unternehmenspraxis ähnlich wie in den Lehrbüchern verwendet werden, nicht zu unmittelbaren Rückschlüssen auf die Ausgestaltung des betrieblichen Rechnungswesens in der Unternehmenspraxis verleiten. Dies gilt auch, wenn die analysierten Begrifflichkeiten und Klassifikationsschemata die Funktion von Gestaltungsheuristiken besitzen. In diesem Punkt ist besonders zu beachten, dass sich Theorie und Praxis hinsichtlich der Gestaltung des Rechnungswe-

[322] Vgl. Hoffjan/Wömpener (2005), S. 53; Roso/Vormweg/Wall (2003), S. 56.

[323] Vgl. ebd.

sens tendenziell auseinander bewegen, was insbesondere an der in der Unternehmenspraxis begonnenen Diskussion um eine Konvergenz des Rechnungswesens deutlich wird. Bei der Interpretation der Ergebnisse der Lehrbuchanalyse gilt es darüber hinaus zu beachten, dass diese keinen Anspruch auf Vollständigkeit oder Repräsentativität erheben kann. Dies liegt zum einen an der vorwiegend qualitativen Auswertung der Inhalte der Lehrbücher. Zum anderen konnte bei der Auswahl der Lehrbücher nur begrenzt auf objektive Kriterien zurückgegriffen werden.

Bei der Auswahl der Lehrbücher ist zu beachten, dass die Unterscheidung von internem und externem Rechnungswesen in Lehrbüchern behandelt wird, die verschiedenen Zweigen des betrieblichen Rechnungswesens zuzuordnen sind. *Männel* stellt diesbezüglich fest, dass „sich die Wege des *Finanz- und Rechnungswesens* einerseits und des *Controllings* andererseits in Wissenschaft und Forschung weitestgehend getrennt [haben]. Inzwischen gelten diese beiden Gebiete an den Universitäten und Fachhochschulen meist als separat gelehrte Fächer.“[324] Neben Lehrbüchern zum betrieblichen Rechnungswesen im Allgemeinen kommen Lehrbücher zur Rechnungslegung beziehungsweise Bilanzierung, zum Controlling sowie zur Kostenrechnung für die Analyse in Frage. Um Einseitigkeit zu vermeiden, wurden Lehrbücher aus allen diesen Bereichen ausgewählt. Für die nähere Auswahl der Lehrbücher aus dem Bereich Controlling können drei Veröffentlichungen aus den letzten Jahren herangezogen werden, in denen die Methode der Lehrbuchanalyse verwendet wird, um Controlling-Begriffe zu analysieren.[325] In diesen Lehrbuchanalysen kamen für die Auswahl der Lehrbücher unterschiedliche Methoden zum Einsatz.[326] Trotz unterschiedlicher Vorgehensweise bei der Auswahl der Lehrbücher stimmt die in den drei Veröffentlichungen letztendlich getroffene Auswahl der Lehrbücher weitgehend überein. So wurden bei allen drei Analysen die Lehrbücher von *Horváth*,

---

324 Männel (1997b), S. 6, Hervorhebung im Original. *Männel* ergänzt hierzu weiter: „Die Praxis steht dem nicht nach. Schon mittelgroße Unternehmen sehen für «Finanzen- und Rechnungswesen» sowie für «Kostenrechnung und Controlling» getrennte Fachressorts vor, die nur begrenzt miteinander kommunizieren.“ (ebd.).

325 Vgl. Hoffjan/Wömpener (2005); Roso/Vormweg/Wall (2003); Wall (2002).

326 *Hoffjan/Wömpener* wählten die Lehrbücher auf der Grundlage einer Befragung von Professoren und Lehrbeauftragten im Fachgebiet Controlling und auf der Basis einer Untersuchung von Lehrplänen aus (vgl. Hoffjan/Wömpener (2005), S. 54). Im Beitrag von *Wall* erfolgte die Auswahl der Lehrbücher nach den Kriterien „Breite der unterliegenden Auffassungen innerhalb des Fachs“, „Protagonist/Vertreter einer Auffassung innerhalb des Fachs“ und „Verbreitung und Standardcharakter des jeweiligen Buches“ (vgl. Wall (2002), S. 77f.). In der Untersuchung von *Roso/Vormweg/Wall* wurden die Bücher anhand der Kriterien „1. Zitierhäufigkeit in der betriebswirtschaftlichen Literatur, 2. Aktualität des primär untersuchten Werkes, 3. Vielfältigkeit der Verwendung der … Begriffe“ (Roso/Vormweg/Wall (2003), S. 57) ausgewählt.

Küpper, *Reichmann* und *Weber* ausgewählt.[327] Dementsprechend werden diese Controlling-Lehrbücher auch in die hier durchgeführte Lehrbuchanalyse einbezogen. Zusätzlich werden jeweils zwei Lehrbücher zu den Bereichen Rechnungslegung beziehungsweise Bilanzierung und Kostenrechnung sowie zwei Lehrbücher zum betrieblichen Rechnungswesen im Allgemeinen in dieser Analyse berücksichtigt. Bei der Auswahl der Lehrbücher wurde darauf geachtet, dass es sich um Standardwerke handelt, die in der betriebswirtschaftlichen Literatur häufig zitiert werden.[328] Eine Übersicht der für die Analyse ausgewählten Lehrbücher findet sich in Tabelle 2.

Bibliographische Angaben	Bereich
Baetge, Jörg/Kirsch, Hans-Jürgen/Thiele, Stefan (2005): Bilanzen, 8. Aufl., Düsseldorf.	Rechnungslegung/ Bilanzierung
Coenenberg, Adolf Gerhard (2003): Kostenrechnung und Kostenanalyse, 5. Aufl., Stuttgart.	Kostenrechnung
Ewert, Ralf/Wagenhofer, Alfred (2005): Interne Unternehmensrechnung, 6. Aufl., Berlin et al. **Wagenhofer, Alfred/Ewert, Ralf (2002):** Externe Unternehmensrechnung, Berlin et al.	Rechnungswesen allgemein
Hummel, Siegfried/Männel, Wolfgang (1986): Kostenrechnung 1: Grundlagen, Aufbau und Anwendung, 4. Aufl., Wiesbaden.[329]	Kostenrechnung
Horváth, Péter (2003): Controlling, 9. Aufl., München.	Controlling
Küpper, Hans-Ulrich (2005): Controlling. Konzeption, Aufgaben, Instrumente, 4. Aufl., Stuttgart.	Controlling
Pellens, Bernhard/Fülbier, Rolf Uwe/Gassen, Joachim (2004): Internationale Rechnungslegung, 5. Aufl., Stuttgart.	Rechnungslegung/ Bilanzierung
Reichmann, Thomas (2001): Controlling mit Kennzahlen und Managementberichten, 6. Aufl., München.	Controlling
Schneider, Dieter (1997): Betriebswirtschaftslehre, Band 2: Rechnungswesen, 2. Aufl., München, Wien, Oldenbourg.	Rechnungswesen allgemein
Weber, Jürgen (2004): Einführung in das Controlling, 10. Aufl., Stuttgart.	Controlling

Tabelle 2: Übersicht der für die Analyse ausgewählten Lehrbücher

327 In allen drei Untersuchungen wurden die Controlling-Lehrbücher von *Horváth*, *Küpper*, *Reichmann* und *Weber* ausgewählt. In den Untersuchungen von *Hoffjan/Wömpener* und von *Wall* wurde zudem das Lehrbuch von *Hahn/Hungenberg* berücksichtigt. *Hoffjan/Wömpener* untersuchten darüber hinaus das bezüglich seiner Herkunft dem Land Österreich und in der folgenden Analyse dem deutschsprachigen Raum zugeordnete Lehrbuch von *Ewert/Wagenhofer*. Vgl. Hoffjan/Wömpener (2005), S. 54f.; Roso/Vormweg/Wall (2003), S. 57; Wall (2002), S. 79.

328 In Anlehnung an *Roso/Vormweg/Wall* und *Wall* (vgl. Roso/Vormweg/Wall (2003), S. 57; Wall (2002), S. 77f. und Fn. 326).

329 Im zweiten Band (vgl. Hummel/Männel (1983)), der sich ebenfalls mit dem Bereich Kostenrechnung befasst, finden sich keine für die hier durchgeführte Analyse relevanten Ausführungen.

Im Rahmen der Untersuchung der Lehrbücher wurde zunächst im Inhaltsverzeichnis nach einem Abschnitt gesucht, in dem die Gliederung und der Aufbau des betrieblichen Rechnungswesens behandelt werden. Zudem wurde das Stichwortverzeichnis zum Auffinden entsprechender Textpassagen genutzt. Die in vielen der untersuchten Lehrbücher enthaltenen Passagen zur Konvergenz (Integration oder Harmonisierung) des Rechnungswesens wurden bei der Analyse nicht berücksichtigt, da dieser Aspekt im weiteren Verlauf der Arbeit eingehend separat untersucht wird. Es ist jedoch anzunehmen, dass die in den Lehrbüchern enthaltenen Gliederungen des Rechnungswesens bereits von der Diskussion um eine Konvergenz des Rechnungswesens beeinflusst sind.

3.2.2 Ergebnisse der Lehrbuchanalyse

Um den aktuellen Stand der Untergliederung des betrieblichen Rechnungswesens und den Inhalt und die Bedeutung der Unterscheidung von internem und externem Rechnungswesen in den analysierten Lehrbüchern herauszuarbeiten, werden folgende Aspekte analysiert: In einem ersten Schritt erfolgt eine Untersuchung der in den Lehrbüchern verwendeten Begriffe und Definitionen des betrieblichen Rechnungswesens (Abschnitt 3.2.2.1). Diese Definitionen beeinflussen die Klassifikationen des betrieblichen Rechnungswesens, indem sie den Gegenstandsbereich derselben festlegen und die Elemente bestimmen, aus denen sich dieser zusammensetzt. Im zweiten Untersuchungsschritt werden die Klassifikationen des betrieblichen Rechnungswesens näher untersucht (Abschnitt 3.2.2.2). Dabei wird geprüft, um welche Arten von Klassifikationen (z.B. Gruppierung, hierarchische Klassifikation oder Facettenklassifikation) es sich handelt, nach welchen klassifikatorischen Merkmalen das Rechnungswesen untergliedert wird und wie detailliert die Klassifikationen sind. Außerdem wird untersucht, ob Angaben zur Funktion der Klassifikation gemacht werden. Im dritten Untersuchungsschritt wird die Unterscheidung von internem und externem Rechnungswesen näher untersucht (Abschnitt 3.2.2.3). Dabei wird zunächst geprüft, ob zwischen internem und externem Rechnungswesen differenziert wird und wenn ja, was hierbei als das Haupt-Unterscheidungsmerkmal angegeben wird und welche weiteren Unterscheidungsmerkmale genannt werden. Zur Einordnung der Bedeutung der Unterscheidung von internem und externem Rechnungswesen wird analysiert, an welcher Stelle und neben wie vielen anderen Gliederungsebenen diese Unterscheidung innerhalb der Klassifikationen des Rechnungswesens genutzt wird. Im vierten und letzten Untersuchungsschritt wird der theoretische Gehalt der Klassifikationen untersucht, indem analysiert wird, inwieweit Elemente aus einer theoretischen Perspektive auf die Unternehmung beziehungsweise auf das Rechnungswesen Eingang in sie gefunden haben (Abschnitt 3.2.2.4). Zum Abschluss werden die Ergebnisse der verschiedenen Untersuchungsschritte zusammengefasst.

Bei der Analyse der Lehrbücher fiel zunächst auf, dass sich zwar in allen Werken Ausführungen zur Klassifikation des betrieblichen Rechnungswesens finden, dass der Umfang der Ausführungen zu diesem Aspekt und die Bedeutung, die der Gliederung des betrieblichen Rechnungswesens beigemessen wird, sehr unterschiedlich sind. Insbesondere in den Lehrbüchern zur Rechnungslegung beziehungsweise Bilanzierung wurde diesem Aspekt kaum Platz eingeräumt. Aber auch in den Lehrbüchern von *Ewert/Wagenhofer* und *Weber* finden sich lediglich kurze Ausführungen zur Gliederung des betrieblichen Rechnungswesens. Der Inhalt der Ausführungen ist ebenfalls recht heterogen, so werden beispielsweise in den Lehrbüchern von *Coenenberg*, *Horváth* und *Küpper* gleich mehrere Möglichkeiten einer Untergliederung des betrieblichen Rechnungswesens präsentiert.

3.2.2.1 Definition des betrieblichen Rechnungswesens

Der erste Aspekt, der im Rahmen der Lehrbuchanalyse untersucht wird, ist der Gegenstandsbereich der Klassifikationen des betrieblichen Rechnungswesens. Da für die Klassifikationen in keinem der Lehrbücher ein separater Gegenstandsbereich angegeben wird, ist davon auszugehen, dass dieser mit der jeweiligen Definition des betrieblichen Rechnungswesens übereinstimmt. Neben unterschiedlichen Definitionen des betrieblichen Rechnungswesens unterscheiden sich die Lehrbücher auch hinsichtlich der für die Bezeichnung des betrieblichen Rechnungswesens verwendeten Begriffe. Neben dem in dieser Arbeit verwendeten Begriff „betriebliches Rechnungswesen“, der bei *Baetge*, *Hummel/Männel* und *Reichmann* zum Einsatz kommt,[330] wird bei *Coenenberg*, *Horváth* und *Schneider* (und damit ebenfalls dreimal) die Bezeichnung „betriebswirtschaftliches Rechnungswesen“ gewählt.[331] *Pellens/Fülbier/Gassen* sprechen allgemein von „Rechnungswesen“[332] und *Ewert/Wagenhofer* und *Küpper* von „Unternehmensrechnung“.[333] Die meisten Definitionen des betrieblichen Rechnungswe-

330 Vgl. Baetge/Kirsch/Thiele (2005), S. 1; Hummel/Männel (1986), S. 4; Reichmann (2001), S. 11.

331 Vgl. Coenenberg (2003), S. 3; Horváth (2003), S. 420; Schneider (1997), S. 3f.

332 Vgl. Pellens/Fülbier/Gassen (2004), S. 2.

333 Vgl. Ewert/Wagenhofer (2005), S. 4; Küpper (2005), S. 128.
Ewert/Wagenhofer verwenden den Begriff „Rechnungswesen“ jedoch synonym mit „Unternehmensrechnung“ (vgl. Ewert/Wagenhofer (2005), S. 6). *Küpper* verwendet den Begriff „Rechnungswesen“ zur

sens stammen von den Autoren der Lehrbücher selbst und sind nicht aus anderen Quellen übernommen.[334] Die wohl detaillierteste Definition des betrieblichen Rechnungswesens findet sich bei *Horváth*, der auf folgende Definition von *Coenenberg* zurückgreift:

„Das betriebswirtschaftliche Rechnungswesen kann folglich als spezielles Informationssystem innerhalb einer Unternehmung charakterisiert werden, dessen Funktion in der vorwiegend mengen- und wertmäßigen Erfassung von ökonomisch relevanten Daten über vergangene, gegenwärtige und zukünftige wirtschaftliche Tatbestände und Vorgänge im Betrieb sowie über zurückliegende, bestehende und zukünftige wirtschaftliche Beziehungen des Unternehmens zu seiner Umwelt, deren Speicherung auf Datenträgern, der nachfolgenden Transformation entsprechend den zugrunde liegenden Zwecken und deren Weitergabe an interne und externe Informationsbenutzer besteht."[335]

Viele der in dieser sehr detaillierten Definition enthaltenen Merkmale des betrieblichen Rechnungswesens finden sich auch in den Definitionen der anderen Lehrbücher. In zwei dieser Definitionen wird das betriebliche Rechnungswesen ebenfalls als „Informationssystem" charakterisiert.[336] In vier weiteren Definitionen wird ein Bezug zu „Informationen" oder „Daten" hergestellt,[337] so dass sich dieser Aspekt in insgesamt sechs der zehn Definitionen findet. In neun der zehn Definitionen ist der Aspekt enthalten, dass sich das betriebliche Rechnungswesen mit quantitativen beziehungsweise mit wert- oder mengenmäßigen Informationen befasst.[338] Fünfmal findet sich der Aspekt der Erfassung oder Ermittlung[339] und ebenfalls fünf-

Bezeichnung von Finanz- und Betriebsbuchhaltung und den Begriff „Unternehmensrechnung" zur Bezeichnung eines umfassenderen Gegenstandsbereichs, „welcher die Finanzrechnung stärker betont und insbesondere Investitionsrechnungen, Humanvermögensrechnungen und Sozialbilanzen einschließt" (Küpper (2005), S. 129).

334 *Baetge* verweist bei seiner Definition auf *Schierenbeck* (vgl. Baetge/Kirsch/Thiele (2005), S. 1; Schierenbeck (2003), S. 489), *Coenenberg* verweist auf *Busse von Colbe* (vgl. Coenenberg (2003), S. 3; Busse v. Colbe (1998), S. 599f.) und *Küpper* verweist auf zahlreiche Quellen (vgl. Küpper (2005), S. 128).

Horváth zitiert eine Definition von *Coenenberg* (vgl. Horváth (2003), S. 420). Als Quelle des Zitats wird im Text „Coenenberg (1999, S. 26)" (Horváth (2003), S. 420) angegeben. Im Literaturverzeichnis bei *Horváth* findet sich allerdings keine Veröffentlichung von *Coenenberg* aus diesem Jahr. Die genaue Fundstelle konnte daher leider nicht festgestellt werden.

335 Horváth (2003), S. 420. Zur Originalquelle siehe Fn. 334.

336 Vgl. Ewert/Wagenhofer (2005), S. 4; Reichmann (2001), S. 11.

337 Vgl. Baetge/Kirsch/Thiele (2005), S. 1; Horváth (2003), S. 420; Hummel/Männel (1986), S. 4; Küpper (2005), S. 128.

338 Dieser Aspekt findet sich nicht bei Ewert/Wagenhofer (2005), S. 4.

339 Vgl. Baetge/Kirsch/Thiele (2005), S. 1; Coenenberg (2003), S. 3; Hummel/Männel (1986), S. 4; Horváth (2003), S. 420; Weber (2004), S. 147.

mal der Aspekt der Auswertung, Aufbereitung oder Verarbeitung.[340] Viermal wird ein Bezug zu den Zwecken des Rechnungswesens[341] und ebenfalls viermal zum zeitlichen Aspekt der erfassten Informationen[342] hergestellt. Dreimal wird der in der oben zitierten Definition nicht enthaltene Aspekt der Abbildung, Beschreibung oder Darstellung angeführt.[343] Insgesamt unterscheiden sich die meisten Definitionen damit vor allem hinsichtlich ihrer Detaillierung, jedoch weniger stark hinsichtlich der mit dem Begriff des betrieblichen Rechnungswesens verbundenen Vorstellungsinhalte im Sinne der oben zitierten Definition *Coenenbergs*. Es dominiert eine Sichtweise des Rechnungswesens als Abbildungs- oder Messinstrument.[344] Des Weiteren ist bemerkenswert, dass sich in sämtlichen Lehrbüchern - egal, ob es sich um Lehrbücher zur Rechnungslegung beziehungsweise Bilanzierung, zum Controlling oder zur Kostenrechnung handelt – eine Definition für das gesamte betriebliche Rechnungswesen findet und anschließend eine weitere Untergliederung des betrieblichen Rechnungswesens vorgenommen wird.[345]

Zwei der Definitionen, die sich stärker von den restlichen unterscheiden, sollen kurz näher betrachtet werden. Erstens definieren *Ewert/Wagenhofer* wie folgt: „Die Unternehmensrechnung beschäftigt sich mit der **konzeptionellen Gestaltung** und den **Einsatzbedingungen** von Informationssystemen im Unternehmen.“[346] In dieser Definition fällt das Informationssystem selber scheinbar gar nicht unter den Begriff der Unternehmensrechnung, sondern lediglich die Beschäftigung mit verschiedenen Aspekten desselben. Die weitere Untergliederung der Unternehmensrechnung in interne und externe Unternehmensrechnung, bei der die beiden Unterbestandteile der Unternehmensrechnung grundsätzlich alle Informationssysteme umfassen, die für unternehmensinterne beziehungsweise –externe Benutzer konzipiert sind, passt aller-

[340] Vgl. Baetge/Kirsch/Thiele (2005), S. 1; Coenenberg (2003), S. 3; Hummel/Männel (1986), S. 4; Horváth (2003), S. 420.

[341] Vgl. Hummel/Männel (1986), S. 4; Horváth (2003), S. 420; Küpper (2005), S. 128; Reichmann (2001), S. 11.

[342] Vgl. Baetge/Kirsch/Thiele (2005), S. 1; Coenenberg (2003), S. 3; Horváth (2003), S. 420; Schneider (1997), S. 4f.

Unter dem zeitlichen Aspekt der erfassten Informationen wird verstanden, dass in den Definitionen darauf abgestellt wird, dass die Informationen des Rechnungswesens sich auf vergangene oder zukünftige Sachverhalte oder auf Zeitpunkte oder Zeiträume beziehen.

[343] Vgl. Coenenberg (2003), S. 3; Pellens/Fülbier/Gassen (2004), S. 2; Reichmann (2001), S. 11.

[344] Vgl. zum Verständnis des betrieblichen Rechnungswesens als Mess- beziehungsweise Abbildungsinstrument Küpper (2002), S. 4f. und Weber (2005), S. 9ff.

[345] Die Definition des betrieblichen Rechnungswesens bei *Pellens/Fülbier/Gassen* ist allerdings sehr kurz und steht eher am Rande der Ausführungen, bevor dann auf das externe Rechnungswesen (dort bezeichnet als Rechnungslegung) fokussiert wird (vgl. Pellens/Fülbier/Gassen (2004), S. 2).

[346] Ewert/Wagenhofer (2005), S. 4, Hervorhebung im Original.

dings nicht zu dieser Definition des Gegenstandsbereichs.[347] Die Vermutung liegt nahe, dass diese Umschreibung, die im Übrigen auch im Band zum externen Rechnungswesen benutzt wird,[348] entweder nicht als Definition der Unternehmensrechnung gedacht ist oder dass an dieser Stelle ein Fehler unterlaufen ist. Zweitens umfasst das betriebliche Rechnungswesen in der Definition von *Schneider* lediglich die **Regeln**, nach denen das Rechnungswesen zu erstellen ist.[349] Damit ist die Definition von *Schneider* die Einzige, aus der unmittelbar ersichtlich ist, was als die Elemente des betrieblichen Rechnungswesens anzusehen ist. Diese vergleichsweise enge Definition des betrieblichen Rechnungswesens und seiner Elemente findet in der darauf aufbauenden Klassifikation des Rechnungswesens allerdings keinen weiteren Niederschlag.[350]

3.2.2.2 Klassifikationen des betrieblichen Rechnungswesens

Als nächstes wurden die in den Lehrbüchern enthaltenen Klassifikationen des betrieblichen Rechnungswesens näher untersucht. Dabei wurde darauf geachtet, welche Arten von Klassifikationen verwendet werden, auf welcher Grundlage die Bildung von Klassen erfolgt und in welcher Tiefe das Rechnungswesen gegliedert wird. Bei der Analyse der Art der einzelnen Klassifikationen[351] zeigte sich, dass in einer Gruppe von sechs Lehrbüchern eine Klassifikation des betrieblichen Rechnungswesens in Form einer Gruppierung stattfindet und der

---

[347] Vgl. Ewert/Wagenhofer (2005), S. 4.

[348] Vgl. Wagenhofer/Ewert (2003), S. 3.

[349] Nach *Schneider* umfasst das betriebliche Rechnungswesen „die Regeln, nach denen der wirtschaftliche Aspekt vergangener, vorhandener oder erwarteter Tatbestände und Handlungsabläufe gemäß vorzugebenden Wissenswünschen strukturgleich in Zahlen abzubilden, d.h. zu messen, ist." (Schneider (1997), S. 3f.) Diesem Verständnis des Rechnungswesens als „Regelsystem" stellt *Schneider* das „Handlungssystem" Rechnungswesen gegenüber, das die Gesamtheit an Tätigkeiten zur Abwicklung des Rechnungswesens in einem Betrieb umfasst. *Schneider* betont, dass er sich lediglich mit dem Regelsystem befasst (vgl. ebd., S. 4).

Es erscheint jedoch problematisch, dass die jeweiligen Rechnungsinhalte von diesen Definitionen nicht erfasst werden. So wird das betriebliche Rechnungswesen von *Schneider* nachfolgend danach untergliedert, ob es für unternehmensinterne oder -externe Adressaten bestimmt ist (vgl. ebd., S. 29ff.). Diese Adressaten dürften jedoch nicht lediglich an den Regeln interessiert sein, nach denen das Rechnungswesen erstellt wird, sondern höchstwahrscheinlich ebenso an den konkreten Rechnungsinhalten.

[350] Vgl. Fn. 362.

[351] Um die in den Lehrbüchern enthaltenen Klassifikationen des betrieblichen Rechnungswesens untersuchen zu können, war es notwendig, zunächst zu unterscheiden, welche Ausführungen innerhalb der Lehrbücher den Aspekt der Untergliederung des Rechnungswesens behandeln. In der hier durchgeführten Analyse wurden nur die Ausführungen als der Klassifikation zugehörig angesehen, die sich direkt auf den Aspekt der Klassifikation beziehen. Wenn beispielsweise zu Eingang eines Lehrbuches eine Untergliederung in internes und externes Rechnungswesen vorgestellt wird und dann an anderer Stelle weitere Bestandteile des internen Rechnungswesens (wie z.B. eine Gliederung in Kostenarten-, Kostenstellen- und Kostenträgerrechnung) genannt werden, ohne Bezug auf den Aspekt der Untergliederung des Rechnungswesens als Ganzes zu nehmen, so wurden die späteren Ausführungen nicht als ein Bestandteil der Klassifikation gewertet.

Aspekt der Untergliederung des Rechnungswesens nicht eingehend behandelt wird.[352] In der anderen Gruppe mit vier Lehrbüchern wird dem Aspekt der Untergliederung des Rechnungswesens mehr Aufmerksamkeit gewidmet.[353] Nur hier finden sich Facettenklassifikationen sowie in drei der vier Bücher mehrere alternative Vorschläge für die Untergliederung des betrieblichen Rechnungswesens.

In keinem der zehn Lehrbücher wird gesondert auf die Funktion der Klassifikationen des betrieblichen Rechnungswesens eingegangen. Da es sich um Lehrbücher handelt, ist jedoch davon auszugehen, dass sämtlichen Klassifikationen (zumindest auch) eine pädagogische Funktion zukommt. Die Mehrzahl der Klassifikationen stammt von den Autoren der Lehrbücher selbst, lediglich *Reichmann* greift eine Klassifikation von *H. K. Weber* auf.[354] *Horváth* stellt eine eigene Klassifikation des betrieblichen Rechnungswesens auf und zitiert darüber hinaus Klassifikationen von *Männel* und *Kilger*.[355]

In der sechs Lehrbücher umfassenden Gruppe mit Klassifikationen des Rechnungswesens in Form einer Gruppierung besteht diese Klassifikation in vier Fällen aus einer Zweiteilung in internes und externes Rechnungswesen.[356] Etwas umfangreicher ist die Gruppierung von *Baetge*, der das Rechnungswesen in die vier Teilbereiche Investitionsrechnung, Finanzrechnung, Kostenrechnung oder kalkulatorische Erfolgsrechnung und externes Rechnungswesen (mit Finanzbuchführung und Jahresabschluss) untergliedert, die sich insbesondere hinsichtlich ihrer Rechengrößen und durch ihre Zwecksetzung unterscheiden.[357] Bei *Reichmann* findet sich eine ähnliche Gruppierung des betrieblichen Rechnungswesens in die drei Klassen Kosten- und Leistungsrechnung, Aufwands- und Ertragsrechnung sowie zahlungsstromorientierte Rechnungen.[358] Dem entspricht im Wesentlichen auch die Untergliederung des Rechnungswe-

---

352 Vgl. Baetge/Kirsch/Thiele (2005), S. 1; Ewert/Wagenhofer (2005), S. 4f.; Hummel/Männel (1986), S. 4ff.; Pellens/Fülbier/Gassen (2004), S. 2; Reichmann (2001), S. 11; Weber (2004), S. 147.

Nach einer ungefähren Schätzung werden in diesen sechs Lehrbüchern dem Aspekt der Klassifikation des Rechnungswesens durchschnittlich nur 1,2 Seiten gewidmet. In den übrigen vier Lehrbüchern sind es dagegen im Durchschnitt 5,0 Seiten.

353 Vgl. Coenenberg (2003), S. 4ff.; Horváth (2003), S. 421ff.; Küpper (2005), S. 128ff.; Schneider (1997), S. 4ff.

354 Vgl. Reichmann (2001), S. 11 m. Verw. auf Weber (1993), S. 19ff.

355 Vgl. Horváth (2003), S. 421ff.

356 Vgl. Ewert/Wagenhofer (2005), S. 4f.; Hummel/Männel (1986), S. 4ff.; Pellens/Fülbier/Gassen (2004), S. 2; Weber (2004), S. 147.

357 Vgl. Baetge/Kirsch/Thiele (2005), S. 1.

358 Vgl. Reichmann (2001), S. 11 m. Verw. auf Weber (1993), S. 19ff. *Reichmann* bezeichnet dies als eine Gliederung nach „Sachinhalten". In der angegebenen Quelle von *H. K. Weber* wird das Rechnungswesen aller-

sens in die drei „typischen Informationssysteme" Investitions- und Finanzrechnung, finanzielles oder externes Rechnungswesen und Kosten- und Leistungsrechnung bei *Ewert/Wagenhofer*.[359] Diese Dreiteilung taucht bei *Ewert/Wagenhofer* aber lediglich zusätzlich zur zuerst angeführten Untergliederung in interne und externe Unternehmensrechnung auf.

In den verbleibenden vier Lehrbüchern von *Coenenberg*, *Küpper*, *Horváth* und *Schneider* finden sich umfangreichere Klassifikationen des betrieblichen Rechnungswesens. Mit Ausnahme von *Schneider* werden in ihnen zudem verschiedene Möglichkeiten zur Untergliederung des Rechnungswesens dargestellt. In allen vier Lehrbüchern finden sich Facettenklassifikationen des betrieblichen Rechnungswesens.

Bei *Coenenberg* und *Horváth* finden sich jeweils vier Gliederungen des betrieblichen Rechnungswesens, darunter jeweils auch eine umfangreiche Facettenklassifikation.[360] Unter den

dings nach **Rechnungsgrößen** in die **vier** Bereiche „Geldbestands- und Geldbewegungsrechnung, Güterbestands- und Güterbewegungsrechnungen, bilanzielle Vermögens- und Kapitalbestands- sowie Vermögens- und Kapitalbewegungsrechnungen, kalkulatorische Vermögens- und Kapitalbestands- sowie Vermögens- und Kapitalbewegungsrechnungen" (Weber (1993), S. 22) untergliedert.

359 Diese zusätzliche Untergliederung findet sich nur im Lehrbuch zur internen Unternehmensrechnung. Vgl. Ewert/Wagenhofer (2005), S. 5ff.

360 Bei *Coenenberg* wird zunächst die Zweiteilung in internes und externes Rechnungswesen genannt, dann erfolgt eine Unterteilung in Planungs-, Kontroll- und Dokumentationsrechnungen (vgl. Coenenberg (2003), S. 4ff.). Daraufhin wird eine Facettenklassifikation mit „Kriterien zur Gliederung des Rechnungswesens" dargestellt, welche die fünf Facetten Informationsrichtung (extern, intern), Wiederholungscharakter (laufend, fallweise), Sachlicher Bezugsrahmen (Gesamtunternehmen, Teilbereiche, Produkte), Zeitlicher Bezugsrahmen, (Zeitraum, Zeitpunkt) und Erfasste Wertkategorien (Einzahlungen/Auszahlungen, Einnahmen/ Ausgaben, Ertrag/Aufwand, Leistungen/Kosten, Ist-/Plan-größen) umfasst (vgl. ebd., S. 7f.). Diese Kriterienausprägungen determinieren maßgeblich die verschiedenen Rechnungszweige innerhalb des gesamten Rechnungssystems und ermöglichen die Charakterisierung einzelner Rechnungen. Im Anschluss an die Facettenklassifikation werden die betriebswirtschaftlichen Ziele, die sich in die drei Bereiche Liquidität, Erfolg und Erfolgspotenzial unterteilen lassen, als „grundlegende Bestimmungsfaktoren zur Gliederung des Rechnungswesens" aufgegriffen (vgl. ebd.). Hier ergibt sich die Frage, in welchem Verhältnis die Rechnungszwecke und die betriebswirtschaftlichen Ziele bei der Bestimmung der Teilsysteme des Rechnungswesens zueinander stehen. Dann werden die (vorher nicht genannten) vier Teilsysteme des Rechnungswesens diesen Zielen zugeordnet: Kosten-/Leistungsrechnung und Bilanz-/Erfolgsrechnung der Zielgröße Erfolg und die Finanzierungsrechnung sowie die Finanzrechnung der Zielgröße Liquidität, dem Erfolgspotenzial wird kein Teilsystem zugeordnet (vgl. ebd., S. 8ff.).

Horváth unterscheidet zunächst in die zwei Bereiche internes und externes Rechnungswesen, die anschließend in Form einer hierarchischen Klassifikation weiter untergliedert werden. Das interne Rechnungswesen wird weiter in „Ist-Informationen", „Prognose-Informationen" und „Soll-Informationen" und das externe Rechnungswesen in „Rechenschaft aufgrund externer Normen" und „Entscheidungsgrundlagen für externe Entscheidungsträger" (vgl. Horváth (2003), S. 421f.) untergliedert. Diese weitere Untergliederung wird jedoch lediglich in Form einer Abbildung dargestellt und nicht näher erläutert. Sie stellt offenbar auf die Art der von den Teilbereichen des Rechnungswesens gelieferten Informationen ab, scheint aber nicht vollkommen homogen zu sein, da im internen Rechnungswesen eher auf die Art der Informationen abgestellt wird, im Bereich des externen Rechnungswesens jedoch eher auf die Zwecke. Zudem werden die Rechengrößen (Einzahlungen und Auszahlungen, Einnahmen und Ausgaben, Erträge und Aufwendung, Leistungen und Kosten) als zentrales Kriterium für die Gliederung des Rechnungswesens angeführt (vgl. ebd., S. 424f.). Darüber hinaus zitiert *Horváth* eine umfangreiche Facettenklassifikation des Rechnungswesens von *Männel*

von *Horváth* angebotenen Klassifikationen wird die Zweiteilung in internes und externes Rechnungswesen besonders hervorgehoben. Bei *Küpper* werden drei Gliederungen des Rechnungswesens angeboten, darunter ebenfalls eine umfangreiche Facettenklassifikation.[361] Bei *Schneider* findet sich eine Mischung aus Facettenklassifikation und hierarchischer Klassifikation.[362]

Alle vier Facettenklassifikationen enthalten eine Facette, welche das Rechnungswesen anhand der verschiedenen Wertkategorien (Ein- und Auszahlungen, Einnahmen und Ausgaben, Ertrag und Aufwand sowie Erlöse und Kosten) untergliedert.[363] Zudem finden sich in allen Klassifi-

(vgl. ebd., S. 424; Männel (1981), S. 466) und eine Gliederung des betrieblichen Rechnungswesens in „klassische" Teilbereiche von *Kilger* (vgl. ebd., S. 425; Kilger (1987), S. 12). In letzterer erfolgt eine Gliederung in die drei Bereiche Finanzbuchhaltung, Kostenrechnung und Betriebsstatistik, die dann durch weitere Unterbereiche und eine graphische Darstellung der abrechnungstechnischen Zusammenhänge zwischen denselben ergänzt wird.

361 Bei *Küpper* wird das betriebliche Rechnungswesen beziehungsweise die dort betrachtete Unternehmensrechnung zunächst in Rechnungswesen (mit den Bestandteilen Finanz- und Betriebsbuchhaltung), Finanzrechnung, Investitionsrechnung, Humanvermögensrechnung und Sozialbilanzen unterteilt (vgl. Küpper (2005), S. 129). Dann wird ein Überblick über wichtige Teilsysteme der Unternehmensrechnung gegeben, die in einer Facettenklassifikation mit den Facetten Entscheidungszielbezug (Finanzziele, Erfolgsziele, Potenzialziele, Produktziele, Sozial- und Umweltziele) und Zeitbezug (vergangenheitsorientiert, zukunftsorientiert) klassifiziert werden. Dabei werden 15 Teilsysteme (u.a. „Ist-Kosten- und Erlösrechnung", „Investitionsrechnung" und „Früherkennungssysteme") aufgeführt (vgl. ebd., S. 130). Anschließend wird eine Facettenklassifikation dargestellt, welche die vielfältigen Gestaltungsmöglichkeiten der Unternehmensrechnung aufzeigt. Umfang und Ausgestaltung der verschiedenen Teilsysteme beziehungsweise der einzelnen Rechnungen der Unternehmensrechnung sollen sich nach den Wissenswünschen der Informationsempfänger richten. Die Klassifikation umfasst die sechs Facetten Rechnungszweck (Dokumentation, Information zur Planung, Information zur Steuerung, Information zur Kontrolle), Entscheidungszielbezug (Erfolgsziel, Finanzziel, Produktziel, Potentialziel, Sozialziel, Umweltziel), Abbildungsgegenstand (Bar- und Buchgeld, Forderungen und Verbindlichkeiten, Realgüter), Basisgrößen (Ein- und Auszahlungen, Einnahmen und Ausgaben, Erträge und Aufwendungen, Erlöse und Kosten), Zeitlicher Bezug (Vergangenheit, Zukunft) und Zeitliche Reichweite (Eine Periode, Mehrere Perioden) (vgl. ebd., S. 131ff.). Eine Untergliederung des Rechnungswesens nach seinen Adressaten findet sich bei *Küpper* nicht. Die Begriffe „internes und externes Rechnungswesen" werden im Rahmen einer Erörterung der Aufbauorganisation im Finanzbereich verwendet (vgl. ebd., S. 520).

362 *Schneider* gliedert das Rechnungswesen in einer Facettenklassifikation nach den Aufgaben, die sich beim Ausüben der Unternehmerfunktion ergeben und im Hinblick auf die zeitliche Blickrichtung: Auf die Vergangenheit bezogen sind die Rechnungslegung und Kontrollrechnungen, auf die Zukunft gerichtet sind Planungsrechnungen und Prospektrechnungen. Parallel wird das Rechnungswesen nach dem beabsichtigten Empfängerkreis in internes und externes Rechnungswesen gegliedert. Hieraus resultiert eine Facettenklassifikation mit drei Facetten und acht Klassen (vgl. Schneider (1997), S. 28ff.). Anschließend werden zwei weitere Facetten als Erweiterung der Klassifikation angeführt: Die vierte Facette gliedert nach Rechungsgrößen in Finanz- und Investitionsrechnung, Erfolgsrechnung und Erlös- und Kostenrechnung (vgl. ebd., S. 32). Die fünfte Facette gliedert nach dem Wiederholungscharakter in laufende und fallbezogene Rechnungen (vgl. ebd., S. 33).

Insgesamt unterscheidet sich die Gliederung des betrieblichen Rechnungswesens bei *Schneider* damit trotz der unterschiedlichen Definition des Gegenstandsbereichs (vgl. die Ausführungen auf S. 83) nur unwesentlich von den in den anderen untersuchten Lehrbüchern enthaltenen Gliederungen.

363 Bei *Schneider* findet sich jedoch die Ausprägung „Einnahmen und Ausgaben" nicht. Bei *Coenenberg* enthält die entsprechende Facette darüber hinaus die Ausprägung „Ist-/Plangrößen", die jedoch offensichtlich nicht in die Facette passt. Die Ausprägung passt zum einen nicht, weil die unterschiedlichen Rechengrößen wie

kationen Facetten mit zeitlichen Aspekten, die jedoch unterschiedliche Merkmalsausprägungen beinhalten. Eine Facette, die nach den Adressaten in internes und externes Rechnungswesen unterscheidet, findet sich bei *Coenenberg*, in der von *Horváth* zitierten Klassifikation von *Männel* und bei *Schneider*. Ebenfalls in drei der vier Lehrbücher finden sich Facetten, die das Rechnungswesen nach seinen Zwecken und nach seinem Wiederholungscharakter untergliedern.

Insgesamt findet sich in sieben der zehn Lehrbücher eine Untergliederung des betrieblichen Rechnungswesens nach Rechengrößen.[364] Dabei werden folgende Bereiche mit den dazugehörigen Wertkategorien, die im Einzelfall jedoch abweichend benannt werden, unterschieden:

1. Investitionsrechnungen (Auszahlungen und Einzahlungen)
2. Finanzrechnung (Ausgaben und Einnahmen)
3. Finanzbuchhaltung (Aufwand und Ertrag)
4. Kostenrechnung (Kosten und Erlöse)

Eine Untergliederung in diese vier Bereiche findet sich in vier der sieben Fälle.[365] In drei Fällen wird die Finanzrechnung mit den Rechengrößen Ausgaben und Einnahmen nicht als separater Bereich aufgeführt.[366]

In acht der zehn untersuchten Lehrbücher findet sich eine Untergliederung in internes und externes Rechnungswesen.[367] Der Inhalt und die Bedeutung dieser Unterscheidung werden im nächsten Abschnitt genauer untersucht. Entweder eine Untergliederung in internes und externes Rechnungswesen oder die oben dargestellte Untergliederung nach Rechengrößen findet sich in jedem der untersuchten Lehrbücher. In neun Fällen wird entweder nur eine dieser beiden Untergliederungen verwendet oder einer dieser Untergliederungen wird eine herausgeho-

---

Einnahmen und Ausgaben sowohl Ist- als auch Plangrößen sein können. Zum anderen handelt es sich bei Ist- und Plangrößen nicht um ein Begriffspaar, wie z.B. Ein- und Aus-zahlungen.

[364] Vgl. Baetge/Kirsch/Thiele (2005), S. 1ff.; Coenenberg (2003), S. 4f.; Ewert/Wagenhofer (2005), S. 4ff.; Horváth (2003), S. 421ff.; Küpper (2005), S. 131ff.; Reichmann (2001), S. 11; Schneider (1997), S. 29ff.

[365] Vgl. Baetge/Kirsch/Thiele (2005), S. 1ff.; Coenenberg (2003), S. 4f.; Horváth (2003), S. 421ff.; Küpper (2005), S. 131ff.

[366] Vgl. Reichmann (2001), S. 11; Schneider (1997), S. 29ff. Bei *Ewert/Wagenhofer* werden Ausgaben und Einnahmen nicht zur Gliederung des betrieblichen Rechnungswesens verwendet. Es wird jedoch erwähnt, dass diese vielfach als eigene Rechengrößen unterschieden werden, allerdings nur selten die Grundlage für die Gestaltung eines Informationssystems bilden (vgl. Ewert/Wagenhofer (2005), S. 5).

[367] Vgl. Baetge/Kirsch/Thiele (2005), S. 1ff.; Coenenberg (2003), S. 4f.; Ewert/Wagenhofer (2005), S. 4ff.; Hummel/Männel (1986), S. 4ff.; Horváth (2003), S. 421ff.; Pellens/Fülbier/Gassen (2004), S. 2; Schneider (1997), S. 29ff.; Weber (2004), S. 147.

bene Bedeutung zugewiesen. Damit ist in neun Fällen eine dieser beiden Untergliederungen als die grundlegendste Untergliederung des Rechnungswesens anzusehen. Lediglich bei *Schneider* stehen diese beiden Untergliederungen des Rechnungswesens gleichberechtigt nebeneinander sowie neben drei weiteren Gliederungen des Rechnungswesens.

3.2.2.3 Unterscheidung von internem und externem Rechnungswesen

Ein weiterer wesentlicher Punkt der Lehrbuchanalyse ist die Analyse der Unterscheidung von internem und externem Rechnungswesen, die sich in acht der zehn Klassifikationen des betrieblichen Rechnungswesens findet.[368] Bei *Küpper* werden die Begriffe internes und externes Rechnungswesen lediglich im Zusammenhang mit der Aufbau- und Ablauforganisation des Finanzbereiches erwähnt.[369] Nur bei *Reichmann* fehlt die Unterscheidung von internem und externem Rechnungswesen vollständig.[370]

In sechs der acht Klassifikationen, in denen sie verwendet wird, ist die Unterscheidung von internem und externem Rechnungswesen auch die grundlegendste Untergliederung innerhalb der Klassifikation des Rechnungswesens.[371] Das Haupt-Kriterium für die Unterscheidung von internem und externem Rechnungswesen ist in fünf der acht Fälle der Adressatenkreis der Informationsempfänger: das interne Rechnungswesen richtet sich primär an unternehmensinterne und das externe Rechnungswesen primär an unternehmensexterne Informationsempfänger.[372] Bei *Hummel/Männel* steht der Adressatenkreis als Unterscheidungskriterium von internem und externem Rechnungswesen auf einer Ebene neben der Unterschiedlichkeit des Informationsgegenstandes: das externe Rechnungswesen bildet die Vorgänge finanzieller Art zwischen der Unternehmung und ihrer Umwelt ab und das interne Rechnungswesen die wirtschaftlichen Vorgänge innerhalb der Unternehmung.[373] Bei *Coenenberg* steht der Adressatenkreis als Unterscheidungskriterium von internem und externem Rechnungswesen neben einer

[368] Vgl. Baetge/Kirsch/Thiele (2005), S. 1ff.; Coenenberg (2003), S. 4f.; Ewert/Wagenhofer (2005), S. 4ff.; Hummel/Männel (1986), S. 4ff.; Horváth (2003), S. 421ff.; Pellens/Fülbier/Gassen (2004), S. 2; Schneider (1997), S. 29ff.; Weber (2004), S. 147.

[369] Vgl. Küpper (2005), S. 520.

[370] Vgl. Reichmann (2001), S. 11.

[371] Vgl. Coenenberg (2003), S. 4f.; Ewert/Wagenhofer (2005), S. 4ff.; Hummel/Männel (1986), S. 4ff.; Horváth (2003), S. 421ff.; Pellens/Fülbier/Gassen (2004), S. 2; Weber (2004), S. 147.

[372] Vgl. Ewert/Wagenhofer (2005), S. 4ff.; Horváth (2003), S. 421ff.; Pellens/Fülbier/Gassen (2004), S. 2; Schneider (1997), S. 29ff.; Weber (2004), S. 147.

[373] Vgl. Hummel/Männel (1986), S. 4ff.

Reihe weiterer Kriterien.[374] Bei *Baetge* wird der Adressatenkreis als Unterscheidungsmerkmal von internem und externem Rechnungswesen lediglich erwähnt.[375]

Die Unterscheidung von internem und externem Rechnungswesen umfasst in der Regel eine Reihe von Unterschiedlichkeiten. So findet sich lediglich in zwei der acht Lehrbücher, die zwischen internem und externem Rechnungswesen differenzieren, nur ein Unterscheidungskriterium,[376] in sechs der acht Lehrbücher werden darüber hinaus zusätzliche Unterscheidungsmerkmale angeführt.[377] Das insgesamt am häufigsten genannte Unterscheidungsmerkmal ist eindeutig der Adressatenkreis, der in allen acht Fällen genannt wird. Wie oben bereits erwähnt, ist der Adressatenkreis in fünf dieser Fälle auch das Haupt-Unterscheidungskriterium. Am zweithäufigsten wird mit fünf Nennungen das Unterscheidungsmerkmal angeführt, dass das externe Rechnungswesen gesetzlich weitaus stärker reglementiert ist als das interne Rechnungswesen.[378] Viermal wird die Unterschiedlichkeit der Zwecksetzung von internem und externem Rechnungswesen herausgestellt.[379] Ebenfalls viermal wird als Hauptbestandteil des externen Rechnungswesens die Finanzbuchhaltung und als Hauptbestandteil des internen Rechnungswesen die Betriebsbuchhaltung identifiziert oder diese Begriffe werden synonym verwendet.[380] Dreimal wird die Unterschiedlichkeit der Rechengrößen von internem und externem Rechnungswesen herausgestellt.[381] Ebenfalls dreimal wird das interne Rechnungswesen als freiwilliges Rechnungswesen und das externe Rechnungswesen als verpflichtend vorgeschrieben charakterisiert.[382] Zweimal wird der Unterschied im Auswertungszyklus[383] und in der Genauigkeit[384] von internem und externem Rechnungswesen hervorgehoben, wobei dem internen Rechnungswesen kürzere Auswertungszyklen und eine geringere Genauigkeit als dem externen Rechnungswesen zugeschrieben wird. Ebenfalls zweimal wird

[374] Vgl. Coenenberg (2003), S. 4f.

[375] Vgl. Baetge/Kirsch/Thiele (2005), S. 5.

[376] Vgl. Pellens/Fülbier/Gassen (2004), S. 2; Weber (2004), S. 147.

[377] Vgl. Baetge/Kirsch/Thiele (2005), S. 1ff.; Coenenberg (2003), S. 4f.; Ewert/Wagenhofer (2005), S. 4ff.; Hummel/Männel (1986), S. 4ff.; Horváth (2003), S. 421ff.; Schneider (1997), S. 29ff.

[378] Vgl. Coenenberg (2003), S. 4f.; Ewert/Wagenhofer (2005), S. 4ff.; Hummel/Männel (1986), S. 4ff.; Horváth (2003), S. 421ff.; Schneider (1997), S. 29ff.

[379] Vgl. Baetge/Kirsch/Thiele (2005), S. 1ff.; Hummel/Männel (1986), S. 4ff.; Horváth (2003), S. 421ff.; Schneider (1997), S. 29ff.

[380] Vgl. Baetge/Kirsch/Thiele (2005), S. 1ff.; Coenenberg (2003), S. 4f.; Hummel/Männel (1986), S. 4ff.; Horváth (2003), S. 421ff.

[381] Vgl. Baetge/Kirsch/Thiele (2005), S. 1ff.; Ewert/Wagenhofer (2005), S. 4ff.; Hummel/Männel (1986), S. 4ff.

[382] Vgl. Ewert/Wagenhofer (2005), S. 4ff.; Horváth (2003), S. 421ff.; Schneider (1997), S. 29ff.

[383] Vgl. Coenenberg (2003), S. 4f.; Hummel/Männel (1986), S. 4ff.

[384] Vgl. Horváth (2003), S. 421ff.; Schneider (1997), S. 29ff.

die Unterschiedlichkeit der Abbildungsgegenstände genannt; während das externe Rechnungswesen Transaktionen zwischen dem Unternehmen und seiner Umwelt erfasst, bezieht sich das interne Rechnungswesen auf unternehmensinterne Vorgänge.[385]

3.2.2.4 Grundlagen der Klassifikationen des Rechnungswesens

In den analysierten Lehrbüchern werden in der Regel keine Grundlagen für die aufgeführten Klassifikationen des betrieblichen Rechnungswesens angeführt. Lediglich in dem Lehrbuch von *Ewert/Wagenhofer* wird die Untergliederung in internes und externes Rechnungswesen explizit mit der theoretischen Sichtweise der Prinzipal-Agenten-Theorie verbunden.[386] Allerdings finden sich auch in einigen der anderen untersuchten Lehrbücher zu den Klassifikationen des Rechnungswesens Aussagen, hinter denen bestimmte theoretische Perspektiven auf die Unternehmung beziehungsweise auf das Rechungswesen identifiziert werden können.

Anhand dieser theoretischen Perspektiven lässt sich zum Teil eine Grundlage für die in den Lehrbüchern enthaltenen Klassifikationen des Rechnungswesens oder für die Klassifikation bestimmter Teilbereiche innerhalb des betrieblichen Rechnungswesens ableiten. Neben diesen vor allem implizit verwendeten theoretischen Perspektiven wird der Zweckabhängigkeit der Gestaltung des Rechnungswesens und dem damit einhergehenden Grundsatz „Der Rechnungszweck bestimmt den Rechnungsinhalt." besondere Bedeutung für die Untergliederung des Rechnungswesens zugemessen. Aus diesem Grundsatz wird die Schlussfolgerung gezogen, dass „unterschiedliche Rechnungszwecke und -ziele nur .. mit unterschiedlichen Rechnungssystemen zufrieden gestellt werden [können]"[387]. Bei seiner Anwendung spielt zudem die Unterscheidung zwischen obligatorischen und fakultativen Rechnungszwecken eine wichtige Rolle. Welche theoretischen Perspektiven auf das Rechnungswesen hinter den Klassifikationen des Rechnungswesens identifiziert werden können und in welchem Zusammenhang diese zur Zweckabhängigkeit der Gestaltung des Rechnungswesens stehen, wird im Folgenden näher ausgeführt.

---

[385] Vgl. Coenenberg (2003), S. 4f.; Hummel/Männel (1986), S. 4ff.

[386] Vgl. Ewert/Wagenhofer (2005), S. 4f.

[387] Küpper (2005), S. 134 m. Verw. auf Schneider (1991), S. 766f. Vgl. auch Männel/Küpper (1999), S. 1; Schmalenbach (1919), S. 349; Schweitzer/Ziolkowski (1999), S. 14.

In den untersuchten Lehrbüchern kommen vor allem zwei theoretische Perspektiven auf die Unternehmung und das betriebliche Rechnungswesen zum Tragen:[388] Erstens die Perspektive der entscheidungsorientierten Betriebswirtschaftslehre und zweitens die Perspektive der Prinzipal-Agenten-Theorie.[389] Zudem werden die beiden theoretischen Perspektiven oft miteinander kombiniert.

Bei einer Betrachtung des Rechnungswesens aus der Perspektive der entscheidungsorientierten Betriebswirtschaftslehre dient dieses, aufbauend auf dem Modell der normativen Entscheidungstheorie, als Instrument zur informatorischen Fundierung und Kontrolle von Entscheidungen.[390] Die Klassifikationen insbesondere des internen Rechungswesens knüpfen in verschiedener Hinsicht an diese Perspektive an: So wird bei der Untergliederung in Kostenrechnung und Investitionsrechnung auf Entscheidungstatbestände abgestellt, die typischerweise in den unterschiedlichen Bereichen der Unternehmensplanung auftauchen. Dabei dient die Kostenrechnung vorrangig der periodischen operativen Unternehmensplanung, indem auf die Freiheitsgrade einer jahresbezogenen Planung abgestellt wird,[391] die Investitionsrechnung dagegen dient Zwecken der periodenübergreifenden längerfristigen Planung.[392] Des Weiteren wird bei der Untergliederung des Rechnungswesens auf die unterschiedlichen Ziele des Entscheidungsträgers abgestellt, wobei häufig der Entscheidungsträger „Unternehmung" mit typischen Unternehmenszielen und den dabei zu beachtenden Nebenbedingungen betrachtet wird. So dienen beispielsweise die Finanz- und Finanzierungsrechung der Sicherstellung einer ausreichenden Liquidität und die Erfolgs- und Kostenrechnung dienen der Erreichung des Erfolgsziels.[393]

---

388 Vgl. Weber (2005), S. 75ff. zu den verschiedenen Theorieperspektiven.

389 Die Perspektive der Prinzipal-Agenten-Theorie wird oft auch als „verhaltensorientiert" bezeichnet (vgl. Weber (1994), S 99ff.; Pfaff/Weber/Weißenberger (1999), S. 138ff.; Wagenhofer (1995), S. 83ff.). Diese Bezeichnung wird hier vermieden, weil verschiedene Möglichkeiten für eine Integration von Verhaltensaspekten in theoretische Perspektiven auf das betriebliche Rechnungswesen existieren (vgl. beispielsweise Weber (2005), S. 78ff.; Pfaff/Weber (1998), S. 160).

390 Die Entscheidungsfunktion des internen Rechnungswesens wird in sämtlichen untersuchten Lehrbüchern anerkannt. *Pellens/Fülbier/Gassen* beschränken sich in ihren Ausführungen jedoch praktisch ausschließlich auf das externe Rechnungswesen - für welches sie eine Entscheidungsfunktion anerkennen (vgl. Pellens/Fülbier/Gassen (2004), S. 19ff.) - und diskutieren keine Zwecke des internen Rechnungswesens.

391 Vgl. Weber (2005), S. 77.

392 Vgl. Küpper (2005), S. 129f. In einer anderen Quelle betont *Küpper* ausdrücklich Rolle und Bedeutung der Entscheidungsfunktion des betrieblichen Rechnungswesens für die Untergliederung des Rechnungswesens und stellt den Zusammenhang zur Entscheidungstheorie ausführlich dar (vgl. Küpper (2001b)).

393 Vgl. Küpper (2005), S. 129ff.; Coenenberg (2003), S. 7ff.; Ewert/Wagenhofer (2005), S. 7f.

Eine Ausweitung der durch das Rechnungswesen abzudeckenden Entscheidungstatbestände und die Berücksichtigung zusätzlicher Entscheidungsziele hat in dieser Perspektive (unter Vernachlässigung von Kostengesichtspunkten) eine Ausdifferenzierung der Systeme des betrieblichen Rechnungswesens zur Folge.[394] Damit ist der von *Clark* für die Gestaltung der Kostenrechung geprägte Leitsatz „different costs for different purposes“[395] dieser Sichtweise des Rechnungswesens zuzuordnen.[396]

Eine Gliederung des Rechnungswesens nach Adressatengruppen kann vor dem Hintergrund der entscheidungsorientierten Perspektive darauf zurückgeführt werden, dass die Entscheidungsprobleme und -ziele innerhalb bestimmter Adressatengruppen homogen sind. Da die Entscheidungsfunktion auch für die externe Rechnungslegung anerkannt wird,[397] kann in dieser Perspektive auch eine Gliederung des betrieblichen Rechnungswesens in internes und externes Rechnungswesen begründet werden. Es ist aber noch einmal zu betonen, dass keine der in den untersuchten Lehrbüchern enthaltenen Klassifikationen des betrieblichen Rechnungswesens konsequent einer solchen Gliederungslogik folgt, sondern dass lediglich Elemente aus dieser Sichtweise des betrieblichen Rechnungswesens zumeist implizit Eingang in die Klassifikationen gefunden haben.

Die zweite theoretische Perspektive, die in den untersuchten Lehrbüchern mit der Gliederung des betrieblichen Rechnungswesens in Verbindung gebracht wird, ist die der Prinzipal-Agenten-Theorie, wobei insbesondere auf den Zweig der normativen Prinzipal-Agenten-Theorie rekurriert wird.[398] In dieser Perspektive wird das Rechnungswesen als Instrument zur Beeinflussung fremder Entscheidungen betrachtet. Unter den Annahmen der Informationsasymmetrie und am Eigennutz orientierter Akteure wird das Rechnungswesen als Motivationsinstrument in Delegationsbeziehungen - klassisch zwischen Eigentümer und Manager sowie zwischen Vorgesetztem und Untergebenem - verwendet. Während in der entscheidungsorientierten Perspektive dem Nutzer die Rechnungsweseninformationen im Vorfeld

[394] Bei einer Ausdehnung der Entscheidungsfunktion auf eine hohe Anzahl unterschiedlicher Entscheidungstatbestände wird jedoch eine Änderung der Struktur des Rechnungswesens hin zu einem datenbankorientierten Aufbau und einer Untergliederung in Grund- und Auswertungsrechnungen erforderlich (vgl. Riebel (1994), S. 149ff.; Weber (2005), S. 43).

[395] Clark (1923), S. 175.

[396] Vgl. ebd., S. 177ff.; Demski/Feltham (1976), S. 6.

[397] Vgl. Wagenhofer/Ewert (2003), S. 4ff.

[398] Vgl. Jost (2001) und Demougin/Jost (2001) sowie die Darstellung des Modells der normativen Prinzipal-Agenten-Theorie in Abschnitt 4.6.

seiner Entscheidungen zur Fundierung derselben zur Verfügung gestellt werden, erfolgt dies im Fall der Verhaltensbeeinflussung insbesondere im Anschluss an die Entscheidungen. Zuvor wird dem Nutzer lediglich die Messmethode mitgeteilt, auf deren Basis seine Entscheidungen bewertet werden. So soll er zu einem Verhalten im Sinne des Prinzipals motiviert werden.[399]

Der Sichtweise der Prinzipal-Agenten-Theorie folgend sehen *Ewert/Wagenhofer* den Grund für die Trennung von internem und externem Rechnungswesen vor allem in der unterschiedlichen Informationsasymmetrie und den unterschiedlichen Interessenkonflikten zwischen den Erstellern und Nutzern der Informationen von internem und externem Rechnungswesen. Die hohe Informationsasymmetrie zwischen Erstellern und Nutzern des externen Rechnungswesens wird zudem für den hohen Grad der Regulierung des externen Rechnungswesens verantwortlich gemacht.[400]

Die Verhaltensbeeinflussungs- und Entscheidungsfunktion sowohl des externen als auch des internen Rechnungswesens werden in den meisten analysierten Lehrbüchern nebeneinander anerkannt. Dies wird zum Teil explizit herausgestellt[401] und zum Teil an den Rechnungszwecken ersichtlich.[402] Neben dem mit der entscheidungsorientierten Sichtweise korrespondierenden Rechnungszweck der Planung äußert sich die Perspektive der Prinzipal-Agenten-Theorie im Rechnungszweck der Steuerung beziehungsweise der Verhaltensbeeinflussung.

Durch die parallele Anerkennung von Entscheidungs- und Verhaltensbeeinflussungsfunktion (beziehungsweise Planungs- und Steuerungszweck) des Rechnungswesens tritt die Notwendigkeit einer zweckabhängigen Gestaltung des Rechnungswesens im Sinne des Grundsatzes

---

[399] Vgl. Demski/Feltham (1976), S. 8f.

[400] Vgl. Ewert/Wagenhofer (2005), S. 4f.

[401] Vgl. Coenenberg (2003), S. 18; Ewert/Wagenhofer (2005), S. 7ff. / Wagenhofer/Ewert (2003), S. 5ff.; Küpper (2005), S. 131f.; Weber (2004), S. 191ff.

[402] Vgl. Horváth (2003), S. 421f.; Hummel/Männel (1986), S. 4; 31ff.; Schneider (1997), S. 28ff.

Bei *Pellens/Fülbier/Gassen* beschränken sich die Ausführungen jedoch auf die Zwecke des externen Rechnungswesens (vgl. Pellens/Fülbier/Gassen (2004), S. 7; Fn. 390).

Im Lehrbuch von *Baetge* orientiert sich die Diskussion der Zwecke des externen Rechnungswesens sehr stark an den im HGB beziehungsweise in den IFRS vorgegebenen Rechnungszwecken. Während im HGB der Rechnungszweck der Rechenschaft eine wichtige Rolle spielt (vgl. Baetge/Kirsch/Thiele (2005), S. 98) steht bei einer IFRS-Bilanzierung der Rechnungszweck der Vermittlung entscheidungsnützlicher Informationen stärker im Vordergrund (vgl. Baetge/Kirsch/Thiele (2005), S. 144ff.).

„Der Rechnungszweck bestimmt den Rechnungsinhalt." deutlich hervor.[403] Denn Rechnungsweseninformationen, die helfen, „richtige" Entscheidungen zu treffen, können für Zwecke der Verhaltenssteuerung ungeeignet sein. Für Zwecke der Verhaltenssteuerung kann aus Sicht des Prinzipals sogar eine „Verzerrung" von Kosteninformationen vorteilhaft sein.[404] Damit kann bei einer Kombination der Perspektive der entscheidungsorientierten Betriebswirtschaftslehre und der Prinzipal-Agenten-Theorie eine zweckabhängige Gliederung des Rechnungswesens grundsätzlich begründet werden. Zudem zeigt sich, dass der Grundsatz „Der Rechnungszweck bestimmt den Rechnungsinhalt." nicht ohne Weiteres mit dem eindeutig der entscheidungsorientierten Perspektive zuzuordnenden ähnlich lautenden Leitsatz „different costs for different purposes" gleichgesetzt werden kann.[405]

Zusätzlich zu den Rechungszwecken der Planung und Steuerung finden sich in den untersuchten Lehrbüchern und im Schrifttum unterschiedliche und mehr oder weniger umfangreiche Zweckkataloge für das Rechnungswesen. Hierbei findet zudem oft eine Unterscheidung von fakultativen und durch gesetzliche Vorschriften obligatorischen Rechnungszwecken statt.[406] Die Pflichtaufgaben des Rechnungswesens werden dabei im Wesentlichen dem externen Rechnungswesen zugeordnet. Zum Teil wird dabei die Freiwilligkeit zum konstitutiven Merkmal des internen Rechnungswesens erhoben.[407]

Dazu, wie der propagierte enge kausale Zusammenhang von Rechnungszwecken, Rechnungsinhalten und der Bildung von Rechnungsteilsystemen zustande kommt, finden sich lediglich vage Ausführungen. Bei *Küpper*, der sich hierbei auf *Schneider* bezieht, werden die Rechnungszwecke als die Wissenswünsche der Nutzer[408] des Rechnungswesens verstanden.[409]

---

[403] Vgl. Ewert/Wagenhofer (2005), S. 12.
Es ist allerdings zu beachten, dass der von *Schneider* geprägte Grundsatz „Der Rechnungszweck bestimmt den Rechnungsinhalt." in eine Sichtweise des Rechnungswesens eingebunden ist, in der sich die Aufgaben und die Struktur des Rechnungswesens aus der Ausübung der Unternehmerfunktion ergeben, welche in einer Übernahme von Einkommensunsicherheiten gesehen wird (vgl. Schneider (1995), S. 1ff., 114ff.; Schneider (1997), S. 11ff., 27ff., 399ff.). Vgl. auch Ballwieser (1995) zum theoretischen Ansatz *Schneiders*.

[404] Vgl. Wagenhofer (1995), S. 86ff.

[405] Eine solche Gleichsetzung findet sich beispielsweise bei *Hoke* (vgl. Hoke (2001), S. 13).

[406] Vgl. Coenenberg (2005), S. 19f.

[407] Vgl. Schneider (1997), S. 30; Hummel/Männel (1986), S. 12.

[408] Hier wird vom Entscheidungsträger „Unternehmung" zu einzelnen Entscheidern gewechselt. Solange der objektive Informationsbedarf (vgl. Küpper (2005), S. 159f. zum objektiven Informationsbedarf) dieser Entscheider ermittelt wird, den Entscheidern rationales Verhalten unterstellt wird und keine Interessenkonflikte vorliegen, wird hierdurch die grundlegende Perspektive der entscheidungsorientierten Betriebswirtschaftslehre jedoch nicht verlassen.

Diese sollen dazu dienen, die Rechnungsziele, verstanden als die als Ergebnis einer Rechnung zu ermittelnden Größen (z.B. Jahresüberschuss, Produktstückkosten etc.), zu konkretisieren. Auf dieser Grundlage sollen dann die (unternehmensspezifisch) zu bildenden verschiedenen Rechnungen beziehungsweise Teilsysteme des betrieblichen Rechnungswesens und deren weitere Eigenschaften festgelegt werden.[410] Dabei bleibt weitgehend offen, wie im Rahmen einer solchen Klassifikation die einzelnen Teilrechnungen voneinander abzugrenzen und wie ihre Merkmalskombinationen aus den verschiedenen Rechnungszwecken abzuleiten sind. Ebenso erscheint das Verständnis der Rechnungszwecke als Wissenswünsche nur schwer mit der Verhaltensbeeinflussungsfunktion des Rechnungswesens vereinbar zu sein. Die Ausgestaltung des Rechnungswesens für diesen Zweck dürfte sich zudem kaum durch eine einfache Informationsbedarfsanalyse feststellen lassen.[411] Insgesamt wird deutlich, dass der Gestaltungsgrundsatz „Der Rechnungszweck bestimmt den Rechnungsinhalt." primär in der entscheidungsorientierten Sichtweise des Rechnungswesens fundiert ist.[412] Wie eine Ausdehnung dieses Grundsatzes auf die Verhaltensbeeinflusssungsfunktion des Rechnungswesens erfolgen soll, ist dagegen weitgehend unklar.

Durch die Herstellung eines engen kausalen Zusammenhangs von Rechnungszwecken, Rechnungsinhalten und Rechnungsteilsystemen wird über den Gestaltungsgrundsatz „Der Rech-

---

[409] Vgl. ebd., S. 131ff. Vgl. Schneider (1995), S. 205ff. zur Unterscheidung von Rechnungszweck und Rechnungsziel.

[410] Vgl. Coenenberg (2005), S. 7ff.; Küpper (2005), S. 131ff.; Schneider (1997), S. 33. *Küpper* geht genauer gesagt offenbar davon aus, dass sowohl die Rechnungszwecke (Planung, Kontrolle und Dokumentation) als auch die betriebswirtschaftlichen Ziele eines Unternehmens die verschiedenen Rechnungszweige innerhalb des gesamten Rechnungssystems bestimmen. Das Verhältnis dieser Bestimmungsfaktoren zueinander bleibt jedoch ungeklärt. Zur Gliederung des betrieblichen Rechnungswesens bei *Küpper* vgl. auch Fn. 360.

[411] Dies liegt daran, dass für den Zweck der Verhaltenssteuerung im Szenario der Prinzipal-Agenten-Theorie von verschiedenen Informationsdefiziten zu Lasten des Prinzipals und von opportunistischem Verhalten des Agenten ausgegangen wird. Für die Gestaltung eines Anreizsystems können daher verschiedene Informationen, wie z.B. die persönlichen Präferenzen des Agenten, die sich nur schwer als Wissenswunsch des Prinzipals interpretieren lassen, relevant werden (vgl. Weißenberger (2003a), S. 47ff.).

[412] Dies offenbart sich auch in der Argumentation des Arbeitskreises „Internes Rechnungswesen" der Schmalenbach-Gesellschaft. Diese spitzt die Konvergenzdiskussion auf die Frage zu, ob die Dualität der betrieblichen Erfolgsrechnung in Form von pagatorischen und kalkulatorischen Rechnungen erforderlich ist. Zur Beantwortung dieser Frage wird eine „Rückbesinnung auf Eugen Schmalenbach vollzogen und die geführte Diskussion unter dem Aspekt der unterschiedlichen Zwecke der kalkulatorischen Erfolgsrechung neu aufgerollt." (Schweitzer/Ziolkowski (1999), S. XI). Auch hier steht hinter der geforderten Zweckorientierung eine entscheidungsorientierte Sichtweise des Rechnungswesens, denn „im Mittelpunkt der Überlegungen zur Weiterentwicklung der kalkulatorischen Erfolgsrechnung stehen damit die verschiedenen *Rechnungszwecke* sowie die zu treffenden *Entscheidungen* mit ihren Zielen und der zugehörige Informationsbedarf der Entscheidungsträger" (ebd., S. 13, Hervorhebung im Original).

Auch der Beitrag von *Koch*, der sich mit dem Konzept einer zweckorientierten Kostenrechnung auseinandersetzt, argumentiert eindeutig aus der Perspektive der entscheidungsorientierten Betriebswirtschaftslehre (vgl. Koch (2002), S. 516ff.).

nungszweck bestimmt den Rechnungsinhalt." die Gliederung des Rechnungswesens durch die Rechnungszwecke bestimmt. Die in diesem Kontext angebotenen Facettenklassifikationen des Rechnungswesens[413] verdeutlichen somit lediglich die vielfältigen Gestaltungsmöglichkeiten des betrieblichen Rechnungswesens und dienen der Erfassung **bestehender** Rechnungen beziehungsweise (Teil-)Rechnungssysteme,[414] die Facettenklassifikationen sind postkombiniert.[415] Die Facettenklassifikationen erbringen damit nur eine sehr geringe Strukturierungsleistung, lediglich die Auswahl der Facetten kann als Indiz für die Wichtigkeit der verschiedenen Merkmale beziehungsweise Facetten dienen.

Zwar soll ein Zusammenhang zwischen Rechnungsinhalten und Rechnungszwecken auch hier keineswegs verneint werden, dieser dürfte jedoch weit weniger eindeutig und weniger einfach sein als oftmals behauptet beziehungsweise durch den Verzicht auf eine entsprechende Problematisierung suggeriert wird. Auch die Erkenntnis, dass auf den anerkannten Zweckpluralismus der Kostenrechnung in der Praxis zumeist mit einem einzigen monistischen, d.h. auf einem einheitlichen Prinzip beruhenden, Kostenrechnungssystem geantwortet wird,[416] lässt die bestimmende Rolle des Gestaltungsgrundsatzes „Der Rechnungszweck bestimmt den Rechnungsinhalt." als Grundlage für die Bildung von Strukturen im betrieblichen Rechnungswesen fragwürdig erscheinen.[417]

Insgesamt scheint die folgende Aussage von *Weber/Rogler* zur Gliederung des betrieblichen Rechnungswesens treffend zu sein: „Eine Systematik, die alles abdeckt und dennoch in sich schlüssig, sozusagen aus einem Guss ist, lässt sich schwer finden."[418] Zumindest bisher mangelt es an einer solchen geschlossenen theoretischen Grundlage für die Gliederung des betrieblichen Rechnungswesens.

413 Vgl. Küpper (2005), S. 131; Coenenberg (2003), S. 7; Schneider (1997), S. 29ff.

414 Ähnliche Überlegungen zur Zweckabhängigkeit von Teilsystemen des Rechnungswesens und eine umfangreiche Facettenklassifikation finden sich bereits bei Kosiol (1972).

415 Vgl. Abschnitt 2.2.2.

416 Vgl. Bungenstock (1995), S. 8f.; Koch (2002), S. 515.

417 Vgl. Bungenstock (1995), S. 358.

418 Weber/Rogler (2004), S. 24.

3.2.3 Zusammenfassung

Insgesamt ist festzustellen, dass sich in den untersuchten Lehrbüchern keine einheitliche Gliederung des betrieblichen Rechnungswesens findet. Zudem werden oftmals ohne zwingenden Grund unterschiedliche Begriffe verwendet. In Bezug auf verschiedene Aspekte der Gliederung des betrieblichen Rechnungswesens und der Unterscheidung von internem und externem Rechnungswesen herrscht dennoch eine weitgehende Übereinstimmung. So stimmen die Definitionen des betrieblichen Rechnungswesens im Kern überein. Sie bleiben aber vage und bestimmen nicht die Elemente des Rechnungswesens, die durch die Klassifikationen geordnet werden sollen. Auch die (pauschale) Charakterisierung des betrieblichen Rechnungswesens als „Informationssystem“ kann hier nicht zu einer Präzisierung beitragen, da im Schrifttum deutlich unterschiedliche Auffassungen vertreten werden, aus welchen Elementen ein „Informationssystem“ besteht und wie es in das Gesamtunternehmen einzuordnen und von selbigem abzugrenzen ist.[419]

Auch die Klassifikationen des betrieblichen Rechnungswesens ähneln sich in vielen Punkten. Dies wird daran deutlich, dass das Rechnungswesen in acht der zehn untersuchten Lehrbücher in internes und externes Rechnungswesen untergliedert wird und in sieben Lehrbüchern Teilbereiche auf Basis der Rechengrößen gebildet werden. Entweder die Gliederung in internes und externes Rechnungswesen oder eine Gliederung nach Rechengrößen findet sich zudem in jedem der untersuchten Lehrbücher. Darüber hinaus stellt eine dieser beiden Untergliederungen in neun der Lehrbücher die wichtigste Untergliederung des Rechnungswesens dar; im zehnten Lehrbuch stehen beide gleichberechtigt nebeneinander. Damit gibt es keine „Ausreißer“ unter den in den Lehrbüchern dargestellten Klassifikationen des Rechnungswesens. Zudem können die Untergliederung nach Rechengrößen und die Untergliederung in internes und externes Rechnungswesen problemlos miteinander kombiniert werden,[420] denn oftmals wird die Finanzbuchhaltung mit ihren Rechnungsgrößen „Aufwand und Erfolg“ mit dem externen Rechnungswesen gleichgesetzt.[421]

---

[419] So werden „Informationssysteme“ in einer vergleichsweise engen Abgrenzung als rein technische und in einer weiten Abgrenzung als sozio-technische Systeme definiert, wobei in der weiten Begriffsauffassung auch die Nutzer des Informationssystems als Systemelemente erfasst werden. Für einen Vergleich verschiedener Abgrenzungen des Begriffs „Informationssystem“ vgl. Wall (1996), S. 24f.

[420] Vgl. Haberstock (2002), S. 5ff.

[421] Vgl. beispielsweise Baetge/Kirsch/Thiele (2005), S. 1ff.; Coenenberg (2003), S. 4f.; Ewert/Wagenhofer (2005), S. 4ff.

Auffallend ist zudem, dass in den Fällen, in denen eine ausführliche Auseinandersetzung mit dem Aspekt der Klassifikation des betrieblichen Rechnungswesens erfolgt, verschiedene Möglichkeiten für eine Untergliederung des Rechnungswesens angegeben werden. Ein Quervergleich mit fachspezifischen Nachschlagewerken bestätigt, dass zahlreiche unterschiedliche Ansätze für die Systematisierung des Rechnungswesens existieren.[422] Auch in den Nachschlagewerken finden sich in der Regel mehrere Gliederungen nebeneinander. Die dort aufgeführten Untergliederungen und Merkmalskataloge sind dabei oftmals noch umfangreicher als die in den Lehrbüchern enthaltenen.[423] Die in den Lehrbüchern und Nachschlagewerken unternommenen Versuche, durch umfangreiche Merkmalskataloge oder das Nebeneinanderstellen verschiedener Klassifikationen eine umfassende Gliederung des Rechnungswesens zu schaffen, muten allerdings eklektisch an; letztlich werden dort unterschiedliche Klassifikationsmöglichkeiten lediglich unverbunden nebeneinander gestellt. Zudem erbringen die in den Lehrbüchern enthaltenen Gliederungen des Rechnungswesens, schon bedingt durch die Art der verwendeten Klassifikationen in Form von Gruppierungen oder Facettenklassifikationen, nur eine geringe Strukturierungsleistung.

Die Unterscheidung von internem und externem Rechnungswesen ist in den untersuchten Lehrbüchern weit verbreitet und in Relation zu anderen Untergliederungen des Rechnungswesens die wichtigste. Dementsprechend ist es überraschend, dass sie in den Controlling-Lehrbüchern von *Küpper* und *Reichmann* und damit in zwei von vier untersuchten Controlling-Lehrbüchern nicht zur Untergliederung des Rechnungswesens genutzt wird.[424]

So auch in anderen Veröffentlichungen von *Küpper* (vgl. Küpper (1997b), S. 20; Küpper (1998), S. 160), der in seinem Lehrbuch eine Untergliederung des betrieblichen Rechnungswesens nach Rechnungsgrößen vornimmt, dieses aber nicht in internes und externes Rechnungswesen untergliedert.

422 Vgl. Küpper (2002), Sp. 2036; O.V. (2004), S. 2489.

423 Vgl. Busse v. Colbe (1991), S. 468ff.; Küpper (2002), Sp. 2036ff.; Lücke (1993), Sp. 1692ff.; Männel (1981), S. 465ff.; O.V. (2004), S. 2489f.

424 Bei *Reichmann* ist dies offenbar nicht durch die Konvergenzdiskussion beeinflusst, da auch die Erstauflage des Lehrbuches aus dem Jahr 1985 auf eine Untergliederung in internes und externes Rechnungswesen verzichtet (vgl. Reichmann (1985), S. 7f.).

Auch die Ausführungen zur Gliederung des betrieblichen Rechnungswesens in dem Lehrbuch von *Küpper* haben sich seit der Erstauflage kaum verändert. Da die Erstauflage dieses Lehrbuchs aus dem Jahr 1995 stammt und damit nach dem Beginn der intensiven Diskussion um eine Konvergenz des Rechnungswesens liegt, kann eine Beeinflussung durch die Konvergenzdiskussion hier jedoch nicht ausgeschlossen werden. Auch in der Erstauflage findet sich die Unterscheidung von internem und externem Rechnungswesen lediglich bei den Ausführungen zur Aufbau- und Ablauforganisation des Finanzbereiches (vgl. Küpper (1995a), S. 107ff., 430). Wie aus anderen Beiträgen *Küppers* und an seiner Verwendung der Begriffe internes und externes Rechnungswesen in seinen Ausführungen zur Aufbau- und Ablauforganisation des Rechnungswesens deutlich wird, werden von ihm Aufwands- und Ertragsrechungen mit der Finanzbuchhaltung beziehungsweise mit dem externen Rechnungswesen weitgehend gleichgesetzt (vgl. Küpper (1997b), S. 20; Küpper (1998), S. 160; Küpper (2001a), S. 488).

Als das wichtigste Kriterium zur Unterscheidung von internem und externem Rechnungswesen werden in den Lehrbüchern die Adressaten des Rechnungswesens angeführt. Das bei *Schmalenbach* wichtigste Kriterium, das danach untergliedert, ob unternehmensinterne oder -externe Transaktionen abgebildet werden, ist von vergleichsweise untergeordneter Bedeutung. Nach wie vor wird die Unterscheidung von internem und externem Rechnungswesen dazu genutzt, das Rechnungswesen in zwei Hauptbereiche zu untergliedern, die sich in vielerlei Hinsicht voneinander unterscheiden. Dementsprechend werden mit der Unterscheidung von internem und externem Rechnungswesen diverse Unterschiedlichkeiten verknüpft. Insbesondere wird mit dem externen Rechnungswesen ein hoher Grad an Reglementierung verbunden, während das interne Rechnungswesen als freiwillig eingestuft wird. Zudem werden den beiden Bereichen unterschiedliche Zwecksetzungen und Rechengrößen zugeordnet. Die bei *Schmalenbach* angeführte Unterschiedlichkeit in Bezug auf Genauigkeit, Detailgrad und Auswertungszyklus wird ebenfalls noch in manchen Fällen mit der Unterscheidung von internem und externem Rechnungswesen verknüpft.

Die in den Lehrbüchern enthaltenen Klassifikationen des betrieblichen Rechnungswesens besitzen keine unmittelbare theoretische Fundierung. Sie knüpfen aber implizit an unterschiedliche theoretische Perspektiven des betrieblichen Rechnungswesens an. Der Gestaltungsgrundsatz, dass der Rechnungszweck den Rechnungsinhalt und darüber auch die Bildung von Rechnungssystemen bestimmt, ist zwar grundsätzlich einleuchtend, aber zum einen aufgrund seiner Vagheit schwer umzusetzen, und zum anderen ist seine theoretische Fundierung unklar. Insgesamt existiert lediglich eine marginale theoretische Fundierung der Klassifikationen des betrieblichen Rechnungswesens und auch eine explizite Einbeziehung theoretischer Elemente in die Klassifikationen findet praktisch nicht statt.

Durch das Zurückführen der Gliederung des betrieblichen Rechnungswesens auf einen vermeintlich allgemeingültigen Gestaltungsgrundsatz und die Interpretation der Gliederung des Rechnungswesens vor dem Hintergrund theoretischer Perspektiven auf das betriebliche Rechnungswesen wird in der Mehrzahl der untersuchten Lehrbüchern der Eindruck vermittelt, die Gliederung des betrieblichen Rechnungswesens sei theoretisch fundiert. Die inhaltliche Analyse der in den Lehrbüchern enthaltenen Gliederungen des Rechnungswesens und der für sie proklamierten theoretischen Grundlagen führt insgesamt jedoch zu dem Ergebnis, dass offenbar nicht theoretische Überlegungen sondern die Praxis des betrieblichen Rechnungswesens und seine historische Entwicklung den bedeutendsten Einfluss auf die Gliederung des betrieblichen Rechnungswesens ausüben.

3.3 Zusammenfassung und Bewertung der Entwicklung und des aktuellen Standes der Unterscheidung von internem und externem Rechnungswesen

In diesem Abschnitt werden die vorstehenden Analysen der historischen Entwicklung der Unterscheidung von internem und externem Rechnungswesen und der Lehrbuchanalyse zum aktuellen Stand dieser Unterscheidung zusammengefasst und bewertet.

Zunächst ist festzuhalten, dass die Zweiteilung des betrieblichen Rechnungswesens in internes und externes Rechnungswesen eine besonders geläufige Untergliederung des Rechnungswesens darstellt, der zugleich eine besondere Bedeutung beigemessen wird. Der Ursprung dieser Zweiteilung geht auf die Untergliederung des Rechnungswesens in Finanz- und Betriebsbuchhaltung durch *Schmalenbach* zurück. Sie hatte sich jedoch auch schon zuvor - zumindest in Ansätzen - in der deutschen Unternehmenspraxis herausgebildet. Für Deutschland spezifische Entwicklungen, wie die hohe Bedeutung, die der *Schmalenbach'sche* Kontenrahmen erlangte, und die staatliche Einflussnahme auf das betriebliche Rechnungswesen in der Zeit des Nationalsozialismus, haben zur hohen Verbreitung einer eigenständigen Kostenrechnung *Schmalenbach'scher* Prägung und einer entsprechenden Strukturierung des Rechnungswesens in Deutschland beigetragen. Während *Schmalenbach* jedoch eher ein Vertreter einer engen Verbindung von Finanz- und Betriebsbuchhaltung war, hat sich in der Unternehmenspraxis eine weitergehende abrechnungstechnische und organisatorische Eigenständigkeit von internem und externem Rechnungswesen herausgebildet.

Die Zweiteilung des Rechnungswesens in Finanz- und Betriebsbuchhaltung hat sich im Laufe der Zeit zu einer Zweiteilung in internes und externes Rechnungswesen gewandelt. Diese Zweiteilung des Rechnungswesens ist – gefolgt von und häufig kombiniert mit einer Gliederung nach Rechnungsgrößen – nach wie vor die bedeutendste Untergliederung des Rechnungswesens. Während die Untergliederung in Finanz- und Betriebsbuchhaltung bei *Schmalenbach* im Wesentlichen auf die im Rechnungswesen erfassten Objekte und Transaktionen abstellte, bilden nunmehr die Adressaten und die verwendeten Rechengrößen die wichtigste Grundlage der Unterteilung in internes und externes Rechnungswesen. Die *Schmalenbach'sche* Untergliederung in Finanz- und Betriebsbuchhaltung findet sich aber in der Unterscheidung von externem und internem Rechnungswesen wieder: So werden Finanz- und Betriebsbuchhaltung immer noch als Hauptbestandteile des externen und internen Rechnungswesens identifiziert und zum Teil auch synonym für das externe und interne Rechnungswesen verwendet. Auch weitere bereits bei *Schmalenbach* zu findende Unterschiedlichkeiten zwischen Finanz- und Betriebsbuchhaltung, wie die Unterschiedlichkeit der Rechnungszwecke und der in den Buchhaltungsbereichen abzubildenden Objekte und Transaktionen oder der höhere Detaillierungsgrad und der kürzere Auswertungszyklus der Betriebsbuchhaltung, werden oftmals mit der Unterscheidung von externem und internem Rechnungswesen verknüpft. Damit sind die heute geläufige Unterscheidung von internem und externem Rechnungswesen und die darauf basierende Untergliederung des betrieblichen Rechnungswesens in zwei Hauptbereiche in wesentlichen Aspekten deckungsgleich mit der Untergliederung des Rechnungswesens bei *Schmalenbach*. Unterschiede ergeben sich jedoch auf der nachfolgenden Gliederungsebene bei der weiteren Untergliederung des internen Rechnungswesens. Hier finden sich neben der Kostenrechnung als Unterbestandteile die Investitionsrechnung und zum Teil die Finanzrechnung anstelle von Lohn- und Materialrechnung.

Die in den untersuchten Lehrbüchern enthaltenen Gliederungen des Rechnungswesens sind allerdings insbesondere in Details uneinheitlich. Sie zeichnen sich zudem durch eine mangelnde Klarheit aus, da weder der Gegenstandsbereich „betriebliches Rechnungswesen" klar abgegrenzt wird, noch bestimmt wird, aus welchen Elementen sich dieser zusammensetzt. Eine gewisse Unverbindlichkeit und Vagheit der Klassifikationen resultiert zudem daraus, dass oftmals verschiedene Möglichkeiten für eine Gliederung des Rechnungswesens nebeneinander gestellt werden und wenig strukturierende Merkmalskataloge in Form von Facettenklassifikationen zum Aufzeigen möglicher Klassifikationen des Rechnungswesens präsentiert werden.

Wie steht es nun um die hinter den Gliederungen des Rechnungswesens stehenden Konzepte? Hinter der Zweiteilung des Rechnungswesens bei *Schmalenbach* verbirgt sich eine pragmatische Gestaltungsanweisung für das Rechnungswesen, durch die selbiges in zwei in vielerlei Hinsicht unterschiedliche und weitgehend eigenständige Hauptbereiche aufgeteilt wird. Für die in den untersuchten Lehrbüchern enthaltenen Untergliederungen des Rechnungswesens kann die Frage nach einer konzeptionellen oder theoretischen Grundlage nicht in ähnlich eindeutiger Form beantwortet werden. Festgestellt werden kann aber zunächst, dass auch diese Klassifikationen des Rechnungswesens aufgrund ihrer Struktur als solche keine theoretischen

Aussagen beinhalten. Zudem beruhen sie ebenfalls nicht auf einer Theorie der Gestaltung des Rechnungswesens noch sind sie in eine solche integriert. Die Klassifikationen knüpfen lediglich implizit an verschiedene theoretische Perspektiven auf das betriebliche Rechnungswesen an. Neben den inhaltlichen Übereinstimmungen der Lehrbuch-Klassifikationen zu der Klassifikation *Schmalenbachs* wird auch in den Lehrbüchern in der Regel auf unterschiedliche Rechnungszwecke als Grundlage für die Untergliederung des Rechnungswesens in Teilbereiche abgestellt. Auf diese Weise wird in der Mehrzahl der Lehrbücher der Eindruck vermittelt, die Gliederung des betrieblichen Rechnungswesens könne auf eine theoretische Grundlage zurückgeführt werden. Dies erweist sich bei einer eingehenden Analyse aber als ein leeres Versprechen.

Abschließend ist festzuhalten: Im Schrifttum herrscht keine Übereinstimmung in Bezug auf die Untergliederung des Rechnungswesens. Verwendete Untergliederungen sind zudem oftmals vage und unklar und erbringen nur eine geringe Strukturierungsleistung. Der Unterscheidung von internem und externem Rechnungswesen wird bei der Untergliederung des Rechnungswesens im Allgemeinen eine besonders hohe Bedeutung zugemessen. Sie dient der Unterteilung des betrieblichen Rechnungswesens in zwei Hauptbereiche, die sich in vielerlei Hinsicht unterscheiden. Diese Unterschiede gehen im Wesentlichen auf eine von *Schmalenbach* entwickelte Gestaltungsanweisung für das betriebliche Rechnungswesen zurück.

4 Die Diskussion um eine Konvergenz von internem und externem Rechnungswesen

Dieses Kapitel befasst sich mit der Diskussion um eine Konvergenz von internem und externem Rechnungswesen und den in dieser Diskussion verwendeten Klassifikationen des betrieblichen Rechnungswesens. Dabei erfolgt eine Zusammenfassung und Strukturierung sowie eine erste kritische Beurteilung der Inhalte der Konvergenzdiskussion. Um die in der Konvergenzdiskussion verwendeten Klassifikationen näher untersuchen zu können, ist es zunächst erforderlich abzugrenzen, welche Beiträge und Themen zur Konvergenzdiskussion zu zählen sind (4.1). Nachdem dies im ersten Abschnitt dieses Kapitels geschehen ist, erfolgt anschließend eine Analyse der in der Konvergenzdiskussion verwendeten Konvergenzbegriffe und -definitionen (4.2). Im nächsten Schritt wird die Unterscheidung von internem und externem Rechnungswesen in der Konvergenzdiskussion untersucht, da sie den Ausgangspunkt einer möglichen Konvergenz von internem und externem Rechnungswesen bildet (4.3). Danach werden die wichtigsten Auslöser und Motive für eine Konvergenz im Rechnungswesen, die in der Konvergenzdiskussion erörtert werden, zusammengefasst (4.4). Im Anschluss wird auf die für eine Konvergenz im Rechnungswesen vorgeschlagenen Konzepte eingegangen (4.5).

4.1 Abgrenzung der Konvergenzdiskussion

Bisher wurde in dieser Arbeit Konvergenz im Rechnungswesen vorläufig als eine Annäherung von internem und externem Rechnungswesen definiert, und es wurde festgestellt, dass im Anschluss an den erstmals 1993 auf der Schmalenbach-Tagung präsentierten Beitrag von *Ziegler*[425] eine rege Debatte über eine solche Konvergenz des Rechnungswesens entbrannt ist.[426] Da diese Diskussion inzwischen über einige Jahre geführt wird, ist es nicht verwunderlich, dass eine hohe Anzahl an Beiträgen zum Thema veröffentlicht wurde. Bereits 1998 konstatierten *Küting/Lorson*, dass seit dem Beitrag von *Ziegler* die „breite Diskussion“[427] um eine „Konvergenz von externem und internem Rechnungswesen ohne übereinstimmende Richtung weitergeführt“[428] wird. Eine Abgrenzung und Systematisierung der Konvergenzdiskussion erscheint somit ebenso erforderlich wie überfällig.

---

425 Vgl. Ziegler (1994).

426 Vgl. Hebeler (2003), S. 1f.; Hoke (2001), S. 1f.; Klein (1999b), S. 2; Melcher (2002), S. 1.

427 Küting/Lorson (1998d), S. 483.

428 Ebd., S. 483.

Verschiedene Aspekte der Konvergenzdiskussion erschweren dies jedoch: Erstens ist festzustellen, dass das Phänomen der Konvergenz im Rechnungswesen unterschiedlich benannt wird.[429] Hierdurch wird insbesondere die Suche nach Stichworten in elektronischen Literatur-Datenbanken sowie in den Verzeichnissen und Registern wissenschaftlicher Fachzeitschriften erschwert. Zweitens haben sich innerhalb der Konvergenzdiskussion und in ihrem Umfeld mittlerweile verschiedene Diskussionsstränge herausgebildet, die entweder einzelne Aspekte einer konvergenten Gestaltung des Rechnungswesens in vertiefter Form behandeln oder das Phänomen der Konvergenz im Zusammenhang mit anderen Entwicklungen im betrieblichen Rechnungswesen diskutieren. Hier sind die Umstellung auf internationale Rechnungslegungsstandards sowie eine zunehmende Kapitalmarktorientierung, insbesondere in Form einer Umsetzung wertorientierter Steuerungskonzepte, hervorzuheben.[430] Diese Ausweitung der Diskussion erschwert die Recherche weiter und führt zudem zu einer enormen Verbreiterung der für das Thema potentiell relevanten Veröffentlichungen.

Um die mittlerweile zerfaserte Diskussion um eine Konvergenz im Rechnungswesen dennoch zu erfassen und zu ordnen, wurde eine umfassende Literaturrecherche durchgeführt. Hierfür wurde in einem ersten Schritt auf der Basis von Stichwortsuchen in Literaturdatenbanken nach Veröffentlichungen zum Thema gesucht. Im nächsten Schritt wurden die in den so ausfindig gemachten Veröffentlichungen zum Thema enthaltenen Literaturverzeichnisse für die weitere Recherche genutzt. Um eine weitergehende Vollständigkeit der Recherche zu erreichen, wurden darüber hinaus wissenschaftliche Fachzeitschriften systematisch auf in ihnen enthaltene Beiträge zur Konvergenzdiskussion untersucht. Hierfür wurden acht Zeitschriften auf Grundlage ihrer Reputation und nach dem Kriterium, ob im Rahmen der vorhergehenden Recherche in ihnen bereits mehrere Beiträge zum Thema ausfindig gemacht werden konnten, ausgewählt. Im Einzelnen wurden die Zeitschriften „Betriebs-Berater" (BB), „Der Betrieb" (DB), „Die Betriebswirtschaft" (DBW), „Die Wirtschaftsprüfung" (WPg), „Controlling", „Zeitschrift für Betriebswirtschaft" (ZfB), „Zeitschrift für betriebswirtschaftliche Forschung" (ZfbF) und „Zeitschrift für Controlling und Management" (ZfCM) vormals „Kostenrechnungspraxis" (krp) in diese Recherche einbezogen.[431] Die Suche nach Beiträgen zur Konver-

[429] So finden sich neben dem Begriff der „Konvergenz" auch diverse andere Bezeichnungen. Auf diese wird bei der Analyse von Konvergenzbegriffen und -definitionen in Abschnitt 4.2 detailliert eingegangen.

[430] Vgl. Abschnitt 4.4 für eine Erörterung der wesentlichen Einflussfaktoren auf eine konvergente Gestaltung des Rechnungswesens.

[431] Nach dem Zeitschriftenranking für betriebswirtschaftlich relevante Zeitschriften des Verbandes der Hochschullehrer für Betriebswirtschaft e.V. (VHB-JOURQUAL) gehören die „im deutschsprachigen Raum i.d.R.

genzdiskussion erfolgte anhand von Artikelüberschriften und Stichwortverzeichnissen. Sie erstreckte sich auf die Jahrgänge 1993 (als dem Jahr des Beginns der Konvergenzdiskussion) bis zur ersten Hälfte des Zeitschriftenjahrganges 2006. Damit wurden in diesem Schritt der Literaturrecherche insgesamt über 100 Zeitschriftenjahrgänge mit jeweils mindestens sechs und mit bis zu über 50 Heften je Jahrgang erfasst.

Angesichts der oben geschilderten Schwierigkeiten bei einer Erfassung der Konvergenzdiskussion kann die hier durchgeführte Analyse keinen Anspruch auf Vollständigkeit erheben. Aufgrund des dualen Vorgehens bei der Recherche, durch die Suche anhand von Zitaten und Literaturverzeichnissen auf der einen und die systematische Untersuchung von wissenschaftlichen Zeitschriften auf der anderen Seite, ist jedoch davon auszugehen, dass die Konvergenzdiskussion im Wesentlichen erfasst wurde. Eine vergleichbare Untersuchung der Konvergenzdiskussion liegt bislang nicht vor.

Dadurch, dass auf der einen Seite für eine Abgrenzung der Konvergenzdiskussion bereits ein erster Überblick über die im Rahmen dieser Diskussion veröffentlichten Beiträge erforderlich ist, während auf der anderen Seite eine erste Abgrenzung der Konvergenzdiskussion als Grundlage für die Suche nach Beiträgen zu dieser Diskussion benötigt wird, können die Abgrenzung der Konvergenzdiskussion und die Suche nach wissenschaftlichen Beiträgen zu dieser Diskussion nicht unabhängig voneinander erfolgen, sondern bedingen sich zu einem gewissen Grad gegenseitig. Im Folgenden wird zunächst auf die in dieser Arbeit getroffene Abgrenzung der Konvergenzdiskussion eingegangen, bevor die verschiedenen Beiträge zu dieser Diskussion systematisiert werden. Die detaillierte Auseinandersetzung mit den Inhalten

als Referenz betrachteten allgemeine BWL-Zeitschriften" (Hennig-Thurau/Walsh/Schader (2003), S. 22) DBW, ZfB und ZfbF mit dem Ranking „B" zu den bestplatzierten Zeitschriften aus dem deutschsprachigen Raum (vgl. ebd., S. 16f.). Die Höchstnote „A" wurde an keine Zeitschrift aus dem deutschsprachigen Raum vergeben.

Bei einer Gruppierung der Zeitschriften nach Forschungsfeldern steht in diesem Ranking im Forschungsfeld „Allgemeine Betriebswirtschaftslehre" bei den aus dem deutschsprachigen Raum stammenden Zeitschriften die ZfbF auf Rang eins und die ZfB auf Rang drei. Die WPg liegt im Forschungsfeld „Rechnungswesen und Controlling" bei den aus dem deutschsprachigen Raum stammenden Zeitschriften auf Rang zwei (vgl. ebd., S. 18ff.).

Die „Schmalenbach Business Review", die im Forschungsfeld „Allgemeine Betriebswirtschaftslehre" bei den aus dem deutschsprachigen Raum stammenden Zeitschriften Rang zwei belegt, wurde nicht berücksichtigt, da die zum Analysezeitpunkt erschienenen Ausgaben keine Artikel zum Thema Konvergenz enthalten. Zudem wurde sie erstmalig im Jahr 2000 und damit deutlich nach dem Beginn der Konvergenzdiskussion herausgegeben. Die aus dem deutschsprachigen Raum stammenden Zeitschriften „Steuer und Wirtschaft. Zeitschrift für die gesamten Steuerwissenschaften" und „FinanzBetrieb", die im Forschungsfeld „Rechnungswesen und Controlling" Rang eins und drei belegen, wurden nicht berücksichtigt, da ihr thematischer Schwerpunkt im Bereich Steuerlehre respektive Finanzierung liegt.

der Konvergenzdiskussion und die kritische Analyse der Begrifflichkeiten und Konzepte erfolgt in den nachfolgenden Abschnitten dieses Kapitels.

Als Beginn und Auslöser der Konvergenzdiskussion wurden bereits der Beitrag von *Ziegler* aus dem Jahr 1993 und die Erwiderung von *Paff* identifiziert.[432] In diesen Beiträgen standen die Angleichung der kalkulatorischen Kostenrechnung an die Aufwands- und Ertragsrechnung des externen Rechnungswesens (beziehungsweise der Verzicht auf eine eigenständige Kostenrechnung) und die Verwendung von Größen des externen Rechnungswesens für Zwecke der Unternehmensplanung und -steuerung im Mittelpunkt. In hieran anknüpfenden Beiträgen wurde hierfür dann der Begriff der „Konvergenz von internem und externem Rechnungswesen" geprägt.[433] Der inhaltliche Kern der Konvergenzdiskussion lässt sich damit von Beginn an in der Diskussion um eine Annäherung von internem und externem Rechnungswesen identifizieren. Grundsätzlich könnten damit unter inhaltlichen Gesichtspunkten auch Beiträge der Konvergenzdiskussion zugeordnet werden, die vor dem Vortrag von *Ziegler* erschienen sind.[434] Eine Erweiterung der Konvergenzdiskussion auf einen früheren Zeitraum erscheint jedoch kaum sinnvoll: Erstens wurden vorherige Beiträge nicht in vergleichbarer Weise in der wissenschaftlichen Öffentlichkeit diskutiert und zweitens standen zuvor andere Aspekte im Mittelpunkt der wissenschaftlichen Auseinandersetzung zum betrieblichen Rechnungswesen. So ist die Konvergenzdiskussion auch keineswegs „aus dem Nichts" entstanden; insbesondere die seit Ende der 1980er Jahre verstärkt geübte grundsätzliche Kritik an der Kostenrechnung[435] hat sicherlich ein gutes Stück des Bodens für die Konvergenzdiskussion geebnet und wird in dieser auch häufig aufgegriffen.[436]

Im Rahmen der oben beschriebenen Literaturrecherche konnten insgesamt 112 Veröffentlichungen[437] ausfindig gemacht werden, die nach der hier vorgenommenen Abgrenzung zur

---

[432] Vgl. die Zusammenfassung der wesentlichen Punkte des Beitrags von *Ziegler* zu Eingang der Erwiderung von *Pfaff* (vgl. (Pfaff (1994), S. 1065ff.).

[433] Vgl. hierzu die Auswertung von Konvergenzbegriffen und -definitionen in Abschnitt 4.2.

[434] Ein Beispiel hierfür ist die Veröffentlichung von *Weber* aus dem Jahr 1992, in der die Möglichkeiten für eine „Entfeinerung der Kostenrechnung" diskutiert werden (vgl. Weber (1992)). Für weitere Hinweise auf Vorläufer der Konvergenzdiskussion vgl. Klein (1999b), S. 3ff. und Pfaff (1995), S. 120.

[435] Vgl. Fn. 12.

[436] Vgl. Pfaff (1994), S. 1067; Haring/Prantner (2005), S. 150; Hebeler (2003), S. 42ff.; anders bei Haller (1997b), S. 271.

[437] Interviews, Vorworte zu Herausgeberbänden, Editorials zu Zeitschriften und Veröffentlichungen, die schwerpunktmäßig andere Beiträge rezensieren oder kommentieren, wurden hierbei nicht als eigenständige

Konvergenzdiskussion zu zählen sind. Darunter befinden sich elf Monographien, bei denen es sich um neun Dissertationen und zwei Habilitationsschriften zum Thema handelt. Zudem ist ein als Herausgeberband erschienenes Sonderheft der ZfbF unter den Veröffentlichungen, das keine einzelnen Beiträge sondern einen zusammenhängenden Text enthält. Darüber hinaus umfassen die Veröffentlichungen zur Konvergenz im Rechnungswesen 76 Aufsätze in wissenschaftlichen Zeitschriften, 21 Beiträge in Herausgeberbänden sowie drei Forschungspapiere.

In einem ersten Schritt wurde diese Vielzahl von Beiträgen anhand der in ihnen gesetzten inhaltlichen Schwerpunkte grob geordnet. Dabei kann zwischen Beiträgen, die sich mit dem oben identifizierten Kern der Konvergenzdiskussion befassen, und solchen Beiträgen, die einzelne Aspekte der Konvergenzdiskussion fokussieren, unterschieden werden. Dem Kern der Konvergenzdiskussion sind 52 der insgesamt 112 Veröffentlichungen zuzurechnen. Hierzu gehören unter anderem eine der beiden Habilitationsschriften und acht der neun Dissertationen. Auch vier der fünf empirischen Untersuchungen zum Thema Konvergenz im Rechnungswesen sind Bestandteil dieses Kerns der Konvergenzdiskussion.

In den restlichen 60 Beiträgen dominieren zwei inhaltliche Schwerpunkte: Den ersten davon bilden die 19 Beiträge zur Konvergenzdiskussion, deren Schwerpunkt in der Darstellung eines Unternehmensbeispiels besteht. Bei den Autoren dieser Beiträge handelt es sich fast durchgängig um Vertreter der Unternehmenspraxis. In der Mehrzahl der Unternehmensbeispiele wird der Aspekt der Konvergenz des Rechnungswesens gemeinsam mit dem Aspekt der wertorientierten Unternehmenssteuerung diskutiert. Den zweiten Schwerpunkt bilden weitere 27 Veröffentlichungen, die sich mit den Schnittstellen und Interdependenzen zwischen internem und externem Rechnungswesen befassen, die durch die Anwendung internationaler Rechnungslegungsstandards bedingt sind.

Insgesamt sind somit 98 der 112 Veröffentlichungen (und damit 88%) dem Kern der Konvergenzdiskussion und den beiden Diskussionssträngen Unternehmensbeispiele und Schnittstellen beziehungsweise Interdependenzen von internem und externem Rechnungswesen zuzuordnen. Innerhalb der verbleibenden 14 ebenfalls der Konvergenzdiskussion zuzuordnenden

---

Veröffentlichungen gezählt. Die in zwei Teilen erschienene Veröffentlichung von *Küting/Lorson* (vgl. Küting/Lorson (1998b); Küting/Lorson (1998c)) wurde als eine Veröffentlichung gezählt.

Veröffentlichungen können keine eindeutigen Themenschwerpunkte mehr identifiziert werden. Sechs der Beiträge befassen sich schwerpunktmäßig mit dem Aspekt der Verhaltensbeeinflussung durch das Rechnungswesen, vier mit dem Instrument der wertorientierten Unternehmenssteuerung. Jeweils zwei Veröffentlichungen befassen sich mit EDV-Systemen und dem Value Reporting. Eine Liste mit den Veröffentlichungen und ihrer Zuordnung zu den Diskussionssträngen findet sich im Anhang zu dieser Arbeit.

4.2 Konvergenzbegriffe und -definitionen

Für die Bezeichnung des Phänomens der Konvergenz im Rechnungswesen wird eine Vielzahl von Begriffen verwendet. Diese Konvergenzbegriffe bestehen in der Regel aus zwei Teilen: Erstens aus einer Konvergenzbezeichnung (z.B. „Konvergenz" oder „Integration") und zweitens aus den Konvergenzobjekten (z.B. „internes und externes Rechnungswesen"). In den der Konvergenzdiskussion zugerechneten Veröffentlichungen finden sich die nachfolgenden Konvergenzbezeichnungen mit der in Klammern angegebenen Häufigkeit:[438] „Konvergenz" (32), „(Re-)Integration" (15), „Harmonisierung" (15), „Vereinheitlichung" (7), „Annäherung" (3), „Angleichung" (3), „Anpassung" (1), „Kongruenz" (1) und „Konversion" (1). Auch wenn eine Vielzahl verschiedener Konvergenzbezeichnungen verwendet wird, so ist der allgemein mit diesen Begriffen verbundene Bedeutungsgehalt doch insgesamt sehr ähnlich.[439] In 34 der Beiträge zur Konvergenzdiskussion, die jedoch nahezu vollständig nicht dem Kern der Konvergenzdiskussion zuzuordnen sind, wird keine Konvergenzbezeichnung eingeführt.[440]

---

[438] Bei der hier durchgeführten Auswertung der Beiträge zur Konvergenzdiskussion wurden jedem Beitrag jeweils eine Konvergenzbezeichnung und ein Paar von Konvergenzobjekten zugeordnet. Wenn mehrere Begriffe im Beitrag verwendet werden, wurden die an prominentester Stelle oder hauptsächlich verwendeten Bezeichnungen ausgewählt.

[439] Eine Ausnahme stellt hier lediglich die Konvergenzbezeichnung „Konversion" dar, die normalerweise zur Bezeichnung des Übertrittes von einer Konfession zu einer anderen oder einer grundlegenden Einstellungs- oder Meinungsänderung verwendet wird und sich damit trotz des ähnlichen Wortklangs vom Bedeutungsgehalt der anderen Konvergenzbezeichnungen recht deutlich abhebt.

Auf eine detaillierte Analyse des Bedeutungsgehaltes dieser Begriffe im allgemeinen Sprachgebrauch wird hier verzichtet. Eine solche findet sich bei *Melcher* (vgl. Melcher (2002), S. 15ff.).

[440] 28 dieser 34 Beiträge sind nicht dem Kern der Konvergenzdiskussion zuzuordnen. Bei den sechs zum Kern der Konvergenzdiskussion gehörenden Beiträgen existieren verschiedene Gründe, warum in ihnen keine Konvergenzbezeichnung eingeführt wird oder ihnen keine zugeordnet werden konnte. So liegt der inhaltliche Schwerpunkt von vier Beiträgen auf der Notwendigkeit einer eigenständigen kalkulatorischen Kostenrechnung (vgl. Pfaff (1994), Küpper (1995b), Küpper (1997b), Schweitzer/Ziolkowski (1999)). Bei einer Veröffentlichung konnte keine Konvergenzbezeichnung ermittelt werden, da es sich um die Zusammenfassung einer Plenumsdiskussion handelt (vgl. Altenburger et al. (2001)). *Hahn/Nicklas* verwenden keine Konvergenzbezeichnung und sprechen stattdessen von einer Ausgestaltung des Zahlenwerkes der „integrierten ergebnis- und liquiditätsorientierten Planungs- und Kontrollrechnung (PuK)" auf Basis des externen Rechnungswesens (vgl. Hahn/Nicklas (1999)). Lediglich in der Habilitationsschrift von *Müller* wird der Begriff der „Konvergenz" verwendet, ohne dass diesem Konvergenzobjekte zugeordnet werden (vgl. Müller (2003), S. 1ff.).

Die verwendeten Konvergenzbezeichnungen werden auf verschiedene Konvergenzobjekte, wie z.B. das „interne und externe Rechnungswesen“[441], die „interne und externe Rechnungslegung“[442], „interne und externe Rechnungssysteme“[443], die „interne und externe Berichterstattung“[444], die „interne und externe Unternehmensrechnung“[445], aber auch auf „Rechnungskreise“[446], „Teilsysteme der Unternehmensrechnung“[447] sowie auf „Controlling und Bilanzierung“[448] bezogen. Oftmals werden verschiedene der Konvergenzbezeichnungen und -objekte auch innerhalb von einzelnen Beiträgen synonym verwendet.[449] In der überwiegenden Anzahl, nämlich in 59 von 78 Beiträgen, in denen eine Konvergenzbezeichnung eingeführt wird, werden die Konvergenzobjekte durch die Adjektive „intern und extern“ beschrieben. In 49 Beiträgen (und damit ebenfalls in der Mehrzahl der Fälle, in denen eine Konvergenzbezeichnung eingeführt wird) werden als Konvergenzobjekte das „interne und externe Rechnungswesen“ angegeben.

Ausgehend von den in der Konvergenzdiskussion verwendeten Konvergenzbezeichnungen und Konvergenzobjekten kann zusammenfassend festgestellt werden, dass das Phänomen der Konvergenz im Rechnungswesen in aller Regel als **Konvergenz (im Sinne einer Annäherung) von internem und externem Rechnungswesen** bezeichnet wird.

Wie in der Darstellung von aktuellen Klassifikationen des betrieblichen Rechungswesens in Abschnitt 3.2 deutlich geworden ist, sind die Begriffe „internes und externes Rechnungswesen“ und die dahinter stehenden Klassifikationen des betrieblichen Rechnungswesens jedoch weit davon entfernt, ohne eine weitere Definition klar und eindeutig zu sein. Zusätzlich zu einer Präzisierung der Konvergenzobjekte ist außerdem weiter zu explizieren, was unter einer

---

441 Vgl. beispielsweise Wurl/Kuhnert/Hebeler (2001), S. 1361.

442 Vgl. beispielsweise Burger/Burchhart (2001), S. 549.

443 Vgl. beispielsweise Hahn (1999), S. 80.

444 Vgl. beispielsweise Böcking/Benecke (1998), S. 92.

445 Vgl. beispielsweise Himmel (2004), S. 2.

446 Vgl. beispielsweise Männel (1999a), S. 13.

447 Vgl. beispielsweise Küpper (1997b), S. 5.

448 Vgl. beispielsweise Löw (2004), S. 32.

449 So werden beispielsweise die Konvergenzbezeichnungen „Harmonisierung“ und „Konvergenz“ bei *Kley* synonym verwendet (vgl. Kley (2000), S. 339, 343). Bei *Männel* werden ebenfalls die Konvergenzbezeichnungen „Annäherung“, „Harmonisierung“ und „Konvergenz“ synonym verwendet, zudem werden als Konvergenzobjekte „internes und externes Rechnungswesen“ sowie „Rechnungskreise“ genannt (vgl. Männel (1999a), S. 13ff.).

Zur Vorgehensweise bei der Zählung der Konvergenzbezeichnungen und -objekte siehe Fn. 438.

„Annäherung" derselben zu verstehen ist, wie eine solche erfolgen kann und was hieraus für die Unterscheidung von internem und externem Rechnungswesen resultiert. Damit ist eine als Annäherung von internem und externem Rechnungswesen verstandene Konvergenz in verschiedener Hinsicht definitionsbedürftig. Neben der Ausarbeitung und Diskussion von Konzepten einer Konvergenz im Rechnungswesen finden sich in einigen Beiträgen zusätzlich, einer Definition ähnliche, präzisierende Ausführungen dazu, was unter einer „Konvergenz von internem und externem Rechnungswesen" zu verstehen ist. Diese sollen im Folgenden kurz dargestellt werden.

Nach *Hebeler* ist Konvergenz von internem und externem Rechnungswesen die „rationale Bestrebung, eine zweckverträgliche gegenseitige Anpassung verschiedener Systeme zu bewirken."[450] *Hoke* bezeichnet die „Integration" im Rechnungswesen als eine „Reduktion der Informationskategorien durch eine Verknüpfung und Zusammenfassung von Teilen, die in verschiedenen Rechnungssystemen benötigt werden."[451] *Himmel* definiert Konvergenz (in dem von ihm betrachteten Bereich der Segmentberichterstattung) als „Übertragung von internen Daten in die externe Segmentberichterstattung"[452]. *Melcher* spricht von einer „Annäherung der Ziele und Instrumente" von internem und externem Rechnungswesen.[453] *Weißenberger* bezeichnet den Verzicht auf eigenständige kalkulatorische Erfolgsgrößen und den Rückgriff auf unveränderte Erfolgsgrößen der externen Rechnungslegung als Konvergenz.[454]

Aus diesen kurzen einer Definition ähnlichen präzisierenden Ausführungen zu einer Konvergenz von internem und externem Rechnungswesen wird Verschiedenes deutlich: Erstens ermöglichen diese Definitionen allein noch kein präzises Verständnis einer Konvergenz im Rechnungswesen. Zweitens sind die Definitionen stark unterschiedlich. Und drittens ist für ihr Verständnis die jeweils zugrunde gelegte Unterscheidung von internem und externem Rechnungswesen unverzichtbar.

Im folgenden Abschnitt werden zunächst der Inhalt und die Bedeutung der Unterscheidung von internem und externem Rechnungswesen in der Konvergenzdiskussion analysiert (**Was**

450 Vgl. Hebeler (2003), S. 13.
451 Vgl. Hoke (2001), S. 24 m. Verw. auf Küpper (1997a), S. 112.
452 Himmel (2004), S. 3.
453 Vgl. Melcher (2002), S. 16.
454 Vgl. Weißenberger (2004), S. 72.

ist einander anzunähern?). Anschließend wird auf die Motive und Auslöser für eine Konvergenz im Rechnungswesen eingegangen (**Warum** sollen Bereiche des Rechnungswesens einander angenähert werden?). Danach werden Konzepte einer Konvergenz im Rechnungswesen vorgestellt, in denen die Überlegungen zu den Grundlagen und Auslösern einer Konvergenz kombiniert werden, um die Frage zu beantworten, **wie** eine Konvergenz im Rechnungswesen erfolgen kann.

4.3 Die Unterscheidung von internem und externem Rechnungswesen in der Konvergenzdiskussion

Für die Diskussion um eine Konvergenz (im Sinne einer Annäherung) von internem und externem Rechnungswesen kommt der Unterscheidung von internem und externem Rechnungswesen eine grundlegende Bedeutung zu, da durch sie festgelegt wird, was einander angenähert werden soll. Bei der Analyse von Klassifikationen des betrieblichen Rechnungswesens und der Unterscheidung von internem und externem Rechnungswesen in Kapitel 3 wurde festgestellt, dass sich im Schrifttum zahlreiche Ansätze zur Untergliederung des Rechnungswesens finden. Der Unterscheidung von internem und externem Rechnungswesen kommt in diesen Untergliederungen eine herausgehobene Bedeutung zu. Auch wenn die verschiedenen Gliederungen des betrieblichen Rechnungswesens in wesentlichen Aspekten übereinstimmen, so sind sie doch insbesondere in Details uneinheitlich. Vor diesem Hintergrund und angesichts der grundlegenden Bedeutung dieser Unterscheidung für die Konvergenzdiskussion soll die Unterscheidung von internem und externem Rechnungswesen in der Konvergenzdiskussion in diesem Abschnitt untersucht werden.

In der Konvergenzdiskussion wird als Ausgangspunkt durchgängig eine Divergenz im Sinne einer vorherrschenden oder „traditionellen“[455] Trennung von internem und externem Rechnungswesen vorausgesetzt. Folgendes Zitat von *Coenenberg* stellt dies besonders anschaulich heraus: „Auf die Frage nach dem Unterschied von internem und externem Rechnungswesen hätte ein Student im vierten Semester bis vor kurzem noch eine seit Jahrzehnten abgesicherte Antwort über unterschiedliche gesetzliche Regelungsdichte, unterschiedliche Zwecke und

[455] Vgl. Küting/Lorson (1998d), S. 484; Kammer (2005), S. 125. Dabei ist nicht die Gliederung des betrieblichen Rechnungswesens nach den Bestimmungen der „Richtlinien zur Organisation der Buchführung“ aus dem Jahr 1937 gemeint, welche zum Teil ebenfalls als „übliche“ oder „traditionelle“ Gliederung des betrieblichen Rechnungswesens bezeichnet wird (vgl. beispielsweise Weber/Rogler (2004), S. 18; Männel (1981), S. 465).

unterschiedliche Zielinhalte der Rechengrößen Kosten und Aufwand beziehungsweise Leistung und Ertrag gegeben."[456] Die Zweiteilung des Rechnungswesens in die beiden Hauptbereiche internes und externes Rechnungswesen und die darauf aufbauende Untergliederung des Rechnungswesens werden auch in der Konvergenzdiskussion in aller Regel als selbstverständlich vorausgesetzt. Dabei werden die Unterscheidung von internem und externem Rechnungswesen ebenso wie die auf dieser Unterscheidung aufbauenden Untergliederungen des Rechnungswesens in der Konvergenzdiskussion weitgehend einheitlich verwendet. Die dabei typischerweise zugrunde gelegte Untergliederung des Rechnungswesens wird im Folgenden dargestellt.

Die typischerweise in der Konvergenzdiskussion verwendete Gliederung des Rechnungswesens besitzt die Form einer Monohierarchie, in der auf der ersten Ebene eine Untergliederung des gesamten Rechnungswesens in die beiden Hauptbereiche internes und externes Rechungswesen erfolgt. Anknüpfend an die *Schmalenbach'sche* Gliederung des Rechnungswesens wird zudem häufig das externe Rechnungswesen mit der Finanzbuchhaltung oder dem Bilanzbereich und das interne Rechnungswesens mit der Betriebsbuchhaltung oder der Kosten- und Leistungsrechnung gleichgesetzt. Die Abweichungen der in der Konvergenzdiskussion verwendeten Untergliederungen des Rechnungswesens zu der *Schmalenbachs* sind im Wesentlichen die Abweichungen, die auch in den Lehrbüchern festgestellt wurden. So fallen auch in der Konvergenzdiskussion die Nebenbuchhaltungen (Wechselbuch, Kontokorrentbuchhaltung, Lohn- und Materialrechnung) als Unterbestandteile von Finanz- und Betriebsbuchhaltung weg. Stattdessen werden die Investitions- und zum Teil die Finanzrechnung als Unterbestandteile des internen Rechnungswesens ergänzt.

Spezifisch für die in der Konvergenzdiskussion verwendeten Gliederungen des gesamten betrieblichen Rechnungswesens ist die häufig vorgenommene weitere Untergliederung des externen Rechnungswesens in die Ebene der Einzelabschlüsse (mit den Handelsbilanzen I und den Steuerbilanzen) und die Ebene des Konzernabschlusses (mit den Handelsbilanzen II und der Konzernbilanz).[457] Dabei enthält die Ebene der Handelsbilanzen I die auf die rechtlichen Einheiten der Einzelgesellschaften bezogenen Einzelabschlüsse. Für in Deutschland ansässige Tochterunternehmen sind die Einzelabschlüsse nach den Vorschriften des HGB aufzustellen.

---

456 Coenenberg (1995), S. 2077; ähnlich bei Schweitzer/Ziolkowski (1999), S. 1.

457 Vgl. beispielsweise Himmel (2004), S. 34; Hoke (2001), S. 27; Kammer (2005), S. 134; Klein (1999b), S. 20; Melcher (2002), S. 70f. m. Verw. auf Klein (1999a), S. 69.

Der handelsrechtliche Einzelabschluss ist für diese Unternehmen für Zwecke der Ausschüttungs- und Steuerbemessung obligatorisch. Die Einzelabschlüsse der Tochtergesellschaften, deren Sitz im Ausland liegt, richten sich nach den jeweiligen lokalen Rechnungslegungsvorschriften. Um die Gründe für die Verwendung dieser Untergliederung in der Konvergenzdiskussion darzustellen, wird nachfolgend zunächst näher auf die Vorschriften zur Konzernrechnungslegung eingegangen.

Nach § 290 HGB sind inländische Kapitalgesellschaften, die Muttergesellschaften eines Konzerns sind, d.h. die einen beherrschenden Einfluss auf ein oder mehrere Tochterunternehmen ausüben, grundsätzlich zur Aufstellung eines Konzernabschlusses verpflichtet.[458] Im Konzernabschluss werden die wirtschaftlich eng miteinander verbundenen Konzernunternehmen wie ein einheitliches Unternehmen abgebildet. In den Konzernabschluss sind - vorbehaltlich bestimmter Ausnahmen - sämtliche Tochterunternehmen des Konzerns unabhängig von ihrem Heimatland beziehungsweise Unternehmenssitz aufzunehmen.[459] Der Konzernabschluss von in Deutschland ansässigen Mutterunternehmen richtet sich grundsätzlich nach den Bestimmungen des HGB. Kapitalmarktorientierte Mutterunternehmen sind in der EU zudem durch die EU-Verordnung Nr. 1606/2002 verpflichtet, für Geschäftsjahre, die am oder nach dem 1. Januar 2005 beginnen, einen Konzernabschluss nach den von der EU übernommenen IFRS aufzustellen.[460]

Seit mit dem BiRiLiG vom 19.12.1985 das Prinzip der Maßgeblichkeit der Einzelabschlüsse für den Konzernabschluss abgeschafft und durch den Grundsatz der Einheitlichkeit von Ansatz und Bewertung im Konzernabschluss ersetzt wurde,[461] kann der Konzernabschluss losgelöst von bilanzpolitischen Erwägungen auf der Ebene der Einzelabschlüsse gestaltet werden und bleibt zudem unbeeinflusst von steuerlichen Erwägungen. Damit besitzt der Konzernabschluss eigenständigen Charakter und es besteht die Möglichkeit einer eigenständigen Kon-

---

[458] Vgl. Baetge/Kirsch/Thiele (2004), S. 20, 87ff. Die Verpflichtung entfällt für nicht kapitalmarktorientierte Unternehmen, wenn bestimmte in § 293 HGB aufgeführte Größenkriterien nicht überschritten werden. Unter bestimmten Bedingungen kann ein nicht kapitalmarktorientiertes Mutterunternehmen zudem gem. § 291 HGB von der Pflicht zur Aufstellung eines (Teil-)Konzernabschlusses befreit werden, wenn es selber als Tochterunternehmen in einen Konzernabschluss einbezogen wird.

[459] Vgl. ebd., S. 19, 127ff.

[460] Zur Internationalisierung der Rechnungslegung vgl auch die entsprechenden Ausführungen in Abschnitt 3.1.5 .

[461] Vgl. Baetge/Kirsch/Thiele (2004), S. 19.

zernbilanzpolitik.[462] Damit im Konzernabschluss inhaltlich gleichartiges aggregiert wird, ist es erforderlich, die Einzelabschlüsse vor der Verdichtung zum Konzernabschluss auf einheitliche Bilanzierungs- und Bewertungsregeln umzustellen.[463] Hierfür werden die Handelsbilanzen I an die Bilanzierungs- und Bewertungsregeln des Konzernabschlusses angepasst. Die entsprechend modifizierten Einzelabschlüsse bilden die Ebene der Handelsbilanzen II. Dies erfolgt insbesondere für Zwecke der Anpassung von HGB-Einzelabschlüssen an die Bewertung in einem HGB-Konzernabschluss zumeist im Wege einer Überleitungsrechnung. Alternativ können parallel zwei Buchführungen, eine für den Einzel- und eine für den Konzernabschluss, geführt werden, was vor allem für die Anpassung von HGB-Einzelabschlüssen an eine IFRS-Konzernrechnungslegung nahe liegend sein dürfte.[464]

So ergeben sich für Konzerne im Bereich des externen Rechnungswesens zwei Bewertungsebenen. Für kapitalmarktorientierte Unternehmen sind auf der Ebene des Konzernabschlusses dabei die IFRS anzuwenden. Insgesamt ergibt sich die in Abbildung 5 dargestellte, in der Konvergenzdiskussion typischerweise zugrunde gelegte, Gliederung des betrieblichen Rechnungswesens.[465]

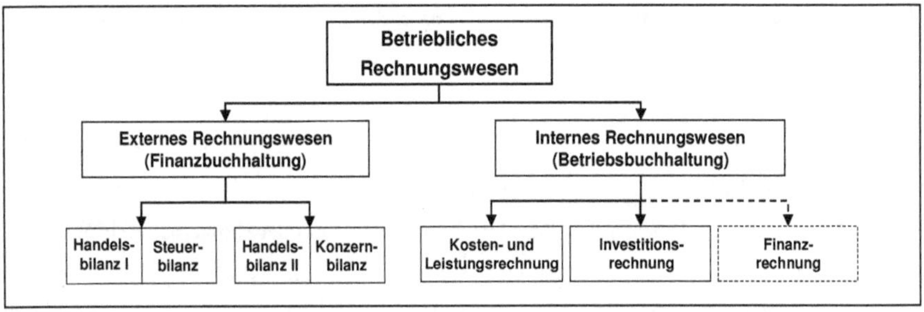

Abbildung 5: Typische Gliederung des Rechnungswesens in der Konvergenz-diskussion[466]

[462] Vgl. Coenenberg (2005), S. 551; Baetge/Kirsch/Thiele (2004), S. 19.

[463] Vgl. Baetge/Kirsch/Thiele (2004), S. 71ff.

[464] Vgl. Hebeler (2003), S. 83.

[465] Vgl. die Gliederungen des Rechnungswesens bei ebd., S. 56, 282; Himmel (2004), S. 34; Hoke (2001), S. 31; Kammer (2005), S. 134; Klein (1999b), S. 11, 20; Melcher (2002), S. 20, 70; Schulte-Nölke (2001), S. 24ff.; Siefke (1999), S. 42. Ähnlich, jedoch umfangreicher, ist die Gliederung von Küting/Lorson (1998d), S. 484.

[466] Quelle: Modifiziert nach Klein (1999b), S. 20.

Das grundlegende Kriterium für die Unterscheidung von internem und externem Rechnungswesen sind die Adressaten der Rechnungsweseninformationen.[467] Zudem wird als Grundlage für die Ausbildung der verschiedenen Bestandteile des Rechnungswesens, die zumeist als (Teil-)Rechnungssysteme charakterisiert werden, die Erfüllung unterschiedlicher Rechnungszwecke angeführt.[468] Damit wird der Gestaltungsgrundsatz „Der Rechnungszweck bestimmt den Rechnungsinhalt." als wesentliche Grundlage für die Gliederung des betrieblichen Rechnungswesens akzeptiert.[469]

Neben der Unterschiedlichkeit der Adressaten und Rechnungszwecke werden mit der Unterscheidung von internem und externem Rechnungswesen zahlreiche weitere Unterschiedlichkeiten verknüpft. So unterscheiden sich die beiden Hauptbereiche des Rechnungswesens unter anderem auch in ihren Abbildungsgegenständen und Rechengrößen sowie in ihrer Detaillierung und in ihrem Auswertungszyklus.[470] Zudem wird das interne Rechnungswesen im Gegensatz zum externen als freiwilliger und frei gestaltbarer Bereich des betrieblichen Rechnungswesens charakterisiert.[471] Diese Unterschiede sind weitgehend deckungsgleich mit den bei *Schmalenbach* aufgeführten Unterschieden zwischen Finanz- und Betriebsbuchhaltung. Die typischen Unterschiede zwischen internem und externem Rechnungswesen werden in Tabelle 3 zusammengefasst.[472]

Wie die Untersuchung der bestehenden Klassifikationen des Rechnungswesens und der Unterscheidung von internem und externem Rechnungswesen in Kapitel 3 zeigt, geht das hinter der Gliederung des Rechnungswesens stehende Gestaltungsmodell in weiten Teilen auf die

---

467 Vgl. Himmel (2004), S. 9ff.; Hebeler (2003), S. 13; Hoke (2001), S. 7; Klein (1999b), S. 11; Schulte-Nölke (2001), S. 24; Siefke (1999), S. 1ff. Bei *Melcher* werden an verschiedenen Stellen unterschiedliche Unterscheidungskriterien von internem und externem Rechnungswesen angeführt (vgl. Melcher (2002), S. 1, 17ff.).

468 Vgl. Himmel (2004), S. 13ff.; Hebeler (2003), S. 56ff.; Hoke (2001), S. 11ff; Klein (1999b), S. 19f.; Melcher (2002), S. 18ff.

Dazu, welche Rechnungszwecke dies im Einzelnen sind und welche Bestandteile des Rechnungswesens zur Erfüllung welcher Rechnungszwecke dienen, finden sich in den Beiträgen zur Konvergenzdiskussion leicht unterschiedliche Angaben. Dies ist jedoch in der Literatur zum betrieblichen Rechnungswesen allgemein zu konstatieren (vgl. Weber (2005), S. 38).

469 Vgl. Hoke (2001), S. 11

470 Vgl. beispielsweise zum unterschiedlichen Detaillierungsgrad *Melcher* und *Hoke* (vgl. Melcher (2002), S. 20f.; Hoke (2001), S. 8, 10), zu unterschiedlichen Auswertungszyklen *Hoke* und *Schulte-Nölke* (vgl. Hoke (2001), S. 10; Schulte-Nölke (2001), S. 24) und zur Unterschiedlichkeit der Abbildungsgegenstände *Hoke* (vgl. Hoke (2001), S. 11).

471 Vgl. Himmel (2004), S. 9; Hoke (2001), S. 12.

472 Ähnliche Kataloge mit Unterschieden zwischen internem und externem Rechnungswesen finden sich auch bei Küpper (1998), S. 150.

Arbeiten *Schmalenbachs* und die Praxis des Rechnungswesens zurück. Darüber hinaus kann festgestellt werden, dass die Unterscheidung von internem und externem Rechnungswesen zwar als eine Selbstverständlichkeit dargestellt, empfunden und verwendet wird, der Inhalt dieser Unterscheidung und das mit ihr verbundene Gestaltungsmodell für das betriebliche Rechnungswesen aber lediglich grob umrissen sind; es handelt sich keineswegs um klare oder eindeutige Begrifflichkeiten.

Merkmale	Ausprägungen	
	Internes Rechnungswesen	**Externes Rechnungswesen**
Adressaten	unternehmensinterne Adressaten	unternehmensexterne Adressaten
Abbildungsgegenstand	innerbetriebliche Leistungserstellung	Marktbeziehungen
Auswertungszyklus	kurz (Monat/Woche)	lang (Jahr/Quartal)
Detaillierungsgrad	hoch	gering
Freiwilligkeit	fakultativ	obligatorisch
Gestaltungsfreiheit	frei gestaltbar	weitgehend festgelegt
Rechnungsgrößen	- Kosten und Leistungen - Ein- und Auszahlungen - Einnahmen und Ausgaben	Aufwand und Ertrag
Rechnungszwecke	- Entscheidung - Verhaltenssteuerung - Kontrolle	- Rechenschaftslegung - Zahlungsbemessung - Information

Tabelle 3: Typische Unterschiede von internem und externem Rechnungswesen in der Konvergenzdiskussion

Insgesamt nimmt die Unterscheidung von internem und externem Rechnungswesen eine zentrale Stellung innerhalb der Konvergenzdiskussion ein. Die Begriffe internes und externes Rechnungswesen werden nicht lediglich zur Bezeichnung der Informationsrichtung von Bestandteilen des Rechnungswesens verwendet, mit diesen Begriffen werden vielmehr zwei in vielerlei Hinsicht unterschiedlich ausgestaltete Hauptbereiche innerhalb des Rechnungswesens und damit ein bestimmtes Gestaltungsmodell des betrieblichen Rechnungswesens verbunden. Dieses Gestaltungsmodell für das betriebliche Rechnungswesen, das in der Regel implizit vorausgesetzt wird, ist lediglich in wesentlichen Punkten grob umrissen und kann in weiten Teilen auf die Arbeit *Schmalenbachs* zurückgeführt werden.

4.4 Auslöser und Motive für eine Konvergenz im Rechnungswesen

In den Beiträgen zur Konvergenzdiskussion werden verschiedene Auslöser und Motive für eine Konvergenz im Rechnungswesen identifiziert. Dabei überwiegen eindeutig multikausale

Erklärungsansätze für das Phänomen der Konvergenz im Rechnungswesen. Die in den verschiedenen Beiträgen jeweils angeführten Gründe für eine Konvergenz stimmen jedoch in wesentlichen Punkten überein.

In den Beiträgen zur Konvergenzdiskussion, die eine primär sachlich-analytische Forschungsstrategie verfolgen, werden vor allem vier Ursachen für eine Konvergenz des Rechnungswesens hervorgehoben: Erstens die Realisation von Einsparpotentialen im Rechnungswesen[473], zweitens die Umstellung auf internationale Rechnungslegungsstandards[474], drittens der Trend zu einer stärkeren Ausrichtung der Unternehmensführung am Shareholder Value[475] und viertens eine verbesserte Verständlichkeit des Rechnungswesens[476]. Als weitere Gründe werden unter anderem die Internationalisierung der Unternehmenstätigkeit,[477] verbesserte Manipulationsfreiheit[478] und Kommunizierbarkeit[479] des Rechungswesens sowie Kritik an der „klassischen" Kostenrechnung[480] angeführt.

Neben den in sachlich-analytisch Arbeiten identifizierten Auslösern und Motiven für eine Konvergenz im Rechnungswesen liegen auch empirische Untersuchungen zu den von Unternehmensseite identifizierten Auslösern und Motiven für eine Konvergenz im Rechnungswesen vor. Die Ergebnisse dieser Untersuchungen sind in ihrer Aussagekraft allerdings vor dem Hintergrund von zwei Einschränkungen zu bewerten: Die erste dieser Einschränkungen besteht darin, dass die in den Untersuchungen bei offenen Fragestellungen benannten Vorteile einer Konvergenz im Rechnungswesen nicht immer trennscharf voneinander abgegrenzt werden können, da ähnliche Vorteile oft unterschiedlich benannt oder formuliert werden.[481] Die zweite Einschränkung resultiert daraus, dass in den empirischen Untersuchungen den Befragten keine Definition einer Konvergenz im Rechnungswesen vorgegeben wurde. Daher ist an-

---

473 Vgl. Hebeler (2003), S. 41f.; Hoke (2001), S. 108f.; Klein (1999b), S. 71; Schulte-Nölke (2001), S. 155ff..; Siefke (1999), S. 63f.

474 Vgl. Hebeler (2003), S. 33, 35ff.; Hoke (2001), S. 63ff., 82ff.; Klein (1999b), S. 40ff.; Siefke (1999), S. 3f.

475 Vgl. Hebeler (2003), S. 33, 39f.; Himmel (2004), S. 24ff.; Hoke (2001), S. 64; Klein (1999b), S. 39f.; Siefke (1999), S. 18ff., 54ff.

476 Vgl. Hebeler (2003), S. 44, 116ff.; Himmel (2004), S. 24ff.; Hoke (2001), S. 18, 107f.; Küpper (1998), S. 156; Klein (1999b), S. 69f.; Melcher (2002), S. 40; Schulte-Nölke (2001), S. 79f., 155ff.; Siefke (1999), S. 62, 227.

477 Vgl. Hebeler (2003), S. 33f.

478 Vgl. Himmel (2004), S. 27; Hoke (2001), S. 105ff.; Schulte-Nölke (2001), S. 75ff., 147ff.

479 Vgl. Hoke (2001), S. 80f.; Klein (1999b), S. 69ff.; Siefke (1999), S. 2f.

480 Vgl. Hebeler (2003), S. 42ff.

481 So wurden beispielsweise in der von *Hoke* durchgeführten offenen Befragung die „Beseitigung von Kommunikationsschwierigkeiten auf Grund der Abweichung von internem und externem Ergebnis", eine „Komplexitätsreduktion und Transparenz im Rechnungswesen", die „unternehmensweite Vereinheitlichung und Vergleichbarkeit der Kennzahlen", die „bessere internationale Verständlichkeit und Akzeptanz", und die „konsistente Kommunikation nach außen" neben weiteren Vorteilen jeweils als eigenständige Vorteile eines konvergenten Rechnungswesens benannt (vgl. Hoke (2001), S. 155).

zunehmen, dass unter diesen deutlich unterschiedliche beziehungsweise diffuse Auffassungen darüber vorherrschten, was unter einer Konvergenz im Rechnungswesen zu verstehen ist.[482]

In den empirischen Untersuchungen zu den Auslösern und Motiven einer Konvergenz im Rechnungswesen wird von Unternehmensseite die Verbesserung der Verständlichkeit des Rechnungswesens als bedeutendster Vorteil genannt. Zudem wird eine erhöhte Einfachheit, Einheitlichkeit und Transparenz eines konvergenten Rechnungswesens hervorgehoben. Ebenfalls (jedoch weniger häufig beziehungsweise prominent) werden Effizienzsteigerungen, eine verbesserte Abbildung des Unternehmensgeschehens und eine Objektivierung des Rechnungswesens durch die Einschränkung von Ermessensspielräumen als Vorteile einer Konvergenz im Rechnungswesen genannt.[483] Als wichtige Einflussfaktoren für den ausgeprägten Trend zur Konvergenz identifizieren die Unternehmen die Umstellung auf eine Rechnungslegung nach IFRS oder US-GAAP, die Internationalisierung der Unternehmenstätigkeit sowie eine zunehmende Kapitalmarktorientierung.[484]

Die Aspekte der Einfachheit, Einheitlichkeit, Transparenz und Verständlichkeit werden hier aufgrund des engen zwischen ihnen bestehenden Zusammenhangs unter dem übergeordneten Aspekt der „Verständlichkeit" zusammengefasst. So sind Einfachheit und Einheitlichkeit an sich bereits Aspekte eines transparenten und verständlichen Rechnungswesens, da die Datenbasis sowie die rechnerischen Zusammenhänge nur in einem hinreichend einfachen Rechnungswesen, in dem Geschäftsvorfälle möglichst einheitlich behandelt werden, von den Nutzern verstanden und nachvollzogen werden können. Werden zudem zur Erhöhung der Transparenz Datengrundlagen und rechnerische Zusammenhänge offen gelegt, so trägt auch dies zu einer besseren Verständlichkeit des Rechnungswesens bei.

Nachteile und Risiken einer entsprechenden Veränderung des Rechnungswesens, die gegen die Vorteile abzuwägen sind, werden in den empirischen Studien lediglich in geringem Umfang angeführt und im Vergleich zu den Vorteilen als weniger schwerwiegend bewertet. Zu den befürchteten Nachteilen gehören insbesondere die Abhängigkeit von den Normsetzungsprozessen der Rechnungslegungsgremien und eine Verschlechterung der Abbildungsqualität und der Eignung des Rechnungswesens für Zwecke der Unternehmenssteuerung.[485] Ein nicht unwesentlicher Anteil von Unternehmen (zwischen 25% und 29%) sieht jedoch keinerlei

[482] Vgl. Hoke (2001), S. 153f.; Horváth/Arnaout (1997), S. 265.

[483] Vgl. Haring/Prantner (2005), S. 152; Hoke (2001), S. 155ff.; Horváth/Arnaout (1997), S. 262f.

[484] Vgl. Haring/Prantner (2005), S. 149. Der Zusammenhang zwischen einer Umstellung der Rechnungslegung auf international anerkannte Rechnungslegungsstandards und einem konvergenten Rechnungswesen wird von *Weißenberger* unter Rückgriff auf Ergebnisse der Untersuchungen von Pellens/Tomaszewski/Weber (2000) und Horváth/Arnaout (1997) empirisch bestätigt (vgl. Weißenberger (2003a) S. 185f.).

[485] Vgl. Haring/Prantner (2005), S. 152f.; Hoke (2001), S. 158ff.; Horváth/Arnaout (1997), S. 262.

Nachteile oder Risiken eines konvergenten Rechnungswesens.[486] In der Untersuchung von Haring/Prantner gibt von den Unternehmen, die bereits auf ein konvergentes Rechnungswesen umgestellt haben, nahezu die Hälfte an, durch die Umstellung keine Nachteile erlitten zu haben.[487]

Nachdem nun die in der Konvergenzdiskussion benannten Auslöser und Motive für eine Konvergenz dargestellt wurden, soll nachfolgend auf die wichtigsten Ursachen näher eingegangen werden. Dabei wird zuerst auf das Motiv, **Einsparungen** im Rechnungswesen zu realisieren, eingegangen. Anschließend wird der Zusammenhang von **internationaler Rechnungslegung** und Konvergenz, danach der Zusammenhang von **Shareholder Value-Orientierung** und Konvergenz näher beleuchtet. Schließlich wird auf den Aspekt einer verbesserten **Verständlichkeit** des Rechnungswesens eingegangen.

Der Aspekt von Effizienzsteigerungen durch **Einsparungen** im Rechnungswesen hat insbesondere in den sachlich-analytischen Arbeiten zum Thema besondere Beachtung erfahren.[488] Dabei wird nach dem Gestaltungsgrundsatz „Der Rechnungszweck bestimmt den Rechnungsinhalt." davon ausgegangen, dass Einsparungen durch eine konvergente Gestaltung des Rechnungswesens zu erreichen sind, wenn der Betrieb von Rechnungsteilsystemen, deren Grenzkosten über ihrem Grenznutzen liegen, eingestellt wird oder wenn ein unwirtschaftlich hoher Detaillierungsgrad im Rechnungswesen reduziert wird.[489] Dies bedeutet, dass durch eine Konvergenz Leistungseinbußen im Rechnungswesen in Kauf genommen werden müssen. Diese würden lediglich dann nicht ins Gewicht fallen, wenn bestimmte, bisher durch das Rechnungswesen zu erfüllende Rechnungszwecke, obsolet würden. Ebenso könnten Veränderungen in den Vorschriften für das externe Rechnungswesen dazu führen, dass die Anforderungen des - zumeist als prinzipiell einsparbar angesehenen - internen Rechnungswesens zunehmend bereits durch die im externen Rechnungswesen vorhandenen Rechenwerke abgedeckt werden können.

Dies ist einer der Gründe, warum die Umstellung auf **internationale Rechnungslegung** als wichtiger Auslöser der Konvergenz angesehen wird. Die internationale Rechnungslegung wird für interne Zwecke als besser geeignet angesehen, da sie im Vergleich zu der am Gläubigerschutz orientierten HGB-Rechnungslegung weniger stark durch das Imparitäts- und das Vorsichtsprinzip geprägt ist.[490] Dies äußert sich unter anderem in einer weniger konservativen

[486] Vgl. Haring/Prantner (2005), S. 152f.; Horváth/Arnaout (1997), S. 262.

[487] Vgl. Haring/Prantner (2005), S. 152f.

[488] Vgl. Fn. 44.

[489] Dies soll vor allem durch Einsparungen im (frei gestaltbaren) internen Rechnungswesen ermöglicht werden (vgl. ebd.).

[490] Vgl. Baetge/Kirsch/Thiele (2005), S. 135ff. zum Imparitäts- und zum Vorsichtsprinzip.

Bewertung von Vermögenswerten und in einem breiteren Einsatz der Bilanzierung zum Fair Value. Darüber hinaus berücksichtigt die IFRS-Rechnungslegung im Sinne des Grundsatzes „substance over form“[491] den betriebswirtschaftlichen Kern von Geschäftsvorfällen stärker als deren vertragliche Gestaltung. Hierdurch kommen die in der IFRS-Rechnungslegung verwendeten Wertansätze denen des internen Rechnungswesens näher als bei einer Rechnungslegung nach den Vorschriften des HGB.

Darüber hinaus zeichnet sich die Rechnungslegung nach IFRS durch eine in vielen Bereichen höhere Detaillierung aus. In den Beiträgen zur Konvergenzdiskussion wird diesbezüglich oftmals auf die Segmentberichterstattung verwiesen.[492] Aber auch zahlreiche andere Vorschriften der IFRS erhöhen den Detailgrad des für die Erstellung des Jahresabschlusses erforderlichen Rechnungswesens oftmals erheblich. Dabei beziehen sich die Anforderungen der IFRS nicht nur auf detaillierte Informationen zu den Ist-Kosten, wie sie beispielsweise für die Segmentberichterstattung, für die Bilanzierung der Vorräte und für die periodengerechte Erfassung der Erträge aus Langfristfertigung erforderlich sind. Über derartige Ist-Informationen hinaus werden für die IFRS-Rechnungslegung auch zukunftsbezogene Informationen aus Planungs- und Prognoserechnungen sowie Informationen aus dem Risiko-Controlling in einem Umfang benötigt, der weit über das für eine HGB-Rechnungslegung Erforderliche hinausgeht. Planungs- und Prognoserechnungen fließen nach den Vorschriften der IFRS insbesondere in die im Rahmen von Niederstwerttests regelmäßig erforderliche Ermittlung des zukünftigen ökonomischen Nutzens von Vermögenswerten ein.[493] Informationen aus dem Risiko-Controlling sind unter anderem bei der Bilanzierung von Rückstellungen und für die Abgrenzung von berichtspflichtigen Segmenten erforderlich.[494]

Neben dieser Ausweitung der Schnittstelle von internem und externem Rechnungswesen durch die Übernahme von Daten aus dem internen ins externe Rechnungswesen findet bei der IFRS-Rechnungslegung zudem durch verschiedene Vorschriften eine unmittelbare Kopplung

---

491 Dieser Grundsatz ist im Framework der IFRS festgeschrieben (vgl. F.35).

492 Vgl. Melcher (2002), S. 44ff.

Zwar war eine Segmentberichterstattung für börsennotierte Unternehmen bereits seit dem In-Kraft-Treten des KonTraG im Jahr 1998 und damit auch zu HGB-Zeiten bereits Pflichtbestandteil des Konzernabschlusses, die inhaltlichen Anforderungen dieser Segmentberichterstattung lagen jedoch weit unter denen der IFRS. So war die Segmentberichterstattung zunächst kein eigenständiger Bestandteil des Konzernabschlusses, sondern fand sich lediglich im Konzernanhang. Zudem wurden die inhaltlichen Anforderungen an die HGB-Segmentberichterstattung anfangs nicht näher konkretisiert sondern erst später durch das DRSC festgelegt. Mittlerweile ist eine Segmentberichterstattung gem. § 297 Abs. 1 HGB optionaler Bestandteil des HGB-Konzernabschlusses, da kapitalmarktorientierte Mutterunternehmen durch die EU-Verordnung nunmehr ohnehin im Rahmen ihres IFRS-Abschlusses zur Offenlegung einer IFRS-Segmentberichterstattung verpflichtet sind.

493 Vgl. Budde (2005), S. 2567ff. sowie IAS 36.33ff.

494 Für einen Überblick über die Anforderungen an das Controlling bei einer Rechnungslegung nach IFRS vgl. Kirsch (2002), Kirsch/Steinhauer (2003), Kirsch (2003a), Kirsch (2005) sowie Weißenberger/Liekweg (1999).

der Daten und Strukturen der externen Rechnungslegung an das interne Rechnungswesen statt. So orientiert sich unter anderem die Ermittlung von den in der Segmentberichterstattung berichtspflichtigen Segmenten daran, nach welchen Geschäftsbereichen die dem Management durch das interne Berichtswesen gelieferten Informationen untergliedert sind.[495] Informationen aus dem internen Management-Berichtswesen sind zudem als Indikator für im externen Rechnungswesen zu berücksichtigende Wertminderungen von Vermögenswerten heranzuziehen und dienen damit als Auslöser für die Durchführung von Niederstwerttests.[496] Durch diese Bestimmungen wird versucht, die in die Rechnungslegung einfließenden Informationen mit den Informationen zu verbinden, die das Management tatsächlich zur Planung und Steuerung nutzt. Diese als „Management-Approach"[497] bezeichnete Vorgehensweise soll zum einen die Aussagekraft der Rechnungslegung erhöhen, da davon ausgegangen wird, dass es sich bei den vom Management verwendeten Informationen auch um für die Adressaten der Rechnungslegung relevante Informationen handelt. Zum anderen ist der Management-Approach ein wichtiger Ansatzpunkt, um einer Entobjektivierung der Rechnungslegung entgegenzuwirken. Diese droht insbesondere durch die zunehmende Verwendung von Planungs- und Prognoseinformationen, die für die Fair-Value-Bilanzierung erforderlich sind.[498] Angesichts des Trends zur vermehrten Bilanzierung zum Fair Value[499] und der voranschreitenden Annäherung der IFRS an die Vorschriften der US-GAAP, in denen der Management-Approach im Vergleich zu den IFRS eine bedeutendere Rolle einnimmt, ist auch für die Zukunft mit einer Ausdehnung des Management-Approach in den IFRS zu rechnen.[500]

Ein weiterer Grund für eine Konvergenz von internem und externem Rechnungswesen wird in einer zunehmenden Orientierung der Unternehmensführung am **Shareholder Value** gesehen.

---

[495] Die grundlegende Kopplung der Segmentberichterstattung an das unternehmensinterne Management-Berichtswesen wird in IAS 14.13 und 14.14 festgeschrieben. Darüber hinaus richtet sich gem. IAS 14.17 auch die Allokation von Aufwendungen und Erträgen sowie von Vermögenswerten und Schulden auf die Segmente grundsätzlich nach ihrer Behandlung im internen Rechnungswesen. Zudem sind gem. IAS 14.75 für Transaktionen zwischen Segmenten die unternehmensintern verwendeten Verrechnungspreise anzusetzen.

[496] Vgl. IAS 36.12.

[497] Vgl. Haller/Park (1999), S. 60 und Pellens (2001), S. 509 zum Management Approach.

[498] Dieser Funktion respektive diesem Vorteil des Management Approach wird im Schrifttum bisher keine ausreichende Beachtung geschenkt.

[499] Vgl. Coenenberg (2005), S. 1059.

[500] Im Rahmen des Standardentwurfs „ED 8 Operating Segments" des IASB (vgl. IASB (2006)) wird die Angleichung der IFRS-Segmentberichterstattung an die entsprechenden US-amerikanischen Vorschriften des FASB, die im SFAS 131 geregelt sind, vorbereitet. Geplant ist eine Übernahme des im SFAS 131 konsequent verfolgten Management Approach in die IFRS-Rechnungslegung. Damit wäre die Segmentberichterstattung nach IFRS zukünftig unmittelbar an der unternehmensinternen Organisations- und Berichtsstruktur sowie an den unternehmensintern verwendeten Steuerungsgrößen auszurichten. Die Verfolgung des Management Approach ginge dann so weit, dass die Ermittlung der Segmentdaten, also die Segmentbilanzierungs- und -bewertungsmethoden, auf Basis der im unternehmensinternen Rechnungswesen angewendeten Grundsätze und Methoden zu erfolgen hätte. Damit wäre eine Offenlegung kalkulatorischer Rechengrößen in der Segmentberichterstattung denkbar (vgl. ED 8.24; Alvarez/Büttner (2006), S. 307, 312f.).

Im Shareholder Value-Konzept, das inhaltlich mit dem Konzept der Wertorientierung übereinstimmt,[501] wird die Steigerung des Unternehmenswertes für die Eigenkapitalgeber als das wichtigste Unternehmensziel gesetzt und sämtliche Unternehmensaktivitäten werden hierauf ausgerichtet.[502] Bei einer solchen Ausrichtung der Unternehmenssteuerung an den Interessen der Eigenkapitalgeber ist es unmittelbar einsichtig, dass den Informationen der Rechnungslegung als dem traditionell wichtigsten Instrument zur Kommunikation der Unternehmensführung mit seinen Anteilseignern eine gesteigerte Bedeutung zukommt.[503] Zur Operationalisierung der Zielsetzung einer Steigerung des Unternehmenswertes kommen für Zwecke der Unternehmensführung in der Regel wertorientierte Kennzahlen zum Einsatz.[504] Besonders verbreitet sind hierbei der Economic Value Added (EVA) oder der Cash Value Added (CVA).[505] Beide Kennzahlen basieren auf der Kapitalwertmethode, bei welcher der Wert einer Investition als der Wert aller mit ihr verbundenen Zahlungsströme ermittelt wird. Die zeitliche Struktur der Zahlungen wird dabei durch Diskontierung mit einem risikoadäquaten Zinssatz berücksichtigt. Analog hierzu berücksichtigen CVA und EVA die Zahlungsströme respektive die - wie aus dem Lücke-Theorem folgt[506] - grundsätzlich ebenfalls verwendbaren Residualgewinne eines Unternehmens beziehungsweise eines Unternehmensbereichs sowie die dort gebundene Kapitalbasis. Der Kapitalkostensatz für das Eigenkapital wird auf Basis des „Capital Asset Pricing Model" (CAPM) hergeleitetet. Sowohl CVA als auch EVA zeichnen sich dadurch aus, dass die Ermittlung der Zahlungsströme beziehungsweise der Residualgewinne und der Kapitalbasis im Wesentlichen auf Größen der externen Rechnungslegung basiert. Diese werden allerdings noch - je nach der im Einzelfall gewählten Umsetzung in mehr oder minder erheblichem Umfang - Anpassungen unterworfen, um Verzerrungen der externen Rechnungslegung auszugleichen.[507]

Als integraler Bestandteil einer wertorientierten Unternehmensführung wird in der Regel auch die Gestaltung eines Anreizsystems angesehen, durch welches die Mitarbeiter zum unternehmenszielkonformen Verhalten motiviert werden sollen. Im Rahmen eines wertorientierten Steuerungssystems kommen zum einen wertorientierte Kennzahlen als Bemessungsgrundlage

[501] Vgl. Weber et al. (2004), S. 6; Dirrigl (1998), S. 540ff.

[502] Vgl. Rappaport (1986) zum Shareholder Value-Ansatz.

[503] Vgl. Kley (2006), S. 151; Weißenberger (2003a), S. 2.

[504] Vgl. zu den Grundkonzeptionen verschiedener wertorientierter Kennzahlen Weber et al. (2004), S. 43ff. und Weißenberger (2003a), S. 238ff.

[505] Vgl. Fischer/Rödl (2005), S. 25.

[506] Das Lücke-Theorem besagt, dass der Kapitalwert der Residualgewinne (um kalkulatorische Zinsen auf das gebundene Kapital bereinigte Periodenüberschüsse) gleich dem auf Basis von Zahlungsüberschüssen ermittelten Kapitalwert ist, wenn die Summe der Einzahlungsüberschüsse über die Totalperiode der Summe der Gewinne entspricht, also wenn das Kongruenzprinzip erfüllt ist (vgl. Ewert/Wagenhofer (2005), S. 68f.).

[507] Für eine systematische Darstellung dieser Bereinigungen vgl. Weißenberger (2003a), S. 258ff. Vgl. KPMG (2000), S. 19 für eine Übersicht über die in der Praxis typischerweise durchgeführten Bereinigungen der Rechnungslegungsdaten.

für den variablen Bestandteilteil der Entlohnung in Frage. Zum anderen kann die variable Entlohnung aber auch auf einer aktienkursorientierten Bemessungsgrundlage basieren.[508]

Im Konzept der wertorientierten Unternehmensführung kommt auch der Kommunikation mit dem Kapitalmarkt eine bedeutende Rolle zu. Hierbei gilt es, die den Unternehmenswert steigernden Maßnahmen gegenüber den Kapitalmarktakteuren bekannt und glaubhaft zu machen. Dementsprechend gehen viele Unternehmen dazu über, freiwillig zusätzliche Informationen aus dem internen Rechnungswesen offen zu legen. So finden sich in den Jahresabschlüssen von Großunternehmen unter den freiwilligen Angaben mittlerweile sehr häufig wertorientierte Kennzahlen.[509] Durch eine solche freiwillige zusätzliche Berichterstattung sollen Mängel der externen Rechnungslegung kompensiert und eine eventuelle Unterbewertung des Unternehmens am Kapitalmarkt verhindert werden. Damit findet im Rahmen eines „Value Reporting" eine weitere Veränderung der Grenze von internem und externem Rechnungswesen statt.[510]

Eine Verbesserung der **Verständlichkeit** des Rechnungswesens durch eine Vereinfachung desselben wird vor allem von Vertretern der Unternehmenspraxis als wichtigster Vorteil einer Konvergenz des Rechnungswesens identifiziert. So sollen Konfusion durch unübersichtliche Überleitungsrechnungen vermieden und widersprüchliche Definitionen für ähnliche Rechengrößen eliminiert werden. Auf diesem Weg sollen Abweichungsanalysen erleichtert und Diskussionen darüber, welche Daten und Werte die „richtigen" sind, reduziert oder nach Möglichkeit vermieden werden.

Für eine Berücksichtigung oder Erklärung einer verbesserten Verständlichkeit als eigenständiger Vorteil eines konvergenten Rechnungswesens fehlt in den bisherigen Beiträgen zur Konvergenzdiskussion die theoretische Grundlage.[511] Dementsprechend wird auch nicht weiter präzisiert, wie eine gesteigerte Einfachheit und verbesserte Verständlichkeit des Rechnungswesens zu erreichen ist. Ebenso unterbleibt eine systematische Integration des Aspekts einer verbesserten Verständlichkeit des Rechnungswesens in die vorgenommenen Analysen und Vorteilhaftigkeitsbetrachtungen.[512] Darüber hinaus steht die Forderung nach einem einfachen Rechnungswesen in Konflikt zu der grundsätzlichen Akzeptanz des Gestaltungsgrundsatzes, dass für unterschiedliche Rechnungszwecke verschiedene Rechnungssysteme erforderlich sind. Dies wird daran deutlich, dass das Ziel, ein einfaches und verständliches Rechnungswesen zu schaffen, offensichtlich nicht wie andere Rechnungszwecke mit Hilfe eines

---

[508] Vgl. Weber et al. (2004), S. 199ff.

[509] Vgl. Fischer/Rödl (2005), S. 24ff.; Müller/Hirsch (2005), S. 83ff.

[510] Vgl. Ruhwedel/Schultze (2002), S. 602ff. und Eccles et al. (2001).

[511] Vgl. Fn. 60.

[512] So z.B. bei Hebeler (2003), S. 3, 116ff.; Himmel (2004), S. 26; Hoke (2001), S. 18; Küpper (1998), S. 156; Melcher (2002), S. 40; Schulte-Nölke (2001), S. 79f. und Siefke (1999), S. 62, 227.

zusätzlichen (in diesem Falle in Form eines zusätzlichen „einfachen") Rechenwerkes erfüllt werden kann. Hier stoßen der für die divergente Gestaltung des Rechnungswesens maßgebliche Grundsatz „Der Rechnungszweck bestimmt den Rechnungsinhalt." und die hinter ihm stehende Perspektive der entscheidungsorientierten Betriebswirtschaftslehre ebenso wie die der Prinzipal-Agenten-Theorie an ihre Grenzen.[513]

4.5 Konzepte einer Konvergenz im Rechnungswesen

Insbesondere zu Beginn der Konvergenzdiskussion wurde die Konvergenz von internem und externem Rechnungswesen oftmals als Abschaffung der Kostenrechnung oder als der „Versuch einer ´feindlichen Übernahme´ durch das externe Rechnungswesen"[514] aufgefasst. Mittlerweile wird - zumindest von Vertretern der Theorie – in der Regel konstatiert, dass „die Reduktion der Diskussion über die Vereinheitlichung des Rechnungswesens auf den Aspekt der Vereinheitlichung von internem und externem Rechnungswesen im Grunde zu wenig differenzierend und einengend ist."[515] Diese Aussage ist so zu verstehen, dass ein weitgehender Konsens dahingehend besteht, dass nicht das gesamte betriebliche Rechnungswesen vereinheitlicht werden sollte, sondern lediglich Teilbereiche von internem und externem Rechnungswesen einander anzunähern sind. Ein „Einheitsrechnungswesen" wird dagegen als verfehlte Zielsetzung und Irrweg kritisiert.[516]

Aus empirischen Studien wird jedoch deutlich, dass zahlreiche Vertreter der Unternehmenspraxis in diesem Punkt offenbar eine andere Sichtweise auf eine Konvergenz des Rechnungswesens haben: Sie streben eine möglichst vollständige Konvergenz des Rechnungswesens an und halten diese auch für möglich.[517] Bevor in Kapitel 5.1 auf mögliche Gründe für diese unterschiedlichen Vorstellungen von Theorie und Praxis eingegangen wird, soll im Folgenden zunächst ein Überblick über die wichtigsten in der Theorie vorgeschlagenen Konzepte für eine Konvergenz gegeben werden. Dabei wird zunächst eine verbreitete Klassifikation zur

---

513 Vgl. zu den Auswirkungen einer Berücksichtigung der Verständlichkeit des betrieblichen Rechnungswesens auf die Gestaltung desselben auch die entsprechenden Ausführungen in Abschnitt 5.2.2.

514 Hoke (2001), S. 1.

515 Küting/Lorson (1998d), S. 485, ähnlich bei Dirrigl (1998), S. 543.

516 Vgl. Himmel (2004), S. 30; Küting/Lorson (1999a), S. 47; Küting/Lorson (1998d), S. 493 ; Melcher (2002), S. 13 ; Schweitzer/Ziolkowski (1999), S. 151.

517 So bevorzugten 80% der in der empirischen Untersuchung von *Haring/Prantner* antwortenden Unternehmensvertreter eine möglichst vollständige Konvergenz von internem und externem Rechnungswesen (vgl. Haring/Prantner (2005), S. 15). Dass zahlreiche Vertreter der Unternehmenspraxis eine vollständige Konvergenz von internem und externem Rechnungswesen für möglich halten, bestätigt die Untersuchung von *Horváth/Arnaout* (vgl. Horváth/Arnaout (1997), S. 261).

Einordnung verschiedener Strategien für eine Anpassung von internem und externem Rechnungswesen vorgestellt. Danach wird auf Möglichkeiten für eine graduelle Annäherung von internem und externem Rechnungswesen eingegangen. Abschließend wird das in der Konvergenzdiskussion überwiegend favorisierte Modell einer partiellen Konvergenz für den Bereich der Konzernsteuerung näher dargestellt.

4.5.1 Strategien für eine Anpassung von internem und externem Rechnungswesen

Für eine differenzierte Betrachtung der Konvergenz im Rechnungswesen unterscheiden *Küting/Lorson* verschiedene „Anpassungsstrategien“, die sich hinsichtlich des **Umfangs** der einzubeziehenden Bereiche des Rechnungswesens (ausgewählte Bereiche bis hin zu allen Bereichen), des **Grades** der Anpassung (vollständig bis teilweise) und der **Richtung** der Anpassung (einseitig bis zweiseitig) unterscheiden.[518] Dieses Schema für mögliche Anpassungsstrategien wird in verschiedenen Beiträgen zur Konvergenzdiskussion aufgenommen.[519]

Hinsichtlich des **Umfangs** der in die Konvergenzbestrebungen einzubeziehenden Bereiche des Rechnungswesens wird in der Konvergenzdiskussion zumeist eine Annäherung von Teilbereichen des Rechnungswesens befürwortet.[520] Hierfür wird ein Konvergenzbereich festgelegt, der in der Regel die laufende Kostenrechnung und die Ebene der Konzernbilanzierung (HB II) einschließt.[521] Zum Teil wird auch die Finanzrechnung mit in den Konvergenzbereich einbezogen.[522] Eine Integration dieser Rechnungen soll dabei insbesondere auf Konzernebene stattfinden, wo anstelle der laufenden Kostenrechnung das externe Rechnungswesen der HB-II-Ebene für Zwecke der Steuerung und Kontrolle dezentraler Einheiten - sprich als Grundlage der Konzernsteuerung - eingesetzt werden soll.[523] Ansonsten herrscht im Schrifttum ein weitgehender Konsens, dass die Ebene der Einzelabschlüsse (HB I) vor allem auf-

[518] Vgl. Küting/Lorson (1998d), S. 487ff.

[519] Vgl. beispielsweise Kammer (2005), S. 129ff.; Klein (1999b), S. 18ff.; Hebeler (2003), S. 277ff.; Hoke (2001), S. 26ff.; Melcher (2002), S. 79ff.

[520] Vgl. beispielsweise Himmel (2004), S. 33ff; Hoke (2001), S. 27ff.; Kammer (2005), S. 7ff.; Klein (1999b), S. 19ff.; Melcher (2002), S. 69ff.

[521] Vgl. beispielsweise Hebeler (2003), S. 84ff., 278f.; Hoke (2001), S. 31ff.; Kammer (2005), S. 7ff.; Klein (1999b), S. 20; Melcher (2002), S. 69ff.

[522] Vgl. beispielsweise Hoke (2001), S. 31ff.

[523] Vgl. ebd., S. 3, 93ff.; Klein (1999b), S. 1ff., 12f., 20ff. sowie nach verschiedenen Formen der Organisation von Konzernen (zentral vs. dezentral) differenziert Kammer (2005), S. 33ff.; Weißenberger (2003a), S. 206ff.

grund von steuerrechtlichen Verzerrungen für Konvergenzbestrebungen ungeeignet ist.[524] Ebenso wird durchgängig die Notwendigkeit einer eigenständigen Investitionsrechnung beziehungsweise von fallweise durchgeführten Kostenrechnungen zur Fundierung von Entscheidungen insbesondere auf der operativen Ebene herausgestellt.[525]

Der **Grad** der Anpassung bestimmt, in welchem Ausmaß die in den Konvergenzbereich einbezogenen Rechnungen aneinander angeglichen werden sollen, d.h., ob eine vollständige oder lediglich eine partielle Übereinstimmung erreicht werden soll. Möglichkeiten einer graduellen Anpassung werden im nachfolgenden Abschnitt 4.5.2 dargestellt. Die Möglichkeiten einer graduellen Anpassung werden in der Konvergenzdiskussion jedoch oftmals kaum oder wenig differenziert untersucht, da in vielen Fällen lediglich die Möglichkeit einer „Radikallösung" in Form eines Verzichts auf eine eigenständige Kostenrechnung (zumindest für den fast ausschließlich detailliert analysierten Bereich der Konzernsteuerung) geprüft wird.[526]

Die **Richtung** der Anpassung gibt an, ob die anzugleichenden Rechnungen einander gegenseitig angepasst werden oder ob lediglich eine einseitige Anpassung von Rechnungen des internen an das externe Rechnungswesen oder umgekehrt erfolgen sollte. Da dass interne Rechnungswesen im Gegensatz zum externen als weitgehend frei gestaltbar angesehen wird, wird im Wesentlichen eine einseitige Annäherung des internen an das externe Rechnungswesen vorgeschlagen.[527]

In vielen Beiträgen münden diese Überlegungen zu den möglichen Anpassungsstrategien zur Erreichung einer Konvergenz im Rechnungswesen in einer eingehenden Prüfung des Verzichts auf eine eigenständige kalkulatorische Kostenrechnung für Zwecke der Konzernsteuerung und damit in der Analyse des in Abschnitt 4.6 vorgestellten Modells einer partiellen Konvergenz.[528] Im Folgenden Abschnitt wird jedoch zunächst auf die Möglichkeiten für eine graduelle Annäherung von internem und externem Rechnungswesen eingegangen.

---

524 Vgl. beispielsweise Hebeler (2003), S. 278; Hoke (2001), S. 17ff.; Klein (1999b), S. 22; Melcher (2002), S. 57, 70f.

525 Vgl. beispielsweise Hoke (2001), S. 17ff.; Klein (1999b), S. 20ff.; Küting/Lorson (1998d), S. 490; Melcher (2002), S. 72f..

526 Vgl. Himmel (2004), S. 33f.; Klein (1999b), S. 6f., 12f.; Melcher (2002), S. 70ff.; Siefke (1999), S. 12.

527 Vgl. beispielsweise Hoke (2001), S. 33; Klein (1999b), S. 23ff.; Melcher (2002), S. 81.

528 Vgl. Himmel (2004), S. 33f.; Klein (1999b), S. 6f., 12f.; Melcher (2002), S. 70ff.; Siefke (1999), S. 12.

4.5.2 Graduelle Annäherung von internem und externem Rechnungswesen

In den Beiträgen zur Konvergenzdiskussion werden verschiedene Möglichkeiten für eine graduelle Annäherung von internem und externem Rechnungswesen diskutiert. Eine solche Annäherung kann insbesondere durch zwei Maßnahmen erreicht werden: Erstens durch eine Abschaffung oder Verringerung der kalkulatorischen Kosten und zweitens durch eine verbesserte Abstimmung von Kostenrechnung und externem Rechnungswesen.

Der Ansatz kalkulatorischer Kosten an Stelle von pagatorischen Kosten wird in der Konvergenzdiskussion aus zwei Gründen bemängelt: Zum einen wird kritisiert, dass durch den Ansatz kalkulatorischer Kosten oftmals lediglich Gewinnbestandteile in kalkulatorische Kosten umdefiniert werden.[529] Dies wird unter anderem auf die traditionelle Rolle der Kostenrechnung als Instrument zur Rechtfertigung von Verkaufspreisen gegenüber den Kunden und auf ein Nachwirken der staatlichen Einflussnahme auf die Ausgestaltung der Kostenrechnung im Nationalsozialismus zurückgeführt.[530] Anstelle eines solchen Umdefinierens könnten die vormals kalkulatorischen Kosten als separate Gewinnbestandteile respektive als Soll-Gewinne erfasst werden.[531] Zum anderen wird der Ansatz kalkulatorischer Kosten auch auf Grundlage konzeptioneller Gründe bemängelt, auf die im nachfolgenden Abschnitt 4.6 noch näher eingegangen wird.

Als zweite Maßnahme soll eine verbesserte Abstimmung von Kostenrechnung und externem Rechnungswesen in Form einer abgestimmten Erfolgsspaltung zu einer Annäherung von internem und externem Rechnungswesen beitragen.[532] Die Erfolgsspaltung bezeichnet die Aufteilung von Erfolgen in einzelne Erfolgskomponenten. Die Abstimmung der Erfolgsspaltung von internem und externem Rechnungswesen beziehungsweise von Kostenrechnung und Gewinn- und Verlustrechnung (GuV) soll zum Ausweis von übereinstimmenden oder durch wenige Positionen ineinander überzuleitende Erfolgskomponenten (in Form von Ergebnisstufen beziehungsweise Deckungsbeiträgen) in diesen beiden Rechnungen führen.[533] Damit würden die oftmals langen und erklärungsbedürftigen Überleitungsrechnungen zwischen Kosten-

[529] Vgl. Männel (1999a), S. 17f.; Männel (1999b), S. 13.
[530] Vgl. Männel (1999b), S. 15; Schneider (1991), S. 765.
[531] Vgl. Männel (1999a), S. 18.
[532] Vgl. Melcher (2002), S.131ff.; Ziegler (1994), S.177ff.
[533] Vgl. Melcher (2002), S. 144ff.; Stahl (1999), S. 36; Weißenberger (2003a), S. 175ff.

und Bilanzrechnung verkürzt und die Abstimmung der beiden Rechnungen sowie die Durchführung von Abweichungsanalysen erleichtert beziehungsweise ermöglicht.[534]

Bei einer Rechnungslegung nach deutschem Handelsrecht ist die Gliederung der GuV durch § 275 HGB weitgehend festgelegt. Bei einer Abstimmung der Kostenrechnung mit der HGB-Rechnungslegung sind daher das „Ergebnis der gewöhnlichen Geschäftstätigkeit" und gegebenenfalls das Betriebs- sowie das Finanzergebnis[535] mit den in der Kostenrechnung ermittelten Erfolgsgrößen abstimmbar zu machen. Darüber hinaus ist zumindest für interne Zwecke die Verwendung einer an der Gliederung des HGB angelehnten Ergebnisrechnung, die um zusätzliche Ergebnisstufen ergänzt wird, möglich und auch durchaus üblich.[536] Bei einer Rechnungslegung nach IFRS ist die Gliederung der GuV dagegen flexibler handhabbar. Eine dem handelsrechtlichen „Ergebnis der gewöhnlichen Geschäftstätigkeit" vergleichbare Größe muss dabei nicht zwingend ausgewiesen werden. Es ist jedoch gängige Praxis der IFRS-Rechnungslegung, die Gliederung der GuV um zusätzliche Ergebnisstufen, so genannte „Pro-Forma-Ergebnisse", die unternehmensspezifisch festgelegt werden können, zu ergänzen. Hier ist der Ausweis eines (im Einzelfall jedoch oft unterschiedlich abgegrenzten) „earnings before interest and taxes" (EBIT) verbreitet.[537] Entsprechend gilt es dann, diese in der GuV aufgeführten „Pro-Forma-Ergebnisse" mit den Ergebnisstufen der Kostenrechnung abzustimmen.

Als weiterer Aspekt der Annäherung der Erfolgsspaltung von internem und externem Rechnungswesen kann auch die übereinstimmende Festlegung von den in der externen Rechnungslegung berichteten Segmenten mit den im internen Rechnungswesen festgelegten Geschäftsbereichen gesehen werden.[538] Bei einer Rechnungslegung nach IFRS oder US-GAAP ist durch die in diesem Punkte im Rahmen des Management Approach vorgeschriebene Kopplung von internem und externem Rechnungswesen eine übereinstimmende Festlegung der intern und extern berichteten Segmente jedoch ohnehin die Regel.[539]

534 Vgl. Männel (1999b), S. 20f.

535 Die Untergliederung des „Ergebnis der gewöhnlichen Geschäftstätigkeit" in Betriebs- und Finanzergebnis erfolgt im Handelsrecht lediglich implizit durch die vorgeschriebene Reihenfolge der GuV-Positionen (vgl. Coenenberg (2005), S. 487ff.).

536 Vgl. beispielsweise Ziegler (1994), S. 177ff.

537 Vgl. Coenenberg (2005), S. 966ff.; Fischer/Rödl (2005), S. 26.

538 Vgl. Melcher (2002), S. 149ff.

539 Vgl. Langguth/Engelmann (2005), S. 626f. In der Unternehmenspraxis wird zudem versucht, eine weitere Konvergenz und Vereinfachung des Rechnungswesens durch die Vermeidung von nicht segmentreinen Gesellschaften, so genannten „Zebragesellschaften", zu erreichen (vgl. Schaier (2004), S. 307).

4.6 Modell einer partiellen Konvergenz für Zwecke der Konzernsteuerung

Auf Basis der in Abschnitt 4.5.1 dargestellten Überlegungen zu den unterschiedlichen Anpassungsstrategien für eine konvergente Gestaltung des betrieblichen Rechnungswesens wird der mögliche Einsatzbereich für ein konvergentes Rechnungswesen zumeist auf den Bereich der Konzernsteuerung eingeschränkt.[540] Hier soll das externe Rechnungswesen als Grundlage für die Steuerung dezentraler organisatorischer Einheiten (Geschäftsbereiche) dienen, wodurch ein eigenständiges internes Rechnungswesen auf Konzernebene eingespart werden soll. Ob und inwieweit ein konvergentes Rechnungswesen eine geeignete Grundlage für die Konzernsteuerung darstellt, ist die zentrale Fragestellung diverser Beiträge zur Konvergenzdiskussion. Die Beantwortung dieser Frage erfolgt dabei zum Teil mittels eines Vergleichs der Eignung einer eigenständigen Kostenrechnung „klassischer" Prägung mit einer auf dem externen Rechnungswesen basierenden Steuerungsrechnung.[541]

Als Basis für derartige Eignungs- und Vorteilhaftigkeitsbetrachtungen werden in der Regel verschiedene Anforderungen formuliert, die von Steuerungsrechnungen möglichst erfüllt werden sollen. Die verschiedenen im Schrifttum zu findenden und in den Analysen der Konvergenzdiskussion verwendeten Kataloge mit Anforderungen an Steuerungsrechnungen sind zwar hinsichtlich der in ihnen verwendeten Begriffe unterschiedlich, hinsichtlich ihrer Inhalte sind die Anforderungskataloge jedoch weitgehend deckungsgleich.[542]

Als theoretische Basis für die Ableitung der Anforderungskriterien wird insbesondere die normative Prinzipal-Agenten-Theorie herangezogen.[543] Aus dem Grundmodell der normativen Prinzipal-Agenten-Theorie kann neben den Anforderungen der Anreizverträglichkeit und der Verifizierbarkeit des Erfolgsmaßes auch die Anforderung der Wirtschaftlichkeit abgeleitet werden.[544] Zudem findet zum Teil eine Ergänzung um weitere Anforderungen an Steuerungsrechnungen statt, deren Grundlage eher im verhaltenstheoretischen Bereich angesiedelt ist.[545]

---

[540] Vgl. Fn. 523.

[541] Vgl. Fn. 36

[542] Vgl. die entsprechende Übersicht bei Hebeler (2003), S. 117.

[543] So bei Klein (1999b), S. 66ff.; Hoke (2001), S. 104ff.; Hebeler (2003), S. 119f.; Schulte-Nölke (2001), S. 42ff.; Siefke (1999), S. 44ff.; Weißenberger (2003a), S. 59ff.

[544] Bei *Weißenberger* findet sich zusätzlich das Prinzip der relativen Erfolgsmessung (vgl. Weißenberger (2003a), S. 77ff.).

[545] Vgl. ebd., S. 58. Dabei handelt es sich insbesondere um die Anforderungen der Kommunikationsfähigkeit, Transparenz und Gerechtigkeit. Für die Begründung und den Inhalt dieser Anforderungen wird jedoch im Allgemeinen nicht explizit auf verhaltenstheoretische Erkenntnisse zurückgegriffen.

Hier werden regelmäßig die Anforderungen der Kommunikationsfähigkeit beziehungsweise der Verständlichkeit[546] des Erfolgsmaßes angeführt.

Die vorstehend dargestellten Überlegungen zu den Grundlagen, Auslösern und Konzepten einer Konvergenz im Rechnungswesen bilden den Ausgangspunkt für die nachfolgend dargestellte Analyse des Modells einer partiellen Konvergenz im Rechnungswesen für Zwecke der Konzernsteuerung, indem sie der Identifikation des Analysegegenstands dienen. Hinter der Auswahl der Konzernsteuerung als Aufgabengebiet eines konvergenten Rechnungswesens steht dabei die Überzeugung, dass die Informationen einer kalkulatorischen Kostenrechnung insbesondere auf der Ebene der operativen Geschäftseinheiten zur Fundierung von Entscheidungen, sprich für den Rechnungszweck der Planung, unabdingbar sind. Darüber hinaus wird davon ausgegangen, dass auf Konzernebene die Autonomie der organisatorischen Einheiten, zumindest bei einer Organisation in Form einer Finanz- oder Management-Holding, so groß ist, dass die Manager der einzelnen Unternehmensbereiche lediglich zu einem zielkonformen Verhalten motiviert werden müssen, die Entscheidungen, wie sie die ihnen gesetzten Ziele erreichen, aber weitgehend (oder sogar vollständig) autonom treffen.[547] Damit kann dem Grundsatz „Der Rechnungszweck bestimmt den Rechnungsinhalt." gefolgt werden, da die Eignung des konvergenten Rechnungswesens lediglich für den Rechnungszweck der Steuerung beziehungsweise Verhaltensbeeinflussung, nicht aber für den Rechnungszweck der Planung betrachtet wird. Zudem kann auf Konzernebene auf die Datenbasis der HB-II-Ebene und damit oftmals auf die Daten einer Rechnungslegung nach internationalen Rechnungslegungsstandards zurückgegriffen werden, die allgemein als für interne Zwecke besser geeignet angesehen wird.[548]

Im Folgenden wird der Argumentationsgang der in der Konvergenzdiskussion regelmäßig vorzufindenden Eignungs- und Vorteilhaftigkeitsbetrachtungen von Steuerungsrechnungen für die Ebene der Konzernsteuerung anhand des Vergleichs einer auf dem externen Rechnungswesen basierenden Steuerungsrechnung mit einer kalkulatorischen Kostenrechnung exemplarisch nachvollzogen und kritisch kommentiert. Hierfür wird zunächst das Grundmodell der normativen Prinzipal-Agenten-Theorie dargestellt. Anschließend wird auf die aus

546 So z.B. bei Hebeler (2003), S. 3, 116ff.; Himmel (2004), S. 26; Hoke (2001), S. 18; Kammer (2005), S. 89f.; Küpper (1998), S. 156; Melcher (2002), S. 40; Schulte-Nölke (2001), S. 79f. und Siefke (1999), S. 62, 227.

547 Vgl. beispielsweise Siefke (1999), S. 34ff.

548 Vgl. beispielsweise Haller (1997b), S. 271; Küting/Lorson (1998d), S 490.

diesem Modell abgeleiteten Anforderungskriterien der **Anreizverträglichkeit** und der **Verifizierbarkeit** näher eingegangen. Schließlich werden die aus dieser Analyse abgeleiteten Gestaltungsempfehlungen diskutiert.

Das Grundmodell der normativen Prinzipal-Agenten-Theorie betrachtet eine hierarchische Delegationsbeziehung, in welcher ein Mitarbeiter als Agent im Auftrag eines Prinzipals, seines Vorgesetzten, eine Aufgabe durchführen soll, mit der der Agent die Interessen und Ziele des Prinzipals unterstützt.[549] Die normative Prinzipal-Agenten Theorie untersucht, wie ein Vertrag zwischen Prinzipal und Agent, der die adäquate Aufgabenerfüllung durch den Agenten sicherstellt, aus Sicht des Prinzipals möglichst effizient zu gestalten ist. Die zeitliche Abfolge des Modells sieht dabei vor, dass der Prinzipal zunächst einen Vertrag gestaltet, der dem Agenten eine Entlohnung für die Durchführung der Aufgabe offeriert. Daraufhin entscheidet der Agent auf Basis seiner Nutzenfunktion über Annahme oder Ablehnung des Vertrages. Aus Vereinfachungsgründen wird unterstellt, dass der Nutzen des Agenten neben seinem Arbeitsleid lediglich von monetären Anreizen bestimmt wird.[550] Bei Vertragsannahme wählt der Agent anschließend eine Aktion aus, durch welche er die vertraglich vereinbarte Aufgabe erfüllt und durch die seine Arbeitsanstrengung festgelegt wird. Neben der Arbeitsanstrengung des Agenten können auch exogene Zufallseinflüsse den Erfolg der Aufgabenerfüllung beeinflussen. Dem Prinzipal fließt abschließend der Erfolg aus der Aufgabenerfüllung durch den Agenten abzüglich der für den Agenten vereinbarten Entlohnung zu. Zudem wird angenommen, dass die Akteure bestrebt sind, ihren eigenen Nutzen zu maximieren und bei der Verfolgung dieses Ziels unbeschränkt rational handeln.

Darüber hinaus liegen Informationsasymmetrien zu Lasten des Prinzipals vor. Diese werden nach ihrem zeitlichen Auftreten in drei Klassen untergliedert: Erstens Informationsasymmetrien zu Lasten des Prinzipals, die vor Vertragsangebot vorliegen (hidden characteristics). Diese betreffen beispielsweise die Eigenschaften des Agenten, wie dessen Qualifikation oder die Höhe der persönlichen Kosten, die dem Agenten bei seinem Arbeitseinsatz entstehen. Zweitens Wissensvorsprünge, die der Agent nach Vertragsabschluss aber vor der Wahl seiner Aktion erhält (hidden information). Diese betreffen beispielsweise die Produktionsumgebung

549 Eine ausführlichere Darstellung des Modells der normativen Prinzipal-Agenten-Theorie und des Kriteriums der Anreizkompatibilität von Erfolgsmaßen findet sich bei Weißenberger (2003a), S. 47ff.

550 Andere Interessen des Agenten, wie beispielsweise mögliche Ressourcenpräferenzen, werden damit außer Acht gelassen.

oder exogene Zufallseinflüsse. Informationsasymmetrien in Form von hidden information haben zur Folge, dass der Prinzipal die Handlung des Agenten nicht anhand des Resultats der Aufgabenerfüllung abschließend beurteilen kann, da ihm der Einfluss bestimmter Parameter auf dieses Resultat unbekannt ist. Das dritte Informationsdefizit des Prinzipals bezieht sich auf die Aktion beziehungsweise die Arbeitsanstrengung des Agenten, die vom Prinzipal nicht unmittelbar beobachtet werden kann (hidden action).

Die Informationsdefizite des Prinzipals können vom Agenten zu seinem Vorteil und zu Lasten des Prinzipals ausgenutzt werden. Zum einen kann er die nur ihm bekannten hidden characteristics bereits im Rahmen der Vertragsverhandlungen zu seinem Vorteil nutzen. Für den hier betrachteten Bereich der Konzernsteuerung ist dies von untergeordneter Bedeutung, da von einer längerfristigen Zusammenarbeit von Prinzipal und Agenten ausgegangen werden kann. Das Problem der hidden characteristics tritt jedoch nur einmalig zu Beginn der Zusammenarbeit auf, da es sich auf unveränderliche Gegebenheiten bezieht. Die Probleme der hidden information und der hidden action können dagegen wiederholt auftreten und vom Agenten zu seinem Vorteil genutzt werden.[551] Seinen Informationsvorsprung kann der Agent dabei durch die Wahl einer aus seiner Sicht vorteilhaften, beispielsweise Arbeitsleid vermeidenden, aus Sicht des Prinzipals jedoch nachteiligen Aktion beziehungsweise Arbeitsanstrengung realisieren.[552]

Da der Arbeitseinsatz des Agenten für den Prinzipal nicht direkt beobachtbar ist, kann dieser den Agenten nicht lediglich im Falle einer adäquaten Aufgabenerfüllung entlohnen. Im Grundmodell der normativen Prinzipal-Agenten-Theorie besteht für den Prinzipal jedoch die Möglichkeit einer Einflussnahme auf die Aktionswahl beziehungsweise die Arbeitsanstrengung des Agenten, indem er dessen Entlohnung über eine Entlohnungsfunktion mit dem (beobachtbaren) Erfolg der Aufgabenerfüllung (als Bemessungsgrundlage) verknüpft.[553] Da-

---

[551] Die Vernachlässigung von hidden characteristics stellt eine weitere Annahme dar, deren Aufhebung das Ergebnis der Analyse beeinflussen kann. Wie *Pfaff* zeigt, ergibt sich bei gleichzeitigem Vorliegen von hidden characteristics und hidden action ein abweichendes Untersuchungsergebnis (vgl. Pfaff (1995), S. 121ff.).

[552] Vgl. Weißenberger (2003a), S. 51f.

[553] Dabei muss das Erfolgsmaß nicht unbedingt den Erfolg der Aufgabenerfüllung durch den Agenten optimal erfassen, sondern es muss vor allem geeignet sein, das gewünschte Verhalten des Agenten möglichst günstig zu motivieren (vgl. auch Fn. 556).

Besitzt der Agent eine stärkere Risikoaversion als der Prinzipal, sind hierbei unter anderem Kosten aus einer ineffizienten Risikoteilung zu beachten, da der Agent durch eine erfolgsabhängige, Zufallseinflüssen ausgesetzte Entlohnung ein Risiko trägt, für das er von der Zentrale, die dieses Risiko zu geringeren Kosten tragen könnte, entschädigt werden muss.

bei ist der Prinzipal bemüht, den Vertrag und damit die Entlohnung möglichst anreizkompatibel, d.h. so zu gestalten, dass der Prinzipal sein erwartetes Ergebnis maximiert, welches sich aus der Differenz von Aufgabenerfolg und Entlohnung des Agenten ergibt.

Die Diskussion, ob beziehungsweise inwieweit ein konvergentes Rechnungswesen für Zwecke der Konzernsteuerung geeignet ist, wird somit auf Basis des Kriteriums beurteilt, ob in einer als Prinzipal-Agenten-Beziehung modellierten Delegationsbeziehung zwischen Konzernzentrale und Geschäftsbereichsleitung ein aus dem externen Rechnungswesen abgeleitetes periodisches[554] Erfolgsmaß als Bemessungsgrundlage in einer Entlohnungsfunktion geeignet ist, d.h., ob beziehungsweise inwieweit ein solches Erfolgsmaß das Kriterium der Anreizkompatibilität erfüllt. Als Unternehmensziel und damit als Ziel des Prinzipals wird die Steigerung des Unternehmenswertes gesetzt.[555]

Ein wesentliches Kriterium, das aus dem Prinzipal-Agenten-Modell folgt, ist das der **Anreizverträglichkeit**, welches besagt, dass das für die Entlohnung des Bereichsleiters gewählte Erfolgsmaß im Einklang mit dem von der Konzernführung verfolgten Ziel der Unternehmenswertsteigerung stehen muss.[556] Eine solche Zielkongruenz ist bei einer direkten Verwen-

[554] Eine von der Messung des Totalerfolgs abweichende periodische Erfolgsmessung ist für Zwecke der Konzernsteuerung aufgrund der zeitlichen Struktur der Kooperation (Umstrukturierungen, Kündigungen, Neueinstellungen, usw.) erforderlich. Zum Erfordernis und zu den Problemen einer periodischen Erfolgsmessung vgl. Weißenberger (2003a), S. 100ff.

[555] Vgl. Hebeler (2003), S. 112f.; Himmel (2004), S. 8; Schulte-Nölke (2001), S. 18ff.; Siefke (1999), S. 23f.

Die Steigerung des Unternehmenswertes kann vor dem Hintergrund der zunehmenden Shareholder Value-Orientierung als adäquates Unternehmensziel angesehen werden. Es handelt sich hierbei aber dennoch um eine Annahme, die aus verschiedenen Gründen nicht unproblematisch ist:

Erstens legen die Erkenntnisse der empirischen Zielforschung nahe, dass die Steigerung des Unternehmenswertes in der Praxis nur eines unter mehreren der von Unternehmen verfolgten Ziele ist (vgl. Heinen (1976), S. 28ff.; Siefke (1999), S. 20ff.).

Zweitens können in der Sichtweise der Prinzipal-Agenten-Theorie weitere Prinzipal-Agenten-Beziehungen zwischen dem Konzernvorstand und den Anteilseignern des Unternehmens auf der einen Seite und untergeordneten hierarchischen Ebenen, beispielsweise zwischen der Geschäftsführung von Geschäftsbereichen und deren Untergebenen, auf der anderen Seite identifiziert werden. Die Setzung der Steigerung des Unternehmenswertes als einziges vom Konzernvorstand verfolgtes Ziel setzt die Lösung von Prinzipal-Agenten-Problemen auf der übergeordneten Ebene voraus und impliziert damit, dass diese Konflikte unabhängig von der betrachteten Ebene der Konzersteuerung bewältigt werden können. Ebenso können sich Prinzipal-Agenten-Beziehungen auf untergeordneten hierarchischen Ebenen auf die Ebene der Konzernsteuerung auswirken. Derartige Auswirkungen hierarchischer Anreizsysteme werden von *Riegler* aufgezeigt und analysiert (vgl. Riegler (2000)).

Des Weiteren zeigt *Bärtl* in einem Prinzipal-Agenten-Modell, dass unter bestimmten Voraussetzungen aus der Offenlegung von Informationen im externen Rechnungswesen negative Auswirkungen auf die Möglichkeiten einer internen Unternehmenssteuerung resultieren (vgl. Bärtl (2001), S. 159ff.).

[556] Präziser ist das von *Weißenberger* formulierte Verhaltenssteuerungsprinzip, das besagt, dass *„c.p. nicht der Informationsgehalt des Erfolgsmaßes bezogen auf den Output der Leistungserstellung von Bedeutung* [ist], *sondern die damit verbundene Möglichkeit, das Verhalten des Agenten im Sinne des Prinzipals zu beeinflus-*

dung des Kapitalwertes der zukünftigen mit dem Unternehmensbereich verbundenen Ein- und Auszahlungen als Erfolgsmaß unmittelbar gegeben, da dieser Wert der Definition des Unternehmenswertes entspricht. Dies gilt für die Steigerung des (Teil-)Unternehmenswertes von Geschäftsbereichen jedoch nur dann uneingeschränkt, wenn zwischen den Geschäftsbereichen keine Verbundbeziehungen bestehen.

Für pagatorische Rechnungen, bei denen das Kongruenzprinzip[557] erfüllt ist, lässt sich durch Rückgriff auf das Lücke-Theorem[558] für die Totalperiode ebenfalls eine rechnerische Kongruenz mit dem Ziel der Unternehmenswertsteigerung herleiten. Anstelle der Periodenerfolge sind hierfür Residualgewinne, also um kalkulatorische Zinsen auf das gebundene Eigenkapital korrigierte Periodenerfolge, zu verwenden.[559] Ein solcher Ansatz kalkulatorischer Zinsen entspricht dem Grundkonzept wertorientierter Kennzahlen. Erfolgsrechnungen in Form der „klassischen“ Kostenrechnung, die neben kalkulatorischen Zinsen weitere kalkulatorische

---

sen.“ (Weißenberger (2003a), S. 71, Hervorhebung im Original). An dieser Stelle wird jedoch lediglich eine vereinfachende Analyse durchgeführt, in deren Vordergrund das exemplarische Nachvollziehen des in der Konvergenzdiskussion häufig beschrittenen Argumentationsganges im Vordergrund steht.

Bei Risikoaversion des Agenten ist darüber hinaus auch der Informationsgehalt des Erfolgsmaßes bezogen auf die Aktionswahl von Bedeutung, was bei *Weißenberger* unter das Informationsprinzip gefasst wird (vgl. ebd., S. 74f.).

Zum Verhältnis von Anreizverträglichkeit, sachlicher Entscheidungsverbundenheit und dem Grundsatz der Controllability vgl. die Diskussion bei Siefke (1999), S. 60; Wagenhofer (1999), S. 188ff. und Weißenberger (2003a), S. 71ff.

557 Das Kongruenzprinzip ist erfüllt, wenn die Summe der Einzahlungsüberschüsse über die Totalperiode der Summe der Gewinne entspricht (vgl. Ewert/Wagenhofer (2005), S. 68).

558 Das Lücke-Theorem besagt, dass bei Geltung des Kongruenzprinzips der Kapitalwert der Residualgewinne (um kalkulatorische Zinsen auf das gebundene Kapital bereinigte Periodenüberschüsse) gleich dem auf Basis von Zahlungsüberschüssen ermittelten Kapitalwert ist (vgl. ebd., S. 68f.).

559 Die Anreizverträglichkeit ist jedoch nur dann sichergestellt, wenn Prinzipal und Agent identische Zeitpräferenzen besitzen, d.h., wenn der Agent beispielsweise nicht „ungeduldiger“ ist als der Prinzipal oder der Agent vor dem Eintritt der aus seinen Handlungen resultierenden Konsequenzen die Position wechselt oder aus dem Unternehmen ausscheidet (vgl. Weißenberger (2003a), S. 262ff.). Zeitpräferenzen des Agenten werden bei *Weißenberger* separat unter dem Prinzip der zeitlichen Entscheidungsverbundenheit behandelt (vgl. ebd., S. 82f.).

Auch bei identischen Zeitpräferenzen ist die Zielkongruenz von Residualgewinnen mit dem Ziel der Steigerung des Unternehmenswertes lediglich für die Totalperiode gegeben. Dies hängt damit zusammen, dass die in den einzelnen Perioden ausgewiesenen Residualgewinne nicht direkt mit einer Wertsteigerung respektive Wertminderung korrespondieren, da sie die zukünftig zu erwartenden Residualgewinne nicht berücksichtigen (vgl. Ewert/Wagenhofer (2005), S. 543ff.; Weißenberger (2003a), S. 261f.). Durch die Verwendung von Residualgewinnen werden vielmehr lediglich die Effekte der Periodisierung von Zahlungen ausgeglichen. Die Grundlage der Periodisierung und die angewendeten Abschreibungsverfahren sind dabei irrelevant. Im Extremfall könnte beispielsweise auch auf jegliche Periodisierung verzichtet werden. Hieraus folgt, dass in dieser Sichtweise das Kriterium der Anreizverträglichkeit von Zahlungsüberschüssen ebenso erfüllt wird, wie von Residualgewinnen.

Elemente in Form nicht zahlungsgleicher Kosten,[560] wie beispielsweise Wagniskosten[561] oder kalkulatorische Abschreibungen „über Null", beinhalten, verletzen dagegen das Kongruenzprinzip. Damit besteht in dem hier betrachteten Prinzipal-Agenten-Modell für die Periodenerfolge einer kalkulatorischen Kostenrechnung keine rechnerische Zielkongruenz mehr mit dem Ziel der Unternehmenswertsteigerung. Das Kriterium der Anreizverträglichkeit wird unter den getroffenen Annahmen[562] von einer „klassischen" Kostenrechnung damit schlechter erfüllt als von der im externen Rechnungswesen verwendeten pagatorischen Rechnung.

Aus dem Grundmodell der Prinzipal-Agenten-Theorie kann neben der Anreizverträglichkeit auch die Anforderung der **Verifizierbarkeit** des Erfolgsmaßes[563] abgeleitet werden. Da die Akteure opportunistisch handeln, werden nur intersubjektiv überprüfbare Größen als Vertragsgrundlage akzeptiert. Auch in Bezug auf die Verifizierbarkeit werden der Kostenrechnung Nachteile gegenüber der externen Rechnungslegung vorgeworfen. So können die Größen der externen Rechnungslegung bei Einhaltung des Kongruenzprinzips vom Grundsatz her auf leicht verifizierbare Zahlungsströme zurückgeführt werden.[564] Manipulationsmöglichkeiten ergeben sich aber auch hier bei der Periodisierung der Zahlungsströme. Die aus der Periodisierung resultierenden Effekte werden durch den Ansatz von kalkulatorischen Zinsen auf das Eigenkapital allerdings bei Betrachtung der Totalperiode im Zeitablauf kompensiert. Für den Ansatz kalkulatorischer Kosten werden im Vergleich weitaus größere Manipulationsspielräume konstatiert. Hierfür werden vor allem zwei Arten von Ursachen angeführt: Erstens Ursachen, die aus dem Vorgehen bei der Kostenplanung resultieren und zweitens Ursachen, die in der Natur und dem Zweck kalkulatorischer Kosten begründet liegen.

Das Vorgehen bei der Kostenplanung im Modell der „klassischen" Kostenrechnung eröffnet Manipulationsspielräume auf Seiten des Agenten, weil wesentliche Teile der Kostenplanung

---

[560] Vgl. Schweitzer/Ziolkowski (1999), S. 14ff. für eine Übersicht und Erläuterung verschiedener kalkulatorischer Kostenarten.

[561] Genau genommen verletzten Wagniskosten das Kongruenzprinzip nur dann, wenn bei ihrem Ansatz aufgrund von Prognosefehlern im Zeitablauf wertmäßige Differenzen zum tatsächlichen Aufwand entstehen.

[562] Diese umfassen zusätzlich zu den Annahmen der Prinzipal-Agenten-Theorie und der Prämissen der Kapitalwertmethode die Setzung der Steigerung des Unternehmenswertes als einziges Unternehmensziel, die Ausblendung der Probleme von hidden characteristics, die Annahmen zur Nutzenfunktion des Agenten, die mögliche Ressourcenpräferenzen außer Acht lässt, die Ausblendung des Erfordernisses einer sachlichen Koordination zwischen den Geschäftsbereichen und identische Zeitpräferenzen von Agent und Prinzipal.

[563] Aufgrund des engen Zusammenhangs wird hier unter das Kriterium Verifizierbarkeit auch das der Manipulationsfreiheit gefasst.

[564] Vgl. Küpper (1995b), S. 41.

dezentral auf der Ebene der Kostenstellen erfolgen. Darüber hinaus eröffnen sich Manipulationsspielräume bei der Kostenschätzung, beispielsweise bei der Prognose von Wiederbeschaffungspreisen oder bei der Separierung fixer und variabler Kostenbestandteile.[565] Einer Ausnutzung derartiger Manipulationsspielräume kann jedoch prinzipiell durch interne Vorschriften und Kontrollen, eine Anbindung der Kostenbestimmung an empirische Daten und durch Zentralisierung der Kostenplanung entgegengewirkt werden, wobei davon auszugehen ist, dass solche Maßnahmen zusätzlichen Aufwand verursachen.

Die zweite Ursache für Manipulationsspielräume kann auf die Natur und den Zweck kalkulatorischer Kosten zurückgeführt werden. So resultieren kalkulatorische Kosten aus dem vereinfachenden Charakter der Kostenrechnung. Anders als die Investitionsrechnung dient die Kostenrechnung primär der Bewältigung kurzfristiger Entscheidungs- und Steuerungsprobleme; Wechselwirkungen mit der langfristigen Unternehmensplanung werden in ihr nicht unmittelbar berücksichtigt.[566] Durch diese Zerschneidung des Gesamtproblems der Unternehmensplanung entsteht in der Kostenrechnung ein Bedarf an kalkulatorischen Zusatzkosten, durch die Interdependenzen mit der Gesamtplanung in Form von Opportunitätskosten berücksichtigt werden können.[567] Opportunitätskosten lassen sich aber nur dann exakt bestimmen, wenn sämtliche Verwendungsmöglichkeiten der Einsatzgüter simultan berücksichtigt werden. Dies entspräche jedoch einem Totalmodell für die Unternehmensplanung, welches ja gerade durch die Kostenrechnung vermieden werden soll. Eine exakte Bestimmung von Opportunitätskosten ist somit nur in dem Fall möglich, in dem diese nicht mehr benötigt werden. Dieser Tatbestand wird auch als Dilemma des wertmäßigen Kostenbegriffes bezeichnet.[568] Opportunitätskosten können somit lediglich näherungsweise ermittelt und nicht exakt überprüft werden. In der Unternehmenspraxis ist ihre Bestimmung daher nicht ohne Ermessen möglich.[569]

---

565 Vgl. ebd., S. 24ff.

566 Vgl. Schildbach (1995), S. 14f.

567 Vgl. ebd., S. 4.

568 Vgl. Hummel/Männel (1986), S. 71f.

569 Vgl. Pfaff (1994), S. 1073.

Diese Kritik an der kalkulatorischen Kostenrechnung wird in den bereits seit längerem angestellten Überlegungen zur investitionstheoretischen Fundierung der Kostenrechnung aufgegriffen (zur investitionstheoretischen Fundierung der Kostenrechnung vgl. Kloock (1981) und Küpper (1985)). Dabei wird der Versuch unternommen, „die einperiodige kalkulatorische Planerfolgsrechnung als eine spezielle Version der mehrperiodigen Zahlungsrechnung zu interpretieren und somit begrifflich in die Kapitalwertrechnung zu integrieren" (Koch (1999), S. 197). Hierfür werden die „kalkulatorischen Abschreibungen und kalkulatorischen Zinsen in reale Zahlungen umgedeutet" (ebd., S. 199).

Neben der besseren theoretischen Fundierung einer derartigen Kostenrechnung verspricht man sich durch die Integration von Investitions- und Kostenrechnung die Erreichung einer höheren Konsistenz der Unterneh-

Auf der Grundlage des Modells der normativen Prinzipal-Agenten-Theorie können damit Gründe für eine Verwendung des externen Rechnungswesens als Grundlage der Konzernsteuerung hergeleitet werden. Im Rahmen des oben dargestellten Grundmodells werden (bei Akzeptanz der Modell-Annahmen) sowohl das Anforderungskriterium der Anreizverträglichkeit als auch das der Verifizierbarkeit beziehungsweise Manipulationsfreiheit vom externen Rechnungswesen tendenziell besser erfüllt als von einer kalkulatorischen Kostenrechnung. Da darüber hinaus die kalkulatorische Kostenrechnung als freiwilliges und damit prinzipiell einsparbares Element des Rechnungswesens angesehen wird, liegt die Schlussfolgerung nahe, zumindest auf Konzernebene auf eine eigenständige kalkulatorische Kostenrechnung zu verzichten.

Da die Betrachtung im Modell der normativen Prinzipal-Agenten-Theorie stark vereinfachend ist, lassen sich aus ihr lediglich Tendenzaussagen für die Gestaltung von Anreizsystemen gewinnen.[570] Diese Aussagen ändern sich jedoch grundlegend, sobald die restriktiven Annahmen des oben betrachteten Grundmodells verändert werden. Sollen beispielsweise über die Steuerungsrechnung auch Probleme der sachlichen Koordination, die aus Verbundbeziehungen zwischen Geschäftsbereichen resultieren, gelöst werden, so kann dies durch den Ansatz kalkulatorischer Kosten geschehen. Darüber hinaus sollte eine optimale Gestaltung von Anreizsystemen auch in Abhängigkeit von den Spezifika der jeweiligen Delegationssituation erfolgen. Diese Spezifika können beispielsweise in den im Grundmodell außer Acht gelassenen Ressourcen- oder Zeitpräferenzen des Agenten bestehen.[571] Auch bei einer Berücksichtigung dieser Abwandlungen kann die Vorteilhaftigkeit eines Ansatzes kalkulatorischer Kosten gezeigt werden.[572]

---

menspolitik, indem ein Nebeneinander von unterschiedlichen aus verschiedenen Rechnungssystemen stammenden Zielgrößen vermieden wird. Da auch im Ansatz einer investitionstheoretischen Fundierung der Kostenrechnung die Integration und Vereinheitlichung von Rechnungssystemen im Mittelpunkt der Überlegungen steht, ist es wenig verwunderlich, dass dieser Ansatz in der Diskussion um eine Konvergenz von internem und externem Rechnungswesen aufgegriffen wird (vgl. beispielsweise explizit die Argumentation von Küpper (1995b) und implizit die bei Himmel (2004), S. 36f.). Dem Ansatz der investitionstheoretischen Fundierung der Kostenrechnung und dem hier dargestellten Modell einer partiellen Konvergenz des Rechnungswesens ist dabei die Kritik am wertmäßigen Kostenbegriff und die Forderung nach einer stärkeren Fundierung des Rechnungswesens durch Zahlungen gemein. Der Ansatz der investitionstheoretischen Fundierung der Kostenrechnung ist jedoch klar auf ein entscheidungstheoretisches Modell der Kostenrechnung ausgerichtet und zielt zudem weniger auf eine Abschaffung kalkulatorischer Zusatzkosten als vielmehr auf die Uminterpretation derselben in Zahlungen ab.

570 Vgl. Siefke (1999), S. 51ff. sowie die vorstehende Fußnote.

571 Darüber hinaus sollte bei Risikoaversion des Agenten auch der Informationsgehalt des Erfolgsmaßes bezogen auf die Aktionswahl des Agenten berücksichtigt werden (vgl. Fn. 556).

572 *Weißenberger* zeigt, dass bei derartigen Anpassungen von Erfolgsmaßen ein grundlegendes „Paradoxon der Verhaltenssteuerung" zu Tage tritt: „Je weitgehender die Aufgabendelegation durch den Prinzipal an den

Damit erweisen sich die aus dem Grundmodell der normativen Prinzipal-Agenten-Theorie abgeleiteten Gestaltungsempfehlungen als äußerst sensitiv in Bezug auf die Modellannahmen.[573] Insbesondere die Annahmen, dass die Unternehmenswertsteigerung das einzige Unternehmensziel darstellt, in Bezug auf das Steuerungsbedarf besteht, und dass zwischen den zu steuernden Unternehmensbereichen keine sachlichen Interdependenzen bestehen, erscheinen äußerst restriktiv.[574] Durch diese Annahmen werden sowohl die Gültigkeit als auch die Relevanz der abgeleiteten Gestaltungsempfehlungen in Frage gestellt, ebenso wie eine empirische Fundierung derselben zumindest erheblich erschwert wird.

Zudem bezieht sich die Analyse ausschließlich auf die Verhaltensbeeinflussungsfunktion des Rechnungswesens. Nicht berücksichtigt wird dagegen, ob beziehungsweise inwieweit das Rechnungswesen, aus dem das Erfolgsmaß für die Entlohnung des Agenten abgeleitet wird, auch dazu geeignet ist, den Akteuren als informatorische Grundlage für ihre Entscheidungen zu dienen.[575] So wird nicht untersucht, inwieweit das hinter dem Erfolgsmaß stehende Rechnungswesen geeignet ist, dem Agenten für Planungs- und Prognosezwecke zu dienen oder ob es diesem eine Ableitung von Maßnahmen zur Steigerung des Erfolgsmaßes ermöglicht. Auch eine konzeptionelle Nutzung der Rechnungsweseninformationen zur Verbesserung des allgemeinen Geschäftsverständnisses und des Verständnisses der Entscheidungssituation, unabhängig vom unmittelbaren Entscheidungsakt, oder die Rolle des Rechnungswesen als Kommunikationsgrundlage zwischen seinen Nutzern,[576] werden nicht betrachtet.

Agenten und je stärker deshalb der Bedarf an anreizkompatiblen Erfolgsmaßen, um so weniger Informationen besitzt der Prinzipal, um die Bemessungsgrundlage tatsächlich anreizkompatibel zu gestalten, d.h. optimal an die Spezifika des Delegationsproblems anzupassen.“ (Weißenberger (2003a), S. 205f.).

573 Vgl. Weber (2005), S. 80.

574 Die Steuerung in Bezug auf Sachziele sowie die sachliche Koordination sind vielmehr als zentrale Aufgaben der Unternehmenssteuerung und der Kostenrechnung anzusehen (vgl. Bärtl/Pfaff (1997), S. 371ff.; Pfaff (1994), S. 1070f.; Pfaff (1995), S. 127f.).

Jüngere empirische Forschungsergebnisse weisen zudem darauf hin, dass der Umfang an Interdependenzen zwischen organisatorischen Einheiten und damit die Notwendigkeit sachlicher Koordination zunimmt (vgl. Gerdin (2005), S. 297f.).

575 Die zu Gunsten des Agenten angenommene Informationsasymmetrie impliziert vielmehr, dass der Agent bereits gut über die Entscheidungssituation informiert ist und nur noch zur Auswahl der optimalen Aktion motiviert werden muss.

576 Zu unterschiedlichen Nutzungsarten von Rechnungswesen- und Kostenrechnungsinformationen vgl. Aust (1999), S. 50f.; Schäffer/Steiners (2004); Menon/Varadarajan (1992), S. 54ff.; Pfaff/Weber (1998), S. 160; Weber (2004), S. 113ff. Eine nähere Auseinandersetzung mit verschiedenen Arten der Nutzung von Rechnungsweseninformationen findet zudem in Abschnitt 5.4.1 statt.

Zusammenfassend kann das Modell der normativen Prinzipal-Agenten-Theorie Hinweise geben, warum ein konvergentes Rechnungswesen für Zwecke der Konzernsteuerung Vorteile gegenüber einer kalkulatorischen Kostenrechnung aufweist. Angesichts des hohen Formalisierungsgrades des Modells ist es aber kaum verwunderlich, dass die aus ihm abgeleiteten Ergebnisse sich als in hohem Maße abhängig von den Annahmen erweisen. Fraglich ist jedoch, wie hoch angesichts der Restriktivität der Annahmen die Aussagekraft einer solchen Analyse für die Gestaltung des betrieblichen Rechnungswesens im Allgemeinen sowie für die Gestaltung unter Konvergenzgesichtspunkten im Speziellen ist. Ob sich aus der exemplarisch dargestellten Argumentation auf Grundlage der normativen Prinzipal-Agenten-Theorie der im Modell der partiellen Konvergenz vorgesehene weitgehende Verzicht auf eine kalkulatorische Kostenrechnung auf Konzernebene ableiten lässt, erscheint vor diesem Hintergrund äußerst fraglich. Auch ergeben sich im Modell einer partiellen Konvergenz des Rechnungswesens weitere Fragen zur Gestaltung des Rechnungswesens im Gesamtunternehmen, beispielsweise hinsichtlich der Ausgestaltung des Rechnungswesens in den operativen Einheiten und der Verbindung der dort eingesetzten kalkulatorischen Kostenrechnungen mit dem konvergenten Rechnungswesen auf Konzernebene.

4.7 Zusammenfassung

In diesem Kapitel wurden die Diskussion um eine Konvergenz des Rechnungswesens und die in dieser Diskussion verwendeten Klassifikationen des betrieblichen Rechnungswesens dargestellt. Hierfür wurde in einem ersten Schritt die umfangreiche und zerfaserte Konvergenzdiskussion auf Basis einer umfassenden Literaturrecherche inhaltlich und zeitlich abgegrenzt und systematisiert. Als Beginn und Auslöser der Konvergenzdiskussion wurden der Beitrag von *Ziegler* aus dem Jahr 1993 und die Erwiderung von *Paff* identifiziert.[577] Den inhaltlichen Kern bildet die Diskussion um eine Annäherung von internem und externem Rechnungswesen. Neben diesem Kern haben sich in der Konvergenzdiskussion zwei Diskussionsstränge herausgebildet. Von diesen besteht der erste aus Beiträgen, in denen Unternehmensbeispiele dargestellt werden. In dem zweiten Diskussionsstrang werden Schnittstellen und Interdependenzen zwischen internem und externem Rechnungswesen, die durch die Anwendung internationaler Rechnungslegungsstandards bedingt sind, dargestellt und analysiert.

[577] Vgl. die Zusammenfassung der wesentlichen Punkte des Beitrags von *Ziegler* zu Eingang der Erwiderung von *Pfaff* (vgl. (Pfaff (1994), S. 1065ff.).

Im zweiten Abschnitt wurden die in der Konvergenzdiskussion verwendeten Konvergenzbegriffe und -definitionen näher untersucht. Die zahlreichen verschiedenen Begriffe für die Bezeichnung des Phänomens der Konvergenz bestehen in der Regel aus zwei Elementen: einer Konvergenzbezeichnung (z.B. Konvergenz, Annäherung oder Harmonisierung) und Konvergenzobjekten (z.B. internes und externes Rechnungswesen). Eine Auswertung der Häufigkeit der Verwendung der verschiedenen Konvergenzbezeichnungen und -objekte in den Beiträgen zur Konvergenzdiskussion ergab, dass das Phänomen der Konvergenz im Rechnungswesen in aller Regel als Konvergenz (im Sinne einer Annäherung) von internem und externem Rechnungswesen bezeichnet wird. Umfassende Definitionen einer Konvergenz von internem und externem Rechnungswesen liegen jedoch nicht vor.

Ausgehend von der Bezeichnung der Konvergenz als Annäherung von internem und externem Rechnungswesen bildet die Unterscheidung von internem und externem Rechnungswesen eine wichtige Grundlage der Konvergenzdiskussion, da sie den Ausgangspunkt einer möglichen Konvergenz darstellt. In der Konvergenzdiskussion werden mit der Unterscheidung von internem und externem Rechnungswesen in aller Regel eine bestimmte Gliederung und ein bestimmtes Gestaltungsmodell des Rechnungswesens in Form eines divergenten Rechnungswesens verbunden. Die in der Konvergenzdiskussion typischerweise verwendete Gliederung des Rechnungswesens besitzt die Form einer Monohierarchie, auf deren erster Ebene die Untergliederung des gesamten Rechnungswesens in die beiden Hauptbereiche internes und externes Rechnungswesen erfolgt. Das grundlegende Unterscheidungskriterium für diese Unterteilung sind die Adressaten des Rechnungswesens. Darüber hinaus werden jedoch zahlreiche weitere Unterschiede mit der Unterteilung in internes und externes Rechnungswesen verbunden, wodurch diese Klassifikation des Rechnungswesens letztlich ein Gestaltungsmodell des betrieblichen Rechnungswesens impliziert. Dieses Gestaltungsmodell, das in weiten Teilen auf die Arbeiten *Schmalenbachs* zurückgeht, wird in der Konvergenzdiskussion aber lediglich grob umrissen.

Die in der Konvergenzdiskussion entwickelten Erklärungsansätze für den Trend zur Konvergenz im Rechnungswesen sind überwiegend multikausal und stimmen in wesentlichen Punkten überein. Von Unternehmensvertretern auf der einen und von Vertretern der Wissenschaft auf der anderen Seite wird jedoch verschiedenen Auslösern und Motiven eine unterschiedliche Bedeutung beigemessen. Während Vertreter der Praxis eigenständige Vorteile eines konvergenten Rechnungswesens insbesondere in Form einer verbesserten Verständlichkeit hervorheben, wird in der Theorie das Motiv einer Realisierung von Einsparpotentialen im Rechnungswesen betont. Als weitere wichtige Einflussfaktoren für den Trend zur Konvergenz werden übereinstimmend die Umstellung der Rechnungslegung auf internationale Rechnungslegungsstandards sowie die zunehmende Ausrichtung der Unternehmensführung an der Steigerung des Shareholder Value hervorgehoben.

Die existierenden Konzepte einer Konvergenz im Rechnungswesen kombinieren die Überlegungen zu den Grundlagen und Auslösern einer Konvergenz, um die Frage zu beantworten, wie eine Konvergenz im Rechnungswesen erfolgen kann. Neben einer Klassifikation verschiedener Anpassungsstrategien finden sich in den Beiträgen zur Konvergenzdiskussion Vorschläge für eine graduelle Annäherung von internem und externem Rechnungswesen durch die Reduktion kalkulatorischer Kosten und die Angleichung der Erfolgsspaltung von internem und externem Rechnungswesen. Daneben wird in vielen Beiträgen zur Konvergenzdiskussion das Modell einer partiellen Konvergenz im Rechnungswesen für Zwecke der Konzernsteuerung in den Mittelpunkt der Analyse gerückt. Den Ausgangspunkt bilden dabei die Überlegungen zu den Grundlagen und Auslösern einer Konvergenz, indem sie die Konzernsternsteuerung als möglichen Konvergenzbereich identifizieren. Für diesen Bereich werden unter Rückgriff auf das Modell der normativen Prinzipal-Agenten-Theorie und im Rahmen restriktiver Annahmen Argumente für die Eignung einer auf dem externen Rechnungswesen basierenden Steuerungsrechnung für Zwecke der Verhaltensbeeinflussung abgeleitet. Auf Basis dieser Eignung des externen Rechnungswesens soll die eigenständige Kostenrechnung auf Ebene der Konzernsteuerung eingespart werden. Das Modell einer partiellen Konvergenz für Zwecke der Konzernsteuerung fokussiert somit auf einen Teilbereich des Rechnungswesens, für den die „Radikallösung“ einer Abschaffung der Kostenrechnung betrachtet wird.

Die im Rahmen der Konvergenzdiskussion entwickelten Konzepte einer Konvergenz von internem und externem Rechnungswesen stellen keinen expliziten Bezug zu den bestehenden Klassifikationen des betrieblichen Rechnungswesens her. Diese Klassifikationen bilden jedoch sowohl den Ausgangspunkt einer als Annäherung von internem und externem Rechnungswesen verstandenen Konvergenz als auch ihren zentralen Gegenstand, indem eine Annäherung von internem und externem Rechnungswesen eine Veränderung oder Aufhebung dieser Unterscheidung und damit eine Veränderung der Klassifikation des Rechnungswesens bedeutet. Im folgenden Kapitel werden die Konzepte für eine Konvergenz im Rechnungswesen vor dem Hintergrund der in der Konvergenzdiskussion verwendeten Klassifikation des betrieblichen Rechnungswesens analysiert. Zudem werden Veränderungen der Klassifikation des Rechnungswesens durch eine Konvergenz betrachtet.

5 Konvergenz im Rechnungswesen und Klassifikation des Rechnungswesens

In diesem Kapitel werden die Ergebnisse der in Kapitel vier durchgeführten Zusammenfassung und Strukturierung der Konvergenzdiskussion unter dem Aspekt der Klassifikation des Rechnungswesens untersucht. Im Abschnitt 5.1 dient die bestehende Klassifikation des Rechnungswesens als Grundlage der Analyse. Dabei wird in 5.2 zunächst auf die bestehende Klassifikation des Rechnungswesens als Hintergrund und Ausgangspunkt für eine als Annäherung von internem und externem Rechnungswesen verstandene Konvergenz eingegangen. Im nächsten Schritt wird in Abschnitt 5.2.1 untersucht, wie eine Annäherung von internem und externem Rechnungswesen unter Beibehaltung der bestehenden Klassifikation des Rechnungswesens konzipiert werden kann. Hierauf aufbauend wird in Abschnitt 5.2.2 die Eignung der bestehenden Klassifikation des Rechnungswesens in ihrer Funktion als Heuristik für die Gestaltung des betrieblichen Rechnungswesens geprüft. Im zweiten Hauptabschnitt dieses Kapitels werden die Notwendigkeit sowie Möglichkeiten für Veränderungen der bestehenden Klassifikation des Rechnungswesens analysiert. Dabei wird in 5.3.1 zuerst die Möglichkeit einer Anpassung der bestehenden Klassifikation des Rechnungswesens untersucht. Anschließend wird im Abschnitt 5.3.2 die Möglichkeit einer Übernahme der im angloamerikanischen Raum verwendten Klassifikation des Rechnungswesens geprüft. Danach werden in 0 Ansatzpunkte für eine Neuklassifikation des betrieblichen Rechnungswesens entwickelt. Schließlich wird in Abschnitt 5.4.1 beispielhaft eine alternative Klassifikation des betrieblichen Rechnungswesens entworfen.

5.1 Konvergenz und die bestehende Klassifikation des Rechnungswesens

In diesem Abschnitt wird die Konvergenz des Rechnungswesens vor dem Hintergrund der bestehenden Klassifikation des betrieblichen Rechnungswesens untersucht. Dabei dienen die in Abschnitt 4.3 dargestellte Unterscheidung von internem und externem Rechnungswesen, wie sie in der Konvergenzdiskussion typischerweise verwendet wird, und die hierauf aufbauende Klassifikation des Rechnungswesens als Grundlage der Untersuchung. Wenn Varianten dieser Unterscheidung und der auf ihr aufbauenden Gliederung des Rechnungswesens diskutiert werden, wird dies gesondert hervorgehoben. Im Folgenden wird zunächst auf die bestehende Klassifikation des Rechnungswesens als Hintergrund und Ausgangspunkt für eine als Annäherung von internem und externem Rechnungswesen verstandene Konvergenz eingegangen. Anschließend wird untersucht, wie eine Annäherung von internem und externem Rechnungswesen unter Beibehaltung der bestehenden Klassifikation des Rechnungswesens konzipiert werden kann. Hierauf aufbauend wird die Eignung der bestehenden Klassifikation des Rechnungswesens in ihrer Funktion als Heuristik für die Gestaltung des betrieblichen Rechnungswesens geprüft.

5.2 Die bestehende Klassifikation des Rechnungswesens als Hintergrund einer Annäherung von internem und externem Rechnungswesen

In diesem Abschnitt werden zunächst die klassifikatorischen Eigenschaften der bestehenden Gliederung des Rechnungswesens herausgestellt. Anschließend wird geprüft, welche Problembereiche sich vor diesem Hintergrund bei einem Verständnis der Konvergenz als einer Annäherung von internem und externem Rechnungswesen ergeben.

Ein grundlegendes Problem einer Auseinandersetzung mit der Klassifikation des betrieblichen Rechnungswesens resultiert aus der vagen Bestimmung des Gegenstandsbereiches „betriebliches Rechnungswesen“ (vgl. Abschnitt 3.2.2.1). Anhand der Definitionen für das betriebliche Rechnungswesen kann insbesondere kaum abgeleitet werden, was im Detail als die Elemente des betrieblichen Rechnungswesens anzusehen ist. Im Schrifttum wird hier oftmals von „Rechnungssystemen“[578] gesprochen, die jedoch ebenfalls nicht näher definiert werden. Hinweise, was unter den Elementen des Rechnungswesens zu verstehen ist, können daher lediglich aus der Nennung einzelner Rechnungssysteme abgeleitet werden. Hier werden besonders häufig die Kostenrechnung, die Investitionsrechnung und die Bilanzrechnung aufgeführt. Obwohl, wie in Kapitel 4 herausgestellt, die Klassifikation des betrieblichen Rechnungswesens sowohl eine wichtige Grundlage als auch den zentralen Gegenstand der Konvergenzdiskussion bildet, werden die entsprechenden grundlegenden Begrifflichkeiten in der Konvergenzdiskussion praktisch nicht adressiert. Damit wird das Defizit im Bereich der Begrifflichkeiten, das allgemein für das Schrifttum zum betrieblichen Rechnungswesen zu beklagen ist, durch die unreflektierte Übernahme von Begrifflichkeiten in die Konvergenzdiskussion importiert.

Ein weiteres grundlegendes Problem liegt darin begründet, dass die im Schrifttum zum betrieblichen Rechnungswesen und in der Konvergenzdiskussion typischerweise vorgenommene Unterteilung des betrieblichen Rechnungswesens in internes und externes Rechnungswesen die Form einer dichotomen Unterscheidung besitzt. Sie teilt das Rechnungswesen in zwei

[578] Vgl. beispielsweise Coenenberg (2003), S. 7ff.; Küpper (2005), S. 127ff.

durch das gegensätzliche Begriffspaar „intern"/„extern" gekennzeichnete Bereiche. Das wesentliche Unterscheidungsmerkmal ist dabei zumeist die Unterschiedlichkeit der Informationsempfänger des Rechnungswesens, die in unternehmensinterne und -externe Adressaten aufgeteilt werden. Die Gliederung des betrieblichen Rechnungswesens baut wesentlich auf dieser Unterscheidung auf, indem das gesamte Rechnungswesen auf Grundlage dieser Unterscheidung in die beiden Hauptbereiche internes und externes Rechnungswesen untergliedert wird. Diesen Hauptbereichen werden dann weitere Unterbereiche zugeordnet (vgl. Abbildung 5). Damit besitzt diese Gliederung des betrieblichen Rechnungswesens die Form einer Monohierarchie.

Angesichts der Problematik, dass die Elemente des betrieblichen Rechnungswesens anhand der Unterscheidung in internes und externes Rechnungswesen nicht immer eindeutig klassifiziert werden können, weil beispielsweise die Daten des externen Rechnungswesens auch vom Management genutzt werden, wird oft ergänzt, dass das interne Rechnungswesen **primär** an unternehmensinterne und das externe Rechnungswesen **primär** an unternehmensexterne Adressaten gerichtet sei.[579] Da alle Rechnungswesenadressaten entweder dem Unternehmen zugehörig sind oder nicht, wird durch diese Ergänzung die Vollständigkeit und Überschneidungsfreiheit der Klassifikation sichergestellt. Bei dieser Klassifikation des Rechnungswesens handelt es sich damit aber lediglich um eine rein logische Unterteilung. Für die praktische Verwendung dieser Klassifikation des Rechnungswesens wird das Problem einer mangelnden Überschneidungsfreiheit von internem und externem Rechnungswesen auch durch diese Ergänzung nicht behoben.

Darüber hinaus erscheint fraglich, inwieweit es allein die Rechnungswesen-Adressaten sind, die den Ausschlag geben, was als internes und was als externes Rechnungswesen bezeichnet wird. Wie in den Kapiteln 3 und 4 gezeigt wurde, wird mit der Unterscheidung von internem

[579] Vgl. Hebeler (2003), S. 52.

Eine ähnliche Abwandlung der Unterscheidung von internem und externem Rechnungswesen findet sich auch bei *Schneider*, der vom „beabsichtigen Empfängerkreis" des Rechnungswesens spricht (vgl. Schneider (1997), S. 29ff.). Zur Unterscheidung von internem und externem Rechnungswesen führt *Schneider* weiter aus, dass bei einer sorgfältigen Begriffsabgrenzung nur die Bestandteile des Rechnungswesens unter das interne Rechnungswesen gefasst werden sollten, die über das gesetzlich Vorgeschriebene hinausgehen, womit die Freiwilligkeit zum konstitutiven Merkmal des internen Rechnungswesens erhoben würde. Eine derartige Beschränkung des Begriffs internes Rechnungswesen sei jedoch weder in der Praxis noch im Schrifttum üblich (vgl. ebd., S. 30). Damit definiert *Schneider* das interne Rechnungswesen als eine Auffangkategorie, in die sämtliche Elemente des betrieblichen Rechnungswesens fallen, die nicht dem externen Rechnungswesen zuzuordnen sind. Auch bei dieser Definition handelt es sich um eine rein logische Abgrenzung von internem und externem Rechnungswesen.

und externem Rechnungswesen eine Vielzahl an Unterschiedlichkeiten verknüpft. Neben den unterschiedlichen Adressaten sind dies unter anderem voneinander abweichende Rechengrößen, unterschiedliche Abbildungsgegenstände und ein unterschiedlicher Gestaltungsspielraum. Damit wird das betriebliche Rechnungswesen durch die Unterscheidung von internem und externem Rechungswesen in zwei Hauptbereiche untergliedert, die in vielerlei Hinsicht unterschiedlich ausgestaltet sind.

Mit den Begriffen „internes Rechnungswesen“ und „externes Rechnungswesen“ wird somit nicht lediglich ein unterschiedlicher Adressatenkreis verbunden, sondern darüber hinaus beispielsweise auch die Verwendung der Rechengrößen Kosten und Leistungen im internen Rechnungswesen im Gegensatz zu den im externen Rechnungswesen verwendeten Größen Aufwand und Ertrag.[580] So würde man beispielsweise eine nach dem *Schmalenbach'schen* Modell aufgebaute kalkulatorische Kostenrechnung, die vorrangig der Kommunikation an unternehmensexterne Adressaten dient, wenn überhaupt nur zögerlich dem externen Rechnungswesen zuordnen. Ebenso wäre ein lediglich unternehmensintern kommunizierter IFRS-Abschluss nicht ohne weiteres als Element des internen Rechnungswesens zu klassifizieren. Auch wenn die Freiwilligkeit als konstitutives Merkmal des internen Rechnungswesens aufgefasst wird,[581] würde ein freiwillig erstellter IFRS-Jahresabschluss kaum dem internen Rechnungswesen zugeordnet werden und auch die Klassifikation einer aufgrund gesetzlicher Vorschriften errichteten ausschließlich unternehmensintern verwendeten Kostenrechnung wäre problematisch.

Insgesamt ist eine Zuordnung von Bestandteilen des betrieblichen Rechnungswesens in die bestehende Klassifikation in internes und externes Rechnungswesen immer dann problembehaftet, wenn die zu klassifizierenden Elemente die in Tabelle 3 zusammengefassten Eigenschaften, die mit dem internen beziehungsweise externen Rechnungswesen assoziiert werden, nicht erfüllen. Dies ist wiederum immer dann der Fall, wenn dem mit der Unterscheidung von internem und externem Rechnungswesen implizit verbundenen Gestaltungsmodell des Rechnungswesens nicht entsprochen wird. Sicherlich sind hierbei Abweichungen bei bestimmten

580 Der Aspekt der Verringerung oder Abschaffung kalkulatorischer Kosten steht dementsprechend auch oftmals im Mittelpunkt der Diskussion um eine Konvergenz von internem und externem Rechnungswesen. Vgl. beispielsweise Schweitzer/Ziolkowski (1999), S. 2ff.

581 Vgl. beispielsweise Schneider (1997), S. 29ff.; Hummel/Männel (1986), S. 12.

Merkmalen, wie Freiwilligkeit, Rechengrößen oder Adressaten schwerwiegender als bei anderen Merkmalen, wie beispielsweise dem Detaillierungsgrad des Rechnungswesens.

Neben der Einordnung von (Teil-)Rechnungssystemen in die Klassifikation des Rechnungswesens in internes und externes Rechnungswesen erweist sich auch die Klassifikation weiterer möglicher Elemente des Gegenstandsbereichs „betriebliches Rechnungswesen" als potentiell problematisch. So kann beispielsweise die Datengrundlage als Element des Informationssystems „betriebliches Rechnungswesen" angesehen werden. Wenn nun (wie im Rahmen der Konvergenzdiskussion oft diskutiert)[582] eine einheitliche Datengrundlage für internes und externes Rechnungswesen verwendet wird oder zumindest verstärkt Teile der Datengrundlage sowohl für das interne als auch für das externe Rechnungswesen verwendet werden, so widersetzen sich diese Bestandteile des Informationssystems Rechnungswesen einer Einordnung in die bestehende monohierarchische Klassifikation des betrieblichen Rechnungswesens.

Durch die nähere Betrachtung der Klassifikation des Rechnungswesens sowie des Inhalts und der Rolle, die der Unterscheidung von internem und externem Rechnungswesen zukommen, wird klar, dass eine als „Annäherung" verstandene Konvergenz von internem und externem Rechnungswesen problematisch ist und leicht zu Missverständnissen führen kann. Hierfür sind (neben den allgemein zu beklagenden begrifflichen Unklarheiten im betrieblichen Rechnungswesen, die in die Konvergenzdiskussion importiert werden) vor allem zwei Gründe ausschlaggebend: Erstens die Art der bestehenden Klassifikation des Rechnungswesen und zweitens die zwischen der Klassifikation des Rechnungswesens und seiner Gestaltung bestehende Verbindung.

Die Art der bestehenden Klassifikation des Rechnungswesens ist für das Verständnis einer Konvergenz im Rechnungswesen als Annäherung von internem und externem Rechnungswesen deshalb problematisch, weil es sich um eine monohierarchische Klassifikation handelt, in der eine „Annäherung" von internem und externem Rechnungswesen nicht direkt dargestellt werden kann. Die Elemente des Gegenstandsbereiches betriebliches Rechnungswesen sind **entweder** dem internen **oder** dem externen Rechnungswesen zuzuordnen, ein **„mehr"** oder **„weniger"** existiert in einer monohierarchischen Gliederung nicht. Jegliche „Annäherung" von internem und externem Rechnungswesen muss daher außerhalb der strengen monohierar-

[582] Vgl. beispielsweise Melcher (2002), S. 68f.

chischen Gliederung des Rechnungswesens erfolgen. Letztlich bleibt eine „Annäherung" von internem und externem Rechnungswesen mit der bestehenden Gliederung des Rechnungswesens aber inkompatibel, da die „Nähe" von Klassen in einer monohierarchischen Gliederung keine Rolle spielt. Ein Konzept für eine Annäherung von internem und externem Rechnungswesen steht daher vor dem Problem, dass auf der einen Seite auf die bestehende Klassifikation in internes und externes Rechnungswesen als Ausgangspunkt zurückgegriffen wird, auf der anderen Seite die Annäherung aber nicht innerhalb dieser Klassifikation dargestellt werden kann. Eine mangelnde Präzision der Begrifflichkeiten sowie Missverständnisse erscheinen bei einer als Annäherung von internem und externem Rechnungswesen verstandenen Konvergenz damit nahezu unvermeidlich. Wie eine Annäherung von internem und externem Rechnungswesen jenseits einer strengen monohierarchischen Gliederung jedoch unter Beibehaltung der bestehenden Klassifikation des Rechnungswesens konzipiert werden könnte, wird in Abschnitt 5.2.1 diskutiert.

Anhand der Darstellung der Probleme, die bei einer Anwendung der bestehenden Klassifikation des Rechnungswesens auftreten, wird zudem die enge Verbindung deutlich, die zwischen der Klassifikation des Rechnungswesens und seiner Gestaltung besteht. So lassen sich die Elemente des Rechnungswesens nur dann problemlos anhand der bestehenden Klassifikation des Rechnungswesens einordnen, wenn dem hinter der Klassifikation stehenden Gestaltungsmodell für das Rechnungswesen gefolgt wird. Wird diese Gestaltung jedoch - beispielsweise durch die Verwendung einer einheitlichen Datenbasis für internes und externes Rechnungswesen - modifiziert, wird eine Einordnung der Bestandteile des Rechnungswesens schwierig oder unmöglich.[583] Anders ausgedrückt: Eine Unterscheidbarkeit der Elemente des betrieblichen Rechnungswesens in internes und externes Rechnungswesen ist nur dann gegeben, wenn diese Elemente ein Merkmal besitzen, welches eine Zuordnung zum internen oder zum externen Rechnungswesen erlaubt. Wird die Unterscheidung beispielsweise von den Adressaten des Rechnungswesens abhängig gemacht, dann können die Elemente des Rechnungswesens nur dann in die Klassifikation des Rechnungswesens eingeordnet werden, wenn auch die Gestaltung des Rechnungswesens und seiner Elemente an der Unterscheidung zwischen internen und externen Rechnungswesenadressaten ausgerichtet ist. Dementsprechend wird in Abschnitt 5.2.2 geprüft, wie sich die Eignung der bestehenden Klassifikation des betrieblichen

---

583 Angesichts der vagen Begrifflichkeiten im Rechnungswesen soll dies jedoch keineswegs bedeuten, dass eine Klassifikation von Elementen des Rechnungswesens zuvor unproblematisch möglich gewesen wäre.

Rechnungswesens in ihrer Funktion als eine Heuristik für die Gestaltung des betrieblichen Rechnungswesens angesichts der Konvergenz im Rechnungswesen verändert.

5.2.1 Annäherung von internem und externem Rechnungswesen in der bestehenden Klassifikation des Rechnungswesens

Wie bereits im vorstehenden Kapitel ausgeführt, kann eine Annäherung von internem und externem Rechnungswesen nicht unmittelbar in der bestehenden monohierarchischen Gliederung des betrieblichen Rechnungswesens dargestellt werden. Allerdings bestehen verschiedene Möglichkeiten, eine Annäherung von internem und externem Rechnungswesen zu konzipieren, ohne die bestehende Gliederung grundsätzlich zu verändern. Diese Möglichkeiten sollen im Folgenden dargestellt werden. Als Ausgangspunkt dieser Analyse dienen dabei die in Abschnitt 4.5 dargestellten Konzepte für eine Konvergenz des Rechnungswesens, insbesondere die in der Konvergenzdiskussion häufig verwendete[584] unter 4.5.1 dargestellte Klassifikation von Anpassungsstrategien nach *Küting/Lorson*.

Das Schema zur Einordnung von Anpassungsstrategien nach *Küting/Lorson* systematisiert die Möglichkeiten für eine Annäherung[585] von internem und externem Rechnungswesen nach Grad (vollständig bis teilweise), Umfang (ausgewählte Bereiche bis hin zu allen Bereichen) und Richtung (einseitig bis zweiseitig) der Annäherung. Damit wird durch dieses Schema noch keine Aussage darüber getroffen, was inhaltlich unter einer konvergenten Ausgestaltung des Rechnungswesens zu verstehen ist. Auch eine eventuelle Veränderung der Gliederung des Rechnungswesens durch die Annäherung von internem und externem Rechnungswesen wird nicht erfasst. In jeder der betrachteten Dimensionen der Annäherung wird zudem ein Spektrum (von bis) angegeben, womit impliziert wird, dass jeweils verschiedene Möglichkeiten für eine Annäherung von internem und externem Rechnungswesen bestehen.

Das Schema von *Küting/Lorson* weist auf verschiedene Problemkreise hin, die durch folgende Fragen umschrieben werden können: Erstens durch die Frage, welche Möglichkeiten der Konzipierung einer Annäherung von internem und externem Rechnungswesen bestehen. Zweitens durch die Frage, ob ein Gestaltungsspektrum des Rechnungswesens von einer (voll-

[584] Vgl. die in Fn. 519 angegebenen Quellen.

[585] Der von *Küting/Lorson* verwendete Begriff der „Anpassung" wird im Folgenden durch den Begriff „Annäherung" ersetzt.

ständig) divergenten bis hin zu einer (vollständig) konvergenten Gestaltung des Rechnungswesens abgeleitet werden kann. Und drittens durch die Frage, ob und wie sich eine derartige Veränderung der Gestaltung des Rechnungswesens auf die Klassifikation des Rechnungswesens auswirkt.

Für die Analyse des ersten Problemkreises, welche Möglichkeiten für die Konzipierung einer Konvergenz bestehen, soll zunächst noch einmal kurz die bestehende Gliederung des betrieblichen Rechnungswesens aus Abbildung 5 ins Gedächtnis gerufen werden. In dieser wird das Rechnungswesen in zwei Bereiche (mit weiteren Unterbereichen) geteilt, die in verschiedener Hinsicht unterschiedlich ausgestaltet sind.[586] Die Strategien für die Annäherung von internem und externem Rechnungswesen werden unter anderem durch den „Grad der Annäherung" mit dem Spektrum „vollständig bis teilweise" beschrieben. Wie in Abschnitt 5.2 ausgeführt, kann eine „Annäherung" von internem und externem Rechnungswesen in der monohierarchischen Gliederung des Rechnungswesens nicht unmittelbar dargestellt werden. Eine Annäherung von verschiedenen Bereichen respektive Klassen kann jedoch – jenseits einer strengen monohierarchischen Gliederung – allgemein als eine Reduzierung der Unterschiede zwischen diesen Klassen oder Bereichen angesehen werden. Der Rückgriff auf die Unterschiedlichkeit beziehungsweise Ähnlichkeit der Klassen ist deswegen grundlegend, weil eine Klassifikation immer in irgendeiner Form auf der Unterschiedlichkeit beziehungsweise Gemeinsamkeit von Objekten und Gruppen von Objekten aufbaut.[587] Folglich bedeutet eine als Annäherung verstandene Konvergenz die Verringerung der Unterschiedlichkeit von internem und externem Rechnungswesen.[588] Hierzu passen auch die alternativen Bezeichnungen einer Konvergenz als Vereinheitlichung, Anpassung oder Integration und die in Abschnitt 4.5 vorgestellten Konzepte einer Konvergenz. Eine graduelle Annäherung bedeutet dementsprechend die schritt-

[586] In dem Beitrag von *Küting/Lorson*, in dem die Anpassungsstrategien dargestellt werden, findet sich lediglich eine Facettenklassifikation des betrieblichen Rechnungswesens (vgl. Küting/Lorson (1998d), S. 484). Die entsprechenden Ausführungen zur Vereinheitlichung von internem und externem Rechnungswesen lassen jedoch erkennen, dass auch hier eine monohierarchische Gliederung des betrieblichen Rechnungswesens zugrunde gelegt wird. Besonders deutlich wird dies durch die Negativ-Abgrenzung des internen Rechnungswesens gegenüber dem externen Rechnungswesen, bei der dem internen Rechnungswesen all die Komponenten des Rechnungswesens zugeordnet werden, die nicht zum externen Rechnungswesen gehören. Dass hinter der Negativ-Abgrenzung des internen Rechnungswesens die typischerweise verwendete Gliederung des betrieblichen Rechnungswesens steht, wird zudem aus den in der Facettenklassifikation mit dem internen und externen Rechnungswesen verbundenen Eigenschaften deutlich (vgl. ebd., S. 484). Ferner werden die Kostenrechnung und zahlungsstromorientierte Rechnungen als Komponenten des internen Rechnungswesens benannt (vgl. ebd., S. 489).

[587] Vgl. hierzu die Ausführungen auf S. 73.

[588] Diese Interpretation einer Konvergenz findet sich auch bei *Melcher* (vgl. Melcher (2002), S. 83).

weise Reduktion dieser Unterschiedlichkeit respektive eine Erhöhung der Ähnlichkeit von internem und externem Rechnungswesen. Dieses Verständnis korrespondiert auch mit dem oftmals als Extrempunkt einer Konvergenz angesehenen (jedoch zumeist aus verschiedenen Gründen abgelehnten) „Einheitsrechnungswesen"[589], in dem internes und externes Rechnungswesen miteinander identisch sind.

Da so etwas wie eine „absolute Ähnlichkeit" nicht existiert, ist für die Bestimmung der Ähnlichkeit von internem und externem Rechnungswesen immer eine Auswahl von Merkmalen erforderlich, welche die Unterschiedlichkeit von internem und externem Rechnungswesen ausmachen.[590] Hier können möglichst viele oder mehrere als besonders wichtig erachtete Unterschiede - wie beispielsweise die in Tabelle 3 aufgelisteten „typischen" Unterschiede - von internem und externem Rechnungswesen ausgewählt werden.

Wie in Abschnitt 5.2 dargestellt, wird im Schrifttum oftmals **ein** konstitutives Merkmal für die Unterscheidung von internem und externem Rechnungswesen bestimmt, um die ansonsten recht vage Unterscheidung von internem und externem Rechnungswesen möglichst trennscharf zu fassen. Auf diesem Wege sollen die Vollständigkeit und die Überschneidungsfreiheit der Klassifikation sichergestellt werden. Ist ein solches konstitutives Merkmal festgelegt, so besteht die Möglichkeit einer „Annäherung" durch die Verringerung der Unterschiedlichkeit von internem und externem Rechnungswesen in Bezug auf dieses konstitutive Merkmal. Wenn beispielsweise das interne und das externe Rechnungswesen dadurch definiert sind, dass die Informationen dieser Teilbereiche an unternehmensinterne beziehungsweise -externe Rechnungswesenadressaten gerichtet sind, so könnten internes und externes Rechnungswesen dadurch aneinander angenähert werden, dass zunehmend die gleichen Rechnungsweseninformationen an unternehmensinterne wie an unternehmensexterne Adressaten berichtet werden. Dabei könnte die restliche Struktur von internem und externem Rechnungswesen ebenso wie die restlichen mit der Unterscheidung von internem und externem Rechnungswesen verbundenen Unterschiedlichkeiten, wie beispielsweise die Verwendung von Aufwand und Ertrag auf der einen und von Kosten und Leistungen auf der anderen Seite, im Extremfall vollständig

[589] Vgl. Fn. 516.

[590] Vgl. Roberts (1995), S. 646ff. *Roberts* verweist zwar darauf, dass insbesondere die in der Biologie verwendeten Klassifikationen oft vermeintlich auf einer „absoluten Ähnlichkeit" von Objekten basieren. Er argumentiert jedoch weiter, dass für eine Klassifikationserarbeitung auf Basis einer „absoluten Ähnlichkeit" letztlich immer eine Auswahl der für essentiell erachteten Eigenschaften erforderlich ist, da so etwas wie eine „Liste der Eigenschaften von Objekten" nicht existiert.

beibehalten werden.[591] Damit können die im Rahmen des Management Approach und des Value Reporting propagierte Offenlegung von Informationen aus dem internen Rechnungswesen und die Übernahme von Daten und Strukturen aus dem internen Rechnungswesen in die externe Rechnungslegung ebenfalls als Formen einer Konvergenz im Rechnungswesen verstanden werden.[592] Wie in Abschnitt 5.2 dargestellt, ergeben sich bei einer Angleichung von internem und externem Rechnungswesen in Bezug auf ein einzelnes Merkmal, wie beispielsweise den Adressatenkreis, Probleme bei der Klassifizierung seiner Elemente. Dies weist darauf hin, dass tendenziell eine Reihe von Unterschiedlichkeiten und damit auch mehrere Merkmale als wesentlich für die Unterscheidung von internem und externem Rechnungswesen angesehen werden. Da oft die Rechnungszwecke als bestimmend für die weitere Gestaltung des Rechnungswesens angesehen werden, wird zum Teil die Überzeugung geäußert, dass eine Annäherung von internem und externem Rechnungswesen nur insoweit möglich ist, als die mit diesen beiden Bereichen des Rechnungswesens verfolgten Rechnungszwecke gleich sind oder aneinander angenähert werden.[593]

Es ist eine Frage der Betrachtungsweise, ob eine Begrenzung der Annäherung von internem und externem Rechnungswesen auf bestimmte (Teil-)Bereiche, die von *Küting/Lorson* separat als „Umfang der Annäherung" erfasst wird, als eigenständiger Aspekt oder nicht eher als Teilaspekt des „Grades der Annäherung" von internem und externem Rechnungswesen anzusehen ist, da ein geringerer Umfang der Annäherung (sei es in Bezug auf die absolute Ähn-

---

591 Anders herum betrachtet könnte natürlich auch lediglich das für die Unterscheidung von internem und externem Rechnungswesen konstitutive Merkmal unverändert gelassen werden und die Annäherung der beiden Bereiche des Rechnungswesens durch eine Verringerung der restlichen Unterschiede erfolgen. Dies entspräche einer Annäherung der absoluten Ähnlichkeit (mit der Notwendigkeit einer Merkmalsauswahl) mit der Abwandlung, dass die Unterschiedlichkeit in Bezug auf ein Merkmal nicht verringert wird. Um das oben verwendete Beispiel wieder aufzugreifen, wären bei einer derartigen Annäherung im Extrempunkt internes und externes Rechnungswesen praktisch vollständig gleich und würden sich nur durch ihre Adressaten voneinander unterscheiden. In diesem Fall würden also beispielsweise trotz identischer Inhalte sowohl für das interne als auch für das externe Rechnungswesen separate Datenbasen betrieben. Dieser Fall ist zwar logisch denkbar, in der Praxis jedoch kaum vorstellbar, da aus Kostengründen doppelt vorhandene Bereiche des Rechnungswesens zu streichen wären.

592 So bei Haring/Prantner (2005), S. 493ff. Zu Value Reporting und Management Approach vgl. auch Abschnitt 4.4.

593 Vgl. beispielsweise Melcher (2002), S. 69; Hebeler (2003), S. 13f., 84.

Angesichts der zumeist eher grob umrissenen Rechnungszwecke, wie beispielsweise „Planung" und „Kontrolle", ist jedoch unklar, was dies genau bedeutet. So ist beispielsweise fraglich, ob selbst bei vermeintlich gleichen Rechnungszwecken in internem und externem Rechnungswesen nicht bereits dadurch eine unterschiedliche Ausgestaltung des Rechnungswesens erforderlich wird, dass unternehmensinterne und -externe Adressaten beispielsweise unterschiedliche Planungs- und Kontrollbedürfnisse haben. So muss ein für die unternehmensinterne Kontrolle geeignetes Rechnungswesen nicht auch automatisch für die Kontrolle der Unternehmensführung durch die Anteilseigner tauglich sein. Zum unklaren Zusammenhang von Rechnungszwecken und Rechnungsinhalt vgl. auch S. 94.

lichkeit oder in Bezug auf einen essentiellen Unterschied) auch die Aufrechterhaltung einer höheren Unterschiedlichkeit impliziert. Die gleiche Frage taucht im Falle einer Annäherung durch die Streichung von Teilbereichen des Rechnungswesens auf, wie sie auch in dem in Abschnitt 4.6 dargestellten Modell einer partiellen Konvergenz vorgesehen ist. Letztlich kommt es in beiden Fällen darauf an, wie die Ähnlichkeit von internem und externem Rechnungswesen definiert wird.

Durch die Dimension „Richtung der Annäherung" wird beschrieben, dass eine Annäherung jeweils einseitig vom internen oder vom externen Rechnungswesen aus erfolgen kann und dass zudem auch eine wechselseitige Annäherung möglich ist. Bei einer wechselseitigen Annäherung ist jedoch nicht klar, in Bezug auf welchen Punkt diese stattfinden soll. Denkbar ist hier zum einen eine gegenseitige Annäherung jeweils in Richtung auf den anderen Bereich des Rechnungswesens. Bei einer derartigen wechselseitigen Annäherung wäre dann noch festzulegen, wo der Extrempunkt der Annäherung liegt. Dieser könnte sich beispielsweise näher zum externen oder zum internen Rechnungswesen befinden. Zum anderen wäre aber auch eine Annäherung dadurch möglich, dass sowohl internes als auch externes Rechnungswesen sich an ein verändertes Gestaltungsmodell des Rechnungswesens annähern. Dies würde einer Zusammenführung von internem und externem Rechnungswesen in einem neuen Modell des Rechnungswesens entsprechen.

Alternativ wäre eine als Annäherung verstandene Konvergenz auch in Form einer verstärkten Verknüpfung und/oder Abstimmung von internem und externem Rechnungswesen denkbar. Eine verbesserte Abstimmung von internem und externem Rechnungswesen ist neben der Reduktion kalkulatorischer Kosten (der Verringerung eines Unterschiedes von internem und externem Rechnungswesen) ein wichtiger Aspekt des in Abschnitt 4.5.2 vorgestellten Konzepts einer graduellen Annäherung von internem und externem Rechnungswesen. Es ist jedoch fraglich, ob der Begriff der „Annäherung" für ein verbessertes Ineinandergreifen und eine klarere Abgrenzung von internem und externem Rechnungswesen passend ist.[594]

Bei Berücksichtigung der Funktion der Klassifikation in internes und externes Rechnungswesen als eine Heuristik für die Gestaltung des Rechnungswesens kann der Grad einer konver-

[594] Insofern erfasst auch der von *Melcher* vorgeschlagene Konvergenzgrad als Grad der Unterschiedlichkeit von internem und externem Rechnungswesen (vgl. Fn. 588 und Fn. 597) nicht in vollem Umfang das von ihm vorgeschlagene Konzept einer abgestimmten Erfolgsspaltung (vgl. Melcher (2002), S. 131ff.).

genten Gestaltung auch an dem Ausmaß, in dem die Gestaltung des betrieblichen Rechnungswesens an dieser Heuristik ausgerichtet wird, festgemacht werden. Jedoch führt eine Ausrichtung der Gestaltung des Rechnungswesens an der Unterscheidung in internes und externes Rechnungswesen auch zu einem betrieblichen Rechnungswesen, dass durch diesen Unterschied bestimmt wird. Somit folgt der Grad der Unterschiedlichkeit von internem und externem Rechnungswesen dem Ausmaß, in dem die Gestaltung des Rechnungswesens an der Unterscheidung in internes und externes Rechnungswesen ausgerichtet ist.

Insgesamt lässt eine als Annäherung von internem und externem Rechnungswesen verstandene Konvergenz - jenseits einer strengen monohierarchischen Gliederung des Rechnungswesens - Raum für zahlreiche Konzeptionen einer konvergenten Gestaltung des Rechnungswesens. Dabei spielt in jedem Fall das Verständnis der Klassifikation des betrieblichen Rechnungswesens und der Unterscheidung von internem und externem Rechnungswesen eine entscheidende Rolle. So resultieren beispielsweise wesentliche Unterschiede für das Verständnis einer als Annäherung von internem und externem Rechnungswesen verstandenen Konvergenz daraus, welche Merkmale für die Unterscheidung von internem und externem Rechnungswesen als wesentlich erachtet werden, und ob es gegebenenfalls ein essentielles Merkmal gibt, durch welches das interne und externe Rechnungswesen definiert sind. Gerade an dieser wichtigen Grundlage für die Konzipierung einer als Annäherung von internem und externem Rechnungswesen verstandenen Konvergenz mangelt es jedoch, da der genaue Inhalt der bestehenden Klassifikation des Rechnungswesens ebenso wie ihr Zweck und das hinter der Auswahl der klassifizierenden Merkmale stehende Prinzip unklar sind. Auch bei den in Tabelle 3 aufgeführten „typischen" Unterschieden von internem und externem Rechnungswesen handelt es sich lediglich um in der Konvergenzdiskussion besonders häufig genannte Unterschiede. Eine objektive Grundlage für ihre Ableitung oder für die Beurteilung ihrer relativen Bedeutung für die Unterscheidung von internem und externem Rechnungswesen existiert jedoch nicht. Diese Defizite in Bezug auf die Klarheit und Konsistenz der bestehenden Klassifikation des Rechnungswesens[595] sind auf ihre Entstehung aus der Unternehmenspraxis und ihren pragmatischen Charakter zurückzuführen.[596]

---

[595] Zu den Kriterien der Klarheit und Konsistenz zur Beurteilung von nicht-theoretischen Klassifikationen vgl. Abschnitt 2.4.

[596] Zur Entwicklung der Unterscheidung von internem und externem Rechnungswesen vgl. Abschnitt 3.1.

Doch auch bei Kenntnis dieser unklaren Eigenschaften der Klassifikation des Rechnungswesens wären andere Probleme einer Annäherung von Teilbereichen des Rechnungswesens in einer monohierarchischen Klassifikation noch nicht ausgeräumt. So wurde eingangs dieses Abschnitts die Frage formuliert, ob ein Gestaltungsspektrum des Rechnungswesens von einer (vollständig) divergenten bis hin zu einer (vollständig) konvergenten Gestaltung des Rechnungswesens abgeleitet werden kann. Bei einer Konzeption der Konvergenz als Verringerung der Unterschiedlichkeit von internem und externem Rechnungswesen ergeben sich dabei zwei Probleme: Erstens wurde oben gezeigt, dass eine Annäherung von Bereichen des Rechnungswesen je nach Richtung und Zielpunkt der Annäherung bedeutet, dass deutlich unterschiedliche Ausgestaltungen des Rechnungswesens zwar gleichsam konvergent ansonsten aber grundlegend verschieden sein können. Es könnte damit zwar ein Konvergenzgrad als ein Grad der Ähnlichkeit von internem und externem Rechnungswesen bestimmt werden, über die Ausgestaltung des Rechnungswesens würde hierdurch aber keine eindeutige Aussage getroffen. Zweitens stellt sich die Frage nach den Extrempunkten des Spektrums von einer divergenten hin zu einer konvergenten Gestaltung des Rechnungswesens. Bei einem Verständnis eines „Konvergenzgrades“ als Grad der Unterschiedlichkeit von internem und externem Rechnungswesen ist dieses Spektrum zu einer Seite offen (unendliche Unterschiedlichkeit). In Richtung einer zunehmenden Konvergenz von internem und externem Rechnungswesen stellt die Identität von internem und externem Rechnungswesen einen natürlichen Extrempunkt dar.[597] Dieser Extrempunkt würde aber die Aufhebung der Unterscheidung von internem und

[597] Von *Melcher* wird die Messung einer als Reduktion der Unterschiedlichkeit von internem und externem Rechnungswesen definierten Konvergenz in Form einer „Maßzahl Konvergenzgrad“ vorgeschlagen (vgl. Melcher (2002), S. 83ff.). Neben dem Extrempunkt der Konvergenz in Form einer Identität von internem und externem Rechnungswesen (Konvergenzgrad von eins), schlägt *Melcher* als anderes Extrem einen Konvergenzgrad von null vor. Ein Konvergenzgrad von null soll dabei „die Ausgangsposition im Zustand der völligen Verschiedenheit (Diversität), die gleichbedeutend ist mit dem Fehlen jedweder Gemeinsamkeiten hinsichtlich der Zwecke, Adressaten, Verwendung alternativer Wertbasen und Definitionen des operativen Ergebnisses zwischen internem und externem Rechnungswesen“ (Melcher (2002), S. 83) bezeichnen. Es erscheint aber kaum sinnvoll, dass eine unendliche Unterschiedlichkeit den Nullpunkt einer von null bis eins begrenzten Skala bildet. Zudem ist fraglich, warum die „absolute Verschiedenheit“ eine „Ausgangsposition“ darstellen soll.

Der Grund für diese Unklarheiten erschließt sich erst bei einer näheren Betrachtung des von *Melcher* für die Entwicklung seines Konvergenzgrades herangezogenen von *Pellens* entwickelten „Harmonisierungsgrades“ (vgl. Pellens (1999), S. 361ff.). Dieser Harmonisierungsgrad soll die Harmonisierung internationaler Rechnungslegungssysteme erfassen und wird ebenfalls auf einer Skala von null bis eins gemessen. Während bei *Pellens* ein Harmonisierungsgrad von eins ebenfalls eine Identität der Rechnungslegungssysteme beschreibt, bezeichnet ein Harmonisierungsgrad von null die „im Ausgangspunkt“ zu Beginn des Harmonisierungsprozesses bestehende Unterschiedlichkeit der Rechnungslegungssysteme. Offenbar liegt bei *Melcher* damit eine Verwechslung von einem als Grad der Ähnlichkeit von internem und externem Rechnungswesen verstandenen Konvergenzgrad und dem Fortschritt des Konvergenzprozesses vor. Bei einer Übertragung des von *Pellens* entwickelten Harmonisierungsgrades auf den von *Melcher* konzipierten Konvergenzgrad müsste ein Konvergenzgrad von null durch die zu Beginn des Konvergenzprozesses herrschende Unterschiedlichkeit

externem Rechnungswesen bedeuten, was mit einer Aufrechterhaltung der bestehenden Klassifikation des betrieblichen Rechnungswesens nur schwer vereinbar ist.

Damit stellt sich nun die dritte zu Beginn dieses Abschnitts gestellte Frage, welche Auswirkungen eine Veränderung der Gestaltung des Rechnungswesens in Form einer Annäherung von internem und externem Rechnungswesen auf die bestehende Klassifikation des betrieblichen Rechnungswesens hat. In Abschnitt 5.2 wurde bereits dargestellt, dass es schwierig ist, die Elemente des betrieblichen Rechnungswesens in die bestehende Klassifikation des Rechnungswesens einzuordnen, wenn diese nicht die mit dem internen und externen Rechnungswesen typischerweise verbundenen Eigenschaften besitzen. Eine als Reduktion der Unterschiedlichkeit von internem und externem Rechnungswesen konzipierte Konvergenz impliziert eine Veränderung der Gestaltung des Rechnungswesens, so dass die typischen Unterschiede von internem und externem Rechnungswesen bei seinen Elementen seltener oder weniger stark ausgeprägt sind. Damit führt eine voranschreitende Konvergenz zu einer Zunahme der Probleme bei einer Anwendung der bestehenden Klassifikation des Rechnungswesens.

Spielt für die Gestaltung bestimmter Bestandteile des Rechnungswesens, wie beispielsweise für die Gestaltung der Datenbasis oder der des laufenden Rechnungswesens auf Konzernebene, die Unterscheidung in internes und externes Rechnungswesen gar keine Rolle mehr, so widersetzen sich diese Elemente einer Einordnung in die auf der Unterscheidung von internem und externem Rechnungswesen aufbauende Klassifikation des Rechnungswesens. Damit verliert die bestehende Klassifikation mit zunehmender Konvergenz an Vollständigkeit, da immer weniger Elemente des betrieblichen Rechnungswesens von ihr erfasst werden. Im Extrempunkt einer Konvergenz sind internes und externes Rechnungswesen schließlich miteinander identisch. Dann werden die Elemente des betrieblichen Rechnungswesen von der

---

von internem und externem Rechnungswesen gebildet werden. Dieser Ausgangspunkt des Konvergenzprozesses dürfte jedoch von Unternehmen zu Unternehmen unterschiedlich sein.

Als Skala für einen als Grad der Ähnlichkeit von internem und externem Rechnungswesen verstandenen Konvergenzgrad bietet sich statt einer beidseitig begrenzten Skala die Verwendung einer Verhältnisskala an, weil mit der Identität von internem und externem Rechnungswesen ein natürlicher Nullpunkt existiert (vgl. Bamberg/Baur (1998), S. 7). Da so etwas wie eine „absolute Ähnlichkeit" nicht existiert, ist für die Bestimmung der Ähnlichkeit von internem und externem Rechnungswesen zudem ausschlaggebend, durch welche Merkmale die Unterschiedlichkeit von internem und externem Rechnungswesen definiert wird. Diese werden von *Melcher* jedoch jenseits der im oben stehenden Zitat zu findenden Nennung von Merkmalen nicht näher bestimmt. Zudem wird die Auswahl dieser Merkmale nicht näher begründet. Dass zahlreiche weitere Möglichkeiten für die Auswahl von Merkmalen zur Bestimmung einer Unterschiedlichkeit von internem und externem Rechnungswesen nicht nur möglich sondern auch üblich sind, geht aus der Analyse von Klassifikationen des betrieblichen Rechnungswesen in Abschnitt 3.2.2.3 hervor.

bestehenden Klassifikation entweder nicht mehr erfasst oder, wenn beispielsweise das interne zu Gunsten des externen Rechnungswesens aufgegeben wird, durch die Klassifikation in internes und externes Rechnungswesen nicht mehr geteilt.[598]

Insgesamt wird die Klassifikation der Elemente des Rechnungswesens mit voranschreitender Konvergenz zunehmend schwieriger. Dabei werden drei der für die Beurteilung von nicht-theoretischen Klassifikationen in Abschnitt 2.4 aufgestellten Kriterien tendenziell mit zunehmender Konvergenz schlechter erfüllt: Erstens verringert sich die **Vollständigkeit** der Klassifikation, wenn die Elemente des Rechnungswesens sich immer weniger durch die klassifizierenden Merkmale auszeichnen, und zweitens verringert sich die **strukturelle Einfachheit**, wenn die Elemente des Rechnungswesens durch die Klassifikation in geringerem Umfang systematisiert werden. Hieraus folgt, dass eine Beibehaltung der bestehenden Klassifikation des betrieblichen Rechnungswesens mit einer zunehmend konvergenten Gestaltung des betrieblichen Rechnungswesens immer weniger sinnvoll erscheint. Geht man davon aus, dass mit den Begriffen internes und externes Rechnungswesen bestimmte Eigenschaften, die die Unterscheidung der beiden Bereiche des Rechnungswesens ausmachen, verbunden sind, so führen die mit einer Konvergenz von internem und externem Rechnungswesen verbundenen Veränderungen drittens zu einer Abnahme der **Klarheit** dieser Begriffe.

5.2.2 Konvergenz und die Eignung der bestehenden Klassifikation des Rechnungswesens als Heuristik für die Gestaltung des Rechnungswesens

Bei der Untersuchung der historischen Entwicklung der Unterscheidung von internem und externem Rechnungswesen und der auf ihr aufbauenden Klassifikation des Rechnungswesens in Kapitel 3.1 wurde die ursprüngliche Funktion dieser Klassifikation in einer Anweisung für die Gestaltung des betrieblichen Rechnungswesens identifiziert. Die Gestaltung des Rechnungswesens respektive die Veränderung dieser Gestaltung ist auch das Thema der Konvergenzdiskussion. Da eine (nicht-theoretische) Klassifikation, wie in Abschnitt 2.4 gezeigt, immer auch vor dem Hintergrund ihrer Funktion zu betrachten ist, wird für die nun folgende Analyse die Funktion der Klassifikation des Rechnungswesens als Gestaltungsheuristik für das betriebliche Rechnungswesens zugrunde gelegt. Damit steht die Eignung der Klassifika-

[598] Die Klassifikation wäre damit „extensional trivial“, da bei zwei vorhandenen Klassen alle Elemente in die erste und keine in die zweite Klasse fallen würden (vgl. Simons (1992), S. 23f.). Zu den intensionalen und extensionalen Eigenschaften von Klassifikationen vgl. auch Fn. 99.

tion für potentielle andere Zwecke, wie beispielsweise als Grundlage für empirische Erhebungen zur Gestaltung des Rechnungswesens oder für pädagogische Zwecke, nicht im Zentrum der Betrachtung. Im Rahmen der Analyse der Klassifikation in ihrer Funktion als Gestaltungsheuristik soll angesichts des Trends zur konvergenten Gestaltung des Rechnungswesens insbesondere geprüft werden, welche Gründe für eine Veränderung des heuristischen Wertes der bestehenden Klassifikation des Rechnungswesens für diesen Zweck sprechen könnten.

Da es sich bei der bestehenden Klassifikation des betrieblichen Rechnungswesens um eine nicht-theoretische Klassifikation handelt und keine umfassende Theorie – im Sinne des in dieser Arbeit zugrunde gelegten Theoriebegriffs des Kritischen Rationalismus – der Gestaltung des betrieblichen Rechnungswesens existiert, kann eine Überprüfung der Eignung dieser Klassifikation als Heuristik für die Gestaltung des betrieblichen Rechnungswesens lediglich in Form einer Plausibilitätsprüfung erfolgen. Als Ausgangspunkt für diese Plausibilitätsprüfung werden dabei in einem ersten Schritt die in Kapitel 2.4 für die Beurteilung von nicht-theoretischen Klassifikationen erarbeiteten Kriterien verwendet. Im zweiten Schritt werden die in Abschnitt 4.4 genannten Auslöser und Motive für eine Konvergenz des Rechnungswesens als mögliche Ursachen für eine Veränderung des heuristischen Wertes der bestehenden Klassifikation des Rechnungswesens analysiert.

Im nun folgenden ersten Analyseschritt werden die für die Beurteilung von nicht-theoretischen Klassifikationen erarbeiteten Kriterien als Ausgangspunkt für die Analyse des heuristischen Wertes der bestehenden Klassifikation des Rechnungswesens verwendet. Dabei wird davon ausgegangen, dass sich der heuristische Wert der bestehenden Klassifikation des betrieblichen Rechnungswesens für die Gestaltung des Rechnungswesens ceteris paribus dann verschlechtert, wenn die für die Beurteilung von nicht-theoretischen Klassifikationen erarbeiteten Kriterien von ihr schlechter erfüllt werden. Wie im vorstehenden Abschnitt 5.2.1 gezeigt, werden die Kriterien der Vollständigkeit, strukturellen Einfachheit und Klarheit von der bestehenden Klassifikation des Rechnungswesens mit zunehmender Konvergenz schlechter erfüllt. Damit ist davon auszugehen, dass auch der Wert der bestehenden Klassifikation des Rechnungswesens als eine Heuristik für die Gestaltung des betrieblichen Rechnungswesens mit einer zunehmend konvergenten Gestaltung des Rechnungswesens abnimmt. Aufgrund des in dieser Arbeit vorausgesetzten Zusammenhangs zwischen der Klassifikation des Rechnungswesens und seiner Gestaltung (vgl. die entsprechenden Ausführungen in Abschnitt 5.2) sind dabei jedoch zwei Fälle zu unterscheiden:

Im ersten Fall wird einer von der bestehenden Klassifikation des betrieblichen Rechnungswesens abweichenden Gestaltungsheuristik gefolgt, beispielsweise weil bestimmten Aspekten, wie der Einfachheit des Rechnungswesens oder der Shareholder Value-Orientierung, eine veränderte Priorität eingeräumt wird. Dies hat eine tendenziell weniger an der Unterscheidung von internem und externem Rechnungswesen ausgerichtete und damit konvergentere Gestaltung des Rechnungswesens und daraus resultierend die schlechtere Erfüllung der Kriterien für die Beurteilung der Klassifikation zur Folge.[599] Mögliche Gründe für eine (unmittelbare) Veränderung des heuristischen Wertes der bestehenden Klassifikation des Rechnungswesens für die Gestaltung des Rechnungswesens werden im zweiten Schritt der in diesem Abschnitt durchgeführten Analyse betrachtet.

Im zweiten Fall können externe Einflüsse - insbesondere im regulativen Umfeld - direkt Auslöser einer konvergenteren Gestaltung des Rechnungswesens sein. Dies führt ebenfalls dazu, dass die Kriterien zur Beurteilung von Klassifikationen von der bestehenden Klassifikation des betrieblichen Rechnungswesens schlechter erfüllt werden. Die Elemente des betrieblichen Rechnungswesens werden dann von der Klassifikation tendenziell in geringerem Umfang erfasst oder weniger stark durch sie systematisiert. Auch die Klarheit der in der Klassifikation verwendeten Begriffe nimmt ab, da diese ein bestimmtes Gestaltungsmodell des betrieblichen Rechnungswesens implizieren, dem nun nicht mehr gefolgt werden kann. In diesem Fall löst die Veränderung im regulativen Umfeld direkt eine Umgestaltung des Rechnungswesens aus, die über eine schlechtere Erfüllung der Kriterien für die Beurteilung der bestehenden Klassifikation (mittelbar) auch für eine Veränderung der für die Gestaltung des Rechnungswesens verwendeten Heuristik spricht. Auch hier können die in Abschnitt 4.4 angeführten Auslöser und Motive für eine Konvergenz (auf die auch im weiter unten folgenden zweiten Analyseschritt zurückgegriffen wird) als Anhaltspunkte dafür dienen, ob und welche externen Einflüsse vorhanden sind, die direkt zu einer konvergenten Gestaltung des Rechnungswesens führen.

Allgemein kann jedoch festgestellt werden, dass die mit zunehmender Konvergenz einhergehende schlechtere Erfüllung der Kriterien für die Beurteilung von Klassifikationen – unabhängig davon, ob die zunehmende Konvergenz auf eine bewusste Umgestaltung des betriebli-

[599] Für die Abgrenzung des ersten zum nachfolgend dargestellten zweiten Fall ist die Richtung der Kausalität zu beachten: In diesem ersten Fall ist eine Modifikation oder ein Wechsel der Gestaltungsheuristik der Grund für die schlechtere Erfüllung der Kriterien für die Beurteilung der Klassifikation, nicht umgekehrt.

chen Rechnungswesens oder auf externe Einflüsse zurückzuführen ist – dafür spricht, die bestehende Klassifikation des betrieblichen Rechnungswesens seiner veränderten Gestaltung anzupassen. Mit einer zunehmend konvergenten Gestaltung des Rechnungswesens erscheint damit eine Modifikation oder ein Wechsel der bestehenden Klassifikation des Rechungswesens zunehmend sinnvoller.

Eine wesentliche Veränderung des regulativen Umfeldes, die einen direkten Einfluss auf die Gestaltung des betrieblichen Rechnungswesens besitzt, besteht in der Einführung der Pflicht zur Umstellung der Konzernrechnungslegung auf eine Rechnungslegung nach IFRS für kapitalmarktorientierte Unternehmen.[600] Diese Umstellung wirkt sich auf diverse Aspekte der Unterschiedlichkeit von internem und externem Rechnungswesen aus. Betroffen sind unter anderem die Unterschiede in Bezug auf die Freiwilligkeit, den Detaillierungsgrad, die Zwecksetzung und die verwendeten Rechengrößen. So werden für eine Rechnungslegung nach IFRS, wie in Abschnitt 4.4 gezeigt, zunehmend Informationen erforderlich, die gemäß der bestehenden Klassifikation des Rechnungswesens dem internen Rechnungswesen zuzuordnen wären. Dies betrifft neben dem Bereich der Ist-Kostenrechnung auch Planungs- und Prognoserechnungen sowie Informationen aus dem Risikocontrolling. Diese Angleichung der Informationsbasis und die Verringerung der Freiwilligkeit und der Gestaltungsfreiheit des internen Rechnungswesens stellen vor dem Hintergrund der typischerweise mit der Unterscheidung von internem und externem Rechnungswesen verbundenen Unterschiedlichkeiten eine Annäherung von internem und externem Rechnungswesen dar. Wird die Freiwilligkeit als konstitutives Merkmal des internen Rechnungswesens angesehen, so wären diverse Bereiche des internen Rechnungswesens nunmehr dem externen Rechnungswesen zuzuordnen. Die voranschreitende Kopplung von internem und externem Rechnungswesen im Rahmen des Management Approach dürfte zu weiteren Abgrenzungsproblemen von internem und externem Rechnungswesen führen. Hier ist unter anderem zu beachten, dass es im Rahmen der geplanten Ausweitung des Management Approach in der Segmentberichterstattung sogar zu einem Ausweis kalkulatorischer Elemente in der externen Rechnungslegung kommen könnte.[601] Damit ist eine divergente Gestaltung im Sinne der bestehenden Klassifikation des betrieblichen Rechnungswesens nicht mehr uneingeschränkt möglich. Die bestehende Klassifikation verliert an heuristischem Wert und Trennschärfe. Eine Modifikation oder ein Wechsel der

[600] Zu den Voraussetzungen für diese Umstellungspflicht vgl. S. 73.

[601] Vgl. Fn. 500.

bestehenden Klassifikation des betrieblichen Rechnungswesens und der mit ihr verbundenen Gestaltungsheuristik wird damit sinnvoller.

Neben diesen im ersten Schritt der Analyse hergeleiteten Gründen für eine Veränderung der bestehenden Klassifikation des Rechnungswesens, die (mittelbar) aus der schlechteren Erfüllung der Kriterien für die Beurteilung von nicht-theoretischen Klassifikation resultieren, werden im nun folgenden zweiten Analyseschritt mögliche Gründe für eine (unmittelbare) Veränderung des heuristischen Wertes der bestehenden Klassifikation des Rechnungswesens untersucht. Dabei wird auf die in Abschnitt 4.4 genannten Auslöser und Motive für eine Konvergenz des Rechnungswesens als mögliche Ursachen für solche Veränderungen des heuristischen Wertes zurückgegriffen. Ein wesentlicher Teil des heuristischen Wertes der bestehenden Klassifikation des Rechnungswesens als einer Hilfe für die Gestaltung des Rechnungswesens, kann darin identifiziert werden, dass mit dem internen und externen Rechnungswesen zwei Hauptbereiche innerhalb des Rechnungswesens gebildet werden, die stark unterschiedlich sind und weitgehend unabhängig voneinander gestaltet und abgewickelt werden können. Dies beeinflusst die organisatorische Gestaltung des mit dem betrieblichen Rechnungswesen verbundenen Aufgabenzusammenhangs und legt eine Zweiteilung des mit der Gestaltung und dem Betrieb des betrieblichen Rechnungswesens verbundenen Aufgabenkomplexes nahe. Bereits in der historischen Entwicklung der Gliederung des Rechnungswesens in Finanz- und Betriebsbuchhaltung kommt dem organisatorischen Aspekt der Abwicklung des betrieblichen Rechnungswesens eine wichtige Rolle zu.[602] Und auch heute spiegelt sich in der typischen Aufgabenteilung zwischen den Abteilungen im Finanzbereich deutscher Unternehmen eine entsprechende Segmentierung des Aufgabenzusammenhangs wieder.[603] Angesichts der Komplexität der Aufgabe der Gestaltung des betrieblichen Rechnungswesens und der unvollständigen theoretischen Durchdringung derselben ist für die Notwendigkeit und Sinnhaftigkeit einer derartigen Segmentierung des Aufgabenkomplexes die arbeitsteilige Bewältigung des Rechnungswesens keine notwendige Voraussetzung. Die mit der bestehenden Klassifikation

[602] Der Aspekt der organisatorischen Abwicklung des betrieblichen Rechnungswesens besitzt bereits in den frühen Veröffentlichungen *Schmalenbachs* einen hohen Stellenwert (vgl. hierzu insbesondere die Ausführungen zum Kontenrahmen in Abschnitt 3.1.3 auf S. 54ff.). Ein weitaus höherer Stellenwert wird dem Aspekt der Aufbauorganisation des Rechnungswesens später in den von *Bauer* bearbeiteten Auflagen der „Selbstkostenrechnung" eingeräumt (vgl. Fn. 197). Diese zunehmende Betonung organisatorischer Aspekte im *Schmalenbachschen* Konzept sind auch auf Entwicklungen in der Unternehmenspraxis zurückzuführen, in der sich die von *Schmalenbach* ursprünglich angestrebte enge Verbindung von Finanz- und Betriebsbuchhaltung als organisatorisch nicht oder nur schwer möglich erwies (vgl. S. 59).

[603] Vgl. S. 70f.

des Rechnungswesens verbundene Gestaltungsheuristik kann ihren Wert vielmehr auch entfalten, indem sie eine gedankliche Trennung unterschiedlicher Aspekte und Prinzipien des betrieblichen Rechnungswesens erlaubt.

Die folgende Analyse möglicher Veränderungen des heuristischen Wertes der bestehenden Klassifikation des betrieblichen Rechnungswesens beruht auf einer Übertragung des Grundsatzes der organisatorischen Gestaltung, Aufgaben so zu gliedern, dass (kritische) Interdependenzen durch die Aufgabenteilung möglichst nicht zerschnitten werden, auf die Gestaltung des Rechnungswesens.[604] Dementsprechend wird angenommen, dass eine Zunahme der Interdependenzen zwischen internem und externem Rechnungswesen mit einer Abnahme des heuristischen Wertes der bestehenden Klassifikation des betrieblichen Rechnungswesens verbunden ist. Wie in Abschnitt 4.5 gezeigt wurde, basieren die bisher entwickelten Ansätze zur Erklärung des Phänomens der Konvergenz im Rechnungswesen auf theoretischen Konzepten, die offenbar weder die Grundlage für die bestehende Gliederung des betrieblichen Rechnungswesens und das mit dieser Gliederung verbundene Gestaltungsmodell des betrieblichen Rechnungswesens darstellen, noch geeignet sind, diese Gliederung zu erklären. Diesen Erklärungsansätzen wird hier ein alternativer Ansatz gegenübergestellt. Dieser Ansatz stellt auf die historische Entwicklung der bestehenden Klassifikation des Rechnungswesens als eine pragmatische Gestaltungsanweisung für das Rechnungswesen ab. Dies bietet den zusätzlichen Vorteil, dass mit diesem Erklärungsansatz ein weiteres der in Abschnitt 1.2.3 bemängelten Forschungsdefizite adressiert werden kann, indem die bisher unzureichend berücksichtigten Veränderungen im Zusammenspiel zwischen internem und externem Rechnungswesen, die auf die Einführung der IFRS zurückzuführen sind, in der Analyse erfasst werden.

Als die wichtigsten Ursachen für eine konvergente Gestaltung wurden in Abschnitt 4.4 das Motiv, **Einsparungen** im Rechnungswesen zu realisieren, die Umstellung auf **internationale Rechnungslegung**, die zunehmende Orientierung der Unternehmensführung am **Shareholder**

---

[604] Hierbei handelt es sich um das grundlegende Gestaltungsprinzip aufgabenlogisch ausgerichteter Ansätze der organisatorischen Gestaltung (vgl. Frese (2000), S. 246ff.).

Damit basiert dieses Gestaltungsprinzip auf der entscheidungsorientierten Organisationstheorie nach *Frese*. In dieser resultieren Interdependenzen aus der horizontalen Aufteilung (Segmentierung) von Entscheidungskomplexen auf mehrere Entscheidungseinheiten, die bis zu einem gewissen Grade unabhängig voneinander Teilhandlungen mit entsprechenden Teilergebnissen festlegen. Interdependenzen treten dann auf, wenn die Veränderungen im Entscheidungsfeld einer Einheit durch die Entscheidungsaktivitäten einer anderen Einheit verursacht werden. Damit können Interdependenzen auf eine sequentielle Verknüpfung von Realisationsprozessen oder auf die Überschneidung von Entscheidungsfeldern zurückgeführt werden (vgl. Frese (2000), S. 57ff.).

Value und das Ziel einer verbesserten **Verständlichkeit** des Rechnungswesens identifiziert. Damit werden auch hier noch einmal Einflüsse aus dem regulativen Umfeld, insbesondere durch die Einführung der IFRS, betrachtet, soweit diese nicht unmittelbar die Unterschiedlichkeit von internem und externem Rechnungswesen verändern, sondern sich durch die Veränderungen der Interdependenzen zwischen internem und externem Rechnungswesen auf die Eignung der bestehenden Klassifikation als Gestaltungsheuristik auswirken.

Ein unmittelbarer Einfluss des Ziels, **Einsparungen** im Rechungswesen realisieren zu wollen, auf die Interdependenzen zwischen internem und externem Rechnungswesen ist nicht ersichtlich.[605] Allerdings weisen die im Rahmen der empirischen Erhebungen gewonnenen Erkenntnisse auch darauf hin, dass in der Unternehmenspraxis weniger Kostenersparnisse sondern eher eigenständige Vorteile eines konvergenten Rechnungswesens die wesentlichen Beweggründe für eine konvergente Gestaltung des Rechnungswesens darstellen.

Die Umstellung auf **internationale Rechnungslegungsstandards** hat, wie oben in diesem Abschnitt dargestellt, unmittelbaren Einfluss auf die grundsätzlichen Möglichkeiten einer divergenten Gestaltung des Rechnungswesens. Da die Umstellung auf eine Bilanzierung nach IFRS zudem eine erhebliche Zunahme der Interdependenzen zwischen internem und externem Rechnungswesen mit sich bringt, verändert sich durch den Wechsel der Rechnungslegungsvorschriften auch die Eignung der bestehenden Klassifikation des Rechnungswesens als eine Gestaltungsheuristik. Insbesondere wird die Übernahme von Daten aus dem internen Rechnungswesen in die externe Rechnungslegung ausgeweitet. Darüber hinaus findet im Zuge des Management Approach eine Kopplung von Daten und Strukturen des internen Rechnungswesens an die der externen Rechnungslegung statt. Bei den durch diese Verknüpfungen hervorgerufenen Interdependenzen zwischen internem und externem Rechnungswesen können zwei Ebenen unterschieden werden:

Auf der ersten Ebene entstehen zusätzliche Interdependenzen durch die Ausweitung der Übernahme von Daten aus dem internen Rechnungswesen in die externe Rechnungslegung. Die aus dem internen Rechnungswesen erforderlichen Daten müssen im geforderten Zeitraum, in der erforderlichen Detaillierung, Qualität sowie in ausreichend dokumentierter Form vorliegen. Sie stellen quasi eine Vorleistung für die externe Rechnungslegung dar. Die „Produktion" der externen Rechnungslegung kann ohne die entsprechenden Eingangsgrößen aus dem internen Rechnungswesen nicht erfolgen. Umgekehrt schafft die externe Rechnungsle-

605 Hier wäre allenfalls denkbar, dass eine Verknappung der für das Rechnungswesen verfügbaren Finanzmittel zu einer Verschärfung der diesbezüglichen Ressourceninterdependenz zwischen internem und externem Rechnungswesen führt.

gung einen zusätzlichen Bedarf an Informationen aus dem internen Rechnungswesen. Damit sind bei der Gestaltung des internen Rechnungswesens von vorneherein die Anforderungen der externen Rechnungslegung mit zu berücksichtigen.

Auf der zweiten Ebene wird durch die Übernahme von Daten und Strukturen aus dem internen Rechnungswesen in die externe Rechnungslegung die Möglichkeit geschaffen, durch eine entsprechende Gestaltung des internen Rechnungswesens Einfluss auf die Darstellung des Unternehmens in der externen Rechnungslegung zu nehmen. So kann beispielsweise durch die Wahl der Geschäftsbereiche, über die im internen Berichtswesen an die Unternehmensführung berichtet wird, Einfluss auf die in der externen Segmentberichterstattung berichtspflichtigen Geschäftsbereiche genommen werden. Neben solchen Ausweisfragen können auch ergebnisrelevante Effekte aus dem internen Rechnungswesen resultieren. So beruht beispielsweise die Bestimmung der Höhe außerplanmäßiger Abschreibungen oftmals auf Daten aus der Unternehmensplanung. Durch eine Ausübung der in den erforderlichen Planungsrechnungen vorhandenen Ermessensspielräume kann auch hier Einfluss auf die externe Rechnungslegung genommen werden.[606] Darüber hinaus kann das Wissen um derartige Auswirkungen auf die externe Rechnungslegung bei der Durchführung des internen Rechnungswesens aber auch jenseits einer eventuell beabsichtigten bilanzpolitischen Einflussnahme bedeutsam sein. So sind Fälle denkbar, in denen durch die Übertragung von Informationen aus dem internen Rechnungswesen in die externe Rechnungslegungen Rückwirkungen auf das interne Rechnungswesen entstehen. Wird beispielsweise durch die Planung eine hohe außergewöhnliche Abschreibung (Impairment) auf einen derivativen Firmenwert (Goodwill) ausgelöst, so kann aus der damit einhergehenden Beeinflussung von Bilanzkennzahlen eine Verschlechterung der Finanzierungskonditionen resultieren, die eine Anpassung der bisherigen Planungsrechnungen oder gar eine Neuplanung (eventuell mit dem Ziel, ein Impairment zu vermeiden) erforderlich macht.

Diese durch die Einführung der IFRS ausgelösten Interdependenzen zwischen internem und externem Rechnungswesen sind sowohl bei der Gestaltung als auch bei der Durchführung des betrieblichen Rechnungswesens zu beachten und verknüpfen damit die mit dem internen und externen Rechnungswesen verbundenen Aufgabenkomplexe. Die Interdependenzen auf der ersten Ebene machen vor allem unter Kostengesichtspunkten eine stärkere Abstimmung von internem und externem Rechnungswesen, beispielsweise bei der Festlegung von Berichts- und Planungseinheiten, vorteilhaft. Grundsätzlich beeinflussen diese Interdependenzen jedoch nicht die Gestaltungsfreiheit des internen Rechnungswesens. Die für das externe Rechnungs-

[606] Dieser Zusammenhang wird von *Himmel* als „Zirkularitätsproblem" bezeichnet (vgl. Himmel (2004), S. 138ff.).
Zu Ermessensspielräumen in Planungsrechnungen für das externe Rechnungswesen vgl. Budde (2005), S. 2569ff.

wesen erforderlichen Daten könnten grundsätzlich auch durch separate Rechnungen abgedeckt werden, während das interne Rechnungswesen ansonsten unverändert gelassen werden könnte. Die Interdependenzen der zweiten Ebene dagegen koppeln internes und externes Rechnungswesen unmittelbar aneinander, wodurch diese beiden Bereiche des Rechnungswesens nicht mehr unabhängig voneinander gestaltet und betrieben werden können.

Ein weiterer wichtiger Grund für die zunehmend konvergente Gestaltung des betrieblichen Rechnungswesens liegt in der vermehrten Ausrichtung der Unternehmensführung am **Shareholder Value**. Durch die Ausrichtung der Unternehmenssteuerung an den Interessen der Anteilseigner gewinnen die Daten der externen Rechnungslegung, dem traditionell wichtigsten Instrument zur Kommunikation mit den Shareholdern, an Bedeutung für die interne Steuerung. Die für die extern kommunizierten Unternehmenskennzahlen festgelegten Ziele müssen im internen Rechnungswesen detailliert und operationalisiert werden. Zudem muss die Entwicklung der Zielgrößen des externen Rechnungswesens verstärkt kontrolliert und prognostiziert werden. Die Unternehmensführung muss darüber hinaus ständig in der Lage sein, die Informationen der externen Rechnungslegung mit den Anteilseignern diskutieren und diesen gegenüber erläutern zu können. Hierdurch nimmt der Bedarf des Managements an detaillierten Informationen aus dem externen Rechnungswesen zu. Dementsprechend bietet es sich an, in den Planungs- und Steuerungsrechnungen des internen Rechnungswesens stärker an den Daten des externen Rechnungswesens anzuknüpfen. Dies kann auch zu einer Verdrängung des internen zugunsten des externen Rechnungswesens führen.

Interdependenzen zwischen internem und externem Rechnungswesen können zudem durch die Verknüpfung der Anreizsysteme für Führungskräfte mit den Daten der externen Rechnungslegung, wie sie im Rahmen von wertorientierten Steuerungssystemen regelmäßig stattfindet, verursacht werden. So zeigen Pfaff/Bärtl in einem Prinzipal-Agenten-Modell, dass durch die Anbindung des Anreizsystems an die externe Rechnungslegung unter gewissen Voraussetzungen ein Zusammenhang zwischen externer und interner Rechnungslegung und dem Kapitalmarkt erzeugt wird. In diesen Situationen ist bei der Ausgestaltung des internen Rechnungswesens zu beachten, wie sich die Handlungen des Managements über ihre Abbildung in der externen Rechnungslegung und die Reaktion der Kapitalmärkte auf die Entlohnung des Managements auswirken.[607]

Insbesondere von Vertretern der Unternehmenspraxis wird der Vorteil einer verbesserten **Verständlichkeit** des Rechnungswesens durch seine konvergente Gestaltung besonders hervorgehoben. Für die Berücksichtigung des Aspekts der Verständlichkeit des Rechnungswesens fehlt allerdings in den bisherigen Beiträgen zur Konvergenzdiskussion eine theoretische

---

[607] Vgl. Pfaff/Bärtl (1998), S. 773ff.; Bärtl (2001), S. 159ff., 224.

Grundlage. Darüber hinaus wird nicht näher ausgeführt, welche Faktoren zu einer erhöhten Einfachheit und verbesserten Verständlichkeit des Rechnungswesens beitragen.[608]

Es ist jedoch offensichtlich, dass die Berücksichtigung des Aspektes der Verständlichkeit des Rechnungswesens neue Herausforderungen bei der Gestaltung des Rechnungswesens eröffnet. So steht die Forderung nach einem einfachen Rechnungswesen in Konflikt zu dem Gestaltungsgrundsatz, dass für unterschiedliche Rechnungszwecke verschiedene Rechnungssysteme erforderlich sind.[609] Bei einer Akzeptanz dieses Gestaltungsgrundsatzes kann die Frage, wie weit die Rechnungssysteme auszudifferenzieren sind und damit das Rechnungswesen divergent zu gestalten ist, als ein Optimierungsproblem angesehen werden. Es ist zu lösen, indem die gegebenen Rechnungszwecke so lange durch eine Ausdifferenzierung des Rechnungswesens erfüllt werden, bis der Grenznutzen einer weiteren Ausdifferenzierung die zusätzlichen Kosten einer solchen übersteigt. Nun kann das Ziel, ein einfaches und verständliches Rechnungswesen zu schaffen, offensichtlich nicht wie andere Rechnungszwecke mit Hilfe eines zusätzlichen „einfachen" Rechenwerkes erfüllt werden. Bei einer Berücksichtigung der Einfachheit oder Verständlichkeit des Rechnungswesens ist vielmehr bei jeder Ausdifferenzierung des Rechnungswesens zusätzlich zu beachten, wie sich eine solche Veränderung auf die Komplexität und die Verständlichkeit des **gesamten** Rechnungswesens auswirkt. Damit sind Veränderungen in Teilbereichen des Rechnungswesens immer vor dem Hintergrund der Verständlichkeit und Einfachheit des **gesamten** betrieblichen Rechnungswesens zu beurteilen.[610] Die Gestaltung von internem und externem Rechnungswesen wird somit interdependent.

Zu dem Ziel, eine verbesserte Verständlichkeit des Rechnungswesens durch eine Konvergenz von internem und externem Rechnungswesen erreichen zu wollen, ist anzumerken, dass es sich hierbei nicht um eine grundsätzlich neue Zielsetzung bei der Gestaltung des Rechnungswesens handelt. (Gleiches gilt im Übrigen auch für die Zielsetzung, Einsparungen im Rechnungswesen realisieren zu wollen.) Allerdings ist die starke Betonung der Verständlichkeit

---

608 Erste Ansätze, welche Faktoren die Komplexität und Verständlichkeit aus dem Rechnungswesen abgeleiteter Kennzahlen beeinflussen, liefert die Dissertation von *Heineke* (vgl. Heineke (2005), S. 75ff.).

609 Für eine kritische Auseinandersetzung mit diesem Grundsatz vgl. Abschnitt 3.2.2.4.

610 Grundsätzlich könnte jedoch versucht werden, Veränderungen der Komplexität und Verständlichkeit des Rechnungswesens in das oben geschilderte Optimierungskalkül für die Ausdifferenzierung des Rechnungswesens zu integrieren. In diesem Fall wären bei den Kosten für eine Ausdifferenzierung des Rechnungswesens zusätzliche Kosten für eine Erhöhung der Komplexität und die damit verbundene Abnahme der Verständlichkeit des Rechnungswesens anzusetzen (vgl. Zimmerman (2003), S. 9). Die Höhe derartiger „Komplexitätskosten" müsste jedoch auch in diesem Ansatz vor dem Hintergrund der Beeinflussung der Komplexität des *gesamten* Rechnungswesens bestimmt werden. Ähnliche Versuche für eine Berücksichtigung von Komplexitätskosten im Bereich der Fertigung, die beispielsweise durch eine Erhöhung der Variantenvielfalt im Produktprogramm hervorgerufen werden, zeigen allerdings, dass eine Berücksichtigung von Komplexitätskosten mit vielfältigen Problemen verbunden ist und allenfalls Näherungslösungen liefern kann (vgl. Battenfeld (2001), S. 137ff.).

des Rechnungswesens offenbar Ausdruck einer Verschiebung der Prioritäten bei der Gestaltung des Rechnungswesens. Diese dürfte auch durch die zunehmende Internationalisierung der Unternehmenstätigkeit und die international nur schwer vermittelbare - da wie in Kapitel 3 gezeigt spezifisch deutsche und nicht sehr klare - Trennung von internem und externem Rechnungswesen begünstigt sein. Auch die schwindende Klarheit der Trennung von internem und externem Rechnungswesen durch die Veränderungen im regulativen Umfeld und die erhöhte Komplexität der internationalen Rechnungslegungsstandards tragen zu einer erhöhten Konfusion im Rechnungswesen bei und verstärken den Bedarf an Vereinfachung.

Die Untersuchung der Veränderungen der Interdependenzen zwischen internem und externem Rechnungswesen ergibt zusammenfassend, dass die Einführung internationaler Rechnungslegung, die zunehmende Ausrichtung der Unternehmensführung am Shareholder Value und die Erhöhung der Verständlichkeit des Rechnungswesens zu einer erheblichen Ausweitung der Verknüpfung der mit der Gestaltung und dem Betrieb von internem und externem Rechnungswesen verbundenen Aufgabenkomplexe führen, die bisher weitgehend getrennt werden konnten. Es ist davon auszugehen, dass der heuristische Wert der bestehenden Klassifikation des betrieblichen Rechnungswesens hierdurch erheblich reduziert wurde. Eine getrennte Gestaltung und Abwicklung von internem und externem Rechnungswesen ist zum Teil nicht mehr möglich und zudem in vielerlei Hinsicht erheblich erschwert worden. Dies verringert die Möglichkeit, die beiden Aufgabenkomplexe gedanklich voneinander zu trennen. Ebenso wird es weniger vorteilhaft, die entsprechenden Aufgaben separaten Abteilungen zuzuweisen, da der Abstimmungsbedarf erheblich zunimmt. Hierbei ist auch zu beachten, dass im internen Rechnungswesen respektive im Controlling der Bedarf an Wissen zur internationalen Rechnungslegung immer größer wird, ebenso wie im externen Rechnungswesen verstärkt Controlling Know-how gefragt ist.[611] Dies spiegelt sich auch in dem sich in der deutschen Unternehmenspraxis abzeichnenden Trend wider, die vormals in der Regel getrennten Abteilungen für Controlling und Bilanzierung enger zu verknüpfen oder zusammenzulegen.[612]

Insgesamt wurde der heuristische Wert der bestehenden Klassifikation des betrieblichen Rechnungswesens als eine Hilfe für die Gestaltung des Rechnungswesens durch die erhebliche Ausweitung der Verknüpfung der mit der Gestaltung und dem Betrieb von internem und externem Rechnungswesen verbundenen Aufgabenkomplexe stark reduziert. Darüber hinaus hat die in diesem Abschnitt durchgeführte Analyse ergeben, dass durch Veränderungen im regulativen Umfeld, insbesondere durch die Umstellung der Rechnungslegung auf die Bestimmungen der IFRS, eine Gestaltung des Rechnungswesens in Übereinstimmung mit dem hinter der bestehenden Klassifikation des Rechnungswesens stehenden Gestaltungsmodell

---

[611] Vgl. Hirsch/Meyer (2006).

[612] Vgl. Hirsch (2005), S. 180ff.; Wenning (2001), S. 40.

nicht mehr uneingeschränkt möglich ist. Die Kriterien für die Beurteilung von nicht-theoretischen Klassifikationen werden damit von der bestehenden Klassifikation des Rechnungswesens schlechter erfüllt; sie verliert an heuristischem Wert und an Trennschärfe. Der in diesem Abschnitt entwickelte alternative Ansatz für die Erklärung des Phänomens des betrieblichen Rechnungswesens führt damit insgesamt zu plausiblen Ergebnissen.

5.3 Konvergenz als Auslöser von Veränderungen der Klassifikation des Rechnungswesens

In Abschnitt 5.1 wurde gezeigt, dass die Strukturierungsleistung der bestehenden Klassifikation des betrieblichen Rechnungswesens mit voranschreitender Konvergenz abnimmt. Im Extremfall wird die Trennung von internem und externem Rechnungswesens durch eine Konvergenz sogar aufgehoben. Zudem wird eine Gestaltung des Rechnungswesens in Übereinstimmung mit der bestehenden Klassifikation aufgrund von Veränderungen im regulativen Umfeld zunehmend schwierig. Darüber hinaus ergab die Untersuchung des heuristischen Wertes der bestehenden Klassifikation des betrieblichen Rechnungswesens für die Gestaltung desselben, dass dieser Wert sich erheblich verringert haben dürfte. Insgesamt ist festzustellen, dass die traditionelle Trennung von internem und externem Rechnungswesen zusehends aufweicht. Dies hat zur Folge, dass alternative Strukturierungsansätze als Orientierungshilfen für die Gestaltung des Rechnungswesens erforderlich werden und ein Bedarf für eine veränderte Strukturierung des betrieblichen Rechnungswesens entsteht. Dementsprechend werden nachfolgend zuerst Möglichkeiten für eine Anpassung der bestehenden Klassifikation des betrieblichen Rechnungswesens und die Möglichkeit einer Übernahme der angloamerikanischen Klassifikation des betrieblichen Rechnungswesens erörtert. Anschließend werden Ansätze und Strategien für eine Neustrukturierung des betrieblichen Rechnungswesens aufgezeigt.

5.3.1 Möglichkeiten für eine Anpassung der bestehenden Klassifikation des Rechnungswesens

In diesem Abschnitt werden Möglichkeiten für eine Modifikation der bestehenden Klassifikation des betrieblichen Rechnungswesens als Antwort auf den sich angesichts des Trends zur Konvergenz im Rechnungswesen ergebenden Bedarf für eine Neustrukturierung des Rechnungswesens erörtert. Dabei soll die bestehende Klassifikation des Rechnungswesens nicht, wie bei den Überlegungen in den Kapiteln 5.2 und 5.2.1, unverändert gelassen werden. Vielmehr wird die bestehende Klassifikation als Basis verwendet, welche an die aktuellen Entwicklungen angepasst wird. Die in der bestehenden Klassifikation enthaltenen Elemente, insbesondere die Untergliederung in internes und externes Rechnungswesen, sollen dabei jedoch nicht grundsätzlich aufgegeben werden.

Zunächst kann festgestellt werden, dass ein solches Vorgehen durchaus Vor- und Nachteile besitzt. So weist die Strategie einer Anpassung der bestehenden Klassifikation des Rechnungswesens den Vorteil auf, an gewohnte und bekannte Begrifflichkeiten anknüpfen zu können. Dies wird jedoch mit den Nachteilen erkauft, dass die bestehenden Begrifflichkeiten zum einen recht vage sind und zum anderen Vorstellungsinhalte mit ihnen verbunden werden, die mit der bestehenden Klassifikation des Rechnungswesens und mit einem bestimmten Gestaltungsmodell für das Rechnungswesen verknüpft sind. Es kann jedoch als offene Frage angesehen werden, ob es leichter ist, bestehende über Jahrzehnte verwendete Begriffe zu modifizieren oder sich vollständig oder weitgehend von diesen zu verabschieden. Für die Beantwortung dieser Frage dürften die Qualität der Ideen und Möglichkeiten für eine Anpassung der bestehenden Klassifikation des Rechnungswesens und die der alternativ vorhandenen Ideen und Möglichkeiten für eine Neustrukturierung des Rechnungswesens ausschlaggebend sein. Im Folgenden werden dementsprechend Möglichkeiten für eine Modifikation dargestellt und diskutiert, bevor in den nachfolgenden Abschnitten (5.3.2, 0 und 5.4.1) die Möglichkeit einer Übernahme der angloamerikanischen Strukturierung des Rechnungswesens sowie Ansätze für eine Neustrukturierung des Rechnungswesens erörtert werden.

Die am nächsten liegende Möglichkeit, der mit einer Annäherung von internem und externem Rechnungswesen verbundenen Abnahme der Vollständigkeit und der Reduzierung der Strukturierungsleistung der bestehenden Klassifikation zu begegnen, besteht in einer Ergänzung der bisherigen dichotomen Unterteilung des Rechnungswesens in internes und externes Rechnungswesen um eine dritte Klasse. Dieser dritten Klasse könnten die Elemente des betrieblichen Rechnungswesens zugeordnet werden, die in die Untergliederung des Rechnungswesens in internes und externes Rechnungswesen nicht (mehr) eingeordnet werden können. Bei voranschreitender Konvergenz würden in diese Klasse die Elemente des Rechnungswesens fallen, die sowohl dem internen als auch dem externen Rechnungswesen dienen, wie beispielsweise eine gemeinsame Datengrundlage oder eine übereinstimmende Segmentberichterstattung.

Eine derartige Ergänzung um eine dritte Klasse ist jedoch mit verschiedenen Problemen verbunden. Das erste Problem resultiert aus der gängigen Definition von internem und externem Rechnungswesen, in der ersteres (primär) an unternehmensinterne und letzteres (primär) an unternehmensexterne Adressaten gerichtet ist. Je nach der genauen Abgrenzung wären die Elemente der dritten Klasse in einer ersten Variante sowohl dem internen als auch dem externen Rechnungswesen zuzuordnen, wodurch die Klassen nicht mehr überschneidungsfrei wären. Eine andere Variante bestünde darin, dies zu verhindern, indem in die dritte Klasse die Elemente fallen, die sowohl dem internen als auch dem externen Rechnungswesen dienen und dem internen und externen Rechnungswesen lediglich die Elemente zugeordnet werden, die über diese Basis hinausgehen und ausschließlich dem internen beziehungsweise dem externen Rechnungswesen dienen.

Zur ersten Variante ist anzumerken, dass für hierarchische Klassifikationen in der Regel die Überschneidungsfreiheit der Klassen gefordert wird. Die bestehende Klassifikation des Rechnungswesens würde durch diese Ergänzung zudem praktisch nicht verändert; es wäre eher so, dass lediglich die mangelnde Überschneidungsfreiheit der bestehenden Klassifikation offen gelegt würde. Die dritte Klasse hätte dabei durch ihre „sowohl als auch“-Definition den Charakter einer Auffangkategorie. Auch in der zweiten Variante können die Klassen rein logisch definiert werden, indem die dritte Klasse als eine Auffangkategorie dient, in die sämtliche Elemente des Rechnungswesens fallen, die weder ausschließlich dem internen noch ausschließlich dem externen Rechnungswesen zugeordnet werden können. Dadurch, dass in internes und externes Rechnungswesen nur das über diese gemeinsame Basis Hinausgehende fällt, bliebe zwar die Überschneidungsfreiheit der Klassen gewahrt, die Strukturierungsleistung bliebe jedoch unverändert. Wie in Abschnitt 2.4.1 dargestellt, kann durch die Bildung von Auffangkategorien zwar die Vollständigkeit einer Klassifikation sichergestellt werden, die strukturelle Einfachheit wird hierdurch jedoch verringert. Einer Bildung von Auffangkategorien wären positive Definitionen der Klassen vorzuziehen.

Bei der Verwendung einer positiven Definition für die neu zu bildende dritte Klasse würde diese nicht mehr in Abgrenzung zum internen und externen Rechnungswesen definiert, sondern sie würde hiervon unabhängig durch eine eigenständige Definition festgelegt. Dies würde die Festlegung einer gemeinsamen Basis des betrieblichen Rechnungswesens bedeuten, die für Zwecke des internen und externen Rechnungswesens lediglich ergänzt wird. Auch wenn dies kein leichtes Unterfangen sein dürfte, liegt in der Festlegung einer gemeinsamen Basis des betrieblichen Rechnungswesens zumindest auf den ersten Blick ein viel versprechender Ansatz für eine Modifikation der bestehenden Klassifikation des Rechnungswesens. Während in der bestehenden Klassifikation durch die Dichotomie von internem und externem Rechnungswesen automatisch die Unterschiede zwischen diesen beiden Hauptbereichen des Rechnungswesens betont werden, könnten durch eine (zu definierende) gemeinsame Grundlage des

Rechnungswesens die - mit voranschreitender Konvergenz zunehmenden - Gemeinsamkeiten von internem und externem Rechnungswesen in den Mittelpunkt gerückt werden. Für die Bestimmung der gemeinsamen Basis von internem und externem Rechnungswesen könnte das Ziel der Vereinfachung des betrieblichen Rechnungswesens als Anhaltspunkt dienen. So könnte die Basis in einer vereinfachten Grundrechnung bestehen, die eine verständliche Kommunikationsgrundlage darstellt. In dieser wäre sowohl von speziellen Anforderungen, die für Planungszwecke im internen Rechnungswesen entstehen, als auch von besonders komplexen Regelungen des externen Rechnungswesens zu abstrahieren. Dabei müsste die gemeinsame Basis nicht zwangsläufig die Form eines eigenständigen Rechnungskreises haben. Denkbar wäre beispielsweise auch ein gemeinsames Datengerüst, das die Organisationsstruktur des Unternehmens abbildet und dann in internem und externem Rechnungswesen mit Werten gefüllt wird.

Wenn die Festlegung einer gemeinsamen Basis des Rechnungswesens gelingt, dann könnte auch die Logik der Gestaltung des Rechnungswesens verändert werden: Anstatt das interne und das externe Rechnungswesen weitgehend unabhängig voneinander zu gestalten und anschließend die Überleitungen und Schnittstellen zu definieren, könnten dann, ausgehend vom Basis-Rechungswesen, die für interne und externe Zwecke erforderlichen Ergänzungen vorgenommen werden. Allerdings würde mit voranschreitender Konvergenz auch die Strukturierungsleistung dieser Klassifikation verringert, da internes und externes Rechnungswesen mit voranschreitender Konvergenz wegfallen würden. Darüber hinaus kann die Gliederung in internes und externes Rechnungswesen durch die Veränderung der Gestaltungslogik nicht mehr als Orientierungshilfe für den Aufbau des gemeinsamen Grundrechnungswesens fungieren. Es bedürfte somit vor allem einer Strukturierung der neu zu bildenden Grundrechnung und damit letztlich doch einer Neustrukturierung des Rechnungswesens. Ansätze hierfür werden im nachfolgenden Abschnitt behandelt.

Dennoch können die vorstehenden Überlegungen zur Ergänzung der bestehenden Klassifikation des Rechnungswesens um eine dritte Klasse Anregungen für eine Modifikation der bestehenden Klassifikation sowie für die Diskussion um eine als Annäherung von internem und externem Rechnungswesen verstandene Konvergenz liefern. So könnte der neu zu bildende dritte Bereich des Rechnungswesens den Zielpunkt einer Konvergenz von internem und externem Rechnungswesen definieren. Dieser Zielpunkt müsste jedoch in Form eines Gestaltungsmodells für das betriebliche Rechnungswesen festgelegt werden; für seine Definition sollte nicht lediglich auf die bestehende Dichotomie von internem und externem Rechnungswesen zurückgegriffen werden.[613] Dann kann dieses positiv formulierte Bild eines konvergenten Rechnungswesens als Anhaltspunkt für die Gestaltung des Rechnungswesens und für seine Strukturierung verwendet werden.

Letztlich wird aber auch offensichtlich, dass die Dichotomie von internem und externem Rechnungswesen und die gleichzeitige Diskussion um eine Annäherung dieser Teilbereiche des Rechnungswesens hohe Hürden für eine Aufrechterhaltung und Modifikation der bestehenden Klassifikation des betrieblichen Rechnungswesens darstellen. Dies liegt insbesondere an dem Dilemma einer als Annäherung von internem und externem Rechnungswesens verstandenen Konvergenz, das darin besteht, dass die Konvergenzdiskussion auf der einen Seite auf der Unterteilung in internes und externes Rechnungswesen basiert, einer derartigen Konvergenz aber auf der anderen Seite zugleich die Aufhebung dieser Unterteilung inhärent ist. Es erscheint daher angebracht, den Fokus der Konvergenzdiskussion weg von einer Annäherung von internem und externem Rechnungswesen hin zur Diskussion um eine Neustrukturierung des Rechnungswesens zu verschieben. Damit wird an dieser Stelle die Diskussion um die Möglichkeiten für eine Modifikation der bestehenden Klassifikation des betrieblichen Rechnungswesens beendet und zur Diskussion von Ansätzen für eine Neustrukturierung des Rechnungswesens übergegangen.

---

613 Dies gilt auch für den Fall, dass diese Basis-Rechnung auf Grundlage des externen Rechnungswesens errichtet wird. Dies liefe letztlich auf die ohnehin im Rahmen der Konvergenzdiskussion diskutierte Annäherung des internen an das externe Rechnungswesen hinaus und entspräche den Überlegungen von *Schneider*, dass „vernünftiges unternehmerisches Handeln [es] gebietet, jenes Rechnungswesen zu errichten, das die Rechnungswesenverfassung vorschreibt, und dieses Rechnungswesen zu benutzen, *soweit dieses gesetzlich oder vertraglich Gebotene zur Unterrichtung der Unternehmensleitung geeignet ist*" (Schneider (1997), S. 30, Hervorhebung im Original) sowie das interne Rechnungswesen „auf jenes Rechnungswesen zu begrenzen, das eine Unternehmungsleitung *zusätzlich* über das durch die Rechnungswesenverfassung vorgegebene erstellt" (ebd., S. 30, Hervorhebung im Original). Dies entspräche jedoch nicht der hier geforderten positiven Definition des Basis-Rechnungswesens und auch die sich bietende Chance für eine Reduktion der Vagheit der bestehenden Begrifflichkeiten und der bestehenden Klassifikation des betrieblichen Rechnungswesens bliebe ungenutzt.

Zwar bemängelt auch *Schneider* die bestehenden Begrifflichkeiten dahingehend, dass „eine Beschränkung des Begriffs internes Rechnungswesen auf das über das externe Rechnungswesen hinausgehende weder in der Praxis noch im Schrifttum üblich" (ebd.) sei. Die von *Schneider* vorgeschlagene Definition des externen Rechnungswesens als gesetzlich vorgeschriebenes Rechnungswesen und die Erhebung der Freiwilligkeit zum konstitutiven Merkmal des internen Rechnungswesens stellt jedoch keine ausreichende inhaltliche Beschreibung einer Basis des Rechnungswesens dar und ist zudem mit einer Reihe weiterer Probleme behaftet (vgl. Fn. 579; S. 146; S. 96). Im Übrigen wird diese Definition von *Schneider* selbst ebenfalls nicht weiter verwendet (vgl. Schneider (1997), S. 29ff.).

5.3.2 Eignung der angloamerikanischen Klassifikation des betrieblichen Rechnungswesens

Im Rahmen der Konvergenzdiskussion werden von Unternehmensseite die zunehmende Internationalisierung der Rechnungslegung sowie die Internationalisierung der Unternehmenstätigkeit als wichtige Motive für eine Konvergenz von internem und externem Rechnungswesen angeführt.[614] Vor diesem Hintergrund ist es naheliegend zu prüfen, ob bzw. inwieweit eine international übliche Klassifikation des Rechnungswesens existiert, die als Vorlage für eine Neustrukturierung des Rechnungswesens im deutschsprachigen Raum dienen könnte. Aus diesem Grund wird in diesem Abschnitt das angloamerikanische Modell der Strukturierung des betrieblichen Rechnungswesens näher untersucht.[615] Die Auswahl der angloamerikanischen Klassifikation des betrieblichen Rechnungswesens ist zunächst durch den starken angloamerikanischen Einfluss auf die international anerkannten Rechnungslegungsstandards IFRS und US-GAAP begründet.[616] Darüber hinaus wird, insbesondere im Rahmen der im deutschsprachigen Raum geführten Konvergenzdiskussion, das angloamerikanische Modell der Strukturierung des Rechnungswesens oftmals als Vorbild oder Zielzustand dargestellt, weil es als ein vermeintlich weitgehend konvergentes Rechnungswesen angesehen wird.[617]

Für die Analyse der angloamerikanischen Klassifikation des Rechnungswesens wird – analog zum Vorgehen in Abschnitt 3.2 – eine Analyse von Lehrbüchern durchgeführt.[618] Dafür müs-

---

614 Vgl. Abschnitt 4.4 .
Darüber hinaus wird im Schrifttum die These vetreten, dass im Rahmen der zunehmenden Globalisierungstendenzen in der Wirtschaft auch im Bereich des internen Rechnungswesens bzw. des Management Accounting eine zunehmende internationale Angleichung stattfindet (vgl. Granlund/Lukka (1998); Horngren/Srikant/Foster (2006), S. 18).

615 Die international vergleichende Lehrbuchanalyse von *Hoffjan/Wömpener* zeigt, dass in amerikanischen und britischen Lehrbüchern ein in weiten Teilen übereinstimmendes Verständnis des Management Accounting vertreten wird. Dieses Verständnis des Management Accounting ist darüber hinaus von dem in entsprechenden Lehrbüchern aus dem deutschsprachigen Raum vetretenen Verständnis von Controlling und Kostenrechnung deutlich verschieden (vgl. Hoffjan/Wömpener (2005), S. 62f.). Vor diesem Hintergrund erscheint es zutreffend, von einem „angloamerikanischen Modell" des Rechnungswesens zu sprechen und dieses als einen einheitlichen Untersuchungsgegenstand zu betrachten.

616 Auch wenn es sich bei den IFRS um „internationale" Rechnungslegunsstandards handelt, so unterlagen diese von Anfang an einem starken angelsächsischen Einfluss (vgl. Pellens/Fülbier/Gassen (2004), S. 73). Zudem werden die IFRS im Rahmen der vom IASB und FASB verfolgten Zielsetzung einer Annäherung von IFRS und US-GAAP in vielen Punkten an die amerikanischen US-GAAP angeglichen (vgl. Wagenhofer (2005), S. 22).

617 Vgl. beispielsweise Haller (1997b), S. 271ff., Küting/Lorson (1998d), S. 490 sowie Hebeler (2003), S. 5ff. mit weiteren Nachweisen.

618 Die hier durchgeführte Analyse besitzt jedoch einen geringeren Umfang und eine geringere Tiefe als die in Abschnitt 3.2 durchgeführte Analyse deutschsprachiger Lehrbücher. So wurden hier lediglich sieben anstelle von zehn Lehrbüchern untersucht. Der geringere Detaillierungsgrad der Analyse der Klassifikationen des

sen in einem ersten Schritt im angloamerikanischen Raum verwendete Standard-Lehrbücher zum betrieblichen Rechnungswesen identifiziert werden.

Bibliographische Angaben	**Bereich**
Atkinson, Anthony/Kaplan, Robert/Matsumura, Ella Mae/Young, Mark (2007): Management Accounting, 5th ed., Upper Saddle River.	Management Accounting
Drury, Colin (2004): Management and cost accounting, 6th ed., London.	Management Accounting
Horngren, Charles/Srikant, Datar/Foster, George (2006): Cost Accounting: a Managerial Emphasis, 12th ed., Upper Saddle River (New Jersey).	Management Accounting
Zimmerman, Jerold L. (2003): Accounting for Decision Making and Control, 4th ed., New York.	Management Accounting
Horngren, Charles/Sundem, Gary/Elliot, John/Philbrick, Donna (2006): Introduction to Financial Accounting, 9th ed., Upper Saddle River (New Jersey).	Financial Accounting
Kieso, Donald/Weygandt, Jerry/Warfield, Terry (2007): Intermediate Accounting, 12th ed., Hoboken.	Financial Accounting
Libby, Robert/Libby, Patricia/Short, Daniel (2007): Financial Accounting, 5th ed., New York.	Financial Accounting

Tabelle 4: Übersicht der für die Analyse ausgewählten angloamerikanischen Lehrbücher

Bereits bei der Auswahl der Lehrbücher fällt auf, dass auch im angloamerikanischen Raum eine Zweiteilung der Lehrinhalte in „Management Accounting“[619] und „Financial Accounting“ vorgenommen wird. Unter der Überschrift des Management Accounting finden sich dabei sowohl die „klassische“ Kostenrechnung als auch Inhalte, die im deutschsprachigen Raum dem Controlling zugeordnet werden.[620] Für die Auswahl der Lehrbücher zum Management Accounting kann auf die in international vergleichenden Lehrbuchanalysen getroffene Auswahl zurückgegriffen werden.[621] Dieselben Lehrbuchanalysen wurden bereits in Abschnitt 3.2

betrieblichen Rechnungswesens bzw. des Accounting ist jedoch auch durch den geringeren Umfang der in den Lehrbüchern aus dem angloamerikanischen Raum enthaltenen Ausführungen zu diesem Thema bedingt.

619 In den Lehrbüchern wird oft auch der Begriff „Managerial Accounting“ verwendet. Dieser Begriff kann aber synonym zu „Management Accounting“ verwendet werden. Im Folgenden wird der Begriff „Management Accounting“ verwendet, es sei denn, es wird direkt auf eine Quelle Bezug genommen, die den Begriff „Managerial Accounting“ verwendet.

620 Dies erklärt, warum in Tabelle 4 nicht zwischen Lehrbüchern zum Cost Accounting und Management Accounting unterschieden wird.

621 Für die Analyse wurden die in der Untersuchung von *Hoffjan/Wöpener* als bedeutendste Lehrbücher zum Management Accounting in den USA und in Großbritannien eingestuften Lehrbücher von *Horngren/Srikant/Foster* und *Drury* in die Analyse aufgenommen (vgl. Hoffjan/Wömpener (2005), S. 54f.). Darüber hinaus wurde das Lehrbuch von *Atkinson et al.* in die Analyse aufgenommen, das ebenso wie das Lehrbuch von *Horngren/Srikant/Foster* auch in der Lehrbuchanalyse von *Roso/Vormweg/Wall* berücksichtigt

für die Identifikation deutschsprachiger Standardlehrbücher zu Kostenrechnung und Controlling herangezogen. Da für das Financial Accounting keine vergleichbaren Literatur- bzw. Lehrbuchanalysen vorliegen, wurden hier - wie schon bei der Auswahl der deutschsprachigen Lehrbücher zu Rechnungslegung und Bilanzierung - bekannte Standardwerke ausgewählt, die in der betriebswirtschaftlichen Literatur häufig zitiert werden.[622] Eine Übersicht über die für die Analyse ausgewählten Lehrbücher findet sich in Tabelle 4.

Die Betrachtung der in den Rechnungswesen-Lehrbüchern aus dem angloamerikanischen Raum enthaltenen Klassifikationen des betrieblichen Rechnungswesens zeigt zunächst, dass die Ausführungen zu diesem Thema deutlich weniger umfangreich sind als die entsprechenden Ausführungen in den Lehrbüchern aus dem deutschsprachigen Raum. Zudem findet sich in keinem der untersuchten Lehrbücher aus dem angloamerikanischen Raum überhaupt eine explizite Klassifikation des betrieblichen Rechnungswesens. Eine Suche nach den aus deutschen Lehrbüchern bekannten monohierarchischen Klassifikationen oder Facettenklassifikationen des betrieblichen Rechnungswesens bleibt erfolglos. Insgesamt deutet dies auf eine (verglichen mit dem deutschsprachigen Raum) geringere Bedeutung der Thematik der Strukturierung des betrieblichen Rechnungswesens im angloamerikanischen Raum hin. Dies hat aber auch zur Folge, dass die Analyse der im angloamerikanischen Raum üblichen Klassifikation des betrieblichen Rechnungswesens nicht in ähnlich detaillierter Form wie die in Kapitel 3.2 für den deutschsprachigen Raum durchgeführte Analyse erfolgen kann. Im Folgenden werden zunächst die Aussagen zur Gliederung des betrieblichen Rechnungswesens analysiert, die in den Lehrbüchern zum Financial Accounting enthalten sind, anschließend werden die entsprechenden Passagen in den Lehrbüchern zum Management Accounting untersucht. Auf den Aspekt der „fehlenden" Klassifikation des betrieblichen Rechnungswesens in den Lehrbüchern aus dem angloamerikanischen Raum wird zum Abschluss dieses Abschnitts näher eingegangen.

Die untersuchten **Lehrbücher zum Financial Accounting** enthalten lediglich sehr kurze Ausführungen zur Gliederung des betrieblichen Rechnungswesens. Dabei wird im Wesentlichen nur konstatiert, dass neben dem „Financial Accounting" noch ein „Management

wurde (vgl. Roso/Vormweg/Wall (2003), S. 57). Darüber hinaus wurde das bei *Hoffjan/Wöpener* als bedeutend eingestufte Lehrbuch von *Zimmerman* in die Analyse aufgenommen (vgl. Hoffjan/Wömpener (2005), S. 54f.).

[622] Vgl. Fn. 328.

Accounting“ existiert. Während die Informationen des Financial Accounting unternehmensexternen Entscheidern, insbesondere Investoren und Gläubigern, als Entscheidungsgrundlage dienen sollen, liefert das Management Accounting Informationen für unternehmensintere Entscheider, sprich für das Management.[623] Auf den ersten Blick könnte damit der Eindruck entstehen, dass die Unterscheidung von Financial und Management Accounting mit der im deutschsprachigen Raum üblichen Unterteilung in ein internes und ein externes Rechnungswesen übereinstimmt. Da aber mit der Unterscheidung von Financial und Management Accounting weder eine Zweiteilung des betrieblichen Rechnungswesens noch ein umfassendes Gestaltungsmodell für das Rechnungswesen verbunden wird, ist dieser Eindruck irreführend. Deutlich wird dies insbesondere im Lehrbuch von *Libby/Libby/Short*, in dem das betriebliche Rechnungswesen als einheitliches „Accounting System“ dargestellt wird, aus dem für unternehmensinterne und -externe Adressaten lediglich unterschiedliche Auswertungen („reports“) erstellt werden.[624] Die Unterscheidung von Financial und Management Accounting stellt damit ausdrücklich keine erschöpfende Einteilung des Gegenstandsbereichs „Accounting“ dar. Ähnliche aber weniger eindeutige Ausführungen zur Gliederung des betrieblichen Rechnungswesens finden sich auch im Lehrbuch von *Kieso/Weygandt/Warfield*. Dort wird das Financial Accounting als der Prozess definiert, der in der Fertigstellung der „financial reports“ mündet (gemeint sind hier offenbar die offiziellen Finanzinformationen insbesondere in Form des Jahresabschlusses). Das Managerial Accounting wird als der Prozess des „identifying, measuring, analyzing, and communicating financial information needed by management to plan, control and evaluate a company's operations“[625] beschrieben. Weitergehende Aussagen zu qualitativen Unterschieden zwischen den Informationen des Financial und des Management Accounting sowie zur Stellung von Financial und Management Accounting zueinander und innerhalb des betrieblichen Rechnungswesens finden sich in den Lehrbüchern zum Financial Accounting nicht.

Die untersuchten **Lehrbücher zum Management Accounting** enthalten tendenziell umfangreichere Ausführungen zur Gliederung des Rechnungswesens als die Lehrbücher zum Financial Accounting. Wie bereits zu Eingang dieses Unterabschnitts erwähnt, enthalten aber auch die Lehrbücher zum Management Accounting keine expliziten Klassifikationen des betrieblichen Rechnungswesens, sprich des Accounting. Dies stellt einen wesentlichen Unterschied

[623] Vgl. Horngren et al. (2006), S. 7f.; Kieso/Weygandt/Warfield (2007), S. 2; Libby/Libby/Short (2007), S. 4f.
[624] Libby/Libby/Short (2007), S. 5.

zu den Lehrbüchern aus dem deutschsprachigen Raum dar. Ebenso wie in den Lehrbüchern zum Financial Accounting findet sich auch in den Lehrbüchern zum Management Accounting durchgehend die Unterscheidung von Financial Accounting und Management Accounting anhand der primären Adressaten der Rechnungsweseninformationen.[626] Darüber hinaus werden in drei der vier untersuchten Lehrbücher Aussagen zu weiteren Unterschieden von Financial Accounting und Management Accounting getroffen, die in zwei Lehrbüchern in Tabellenform aufgelistet werden.[627]

In sämtlichen Lehrbüchern zum Management Accounting findet sich die Unterschiedlichkeit der Adressaten als wesentliches Unterscheidungsmerkmal von Financial und Management Accounting: Während die Informationen des Financial Accounting an unternehmensexterne Adressaten, insbesondere Investoren und Gläubiger, gerichtet sind, dient das Management Accounting der Information (bzw. der Motivation) unternehmensinterner Adressaten, insbesondere des Managements.[628] Darüber hinaus wird in allen untersuchten Lehrbüchern zum Management Accounting der unterschiedliche Grad der Reglementierung von Financial Accounting (starke Reglementierung) und Management Accounting (weitgehende Gestaltungsfreiheit) herausgestellt.[629] Des Weiteren werden in drei Lehrbüchern die Unterschiedlichkeit des zeitlichen Aspekts der Informationen von Financial Accounting (vergangenheitsorientiert) und Management Accounting (zukunftsorientiert) und der unterschiedliche Aggregations- bzw. Detaillierungsgrad der Informationen von Financial Accounting (hoher Aggregationsgrad) und Management Accounting (geringer Aggregationsgrad) konstatiert.[630] Als weiterer Unterschied wird eine höhere Objektivität der Informationen des Financial Accounting festgestellt. Das Management Accounting soll eher der Verhaltensbeeinflussung bzw. Motivation seiner Adressaten dienen, das Financial Accounting eher als „objektive" Entscheidungsgrundlage.[631]

---

[625] Kieso/Weygandt/Warfield (2007), S. 2.

[626] Vgl. Atkinson et al. (2007), S. 3ff.; Drury (2004), S. 7ff.; Horngren/Srikant/Foster (2006), S. 2f.

[627] Vgl. die Tabellen bei *Atkinson et al.* und *Horngren/Srikant/Foster* (vgl. Atkinson et al. (2007), S. 5; Horngren/Srikant/Foster (2006), S. 3) sowie die Aufzählung von wesentlichen Unterschieden bei *Drury* (vgl. Drury (2004), S. 7f.).

[628] Vgl. Atkinson et al. (2007), S. 5; Drury (2004), S. 7; Horngren/Srikant/Foster (2006), S. 2f.; Zimmerman (2003), S. 7ff.

[629] Vgl. ebd.

[630] Vgl. Atkinson et al. (2007), S. 5; Drury (2004), S. 7f.; Horngren/Srikant/Foster (2006), S. 2f.

[631] Vgl. Atkinson et al. (2007), S. 5; Horngren/Srikant/Foster (2006), S. 3.

Auch auf Basis der oben dargestellten Unterschiede von Financial Accounting und Management Accounting könnte erneut der Eindruck entstehen, die Unterscheidung von Financial und Management Accounting sei mit der Unterscheidung von internem und externem Rechnungswesen weitgehend deckungsgleich, weil die Unterschiede zwischen Financial Accounting und Management Accounting mit denen zwischen internem und externem Rechnungswesen in vielen Aspekten übereinstimmen. Doch auch in den Lehrbüchern zum Management Accounting findet sich das Bild von einem einheitlichen monolithischen Accounting System, aus dem für Zwecke des Financial und des Management Accounting lediglich unterschiedliche Auswertungen abgefragt werden. So ist in dem Lehrbuch *von Horngren/Srikant/Foster* die Rede von einem einheitlichen Accounting-System, das die Daten für das Financial Accounting liefert, dessen Informationen aber für Zwecke des Management Accounting anders präsentiert oder berichtet werden.[632] In den Lehrbüchern zum Management Accounting von *Drury* und *Zimmerman* wird die Frage explizit angesprochen, ob es ein einheitliches Accounting System für Financial und Management Accounting gibt oder ob separate Systeme betrieben werden. *Drury* stellt dazu fest, dass manche Unternehmen mehrere Accounting-Systeme betreiben, die meisten Unternehmen aber aus Kostengründen nur ein System haben, dessen Informationen je nach Zweck unterschiedlich ausgewertet werden.[633] Parallele Überlegungen finden sich bei *Zimmerman.*[634] Dieser führt zudem eine empirische Untersuchung an, die belegen soll, dass die überwältigende Mehrzahl US-amerikanischer Firmen nur ein Accounting-System betreibt.[635] Auch wenn im Lehrbuch von *Atkinson et al.* die Frage, ob für Financial und Management Accounting getrennte Accounting-Systeme betrieben werden, nicht explizit angesprochen wird, so findet sich dort interessanterweise in den Übungsaufgaben das Beispiel Deutschlands, wobei laut Beispieltext in Deutschland (und offenbar im Kontrast zu den USA) Financial und Managerial Accounting in separaten organisatorischen Einheiten (departments) angesiedelt sind und das „costing system" für operative Einheiten vom Financial Accounting getrennt betrieben wird.[636]

---

632 „Individual managers require the information in an accounting system to be presented or reported differently." (Horngren/Srikant/Foster (2006), S. 2).

633 Vgl. Drury (2004), S. 20.

634 Vgl. Atkinson et al. (2007), S. 2; Zimmerman (2003), S. 7ff.

635 Vgl. Zimmerman (2003), S. 9f. mit Verweis auf Vancil (1979), S. 360. Die empirische Untersuchung von *Vancil* belegt jedoch lediglich, ob für bestimmte Geschäftsvorfälle oder Positionen wie Leasing oder das Sachanlagevermögen in Financial und Management Accounting die gleichen Abbildungsregeln Anwendung finden.

636 Vgl. Atkinson et al. (2007), S. 21f.

Gedanklich ist die Frage, ob von Unternehmen im angloamerikanischen Raum ein einheitliches Accounting System im technischen Sinne betrieben wird, noch einmal von der Frage nach der Strukturierung des betrieblichen Rechnungswesens bzw. des Accounting zu trennen. So kann grundsätzlich auch ein ausdifferenziertes Rechnungswesen mit einer weitgehend separaten Kostenrechnung in einem einheitlichen Accounting System zusammengefasst werden. Ebenso kann die Aufbauorganisation eines Unternehmens oder einer Rechnungswesenabteilung von sonstigen Aspekten der Strukturierung des betrieblichen Rechnungswesens unabhängig sein. Buchhaltungstechnischen und organisatorischen Erwägungen wird in Klassifikationen des betrieblichen Rechnungswesens jedoch häufig eine hohe Bedeutung zugemessen.[637] Die Aussagen, dass die meisten US-amerikanischen Firmen ein einheitliches technisches Accounting System betreiben oder Financial und Management Accounting gemeinsam in einer Abteilung angesiedelt sind, dürfen dennoch nicht ohne weiteres als umfassende Aussagen zur Strukturierung des betrieblichen Rechnungswesens im angloamerikanischen Raum verstanden werden. In den untersuchten angloamerikanischen Lehrbüchern finden sich jedoch auch keine weitergehenden von buchhaltungstechnischen oder organisatorischen Aspekten unabhängigen Ausführungen zur Strukturierung des betrieblichen Rechnungswesens bzw. des Accounting.

Insgesamt ergibt die Analyse angloamerikanischer Lehrbücher zum betrieblichen Rechnungswesen damit, dass dort zwar eine Unterscheidung von Financial Accounting und Management Accounting existiert, die gewisse Parallelen zu der im deutschsprachigen Raum üblichen Unterteilung des betrieblichen Rechnungswesens in ein internes und ein externes Rechnungswesen besitzt. Die Unterscheidung in Financial und Management Accounting stellt aber insgesamt keine Zweiteilung des (gesamten) betrieblichen Rechnungswesens dar, ist nicht die Grundlage einer weitergehenden Strukturierung des betrieblichen Rechnungswesens und impliziert auch kein umfassendes Gestaltungsmodell für das betriebliche Rechnungswesen. Die Unterscheidung von Financial Accounting und Management Accounting besitzt auch deswegen eine andere Qualität als die Unterscheidung von internem und externem Rechnungswesen, weil die Verwendung unterschiedlicher Rechengrößen offenbar nicht mit ihr verbunden wird. Die in Deutschland bedeutsame Unterscheidung von pagatorischen und kalkulatorischen Kosten findet im Zusammenhang mit der Unterscheidung von Financial und Management Accounting keine Erwähnung. Die Lehrbücher offenbaren vielmehr ein Ver-

[637] Vgl. hierzu die Ausfürhungen in Abschnitt 3.1.3 und 5.2.2 .

ständnis des betrieblichen Rechnungswesens bzw. des Accounting als einer einheitlichen Datenbasis, die für Zwecke des Financial Accounting und des Management Accounting unterschiedlich ausgewertet wird.

Die Unterscheidung von Financial Accounting und Management Accounting wird in den untersuchten Lehrbüchern nicht explizit mit einer theoretischen Perspektive auf das betriebliche Rechnungswesen verknüpft. Allgemein wird jedoch die Funktion des betrieblichen Rechnungswesens als informatorische Grundlage für Entscheidungen betont. Auch die in den deutschsprachigen Lehrbüchern oft anzutreffenden, von bestimmten theoretischen Perspektiven auf das betriebliche Rechnungswesen geprägten Aussagen zur Klassifikation des betrieblichen Rechnungswesens finden sich in den Lehrbüchern aus dem angloamerikanischen Raum praktisch nicht.

Vor dem Hintergrund der Ergebnisse der Lehrbuchanalyse überrascht es nicht, dass im angloamerikanischen Raum keine Überlegungen angestellt werden, die mit der im deutschsprachigen Raum geführten Konvergenzdiskussion vergleichbar wären.[638] Bereits die in Kapitel 3 durchgeführte historische Analyse der Klassifikation des betrieblichen Rechnungswesens im deutschsprachigen Raum hat gezeigt, dass die Gliederung des betrieblichen Rechnungswesens im deutschsprachigen Raum stark durch spezifische historische Einflüsse geprägt wurde, die zur Verbreitung eines bestimmten Modells der Strukturierung und Gestaltung des betrieblichen Rechnungswesens geführt haben, das auf der Unterscheidung von internem und externem Rechnungswesen basiert. Dies erklärt, dass und warum die Konvergenzdiskussion ein spezifisches Phänomen des deutschsprachigen Raumes darstellt.

Es verbleibt, die eigentliche Frage dieses Abschnitts zu beantworten, ob bzw. inwieweit das angloamerikanische Modell der Strukturierung des Rechnungswesens eine geeignete Vorlage für die notwendige Neustrukturierung des betrieblichen Rechnungswesens im deutschsprachigen Raum darstellen könnte. Wie die Untersuchung gezeigt hat, existiert im angloamerikanischen Sprachraum zwar eine Unterscheidung von Financial Accounting und Management Accounting, diese dient aber keineswegs einer umfassenden Strukturierung des betrieblichen

[638] Hier finden sich allenfalls Überlegungen, die auf eine verstärkte Übernahme von Daten aus dem Management Accounting in das Financial Reporting abzielen (vgl. Ansari/Euske (1995)). Des Weiteren finden sich sogar Überlegungen, die in Richtung einer verstärkten Ausdifferenzierung des betrieblichen Rechnungswesens gehen, für die auf Konzepte der deutschen Kostenrechnung zurückgegriffen werden soll (vgl. Sharman/Vikas (2004)).

Rechnungswesens. Aussagen zur Gliederung und Strukturierung des Accounting System jenseits der Unterscheidung von Financial Accounting und Management Accounting finden sich nicht. Damit wird der Problematik, eine fundierte und systematische Strukturierung des betrieblichen Rechnungswesens zu entwickeln, entweder ausgewichen oder eine solche Strukturierung wird schlichtweg nicht als Notwendigkeit empfunden. In Anbetracht der fehlenden Klassifikation des betrieblichen Rechnungswsens stellt sich die Frage, welche Struktur das oben beschriebene einheitliche Accounting System besitzt, das als Quelle der Auswertungen des Financial Accounting und des Management Accounting dient. Hier liegt angesichts der (vergleichsweise) starken Orientierung des angloamerikanischen Accounting am Financial Accounting die Vermutung nahe, dass die Struktur des Accounting Systems stark von der Struktur der *Buchhaltung* beeinflusst ist. Weitere Notwendigkeiten für eine Strukturierung des Accounting Systems dürften aus der Anforderung entstehen, für das Management Accounting detaillierte, auf organisatorische Einheiten, Kunden und Produkte bezogene Auswertungen zu erstellen.[639] Durch das Fehlen einer umfassenden Systematik für die Strukturierung des betrieblichen fehlt neben einer begrifflichen Grundlage für die Entwicklung einer Theorie der Gestaltung des betrieblichen Rechnungswesens auch eine aussagekräftige Heuristik für die Strukturierung des betrieblichen Rechnungswesens in der Unternehmenspraxis.

Die in Abschnitt 2.4 für die Beurteilung von Klassifikationen erarbeiteten Kriterien der *strukturellen Einfachheit*, *Klarheit*, *Konsistenz*, *Reichweite* und *theoretischen Ergiebigkeit* werden von der nur rudimentär vorhandenen Strukturierung des betrieblichen Rechnungswesens im angloamerikanischen Raum damit insgesamt nur unzureichend erfüllt. Fraglich ist in diesem Zusammenhang sogar, inwieweit die Unterscheidung von Financial Accounting und Management Accounting überhaupt eine Klassifikation des betrieblichen Rechnungswesens darstelt, da unklar ist, inwieweit diese Unterscheidung eine begriffliche Einteilung des Gegenstandsbereichs „betriebliches Rechnungswesen" bzw. „Accounting" in Klassen darstellt.

Damit verbleibt – zumindest aus Sicht der Theorie – Bedarf für eine umfassende und konzeptionell fundierte Strukturierung des betrieblichen Rechnungswesens. Das angloamerikanische Modell der Strukturierung des Rechnungswesens erweist sich als eine „Nicht-Strukturierung" und ist aus konzeptionellen Gründen nicht als Vorlage für eine Neustrukturierung des betrieblichen Rechnungswesens im deutschsprachigen Raum geeignet.

---

639 Vgl. Drury (2004), S. 19; Horngren/Srikant/Foster (2006), S. 3.

5.4 Strategien und Ansatzpunkte für eine Neuklassifikation des betrieblichen Rechnungswesens

Die Erarbeitung einer neuen Klassifikation des betrieblichen Rechnungswesens stellt eine immense Herausforderung dar. Wie in Kapitel 3.1 dargestellt, beschäftigt sich die betriebswirtschaftliche Forschung bereits seit Jahrzehnten mit Fragen der Strukturierung des betrieblichen Rechnungswesens. Daher kann es nicht Anspruch dieser Arbeit sein, das Problem der Klassifikation des betrieblichen Rechnungswesens lösen zu wollen. Im Rahmen der in den vorstehenden Abschnitten dieses fünften Kapitels durchgeführten Analyse konnte jedoch gezeigt werden, dass sich aus dem fortgesetzten Trend zu einer Konvergenz im Rechnungswesen Bedarf für eine Neustrukturierung des betrieblichen Rechnungswesens ergibt. Dementsprechend werden im Folgenden Strategien und Anregungen für die Erarbeitung alternativer Klassifikationen des betrieblichen Rechnungswesens dargestellt und diskutiert. Im Vordergrund der Untersuchung steht dabei erneut die Funktion der Klassifikation als eine Orientierungshilfe für die Gestaltung des Rechnungswesens. Anschließend wird beispielhaft ein konkreter Ansatz für eine alternative Klassifikation des betrieblichen Rechnungswesens vorgestellt.

Eine grundlegende Voraussetzung und zugleich ein grundlegendes Problem bei der Erarbeitung einer Klassifikation des betrieblichen Rechnungswesens besteht in der Definition des Gegenstandsbereiches. Bei der Analyse der in Lehrbüchern verwendeten Definitionen des betrieblichen Rechnungswesens in Abschnitt 3.2.2.1 wurde deutlich, dass die Definitionen zwar in weiten Teilen übereinstimmen, im Detail jedoch uneinheitlich sind. Zudem ist eine generelle Vagheit der Definitionen zu bemängeln. Hinsichtlich der Verwendung der Definitionen als Gegenstandsbereich für eine Klassifikation kommt erschwerend hinzu, dass aus ihnen nicht ersichtlich wird, was die Elemente des Gegenstandsbereiches „betriebliches Rechnungswesen" sind. Allgemein ist festzustellen, dass die Überlegungen zur Klassifikation des betrieblichen Rechnungswesens die grundlegende Frage aufwerfen, was das betriebliche Rechnungswesen ist.

Zudem ist zu entscheiden, welche Art von Klassifikation für die Gliederung des betrieblichen Rechnungswesens geeignet ist und ob die Klassifikation theoretische Aussagen enthalten soll. Eine hohe Strukturierungsleistung und theoretische Aussagen wären zwar wünschenswert, angesichts der Ermangelung einer umfassenden Theorie der Gestaltung des betrieblichen

Rechnungswesens kommen für das betriebliche Rechnungswesen tendenziell jedoch eher einfache Arten der Klassifikation in Frage.

Die wesentliche Grundlage für jegliche Klassifikation bildet die Auswahl der klassifizierenden Merkmale. Diese sollte unter Beachtung der für die Klassifikation vorgesehenen Funktion möglichst einem einheitlichen Prinzip folgen. Für eine Klassifikation des betrieblichen Rechungswesens, die als eine Orientierungshilfe bei der Gestaltung des Rechnungswesens dienen soll, kommen als grundlegende Strategien für die Auswahl der klassifizierenden Merkmale sowohl eine essentialistische als auch eine archetypische Strategie in Betracht.[640] Während bei der essentialistischen Strategie die Elemente des Gegenstandsbereiches nach ihren wesensbestimmenden Merkmalen geordnet werden, wird bei der archetypischen Strategie auf die Relationen, in denen die Elemente zueinander stehen, also auf ihren organisatorischen oder funktionalen Zusammenhang,[641] zurückgegriffen.

Darüber hinaus kann bei der Erarbeitung einer Klassifikation auf bestehende Theorien zurückgegriffen werden. Wie in Abschnitt 3.2.2.4 dargestellt, wird die bestehende Klassifikation des betrieblichen Rechnungswesens, die an sich nicht auf einer theoretischen Basis beruht, im Schrifttum oft in impliziter Form vor dem Hintergrund verschiedener theoretischer Sichtweisen auf das betriebliche Rechnungswesen interpretiert. Die Klassifikation selber weist jedoch keinen expliziten Bezug zu diesen theoretischen Sichtweisen auf. In Ermangelung einer umfassenden Theorie der Gestaltung des betrieblichen Rechnungswesens besteht die Möglichkeit, sich bei der Erarbeitung alternativer Klassifikationen des Rechungswesens zumindest in expliziter Form an einer theoretischen Perspektive auf das betriebliche Rechnungswesen zu orientieren. So kann der Hintergrund der Klassifikation offen gelegt, an bekannte Begrifflich-

---

640 *Roberts* unterscheidet vier grundsätzliche Strategien für die Auswahl der klassifizierenden Merkmale: Neben der essentialistischen und der archetypischen Strategie sind dies die ähnlichkeitsbasierte Strategie, die Objekte nach dem Grad ihrer allgemeinen Ähnlichkeit untergliedert, und die entwicklungsgeschichtliche Strategie (vgl. Roberts (1995), S. 641ff.).

Für eine Klassifikation des betrieblichen Rechnungswesens, die als Orientierungshilfe bei der Gestaltung des Rechnungswesens dienen soll, scheidet eine entwicklungsgeschichtliche Strategie aus. Auch eine ähnlichkeitsbasierte Strategie ist für diesen Zweck abzulehnen. Da so etwas wie eine „absolute Ähnlichkeit" nicht existiert, ist für die Bestimmung der Ähnlichkeit immer eine (subjektive) Auswahl und Gewichtung von Merkmalen erforderlich. Damit entspricht die ähnlichkeitsbasierte Strategie letztlich der essentiellen Strategie mit dem Unterschied, dass bei der ähnlichkeitsbasierten Strategie eine Kombination vieler Merkmale verwendet wird (vgl. ebd., S. 646ff.). Eine Klassifikation auf Basis einer Vielzahl von Merkmalen erscheint für eine Gestaltungshilfe jedoch zu komplex.

641 Indem bei der archetypischen Strategie die Relationen, in denen die Elemente des Gegenstandsbereiches zueinander stehen, als wesentliches Merkmal angesehen werden, handelt es sich bei dieser Strategie letztlich um eine Variante der essentialistischen Strategie (vgl. ebd., S. 659).

keiten angeknüpft und die theoretische Ergiebigkeit der Klassifikation erhöht werden. Die theoretische Perspektive steht zudem in engem Zusammenhang mit der Definition des betrieblichen Rechnungswesens und seiner Elemente.

Damit ergibt sich die Frage, welche theoretische Perspektive auf das betriebliche Rechnungswesen eine geeignete Grundlage für die Erarbeitung einer alternativen Klassifikation wäre. Im Rahmen der Lehrbuchanalyse wurde festgestellt, dass die bestehende Klassifikation des betrieblichen Rechnungswesens vor dem Hintergrund der Perspektiven der entscheidungsorientierten Betriebswirtschaftslehre und der Prinzipal-Agenten-Theorie interpretiert wird. Ein Ansatz für die Erstellung einer alternativen Klassifikation des Rechnungswesens bestünde folglich darin, in der Klassifikation einen stärkeren expliziten Bezug zu diesen theoretischen Perspektiven herzustellen.

Wie die Untersuchung der Konzepte für eine Konvergenz in Abschnitt 4.5 gezeigt hat, liefern beide theoretische Perspektiven jedoch keine umfassende Erklärung des Phänomens der Konvergenz von internem und externem Rechnungswesen. Insbesondere der von der Unternehmenspraxis als besonders wichtig erachtete Aspekt einer verbesserten Verständlichkeit des Rechnungswesens durch eine konvergente Gestaltung wird in ihnen nicht erfasst.[642] Die Ursache für dieses Defizit liegt darin, dass beiden theoretischen Perspektiven das Menschenbild eines vollständig rational handelnden Homo oeconomicus zugrunde liegt, womit die Erkenntnisse der Verhaltenswissenschaften in diesen Sichtweisen auf das Rechnungswesen keine Berücksichtigung finden.[643] Die Berücksichtigung menschlicher Eigenschaften und Fähigkeiten stellt jedoch eine grundlegende Voraussetzung für die Erklärung möglicher eigenständiger Vorteile eines konvergenten Rechnungswesens in Form einer Vereinfachung und einer verbesserten Verständlichkeit des Rechnungswesens dar. Erst eine Integration verhaltenswissenschaftlicher Erkenntnisse erlaubt es, die Rolle des Rechnungswesens in Lern- und Kommunikationsprozessen sowie die Möglichkeit einer fähigkeitenbezogenen Überforderung von Nutzern des Rechnungswesens, beispielsweise durch einen „information overload“[644], zu erfassen.[645] Diese Facetten des betrieblichen Rechnungswesens kommen in dem häufig bemühten

[642] Vgl. S. 123f.
[643] Vgl. Weber (2005), S. 76, 80.
[644] Vgl. Weber (2004), S. 126ff.
[645] Vgl. Weber (2005), S. 80ff.

Bild vom Rechnungswesen als eine „Sprache“[646] und in der Forderung der Praxis nach einem verständlichen und hinreichend einfachen Rechnungswesens deutlich zum Ausdruck.

Damit kommt als theoretische Perspektive für eine alternative Klassifikation des betrieblichen Rechnungswesens auch eine verhaltensorientierte Sichtweise im Sinne eines „Behavioral Accounting“ in Betracht.[647] Die Öffnung betriebswirtschaftlicher Analysen im Hinblick auf die Erkenntnisse verhaltenswissenschaftlicher Forschung hat sich jedoch (noch) nicht zu einer einheitlichen theoretischen Perspektive auf das Rechnungswesen verdichtet. So konstatieren *Schweitzer/Küpper*, dass angesichts der „**Komplexität der menschlichen Realität**“[648] „die bisherige Forschung auf dem Gebiet des Behavioral Accounting auch nicht annäherungsweise ein geschlossenes Bild, sondern eher **Bruchstücke an Einzelerkenntnissen** liefert“[649].

5.4.1 Beispiel einer Neuklassifikation des betrieblichen Rechnungswesens

Im Folgenden wird beispielhaft eine alternative Klassifikation des betrieblichen Rechnungswesens entwickelt, der eine verhaltensorientierte Sichtweise des Rechnungswesens im Sinne eines Behavioral Accounting zugrunde liegt. Im Gegensatz zu der bestehenden Klassifikation des Rechnungswesens basiert die im Folgenden entwickelte Klassifikation nicht auf einer Gliederung anhand der Adressaten des Rechnungswesens. Stattdessen werden verschiedene Arten der Informationsnutzung in den Mittelpunkt der Klassifikation gestellt. Dabei wird auf eine aus dem Marketing stammende Systematisierung von Arten der Informationsnutzung zurückgegriffen,[650] die in verschiedenen Arbeiten der Controlling-Literatur auf die Nutzung

---

[646] Vgl. Lavoie (1987), S. 579ff.; Macintosh (1994), S. 149; March (1987), S. 39; Pfaff/Weber (1998), S. 160.

[647] Vgl. Weber (2005), S. 87ff. *Weber* weist zudem darauf hin, dass in der Forschung zum Behavioral Accounting Motive und Ziele der Akteure im Fokus stehen, systematische Lerneffekte jedoch vernachlässigt werden (vgl. ebd., S. 87). Auf eine weitere begriffliche Differenzierung der theoretischen Perspektiven wird hier in Anlehnung an *Weber* jedoch verzichtet (vgl. ebd., S. 82).

[648] Schweitzer/Küpper (2003), S. 613, Hervorhebung im Original.

[649] Ebd., Hervorhebung im Original.

[650] Die im Folgenden verwendete Systematisierung der verschiedenen Arten der Informationsnutzung wurde von *Menon/Varadarajan* zusammengestellt (vgl. Menon/Varadarajan (1992), S. 54ff.). Eine weitere verbreitete Systematisierung der Nutzungsarten von Rechnungsweseninformationen, die auf die Arbeiten von *Burchell et al.* und *Thompson/Tuden* zurückgeht, findet sich bei *Macintosh* (vgl. Macintosh (1994), S. 150ff.; Burchell et al. (1980), S. 13ff.; Thompson/Tuden (1959)). Da ein „Vergleich der beiden Ansätze aus dem Rechnungswesen und dem Marketing zeigt, dass beide Konzepte in weiten Teilen miteinander vereinbar sind“ (Heineke (2005), S. 170), werden im Folgenden Überlegungen aus beiden Systematisierungen aufgegriffen.

Für eine Diskussion der Vielfalt an Systematisierungen von Arten der Informationsnutzung vgl. Schäffer/Steiners (2004).

von Informationen aus dem betrieblichen Rechnungswesen übertragen wurde.[651]

Da die im Folgenden zugrunde gelegte Systematisierung von Nutzungsarten mit Bezug auf die unternehmensinterne Verwendung von Marketing-Informationen entwickelt wurde und auch in der Controlling-Literatur bisher mit Bezug auf die Verwendung von Informationen aus dem internen Rechnungswesen verwendet wurde, erfasst sie primär die Nutzung von Rechnungsweseninformationen durch unternehmensinterne Adressaten. Für die Verwendung dieser Systematisierung als Grundlage für eine Klassifikation des gesamten betrieblichen Rechnungswesens, in der auf eine Gliederung anhand der Unterscheidung zwischen unternehmensinternen und -externen Adressaten oder anderen Adressatengruppen verzichtet wird, ist eine Übertragung, respektive eine Ausdehnung, dieser Systematisierung auf die Nutzung des Rechnungswesens durch unternehmensexterne Adressaten erforderlich.

Die unternehmensexternen Adressaten des Rechnungswesens umfassen Eigen- und Fremdkapitalgeber, Lieferanten und andere Geschäftspartner sowie die interessierte Öffentlichkeit. Für die Analyse der Nutzung des Rechnungswesens durch unternehmensexterne Adressaten erscheint es plausibel, für unternehmensexterne Adressaten die gleichen grundlegenden Verhaltensannahmen zu treffen wie für unternehmensinterne Adressaten.[652] Folglich gilt es auch bei der Analyse der Nutzung von Rechnungsweseninformationen durch unternehmensexterne Adressaten, die Auswirkungen menschlicher Eigenschaften und Fähigkeiten sowie die Rolle des Rechnungswesens in Lern- und Kommunikationsprozessen zu berücksichtigen. Damit wird beispielsweise der Kapitalmarkt nicht als ein homogenes Ganzes sondern als zusammengesetzt aus einzelnen Marktakteuren betrachtet.[653] Eine Übertragung der verschiedenen Nutzungsarten von Informationen auf die Nutzung des Rechnungswesens durch unternehmensexterne Adressaten erscheint somit ebenfalls möglich und sinnvoll. Dahinter steht die Annahme, dass die Arten der Informationsnutzung durch unternehmensexterne Adressaten

---

651 Vgl. Heineke (2005), S. 169f.; Karlshaus (2000), S. 70ff.; Schäffer/Steiners (2005), S. 216ff.; Weber (2005), S. 54ff.; Weber/Schaier/Strangfeld (2005), S. 22.

652 Analog zur Berücksichtigung verhaltenswissenschaftlicher Erkenntnisse im Rahmen der Forschung zum internen Rechnungswesen werden verhaltenswissenschaftliche Erkenntnisse in der betriebswirtschaftlichen Forschung zum Rechnungswesen auch für die Erklärung des Verhaltens unternehmensexterner Adressaten genutzt. Diese Forschung wird zu großen Teilen ebenfalls unter die Forschungsrichtung des Behavioral Accounting subsumiert (vgl. Coenenberg (2005), S. 1223f.; Süßmair (1999), S. 9). Verhaltenswissenschaftliche Erkenntnisse werden zudem im Rahmen der Forschungsrichtung Behavioral Finance für die Erklärung des Verhaltens von Akteuren an den Kapitalmärkten berücksichtigt (vgl. Goldberg/von Nitzsch (1999)).

653 Vgl. Langenbach (2001), S. 139ff.

sich nicht grundsätzlich von denen unternehmensinterner Adressaten unterscheiden.[654] Die verschiedenen Arten der Informationsnutzung durch unternehmensexterne Adressaten werden nachfolgend noch anhand von Beispielen illustriert.

Vor der Darstellung des Entwurfs für eine alternative Klassifikation des betrieblichen Rechnungswesens ist klarzustellen, dass die im Folgenden entwickelte Klassifikation nicht den Anspruch erhebt, die in den vorstehenden Kapiteln angeführten Kritikpunkte an der bestehenden Klassifikation des betrieblichen Rechnungswesens zu eliminieren. Vielmehr soll zum einen durch ein Loslösen von den in der bestehenden Klassifikation verwendeten Strukturen und durch die Verwendung einer alternativen theoretischen Perspektive auf das Rechnungswesen die Relativität der bestehenden, oft als selbstverständlich hingenommenen Klassifikation aufgezeigt werden. Zum anderen ermöglicht es die hinter dem Framework stehende verhaltensorientierte Sichtweise auf das Rechnungswesen darüber hinaus, die Aspekte der Einfachheit und Verständlichkeit des Rechnungswesens zu erfassen. Der Verzicht auf eine separate Berücksichtigung des obligatorischen Rechnungswesens bei der hier entwickelten Klassifikation des Rechnungswesens bedeutet im Übrigen weder, dass die Erfüllung der obligatorischen Rechnungslegungsvorschriften unterbleiben soll, noch dass diese Bestandteile nicht zum Rechnungswesen gezählt werden. Angesichts der angestrebten Funktion der Klassifikation als einer Orientierungshilfe für die Gestaltung des Rechnungswesens impliziert die Umorientierung bei der Auswahl der klassifizierenden Merkmale jedoch, dass andere Aspekte als wichtiger für die Gestaltung des Rechnungswesens erachtet werden.

Im Folgenden wird zunächst die Systematisierung der Nutzungsarten von Informationen dargestellt, die als Grundlage für die Entwicklung einer alternativen Klassifikation des betrieblichen Rechnungswesens genutzt werden soll. Anschließend werden die Gestaltungsimplikationen der verschiedenen Arten der Informationsnutzung für das betriebliche Rechnungswesen dargestellt. Schließlich wird gezeigt, wie diese Systematisierung als Grundlage für eine alternative Klassifikation des betrieblichen Rechnungswesens verwendet werden kann und wie diese Klassifikation als eine Gestaltungsheuristik für das betriebliche Rechnungswesen genutzt werden könnte.

[654] Dies schließt nicht aus, dass die verschiedenen Arten der Informationsnutzung für unternehmensexterne Adressaten eine andere Bedeutung als für unternehmensinterne Adressaten besitzen.

Für die Systematisierung der Nutzungsarten von Rechnungsweseninformationen werden die **instrumentelle**, **konzeptionelle** und **symbolische** Art der Informationsnutzung unterschieden:

- Als **instrumentelle** Informationsnutzung wird die Verwendung von Rechnungsweseninformationen als Grundlage für Entscheidungen bezeichnet. Das Rechnungswesen dient dabei als ein „Auskunftsapparat“[655], der eine Bewertung von Handlungsalternativen erlaubt und in konkreten Handlungen der Nutzer des Rechnungswesens mündet.
- Bei der **konzeptionellen** Nutzung werden die Informationen als Grundlage von Lernprozessen verwendet, die das Verständnis und die Sicht von Situationen und Zusammenhängen, die „mental models“[656] der Informationsnutzer, verändern. Diese Art der Informationsnutzung zielt auf eine Verbesserung der Wissensbasis über die verfolgten Ziele und über die Mittel, um diese zu erreichen, ab. Somit besteht zwischen der konzeptionellen Nutzung von Rechnungsweseninformationen und den Entscheidungen der Nutzer nur ein mittelbarer Zusammenhang. Die konzeptionelle Informationsnutzung umfasst sowohl die Nutzung des Rechnungswesens als Grundlage für individuelle als auch für kollektive Lernprozesse. In kollektiven Lernprozessen kann das Rechnungswesen als „shared mental model“ die Rolle einer gemeinsamen „Sprache“ übernehmen und so Lern- und Kommunikationsprozesse erleichtern.[657]
- Unter der **symbolischen** Nutzung wird die Verwendung von Rechnungsweseninformationen zur Durchsetzung oder Legitimierung bereits getroffener Entscheidungen verstanden. Die Durchsetzung von Entscheidungen kann beispielsweise über eine Verwendung des Rechnungswesens zur Formulierung von Zielvorgaben oder mittels auf der Basis von Rechnungsweseninformationen durchgeführter Kontrollen stattfinden.[658] Bei der Legitimierung von Entscheidungen können Informationen aus dem Rechnungswesen für deren nachträgliche Begründung verwendet werden. Ebenso kann das Rechnungswesen genutzt werden, um in unklaren Situationen Sinn zu stiften und die Handlungsfähigkeit einer Organisation aufrechtzuerhalten. Im Rahmen der

[655] Vgl. Burchell et al. (1980), S. 14.

[656] „Mental models” sind nach *Denzau/North* „the internal representations that individual cognitive systems create to interpret the environment” (Denzau/North (1994), S. 4). Vgl. hierzu auch Weber/Grothe/Schäffer (2000).

[657] Vgl. Denzau/North (1994), S. 3ff. Vgl. auch Weber/Grothe/Schäffer (2000).

[658] *Schäffer/Steiners*, die eine stärker ausdifferenzierte Systematisierung von Nutzungsarten verwenden, unterscheiden hier zwischen der Durchsetzung ex post und der Durchsetzung ex ante (vgl. Schäffer/Steiners (2004), S. 386ff.). Zudem ist zu beachten, dass Kontrollinformationen neben der Durchsetzung von Entscheidungen auch zum Lernen ex post verwendet werden können (vgl. ebd., S. 385f.).

symbolischen Nutzung können die Informationen des Rechnungswesens auch verfälscht werden, um Argumente zu finden, die bestimmte Positionen oder die Ziele einzelner Nutzer stützen. Damit birgt diese Art der Nutzung von Rechnungsweseninformationen jedoch die Gefahr missbräuchlicher Nutzung.[659]

Die verschiedenen Nutzungsarten bringen unterschiedliche Implikationen für die Gestaltung des Rechnungswesens mit sich. So ist für die konzeptionelle Nutzung eine andere Gestaltung des Rechnungswesens erforderlich als für die instrumentelle und für die symbolische Nutzung. Sollen die Informationen des Rechnungswesens instrumentell genutzt werden, so werden exakte, differenzierte und problemspezifische Informationen benötigt. Für diese Art der Nutzung ist tendenziell eine komplexe Gestaltung des Rechnungswesens sinnvoll.[660] Eine instrumentelle Nutzung von Rechnungsweseninformationen bietet sich insbesondere in Situationen hoher Sicherheit in Bezug auf die verfolgten Ziele und die Mittel der Zielerreichung an.[661] Eine instrumentelle Nutzung der Rechnungsweseninformationen durch unternehmensexterne Adressaten liegt dann vor, wenn diese die Daten des Rechnungswesens unmittelbar als informatorische Grundlage für Entscheidungen, beispielsweise über den Kauf von Unternehmensanteilen, verwenden. Diese Art der Informationsnutzung stimmt mit der Nutzung von Rechnungsweseninformationen in der Perspektive der entscheidungsorientierten Betriebswirtschaftslehre nahezu überein.[662]

Soll das Rechnungswesen konzeptionell genutzt werden, so ist eine Reduktion der Komplexität erforderlich, damit die Zusammenhänge und die hinter den Informationen stehenden Annahmen nachvollzogen werden können. Für eine Nutzung des Rechungswesens als Grundlage von Kommunikationsprozessen ist ebenfalls eine Reduktion der Komplexität des Rechnungswesens wichtig. Nur wenn das Rechnungswesen eine Umgangssprache und keine Fachsprache darstellt, ist sichergestellt, dass es von allen an der Kommunikation beteiligten ver-

---

[659] Eine Verzerrung von Informationen kann sinnvoll sein, wenn beispielsweise ein Manager auf Basis seiner strategischen Gesamtschau zu Einsichten gelangt, die er, um eine Überforderung von Mitarbeitern zu vermeiden, anstatt durch strategische Zielvorgaben in Form veränderter Kostengrößen durchsetzt (vgl. Weber (2005), S. 55; ähnlich bei Menon/Varadarajan (1992), S. 62). Allerdings besteht auch die Möglichkeit einer Verzerrung für opportunistische Zwecke. Die Verwendung des Rechnungswesens zur Sinnstiftung in unklaren Situationen birgt zusätzlich die Gefahr, dass eventuell vorhandene Chancen für Lernprozesse ungenutzt bleiben (vgl. Macintosh (1994), S. 153).

[660] Vgl. Weber (2005), S. 55f.

[661] Vgl. Macintosh (1994), S. 150ff.

[662] Allerdings ist zu beachten, dass die instrumentelle Nutzung nicht mit einer vollständig rationalen Nutzung von Rechnungsweseninformationen gleichzusetzen ist.

standen wird.[663] Eine konzeptionelle Nutzung des Rechungswesens ist insbesondere für Nutzungssituationen geeignet, die sich durch eine höhere Unsicherheit auszeichnen, da die verfolgten Ziele unklar sind und/oder das Wissen darum, wie diese Ziele erreicht werden können, unvollständig ist.[664] Es ist davon auszugehen, dass auch unternehmensexterne Adressaten Rechnungsweseninformationen konzeptionell nutzen, beispielsweise um ein Verständnis des von einem Unternehmen verfolgten Geschäftsmodells aufzubauen. In Situationen, in denen einzelne Marktakteure Wissensvorteile gegenüber der Unternehmensführung besitzen, können die extern kommunizierten Rechnungsweseninformationen auch als Grundlage eines direkten Austausches zwischen unternehmensexternen und -internen Adressaten und damit als Grundlage gemeinsamer Lernprozesse verwendet werden. Die Herbeiführung einer solchen Interaktion mit Marktakteuren kann, wie die Ergebnisse der Dissertationen von *Langenbach* und *Schumacher* zeigen, in bestimmten Situationen durchaus im Interesse der Unternehmensführung sein.[665] Dass eine konzeptionelle Nutzung von Rechnungsweseninformationen durch unternehmensexterne Adressaten von hoher Bedeutung ist, findet darüber hinaus Ausdruck in der Tendenz zu einer zunehmenden Berichterstattung über das Geschäftsmodell und die unternehmensinternen Steuerungsmechanismen im Rahmen eines umfassenden Value Reporting.[666] Dass bei unternehmensexternen Adressaten ein Bedarf an konzeptionell zu nutzenden Informationen besteht, wird auch durch eine in den USA vom American Institute of Certified Public Accountants (AICPA) durchgeführte empirische Untersuchung der Informationswünsche unternehmensexterner Adressaten bestätigt, der als „Jenkins Report" große öffentliche Aufmerksamkeit zuteil wurde.[667]

Die Gestaltungsimplikationen für eine symbolische Nutzung des Rechnungswesens sind weniger klar. Dies liegt daran, dass für eine verzerrende Nutzung des Rechnungswesens eine komplexe und intransparente Ausgestaltung des Rechnungswesens vorteilhaft sein kann. Derartige Verzerrungen von Rechnungsweseninformationen können jedoch zu einem Verlust der Glaubwürdigkeit des Rechnungswesens führen und erhöhen zudem die Gefahr einer missbräuchlichen Nutzung des Rechnungswesens. Daher sollte das Rechnungswesen für die sym-

[663] Vgl. Weber (2005), S. 55.

[664] Vgl. Macintosh (1994), S. 150ff.

[665] Vgl. Langenbach (2001), S. 128ff.; Schumacher (2005), S. 172ff.

[666] Vgl. Eccles et al. (2001), S. 11ff.

[667] Vgl. American Institute of Certified Public Accountants (1994), chapter 3 und die Interpretation der Ergebnisse durch Ansari/Euske (1995), S. 42f.

bolische Nutzung vor allem transparent gestaltet werden und auf nachprüfbaren Fakten basieren. Die symbolische Nutzung des Rechnungswesens durch unternehmensexterne Adressaten deckt zum einen den Zweck der Rechenschaftslegung ab. Zum anderen können unternehmensexterne Adressaten durch Reaktionen auf Rechnungsweseninformationen, beispielsweise in Form von Aktienkauf und -verkauf, ihre Interessen gegenüber der Unternehmensführung durchsetzen. Um im Vorfeld auf die Unternehmensführung einwirken zu können, besteht jedoch auch hier die Möglichkeit einer direkten Interaktion.

Wird die Systematisierung der verschiedenen Arten der Nutzung von Rechnungsweseninformationen in eine Klassifikation des betrieblichen Rechnungswesens überführt, so ergibt sich die in Abbildung 6 dargestellte Gliederung. Je nachdem, wie unterschiedliche Bereiche und/oder Instrumente des betrieblichen Rechnungswesens ausgestaltet sind, können sie den verschiedenen Klassen des Rechnungswesens zugeordnet werden. Eine Erhöhung der Strukturierungsleistung dieser Klassifikation, die die Form einer Gruppierung besitzt, wäre möglich, wenn es gelänge, sie durch eine weitere Ausdifferenzierung der Nutzungsarten und/oder der mit ihnen verbundenen Gestaltungsimplikationen über die Bildung von Subklassen zu einer Monohierarchie auszubauen.

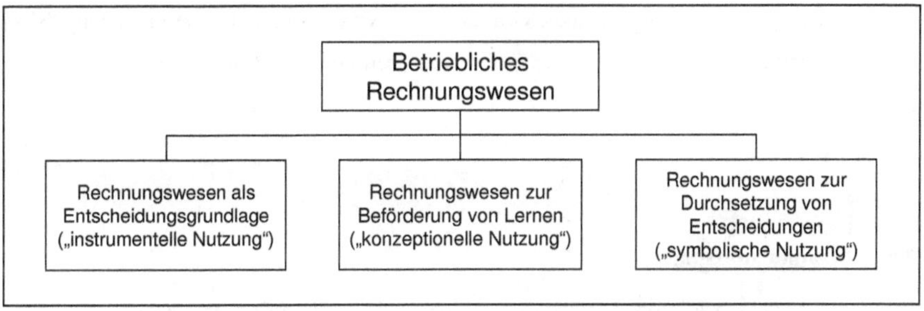

Abbildung 6: Klassifikation des betrieblichen Rechnungswesens nach Nutzungsarten

Die Klassifikation des betrieblichen Rechnungswesens nach den unterschiedlichen Arten der Informationsnutzung kann in Kombination mit den oben dargestellten Gestaltungsimplikationen als Orientierungshilfe für die Gestaltung verschiedener Bereiche und/oder Instrumente des betrieblichen Rechnungswesens genutzt werden. Wie die verschiedenen Bereiche und Instrumente zu gestalten sind, resultiert dabei primär aus der Art, wie sie genutzt werden sollen. Welche Art der Informationsnutzung angestrebt werden wird, variiert dabei auch mit der Nutzungssituation. So wurde bereits erwähnt, dass eine konzeptionelle Nutzung insbesondere für Situationen, die durch eine erhöhte Unsicherheit gekennzeichnet sind, geeignet ist. Hieraus kann beispielsweise abgeleitet werden, dass die Ausgestaltung des Rechnungswesens in größeren Unternehmen in Abhängigkeit von der Hierarchiestufe erfolgen sollte. So besteht auf der operativen Ebene eher die Möglichkeit, das Rechnungswesen instrumentell zu nutzen, da hier die Unsicherheit über die verfolgten Ziele und die hierfür einzusetzenden Mittel tendenziell niedriger ist.[668] Für die Ebene der Unternehmensleitung ist dagegen eher eine Optimierung der Gestaltung für eine konzeptionelle Nutzung sinnvoll. Diese Folgerung stimmt mit der in der Unternehmenspraxis zu beobachtenden Tendenz überein, auf der operativen Ebene eine klassische, entscheidungsorientierte Kostenrechnung beizubehalten und das Rechnungswesen insbesondere auf Konzernebene stärker zu vereinfachen.[669] Ebenso sollte die externe Rechnungslegung von Unternehmen, die in unsicheren Markt- und Wettbewerbsumfeldern, beispielsweise im Hochtechnologiebereich, tätig sind, verstärkt durch Informationen ergänzt werden, die von den unternehmensexternen Adressaten konzeptionell genutzt werden können.

Insgesamt wurde in diesem Abschnitt beispielhaft ein Ansatz für eine alternative Klassifikation des betrieblichen Rechnungswesens entwickelt, die sich nicht an den Adressaten des Rechnungswesens orientiert. Stattdessen bildet eine Systematisierung der Arten der Nutzung von Rechnungsweseninformationen die Grundlage der Klassifikation. Da dieser Systematisierung eine verhaltensorientierte Perspektive auf das betriebliche Rechnungswesen zugrunde liegt, können zudem die Aspekte der Verständlichkeit und Einfachheit des Rechnungswesens erfasst werden.

5.5 Zusammenfassung

In diesem Kapitel wurde die Diskussion um eine Konvergenz des Rechnungswesens unter dem Aspekt der Klassifikation des Rechnungswesens untersucht. Im Rahmen einer Analyse der bestehenden Klassifikation des Rechnungswesens wurde dabei zunächst herausgestellt, dass die dichotome Unterteilung in internes und externes Rechnungswesen im Zentrum der bestehenden Strukturierung des Rechnungswesens steht. Die zahlreichen Unterschiede, die mit der Untergliederung in internes und externes Rechnungswesen verbunden werden, ma-

[668] Vgl. Thompson/Tuden (1959), S. 209ff.

[669] Vgl. Hoke (2001), S. 167ff., zu den Missverständnissen um den tatsächlichen Umfang der prominent diskutierten „Abschaffung der Kostenrechnung“ bei Siemens vgl. Pfaff (1994), S. 1077.

chen eine Einordnung der Bestandteile des betrieblichen Rechnungswesens in die bestehende Untergliederung immer dann schwierig, wenn dem hinter der bestehenden Klassifikation des Rechnungswesens stehenden Gestaltungsmodell nicht gefolgt wird. Da die bestehende Klassifikation des Rechnungswesens die Form einer Monohierarchie besitzt, kann zudem eine als Annäherung von internem und externem Rechnungswesen verstandene Konvergenz in dieser Klassifikation nicht unmittelbar erfasst werden. Eine monohierarchische Gliederung erlaubt lediglich eine Klassifikation nach dem Schema „entweder oder"; ein „mehr oder weniger" gibt es in einer Monohierarchie dagegen nicht.

Es existieren jedoch verschiedene Möglichkeiten, eine als Annäherung von internem und externem Rechnungswesen verstandene Konvergenz zu konzipieren, ohne dabei die bestehende Klassifikation des Rechnungswesens zu verändern. Da die Ähnlichkeit respektive die Unterschiedlichkeit von Objekten und Gruppen von Objekten die Basis jeglicher Klassifikation darstellt, ist das Verständnis einer Konvergenz als Reduktion der Unterschiedlichkeit von internem und externem Rechnungswesen am naheliegendsten. Dieses Verständnis einer Konvergenz korrespondiert zudem mit den verschiedenen in Abschnitt 4.5 dargestellten Konzepten für eine Konvergenz sowie mit der oft anzutreffenden Vorstellung vom Extremfall einer vollständigen Konvergenz als „Einheitsrechnungswesen", in dem internes und externes Rechnungswesen miteinander identisch sind.

Für die Konzeption einer Konvergenz als Reduktion der Unterschiedlichkeit von internem und externem Rechnungswesen muss weiter festgelegt werden, welche Unterschiedlichkeiten als wesentlich für die Unterscheidung von internem und externem Rechnungswesen erachtet werden. Hier werden im Schrifttum auf der einen Seite zahlreiche unterschiedliche Eigenschaften von internem und externem Rechnungswesen mit der Unterscheidung dieser beiden Bereiche des Rechnungswesens verknüpft. Auf der anderen Seite wird oftmals nur ein konstitutives Merkmal für die Unterscheidung von internem und externem Rechnungswesen angegeben. Der genaue Inhalt der Unterscheidung von internem und externem Rechnungswesen bildet aber eine entscheidende Grundlage für das Verständnis einer Konvergenz von internem und externem Rechnungswesen. Gerade an dieser wichtigen Grundlage mangelt es jedoch im Schrifttum zum betrieblichen Rechnungswesen im Allgemeinen und in der Konvergenzdiskussion im Speziellen.

Doch selbst bei Kenntnis dieser unklaren Eigenschaften blieben weitere Aspekte einer als Reduktion der Unterschiedlichkeit von internem und externem Rechnungswesen verstandenen Konvergenz unklar. So können je nach Richtung und Zielpunkt der Annäherung von internem und externem Rechnungswesen deutlich unterschiedliche Ausgestaltungsformen des Rechnungswesens gleichsam „konvergent" sein. Zudem nehmen mit voranschreitender Konvergenz die Vollständigkeit der bestehenden Klassifikation des Rechnungswesens, ihre strukturelle Einfachheit sowie die Klarheit der in ihr verwendeten Begriffe ab. Darüber hinaus sind im Extrempunkt einer Konvergenz internes und externes Rechnungswesen miteinander identisch, womit die Unterscheidung von internem und externem Rechnungswesen aufgehoben wird. Es ist ein fundamentales Dilemma der Konvergenzdiskussion, dass die Unterscheidung von internem und externem Rechnungswesen eine wesentliche Grundlage der Konvergenzdiskussion bildet, dieser Diskussion jedoch zugleich die Aufhebung dieser Unterscheidung inhärent ist.

Eine Klassifikation ist immer auch vor dem Hintergrund ihrer Funktion zu betrachten. Eine wesentliche Funktion der bestehenden Klassifikation des Rechnungswesens ist die einer Heuristik für die Gestaltung Rechnungswesens. Angesichts des Trends zu einer Konvergenz des Rechnungswesens wurde daher geprüft, welche Gründe für eine Verringerung des heuristischen Wertes der bestehenden Klassifikation für die Gestaltung des Rechnungswesens sprechen. Hier ist erstens festzustellen, dass durch Veränderungen des regulativen Umfeldes, insbesondere durch die Einführung der IFRS, diverse Aspekte der Unterschiedlichkeit von internem und externem Rechnungswesen unmittelbar verändert werden. Eine divergente Gestaltung des Rechnungswesens in Übereinstimmung mit dem hinter der bestehenden Klassifikation des Rechnungswesens stehenden Gestaltungsmodell ist damit nur noch eingeschränkt möglich. Dies hat zur Folge, dass die bestehende Klassifikation des Rechnungswesens an heuristischem Wert und an Trennschärfe verliert. Zweitens kann ein wesentlicher Teil des heuristischen Wertes der bestehenden Klassifikation darin identifiziert werden, dass mit der Unterscheidung von internen und externen Rechnungswesen zwei Hauptbereiche innerhalb des Rechnungswesens gebildet werden, die weitgehend unabhängig voneinander auszugestalten sind. Dies ermöglicht eine Zweiteilung des mit der Gestaltung des betrieblichen Rechnungswesens verbundenen Aufgabenkomplexes. Durch die Umstellung auf internationale Rechnungslegung, die zunehmende Orientierung der Unternehmensführung am Shareholder Value sowie durch die Betonung des Ziels, die Verständlichkeit des Rechnungswesens zu verbessern, wird jedoch die Interdependenz der mit der Gestaltung von internem und externem

Rechnungswesen verbundenen Aufgabenkomplexe drastisch erhöht. Insbesondere durch die Einführung der IFRS werden Interdependenzen zwischen internem und externem Rechungswesen geschaffen, durch die diese beiden Bereiche des Rechnungswesen nicht mehr unabhängig voneinander gestaltet und betrieben werden können. Aus diesen Gründen ist davon auszugehen, dass der heuristische Wert der bestehenden Klassifikation des Rechnungswesens als eine Gestaltungshilfe für das Rechnungswesen erheblich abgenommen hat.

Insgesamt besteht damit ein Bedarf für eine Veränderung der bestehenden Klassifikation des betrieblichen Rechnungswesens. Hierfür stehen grundsätzlich zwei unterschiedliche Möglichkeiten offen: Erstens eine Modifikation der bestehenden Klassifikation des Rechnungswesens oder zweitens eine grundlegende Neustrukturierung. Bei einer Modifikation der bestehenden Klassifikation wäre insbesondere die zentrale Untergliederung in internes und externes Rechnungswesen beizubehalten. Dies erweist sich jedoch vor dem Hintergrund des Dilemmas der mit einer voranschreitenden Konvergenz verbundenen Aufhebung der Unterscheidung von internem und externem Rechnungswesen als äußerst problematisch. Aus diesen Überlegungen ist zu folgern, dass der Fokus der Konvergenzdiskussion weg von einer Annäherung von internem und externem Rechnungswesen hin zu einer Diskussion um eine Neustrukturierung des betrieblichen Rechnungswesens verschoben werden sollte.

Hierfür wurde als erstes geprüft, ob bzw. inwieweit das angloamerikanische Modell der Strukturierung des betrieblichen Rechnungswesens als Vorlage für eine Neustrukturierung des betrieblichen Rechnungswesens im deutschsprachigen Raum dienen könnte. Hierfür wurde eine Analyse von angloamerikanischen Standard-Lehrbüchern zum betrieblichen Rechnungswesen durchgeführt. Diese hat jedoch gezeigt, dass im angloamerikanischen Raum lediglich eine rudimentäre Klassifikation des betrieblichen Rechnungswesens existiert, die als Vorlage für eine Neustrukturierung des betrieblichen Rechnungswesens ungeeignet ist.

Damit kann der Bedarf für eine Neustrukturierung des betrieblichen Rechnungswesens nur durch die Neuentwicklung einer alternativen Klassifikation des betrieblichen Rechnungswesens gestillt werden. Für die Bewältigung dieser immensen Herausforderung konnten jedoch im Rahmen dieser Arbeit verschiedene Strategien und Anhaltspunkte abgeleitet werden. So kommt für die Entwicklung alternativer Klassifikationen des betrieblichen Rechnungswesens neben der essentiellen Strategie der Klassifikationserarbeitung auch eine archetypische Strategie in Betracht, bei der auf den organisatorischen oder funktionalen Zusammenhang der

Elemente des Gegenstandsbereichs als Grundlage der Klassifikation zurückgegriffen wird. Zudem können Anhaltspunkte für eine Neustrukturierung des betrieblichen Rechnungswesens aus den für die Beurteilung von Klassifikationen erarbeiteten Kriterien abgeleitet werden. So besteht ein möglicher Ansatzpunkt für die Entwicklung alternativer Klassifikationen in der expliziten Anknüpfung an eine theoretische Perspektive auf das betriebliche Rechnungswesen. Hier wäre zum einen die Herstellung eines expliziten Bezuges zu den bereits für die Interpretation der bestehenden Klassifikation verwendeten theoretischen Perspektiven der entscheidungsorientierten Betriebswirtschaftslehre und der Prinzipal-Agenten-Theorie denkbar. Allerdings erlauben beide Perspektiven keine Berücksichtigung des in der Konvergenzdiskussion besonders wichtigen Aspektes der Verständlichkeit des Rechnungswesens. Eine Berücksichtigung der Funktion des Rechnungswesens als eine Sprache und der Rolle des Rechnungswesens in Lern- und Kommunikationsprozessen ist nur in einer verhaltensorientierten Sichtweise im Sinne eines Behavioral Accounting möglich. Diese Sichtweise auf das betriebliche Rechnungswesen hat sich jedoch bisher nur unvollständig zu einer theoretischen Perspektive auf das betriebliche Rechnungswesen verdichtet.

Abschließend wurde beispielhaft eine alternative Klassifikation des betrieblichen Rechnungswesens entwickelt, die auf einer verhaltensorientierten Sichtweise auf das betriebliche Rechnungswesen beruht. Als Grundlage dieser Strukturierung des Rechnungswesens dient eine Systematisierung verschiedener Arten der Nutzung von Rechnungsweseninformationen. Das Ziel dieser beispielhaften Klassifikation ist es dabei weniger, die Kritikpunkte an der bestehenden Klassifikation zu eliminieren. Vielmehr soll durch das Loslösen von der bestehenden Klassifikation des Rechnungswesens und durch die Entwicklung einer alternativen, von der bestehenden Klassifikation völlig unabhängigen Klassifikation, die Relativität der bestehenden Klassifikation des Rechnungswesens aufgezeigt werden. Darüber hinaus ermöglicht die hinter der alternativen Klassifikation stehende theoretische Sichtweise die Berücksichtigung des Aspektes der Verständlichkeit des Rechnungswesens. Die mit den verschiedenen Nutzungsarten von Rechnungsweseninformationen verbundenen Gestaltungsimplikationen ermöglichen zudem eine Verwendung dieser alternativen Klassifikation als eine Heuristik für die Gestaltung des betrieblichen Rechnungswesens.

6 Zusammenfassung und Fazit

Mit der in dieser Arbeit durchgeführten Analyse der Konvergenzdiskussion unter dem Aspekt der Strukturierung des betrieblichen Rechnungswesens wurden zwei Hauptziele verfolgt: Erstens sollten durch die Analyse der Konvergenzdiskussion die für das Verständnis einer Konvergenz im Rechnungswesen grundlegenden Begrifflichkeiten herausgearbeitet und kritisch geprüft werden. Hierdurch sollten Grundlagen für ein Verständnis des Phänomens der Konvergenz im Rechnungswesen und für eine Gestaltung des betrieblichen Rechnungswesens unter Konvergenzgesichtspunkten verbessert beziehungsweise geschaffen werden. Zweitens sollte untersucht werden, ob vor dem Hintergrund der Konvergenzdiskussion Bedarf für eine Neustrukturierung des betrieblichen Rechnungswesens besteht, und es sollten Ansätze für eine eventuelle Veränderung oder Weiterentwicklung der Strukturierung des betrieblichen Rechnungswesens aufgezeigt werden.

Für die Analyse von Strukturierungen des betrieblichen Rechnungswesens wurde zunächst in Kapitel zwei ein wissenschaftstheoretisch fundierter konzeptioneller Bezugsrahmen erarbeitet. Die Grundlage dieses Bezugsrahmens bildet die Betrachtung der für die Strukturierung des betrieblichen Rechnungswesens verwendeten Begriffssysteme als Klassifikationen. Neben den grundlegenden Arten und Eigenschaften von Klassifikationen wurde der theoretische Status von Klassifikationen erörtert, und es wurden Kriterien für die Beurteilung von Klassifikationen abgeleitet. Die Untersuchung des theoretischen Status von Klassifikationen des betrieblichen Rechnungswesens ergab, dass es sich bei ihnen vor allem um vereinfachende Beschreibungen handelt, die in aller Regel keine theoretischen Aussagen im Sinne des in dieser Arbeit zugrunde gelegten Theoriebegriffs des Kritischen Rationalismus beinhalten. Damit können die Strukturierungen des betrieblichen Rechnungswesens nicht als richtig oder falsch eingestuft werden. In Ermangelung einer umfassenden Theorie der Gestaltung des betrieblichen Rechnungswesens stellen sie jedoch zum einen eine wichtige Vorstufe beziehungsweise Grundlage für die Bildung entsprechender Theorien dar. Zum anderen besitzen sie in Abwesenheit theoretisch fundierter Empfehlungen für die Strukturierung des betrieblichen Rechnungswesens eine potentiell wichtige Funktion als Heuristik für die Gestaltung des betrieblichen Rechnungswesens in der Unternehmenspraxis.

Während Klassifikationen, die theoretische Aussagen beinhalten, auf Grundlage ihrer empirischen Bewährung geprüft werden können, sind für die Beurteilung von Klassifikationen, die weder den Status theoretischer Aussagen besitzen noch in ein umfassendes Theoriegebäude eingebunden sind, alternative Beurteilungskriterien erforderlich. Daher wurden für die Beurteilung von Klassifikationen des betrieblichen Rechnungswesens die fünf Kriterien der strukturellen Einfachheit, Klarheit, Konsistenz, Reichweite und theoretischen Ergiebigkeit aufgestellt. Auch wenn diese Kriterien keine unmittelbare und objektive Beurteilung von Klassifikationen ermöglichen, können sie zum einen als Anhaltspunkte für die Analyse von Strukturierungen des betrieblichen Rechnungswesens dienen. Zum anderen können aus ihnen Hinweise für die Veränderung respektive Weiterentwicklung von Klassifkationen des betrieblichen Rechnungswesens abgeleitet werden.

Im nächsten Schritt wurden in Kapitel drei der Inhalt, die Funktion und die Bedeutung der Unterscheidung von internem und externem Rechnungswesen und der auf ihr aufbauenden Klassifkationen des betrieblichen Rechnungswesens analysiert. Dabei wurde zuerst die historische Entwicklung der Unterscheidung von internem und externem Rechnungswesen im deutschsprachigen Raum untersucht. Hier kann festgestellt werden, dass der Inhalt der Unterscheidung von internem und externem Rechnungswesen maßgeblich von den Arbeiten *Schmalenbachs* beeinflusst wurde. Aus der Darstellung und kritischen Analyse der Gliederung des betrieblichen Rechnungswesens bei *Schmalenbach* geht hervor, dass hinter dieser Gliederung eine Gestaltungsanweisung für das Rechnungswesen steht, die primär pragmatischen Ursprungs ist. Dieses Gestaltungsmodell des betrieblichen Rechnungswesens erfuhr in Deutschland durch das Umsetzungsinstrument des Kontenrahmens und durch die für viele Unternehmen verpflichtende Einführung einer Kostenrechnung *Schmalenbach'scher* Prägung in der Zeit des Nationalsozialismus eine hohe Verbreitung. Dabei kam es zu einer weitgehenden Trennung dieser beiden Hauptbereiche des Rechnungswesens, die sich in der starken Verbreitung des IKR und des damit verbundenen Zweikreissystems manifestierte. Mit der Zweiteilung des betrieblichen Rechnungswesens ging auch eine entsprechende Aufgabenteilung im Rechnungswesen einher. Seit den 1970er Jahren kam es hierbei zu einer verstärkten Einrichtung von mit dem internen Rechnungswesen betrauten Controllerabteilungen, während das externe Rechnungswesen in der Regel in vom Controlling getrennten Abteilungen angesiedelt wurde.

Für die Untersuchung des aktuellen Standes der Untergliederung des betrieblichen Rechnungswesens und der Unterscheidung von internem und externem Rechnungswesen wurde eine Lehrbuchanalyse durchgeführt. Hierfür wurden insgesamt zehn Lehrbücher (allesamt Standardwerke) ausgewählt, davon vier Controlling-Lehrbücher und jeweils zwei Lehrbücher zum betrieblichen Rechnungswesen sowie zu den Bereichen Kostenrechnung und Rechnungslegung. Die Analyse der Lehrbücher ergab, dass die Gliederungen des betrieblichen Rechnungswesens zwar in Details uneinheitlich sind, sich aber ansonsten in vielen Punkten ähneln. Weiter kann festgestellt werden, dass die in den Lehrbüchern verwendeten Klassifikationen des betrieblichen Rechnungswesens auf der einen Seite eine generelle Unverbindlichkeit und Vagheit besitzen, die durch eine mangelnde Klarheit der verwendeten Begrifflichkeiten, durch die Verwendung wenig strukturierender Merkmalskataloge in der Form von Facettenklassifikationen sowie durch ein Nebeneinanderstellen verschiedener Gliederungen des betrieblichen Rechnungswesens bedingt ist. Auf der anderen Seite bildet aber die Zweiteilung des Rechnungswesens in internes und externes Rechnungswesen nach seinen Adressaten – gefolgt von und oftmals kombiniert mit einer Gliederung nach Rechnungsgrößen – die wichtigste und weitgehend akzeptierte Untergliederung des Rechnungswesens. Diese Gliederung des Rechnungswesens in zwei Hauptbereiche, die sich in vielerlei Hinsicht voneinander unterscheiden, ist in weiten Teilen deckungsgleich mit der Untergliederung des Rechnungswesens bei *Schmalenbach.*

Die in den Lehrbüchern enthaltenen Strukturierungen des betrieblichen Rechnungswesens beinhalten keine theoretischen Aussagen im Sinne des Kritischen Rationalismus. Zudem beruhen sie weder auf einer Theorie der Gestaltung des Rechnungswesens noch sind sie eng mit einer solchen verbunden. Allerdings bilden die theoretischen Perspektiven der entscheidungsorientierten Betriebswirtschaftslehre sowie der Prinzipal-Agenten-Theorie oftmals - wenn auch zum Teil lediglich implizit - den Hintergrund für die Interpretation der Strukturierungen des Rechnungswesens. Diese beiden theoretischen Perspektiven korrespondieren mit der Entscheidungs- und Verhaltensbeeinflussungsfunktion des Rechnungswesens, die in den untersuchten Lehrbüchern parallel anerkannt werden. Durch die parallele Anerkennung dieser beiden Funktionen tritt die propagierte Notwendigkeit der Zweckabhängigkeit der Gestaltung des Rechnungswesens nach dem Grundsatz „Der Rechnungszweck bestimmt den Rechnungsinhalt“ deutlich hervor. Hieraus wird die Schlussfolgerung gezogen, dass „unterschiedliche Rechnungszwecke und -ziele nur .. mit unterschiedlichen Rechnungssystemen zufrieden gestellt werden [können]“[670]. Durch das Zurückführen der Gliederung des betrieblichen Rechnungswesens auf einen vermeintlich allgemeingültigen Gestaltungsgrundsatz und die Interpretation der Gliederung des Rechnungswesens vor dem Hintergrund theoretischer Perspektiven auf das betriebliche Rechnungswesen wird in der Mehrzahl der untersuchten Lehrbücher

---

670 Küpper (2005), S. 134 mit Verweis auf Schneider (1991), S. 766f. Vgl. auch Männel/Küpper (1999) S. 1; Schmalenbach (1919), S. 349; Schweitzer/Ziolkowski (1999), S. 14.

der Eindruck vermittelt, die Gliederung des betrieblichen Rechnungswesens sei theoretisch fundiert. Die inhaltliche Analyse der in den Lehrbüchern enthaltenen Gliederungen des Rechnungswesens und der für sie proklamierten theoretischen Grundlagen führt jedoch zu dem Ergebnis, dass offenbar nicht theoretische Überlegungen sondern die Praxis des betrieblichen Rechnungswesens und seine historische Entwicklung den bedeutendsten Einfluss auf die Gliederung des betrieblichen Rechnungswesens ausüben.

In Kapitel vier wurden die Diskussion um eine Konvergenz von internem und externem Rechnungswesen und die in dieser Diskussion verwendeten Klassifikationen des betrieblichen Rechnungswesens analysiert. Im ersten Schritt erfolgte dabei eine Abgrenzung und Systematisierung der Konvergenzdiskussion. Hierfür wurde im Rahmen einer umfassenden Literaturrecherche eine systematische Untersuchung wissenschaftlicher Fachzeitschriften durchgeführt, in der insgesamt über 100 Zeitschriftenjahrgänge erfasst wurden. Im Zuge dieser Literaturanalyse wurden 112 Veröffentlichungen zur Konvergenzdiskussion ausfindig gemacht. Eine vergleichbare Übersicht über die Konvergenzdiskussion liegt bislang nicht vor.

Als Ursprung der Konvergenzdiskussion wurde in Übereinstimmung mit der Literatur der Beitrag von *Ziegler* aus dem Jahr 1993 identifiziert.[671] Der inhaltliche Kern der Konvergenzdiskussion besteht in der Diskussion einer Annäherung von internem und externem Rechnungswesen. Um diesen Kern haben sich in der Konvergenzdiskussion zudem zwei weitere Diskussionsstränge herausgebildet: Der erste besteht aus Beiträgen, in denen Beispiele aus der Unternehmenspraxis dargestellt werden. Im zweiten Diskussionsstrang werden Schnittstellen und Interdependenzen zwischen internem und externem Rechnungswesen, die durch die Anwendung internationaler Rechnungslegungsstandards bedingt sind, dargestellt und analysiert.

Des Weiteren erfolgte eine Analyse von Konvergenzbegriffen und -definitionen. Trotz der Vielzahl der verwendeten Konvergenzbezeichnungen kann zusammenfassend festgestellt werden, dass das Phänomen der Konvergenz im Rechnungswesen in aller Regel als Konvergenz (im Sinne einer Annäherung) von internem und externem Rechnungswesen bezeichnet wird. Für die Konzeption einer als Annäherung von internem und externem Rechnungswesen verstandenen Konvergenz wäre jedoch näher zu bestimmen, was unter internem und externem Rechnungswesen zu verstehen ist und wie diese einander anzunähern sind. Umfassende Defi-

[671] Vgl. Ziegler (1994).

nitionen einer Konvergenz von internem und externem Rechnungswesen liegen jedoch nicht vor.

Die in der Konvergenzdiskussion typischerweise verwendete Gliederung des Rechnungswesens besitzt die Form einer Monohierarchie, auf deren erster Ebene die Untergliederung in die beiden Hauptbereiche internes und externes Rechnungswesens erfolgt. Das grundlegende Unterscheidungskriterium hierfür sind die Adressaten des Rechnungswesens. Auch in der Konvergenzdiskussion werden darüber hinaus mit der Unterteilung in internes und externes Rechnungswesens zahlreiche weitere Unterschiedlichkeiten verbunden, wodurch die Klassifikation des betrieblichen Rechnungswesens in der Konvergenzdiskussion ein Gestaltungsmodell des Rechnungswesens impliziert, das in weiten Teilen auf die Arbeiten *Schmalenbachs* zurückgeht.

Die in der Konvergenzdiskussion für den Trend zur Konvergenz im Rechnungswesen entwickelten Erklärungsansätze sind überwiegend multikausal und stimmen in wesentlichen Punkten überein. Während von Vertretern der Unternehmenspraxis jedoch stärker eigenständige Vorteile eines konvergenten Rechnungswesens, insbesondere in Form einer verbesserten Verständlichkeit, hervorgehoben werden, wird von Vertretern der Wissenschaft das Motiv einer Realisierung von Einsparpotentialen im Rechnungswesen betont. Als weitere wichtige Einflussfaktoren für den Trend zur Konvergenz werden übereinstimmend die Umstellung der Rechnungslegung auf internationale Rechnungslegungsstandards sowie die zunehmende Ausrichtung der Unternehmensführung an der Steigerung des Shareholder Value hervorgehoben.

Bei den im Rahmen der Konvergenzdiskussion entwickelten Konzepten für eine Konvergenz von internem und externem Rechnungswesen steht besonders das Modell einer partiellen Konvergenz für Zwecke der Konzernsteuerung im Mittelpunkt der Analysen. Dabei werden, in der Regel unter Rückgriff auf das Modell der normativen Prinzipal-Agenten-Theorie und im Rahmen restriktiver Annahmen, Argumente hergeleitet, die für den Zweck der Beeinflussung des Verhaltens dezentraler organisatorischer Einheiten durch die Konzernführung eine Überlegenheit einer auf dem externen Rechnungswesen basierenden Steuerungsrechnung gegenüber einer traditionellen kalkulatorischen Kostenrechnung begründen. Auf Basis dieser Eignung des externen Rechnungswesens soll die eigenständige Kostenrechnung auf Ebene der Konzernsteuerung eingespart werden. Eine Erklärung der von der Unternehmenspraxis betonten eigenständigen Vorteile eines konvergenten Rechnungswesens, die insbesondere in Form einer verbesserten Verständlichkeit des Rechnungswesens identifiziert werden, ist auf dieser Grundlage aber nicht möglich.

Ebensowenig sind die in der Konvergenzdiskussion verwendeten theoretischen Grundlagen dafür geeignet, als Erklärungsgrundlage für die als Ausgangspunkt einer Konvergenz akzeptierte bestehende Gliederung des betrieblichen Rechnungswesens zu dienen. Auch in der Konvergenzdiskussion wird die Gliederung des betrieblichen Rechnungswesens ebenso wie in den untersuchten Lehrbüchern in aller Regel auf den vermeintlich allgemeingültigen Gestaltungsgrundsatz „Der Rechnungszweck bestimmt den Rechnungsinhalt“ zurückgeführt und vor dem Hintergrund theoretischer Perspektiven auf das betriebliche Rechnungswesen interpretiert. Die in dieser Arbeit durchgeführte Analyse der historischen Entwicklung und des aktuellen Standes der Gliederung des Rechnungswesens zeigt jedoch, dass offenbar nicht theoretische Überlegungen sondern die historische Entwicklung in Deutschland und die Praxis des betrieblichen Rechnungswesens den bedeutendsten Einfluss auf die Gliederung des betrieblichen Rechnungswesens ausüben. Vor diesem Hintergrund ist in Frage zu stellen, inwieweit diese theoriebasierten Erklärungsansätze für eine Konvergenz des Rechnungswesens, deren Erklärungsgehalt ohnehin stark begrenzt ist, in Bezug auf die grundlegende Frage nach der Strukturierung des betrieblichen Rechnungswesens überhaupt relevant sind.

Im fünften Kapitel wurde die Diskussion um eine Konvergenz von internem und externem Rechnungswesen unter dem Aspekt der Klassifikation des Rechnungswesens untersucht. Hier ist zunächst festzustellen, dass die dichotome Unterteilung in internes und externes Rechnungswesen und ihre Veränderung im Zentrum der Konvergenzdiskussion stehen. Als problematisch für eine als Annäherung von internem und externem Rechnungswesen verstandene Konvergenz erweist sich hierbei erstens, dass Veränderungen der Gestaltung des Rechnungswesens, welche die Unterscheidung von internem und externem Rechnungswesen verändern, die Einordnung von Elementen des betrieblichen Rechnungswesens in die bestehende Strukturierung des Rechnungswesens erschweren. Zweitens entstehen Unklarheiten dadurch, dass eine „Annäherung“ der Klassen internes und externes Rechnungswesen in der bestehenden monohierarchischen Strukturierung des Rechnungswesens nicht direkt darstellbar ist. In einer Monohierarchie ist nur eine Klassifikation in Form eines „entweder oder“ möglich, ein „mehr oder weniger“ gibt es dagegen nicht. Jenseits der streng monohierarchischen Gliederung des Rechnungswesens sind jedoch verschiedene Möglichkeiten für ein Verständnis einer solchen Annäherung denkbar. Am naheliegendsten und in Übereinstimmung mit den Beiträgen zur

Konvergenzdiskussion stehend ist das Verständnis einer Annäherung von internem und externem Rechnungswesen als Verringerung der Unterschiedlichkeit zwischen diesen beiden Bereichen. Damit hängt das Verständnis einer Konvergenz wesentlich davon ab, was als die wesentlichen Unterschiedlichkeiten von internem und externem Rechnungswesen angesehen wird und was Richtung und Zielpunkt einer Annäherung von internem und externem Rechnungswesen sind. Dies führt dazu, dass deutlich unterschiedliche Ausgestaltungsformen des betrieblichen Rechnungswesens gleichsam „konvergent" sein können. Unklarheiten und Mißverständnisse erscheinen bei der Konzeption einer Konvergenz als Annäherung von internem und externem Rechnungswesen somit nahezu unvermeidbar. Weitere Probleme einer derartigen Konzeption einer Konvergenz resultieren daraus, dass mit voranschreitender Konvergenz die Trennschärfe und Klarheit der bestehenden Untergliederung des Rechnungswesens immer weiter verschwimmt bis im Extrempunkt einer Konvergenz die Unterscheidung von internem und externem Rechnungswesen gänzlich aufgehoben ist. Dass die Unterscheidung von internem und externem Rechnungswesen eine wesentliche Grundlage der Konvergenzdiskussion bildet, dieser Diskussion jedoch zugleich die Aufhebung dieser Unterscheidung inhärent ist, stellt ein fundamentales Dilemma der Konvergenzdiskussion dar.

Da eine Klassifikation immer auch vor dem Hintergrund ihrer Funktion zu beurteilen ist, wurde die bestehende Klassifikation des Rechnungswesens, ausgehend von ihrer historischen Entstehung als eine pragmatische Gestaltungsanweisung für das Rechnungswesen, vor dem Hintergrund ihrer Funktion als Heuristik für die Gestaltung des Rechnungswesens näher untersucht. Dabei wurde der heuristische Wert der bestehenden Klassifikation des Rechnungswesens darin identifiziert, dass mit dem internen und externen Rechnungswesen zwei Hauptbereiche innerhalb des Rechnungswesens gebildet werden, die stark unterschiedlich sind und weitgehend unabhängig voneinander gestaltet und abgewickelt werden können. Dies beeinflusst die organisatorische Gestaltung des mit dem betrieblichen Rechnungswesen verbundenen Aufgabenzusammenhangs und legt eine Zweiteilung des mit der Gestaltung und dem Betrieb des betrieblichen Rechnungswesens verbundenen Aufgabenkomplexes nahe. Angesichts des Trends zur Konvergenz im Rechnungswesen konnte festgestellt werden, dass zum einen durch Veränderungen des regulativen Umfeldes, insbesondere durch die Einführung der IFRS, eine Gestaltung des Rechnungswesens in Übereinstimmung mit dem hinter der bestehenden Klassifikation des Rechnungswesens stehenden Gestaltungsmodell nur noch eingeschränkt möglich ist. Zum anderen wird die Interdependenz der mit der Gestaltung von internem und externem Rechnungswesen verbundenen Aufgabenkomplexe durch die Umstellung auf internationale Rechnungslegungsstandards, die zunehmende Orientierung der Unternehmensführung am Shareholder Value und durch die Verfolgung des Ziels, die Verständlichkeit des Rechnungswesens zu verbessern, drastisch erhöht. Insbesondere die Einführung der IFRS führt dazu, dass internes und externes Rechnungswesen nicht mehr unabhängig voneinander gestaltet und betrieben werden können. Der heuristische Wert der bestehenden Klassifikation des Rechnungswesens, der insbesondere in der Trennung der mit der Gestaltung von internem und externem Rechnungswesen verbundenen Aufgabenkomplexe identifiziert werden kann, hat damit erheblich abgenommen. Diese Überlegungen stellen zugleich einen alternativen Erklärungsansatz für das Phänomen der Konvergenz im Rechnungswesen dar.

Der Trend zu einer konvergenten Gestaltung des Rechnungswesens in der Unternehmenspraxis, die Abnahme des heuristischen Wertes der bestehenden Klassifikation für die Gestaltung des Rechnungswesens und die mit voranschreitender Konvergenz verbundene Aufweichung der bestehenden Klassifikation des Rechnungswesens zeigen, dass Bedarf für eine Veränderung der bestehenden Klassifikation des betrieblichen Rechnungswesens besteht. Die Konvergenzdiskussion kreist aber lediglich um die Annäherung von internem und externem Rechnungswesen. Wenn im Rahmen der Konvergenzdiskussion überhaupt eine Veränderung der bestehenden Strukturierung des Rechnungswesens diskutiert wird, dann lediglich in Form einer Modifikation der bestehenden Gliederung unter Beibehaltung der in ihrem Zentrum stehenden Zweiteilung in internes und externes Rechnungswesen. Eine derartige Modifikation scheint jedoch für die Lösung der oben dargestellten Problemkreise ungeeignet. Daher sollte der Schwerpunkt der Konvergenzdiskussion weg von der in weiten Teilen unproduktiven Diskussion einer Annäherung von internem und externem Rechnungswesen hin zu einer Diskussion von Ansätzen für eine Neustrukturierung des betrieblichen Rechnungswesens verlagert werden.

Ausgehend von diesen Überlegungen wurden anschließend Ansätze für die Konzeption alternativer Klassifikationen des betrieblichen Rechnungswesens entwickelt. Dabei wurde in einem ersten Schritt die Möglichkeit einer Anpassung der bestehenden Klassifikation des betrieblichen Rechnungswesens untersucht und verworfen. In Anbetracht der voranschreitenden Internationalisierung der Unternehmenstätigkeit und Rechnungslegung wurde im nächsten Schritt geprüft, ob bzw. inwieweit die im angloamerikanischen Sprachraum verwendete Strukturierung des Rechnungswesens als Vorbild für eine Neustrukturierung des betrieblichen Rechnungswesens in Deutschland dienen kann. Hierfür wurde eine Analyse von angloamerikanischen Standard-Lehrbüchern zum betrieblichen Rechnungswesen durchgeführt. Diese hat jedoch gezeigt, dass im angloamerikanischen Raum lediglich eine rudimentäre Klassifikation des betrieblichen Rechnungswesens existiert, die als Vorlage für eine Neustrukturierung des betrieblichen Rechnungswesens ungeeignet ist.

Eine weitere Möglichkeit, um den Bedarf für eine Neustrukturierung des betrieblichen Rechnungswesens zu decken, besteht in der Entwicklung einer neuen alternativen Strukturierung des betrieblichen Rechnungswesens. Im Rahmen dieser Arbeit konnten erste Strategien und Anhaltspunkte für eine solche Neuklassifikation des Rechnungswesens erarbeitet werden. Neben der Diskussion möglicher Strategien der Klassifikationserarbeitung können Anhaltspunkte für die Neustrukturierung des betrieblichen Rechnungswesens aus den für die Beurteilung von Klassifikationen des Rechnungswesens erarbeiteten Kriterien abgeleitet werden. Aus diesen kann unter anderem gefolgert werden, dass die verschiedenen theoretischen Perspektiven auf das betriebliche Rechnungswesen verstärkt als Grundlage für die Entwicklung von Klassifikationen des Rechnungswesens genutzt werden sollten. Angesichts der hohen Bedeutung, die dem Aspekt der Verständlichkeit des Rechnungswesens in der Konvergenzdiskussion eingeräumt wird, bietet sich hierfür eine verhaltensorientierte Perspektive auf das betriebliche Rechnungswesen im Sinne eines Behavioral Accounting an. Aufbauend auf diesen konzeptionellen Überlegungen wurde eine beispielhafte Klassifikation des betrieblichen Rechnungswesens entwickelt. Während die bestehende Klassifikation des Rechnungswesens an der Stellung der Rechnungswesenadressaten zum Unternehmen ausgerichtet ist, dienen in der neu entwickelten Klassifikation unterschiedliche Arten der Nutzung von Rechnungsinformationen als Ausgangspunkt der Strukturierung. Die hinter dieser Gliederung des betrieblichen Rechnungswesens stehende verhaltensorientierte Perspektive ermöglicht die Berücksichtigung des Aspektes der Verständlichkeit des Rechnungswesens.

Insgesamt hat die in dieser Arbeit durchgeführte Analyse von Begriffssystemen zur Strukturierung des betrieblichen Rechnungswesens gezeigt, wie diese einen grundlegenden Einfluss auf unsere Wahrnehmung und unser Verständnis des betrieblichen Rechnungswesens ausüben. Die Diskussion um eine Konvergenz von internem und externem Rechnungswesen zeigt aber auch, dass die zur Strukturierung des Rechnungswesens genutzten Begrifflichkeiten nicht nur eine grundlegende sprachliche Voraussetzung und damit ein wichtiges Instrument für die Auseinandersetzung mit dem betrieblichen Rechnungswesen sind, sondern dass diese Begrifflichkeiten sich zugleich auch als eigenständiges inhaltliches Problem erweisen können.[672] Durch die Entwicklung eines theoretisch fundierten konzeptionellen Bezugsrahmens und der darauf aufbauenden Analyse der für die Strukturierung des Rechnungswesens verwendeten Begriffssysteme konnten zentrale Schwachstellen der existierenden Konzeptionen einer Konvergenz im Rechnungswesen und Bedarf für eine Neustrukturierung des betrieblichen Rechnungswesens aufgedeckt werden. Darüber hinaus wurden Ansatzpunkte für eine solche Neustrukturierung des betrieblichen Rechnungswesens entwickelt.

[672] Zur oftmals vernachlässigten sprachlichen Dimension wirtschaftswissenschaftlicher Theorie vgl. Meyer (2004).

Anhang

Nummer	Quelle	Benutzter Konvergenzbegriff	Konvergenzbezeichung und -objekte	Diskussionsstrang
1	Altenburger, Otto/Busse v. Colbe, Walther/Küpper, Hans-Ulrich/Loitlsberger, Erich/Siegwart, Hans (2001): Vorschläge zur Weiterentwicklung des internen und externen Rechnungswesens, in: BFuP, 53. Jg., Heft 1, S. 67-76.	kein Konvergenzbegriff	nicht näher definiert	Kern der Konvergenzdiskussion
2	Auer, Kurt V. (2004): IAS 14 (Segment Reporting): Inhalte / Schnittstellen zum Controlling, in: ZfCM, Sonderheft 2, S. 4-11.	kein Konvergenzbegriff	nicht näher definiert	Schnittstellen und Interdependenzen
3	Ballwieser, Wolfgang (2001): Wertorientierte Unternehmensführung: Grundlagen, in: ZfbF, 53. Jg., Heft 8, S. 160-166.	kein Konvergenzbegriff	nicht näher definiert	wertorientierte Unternehmenssteuerung
4	Ballwieser, Wolfgang/Hettlich, Silvia (2004): Das IASB-Projekt "Reporting Comprehensive Income": Bedeutung für das Controlling, in: ZfCM, S. 79-97.	Konvergenz	nicht näher definiert	Schnittstellen und Interdependenzen
5	Bartelheimer, Jörn/Kückelhaus, Markus/Wohlthat, Andreas (2004): Auswirkungen des Impairment of Assets auf die interne Steuerung, in: ZfCM, Sonderheft 2, S. 22-31.	Harmonisierung	nicht näher definiert	Schnittstellen und Interdependenzen
6	Bärtl, Oliver (2001): Wertorientierte Unternehmenssteuerung. Zum Zusammenhang von Kapitalmarkt, externer und interner Rechnungslegung, Frankfurt am Main et al.	kein Konvergenzbegriff	nicht näher definiert	Schnittstellen und Interdependenzen
7	Beißel, Jörg/Steinke, Karl-Heinz (2004): Integriertes Reporting bei der Lufthansa, in: ZfCM, Sonderheft 2, S. 63-70.	kein Konvergenzbegriff	nicht näher definiert	Unternehmensbeispiele
8	Bischof, Stefan (1998): Anwendbarkeit der percentage of completion-Methode nach IAS und US-GAAP im internen Rechnungswesen, in: krp, 42. Jg., Heft 1, S. 8-15.	Integration	nicht näher definiert	Schnittstellen und Interdependenzen
9	Böcking, Hans-Joachim/Benecke, Birka (1998): Neue Vorschriften zur Segmentberichterstattung nach IAS und US-GAAP unter dem Aspekt des Business Reporting, in: WPg, 51. Jg., Heft 3, S. 92-107.	Konvergenz	Konvergenz von interner und externer Berichterstattung	Value Reporting
10	Borchers, Stefan (2006): Integriertes Wertmanagament im Bayer-Konzern, in: Wagenhofer, Alfred (Hrsg.): Controlling und IFRS-Rechnungslegung, Berlin, S. 267-288.	Harmonisierung	Harmonisierung von internem und externem Rechnungswesen	Unternehmensbeispiele
11	Börsig, Clemens (2000): Wertorientierte Unternehmensführung bei RWE, in: ZfbF, 52. Jg., Heft 11, S. 167-175.	kein Konvergenzbegriff	nicht näher definiert	Unternehmensbeispiele

Nummer	Quelle	Benutzter Konvergenzbegriff	Konvergenzbezeichnung und -objekte	Diskussionsstrang
12	Bruns, Hans-Georg (1998): Die Umstellung der Rechnungslegung aus Sicht des Konzernmanagements, in: Auer, Kurt V. (Hrsg.): Die Umstellung der Rechnungslegung auf IAS/US-GAAP, Wien, S. 67-89.	Kongruenz	Kongruenz von interner und externer Rechnungslegung	Unternehmensbeispiele
13	Bruns, Hans-Georg (1999): Harmonisierung des externen und internen Rechnungswesens auf Basis internationaler Bilanzierungsvorschriften, in: Küting, Karlheinz/Langenbucher, Günther (Hrsg.): Internationale Rechnungslegung. Festschrift für Professor Dr. Claus-Peter Weber zum 60. Geburtstag, Stuttgart, S. 585-603.	Harmonisierung	Harmonisierung von internem und externem Rechnungswesen	Schnittstellen und Interdependenzen
14	Budde, Thomas (2005): Wertminderungstest nach IAS 36: komplexe Rechenwerke nicht nur für die Bewertung des Goodwill, in: BB, 60. Jg., Heft 47, S. 2567-2573.	kein Konvergenzbegriff	nicht näher definiert	Schnittstellen und Interdependenzen
15	Burger, Anton/Burchhart, Anton (2001): Integration des Rechnungswesens im Shareholder Value-Ansatz, in: DB, 54. Jg., Heft 11, S. 549-554.	Integration	Anpassung von interner und externer Rechnungslegung	Kern der Konvergenzdiskussion
16	Coenenberg, Adolf Gerhard (1995): Einheitlichkeit oder Differenzierung von internem und externem Rechnungswesen: Die Anforderungen der internen Steuerung, in: DB, 48. Jg., Heft 42, S. 2077-2083.	Annäherung	Annäherung des internen an das externe Rechnungswesen	Kern der Konvergenzdiskussion
17	Coenenberg, Adolf Gerhard (1996): Einheitlichkeit oder Differenzierung von internem und externem Rechnungswesen: Die Anforderungen der internen Steuerung, in: SG-DGfB e.V. (Hrsg.): Globale Finanzmärkte, Stuttgart, S. 137-161.	Annäherung	Annäherung des internen an das externe Rechnungswesen	Kern der Konvergenzdiskussion
18	Currle, Michael/Fauth, Gunter/von Wangenheim, Sascha (1998): Internationalisierung und Integration des Rechnungswesens im debis Systemhaus, in: Controlling, Heft 4, S. 252-259.	Integration	Integration von internem und externem Rechnungswesen	Unternehmensbeispiele
19	d'Arcy, Anne (2004): Aktuelle Entwicklungen in der Rechnungslegung und Auswirkungen auf das Controlling, in: ZfCM, Sonderheft 2, S. 119-128.	Konvergenz	Konvergenz zwischen internem und externem Rechnungswesen	Schnittstellen und Interdependenzen
20	d'Arcy, Anne (2006): Berichtspflichten nach IFRS und Anforderungen an das Controlling, in: Wagenhofer, Alfred (Hrsg.): Controlling und IFRS-Rechnungslegung, Berlin, S. 203-224.	Integration	Integration von internem und externem Rechnungswesen	Schnittstellen und Interdependenzen

Nummer	Quelle	Benutzter Konvergenzbegriff	Konvergenzbezeichnung und -objekte	Diskussionsstrang
21	Deleker, Oliver (1997): Zur Möglichkeit einer Konzernführung auf Basis vereinheitlichter Steuerungsgrößen, in: DStR, 35. Jg., Heft 16, S. 631-636.	Angleichung	Angleichung von internen und externen Rechnungssystemen / Rechnungskreisen	Kern der Konvergenzdiskussion
22	Dirrigl, Hans (1998): Wertorientierung und Konvergenz in der Unternehmensrechnung, in: BFuP, 50. Jg., Heft 5, S. 540-579.	Konvergenz	Konvergenz von Teilsystemen innerhalb der Unternehmensrechnung	Kern der Konvergenzdiskussion
23	Esser, Klaus (2000): Wertorientierte Unternehmensführung bei Mannesmann, in: Zeitschrift für betriebswirtschaftliche Forschung, 52. Jg., Heft 3, S. 176-187.	Konvergenz	Konvergenz von internen Steuerungssystemen und externer Berichterstattung auf Konzernebene	Unternehmensbeispiele
24	Ewert, Ralf (2006): Fair Values und deren Verwendung im Controlling, in: Wagenhofer, Alfred (Hrsg.): Controlling und IFRS-Rechnungslegung, Berlin, S. 21-47.	Harmonisierung	Harmonisierung von internem und externem Rechnungswesen	Verhaltensbeeinflussung
25	Glaum, Martin/Vogel, Silvia (2004): Bilanzierung von Unternehmenszusammenschlüssen nach IFRS 3, in: ZfCM, Sonderheft 2, S. 43-53.	Integration	Integration von internem und externem Rechnungswesen	Schnittstellen und Interdependenzen
26	Hachmeister, Dirk (2003): Das Controlling als Objekt der handelsrechtlichen Abschlussprüfung, in: Zeitschrift für Planung und Unternehmenssteuerung, 14. Jg., S. 437-456.	kein Konvergenzbegriff	nicht näher definiert	Schnittstellen und Interdependenzen
27	Haeger, Bernd (2006): Harmonisierung von Rechnungswesen und Controlling bei E.ON, in: Wagenhofer, Alfred (Hrsg.): Controlling und IFRS-Rechnungslegung, Berlin, S. 243-266.	Harmonisierung	Harmonisierung von internem und externem Rechnungswesen	Unternehmensbeispiele
28	Hahn, Dietger/Nicklas, Michael (1999): PuK auf Basis eines einheitlichen periodischen Rechnungswesens und nach US-GAAP, in: Controlling, Heft 2, S. 67-74.	kein Konvergenzbegriff	Ausgestaltung des Zahlenwerkes der PuK auf Basis des externen Rechnungswesens	Kern der Konvergenzdiskussion
29	Hahn, Klaus (1999): Beteiligungscontrolling auf Basis von US-GAAP und IAS, in: krp, Sonderheft 3, S. 79-86.	Vereinheitlichung	Vereinheitlichung von interner und externer Rechnungslegung	Kern der Konvergenzdiskussion

Nummer	Quelle	Benutzter Konvergenzbegriff	Konvergenzbezeichnung und -objekte	Diskussionsstrang
30	Haller, Axel (1997): Herausforderungen an das Controlling durch die Internationalisierung der externen Rechnungslegung, in: Horváth, Péter (Hrsg.): Das neue Steuerungssystem des Controllers, Stuttgart, S. 113-131.	Konvergenz	Konvergenz von internem und externem Rechnungswesen	Kern der Konvergenzdiskussion
31	Haller, Axel (1997): Zur Eignung der US-GAAP für Zwecke des internen Rechnungswesens, in: Controlling, Heft 4, S. 271-276.	Konvergenz	Konvergenz von internem und externem Rechnungswesen	Kern der Konvergenzdiskussion
32	Haller, Axel (2006): Segmentberichterstattung - Schnittstelle zwischen Controlling und Rechnungslegung, in: Wagenhofer, Alfred (Hrsg.): Controlling und IFRS-Rechnungslegung, Berlin, S. 143-168.	Konvergenz	Konvergenz von internem und externem Rechnungswesen	Schnittstellen und Interdependenzen
33	Haller, Axel/Park, Peter (1999): Segmentberichterstattung auf Basis des "Management Approach" - Inhalt und Konsequenzen, in: krp, Sonderheft 3, S. 59-67.	kein Konvergenzbegriff	nicht näher definiert	Schnittstellen und Interdependenzen
34	Haring, Nicolai/Prantner, Renate (2005): Konvergenz des Rechnungswesens. State-of-the-Art in Deutschland und Österreich, in: Controlling, 17. Jg., Heft 3, S. 147-154.	Konvergenz	Wiederherstellung einer gewissen Einheit der Unternehmensrechnung	Kern der Konvergenzdiskussion
35	Hebeler, Christian (2003): Harmonisierung des internen und externen Rechnungswesens. US-amerikanische Accounting-Systeme als konzeptionelle Grundlage für deutsche Unternehmen?, Wiesbaden.	Harmonisierung	Harmonisierung von internem und externem Rechnungswesen	Kern der Konvergenzdiskussion
36	Heyd, Reinhard (2001): Zur Harmonisierung von internem und externem Rechnungswesen nach US-GAAP. Die Sichtweise deutscher Konzernunternehmen, in: Der Schweizer Treuhänder, Heft 3, S. 201-214.	Harmonisierung	Harmonisierung von internem und externem Rechnungswesen	Kern der Konvergenzdiskussion
37	Himmel, Holger (2004): Konvergenz von interner und externer Unternehmensrechnung am Beispiel der Segmentberichterstattung, Aachen.	Konvergenz	Konvergenz von interner und externer Unternehmensrechnung	Kern der Konvergenzdiskussion
38	Hoke, Michaela (2001): Konzernsteuerung auf Basis eines intern und extern vereinheitlichten Rechnungswesens. Empirische Befunde vor dem Hintergrund der Internationalisierung der Rechnungslegung, Bamberg.	Vereinheitlichung	Vereinheitlichung von Rechnungssystemen	Kern der Konvergenzdiskussion
39	Horváth, Péter/Arnaout, Ali (1997): Internationale Rechnungslegung und Einheit des Rechnungswesens, in: Controlling, Heft 4, S. 255-269.	Vereinheitlichung	Vereinheitlichung des Rechnungswesens	Kern der Konvergenzdiskussion

Nummer	Quelle	Benutzter Konvergenzbegriff	Konvergenzbezeichnung und -objekte	Diskussionsstrang
40	Kahle, Holger (2003): Unternehmenssteuerung auf Basis internationaler Rechnungslegungsstandards?, in: ZfbF, 55. Jg., Heft 3, S. 773-789.	Konvergenz	Konvergenz von internem und externem Rechnungswesen	Kern der Konvergenzdiskussion
41	Kammer, Karsten (2005): Reporting internationaler Unternehmen. Auswirkungen der Harmonisierung und der Konvergenz des Rechnungswesens in Europa, Wiesbaden.	Konvergenz	Konvergenz von internem und externem Rechnungswesen	Kern der Konvergenzdiskussion
42	Kirsch, Hanno (2002): Tendenzen in der Kostenrechnung durch Internationalisierung des externen Rechnungswesens, in: krp, 46. Jg., Heft 4, S. 207-213.	kein Konvergenzbegriff	nicht näher definiert	Schnittstellen und Interdependenzen
43	Kirsch, Hanno (2003): Anforderungen an das Controlling durch internationale Rechnungslegungsstandards, in: Controlling, Heft 1, S. 11-17.	kein Konvergenzbegriff	nicht näher definiert	Schnittstellen und Interdependenzen
44	Kirsch, Hanno (2003): Cashflow-Planungen zur Durchführung des Asset Impairment Test nach US-GAAP, in: BB, 58. Jg., Heft 34, S. 1775-1781.	kein Konvergenzbegriff	nicht näher definiert	Schnittstellen und Interdependenzen
45	Kirsch, Hanno (2005): Ausgestaltung des Informationsmanagements zur Erstellung des IFRS-Abschlusses, in: BB, 60. Jg., Heft 21, S. 1155-1160.	kein Konvergenzbegriff	nicht näher definiert	Schnittstellen und Interdependenzen
46	Kirsch, Hans-Jürgen/Steinhauer, Leif (2003): Zum Einfluss der internationalen Rechnungslegung auf das Controlling, in: Zeitschrift für Planung und Unternehmenssteuerung, 14. Jg., S. 415-435.	Konvergenz	Konvergenz von internem und externem Rechnungswesen	Kern der Konvergenzdiskussion
47	Klein, Georg A. (1999): Konvergenz von internem und externem Rechnungswesen auf Basis der International Accounting Standards (IAS), in: krp, Sonderheft 3, S. 67-77.	Konvergenz	Konvergenz von internem und externem Rechnungswesen	Kern der Konvergenzdiskussion
48	Klein, Georg A. (1999): Unternehmenssteuerung auf Basis der International Accounting Standards, München.	Anpassung	Anpassung von internem und externem Rechnungswesen	Kern der Konvergenzdiskussion
49	Kley, Karl-Ludwig (2000): Die externe und interne Rechnungslegung als Basis für eine offene Unternehmenskommunikation, in: Küting, Karlheinz/Weber, Claus-P. (Hrsg.): Wertorientierte Konzernführung: Kapitalmarktorientierte Rechnungslegung und integrierte Unternehmenssteuerung, Stuttgart, S. 337-354.	Harmonisierung	Harmonisierung von interner und externer Rechnungslegung	Unternehmensbeispiele

Nummer	Quelle	Benutzter Konvergenzbegriff	Konvergenzbezeichnung und -objekte	Diskussionsstrang
50	Kley, Karl-Ludwig (2002): IAS und wertorientiertes Controlling, in: krp, 46. Jg., Heft 5, S. 277-281.	Konvergenz	nicht näher definiert	Unternehmensbeispiele
51	Kley, Karl-Ludwig (2006): IFRS - Möglichkeiten und Grenzen ihrer Abbildung im Controlling, in: ZfCM, 50. Jg., Heft 3, S. 150-157.	Konvergenz	Konvergenz von internem und externem Rechnungswesen	Unternehmensbeispiele
52	Kümpel, Thomas (2002): Integration von internem und externem Rechnungswesen bei der Bewertung erfolgversprechender langfristiger Fertigungsaufträge, in: DB, 55. Jg., Heft 18, S. 905-911.	Integration	Integration von internem und externem Rechnungswesen	Schnittstellen und Interdependenzen
53	Kümpel, Thomas (2002): Vereinheitlichung von internem und externem Rechnungswesen, in: WiSt, Heft 6, S. 343-345.	Vereinheitlichung	Vereinheitlichung von internem und externem Rechnungswesen	Kern der Konvergenzdiskussion
54	Kunz, Alexis H./Pfeiffer, Thomas (2001): Kapitalmarktorientierte Unternehmenspublizität und der Informationsverbund zwischen in- und externem Rechnunsgswesen, in: ZfbF, 53. Jg., Heft 8, S. 500-530.	kein Konvergenzbegriff	nicht näher definiert	Schnittstellen und Interdependenzen
55	Küpper, Hans-Ulrich (1995): Unternehmensplanung und -steuerung mit pagatorischen oder kalkulatorischen Erfolgsrechnungen?, in: Schildbach, Thomas/Wagner, Franz (Hrsg.): Unternehmensrechnung als Instrument der internen Steuerung (ZfbF-Sonderheft 34), Düsseldorf, S. 19-50.	kein Konvergenzbegriff	nicht näher definiert	Kern der Konvergenzdiskussion
56	Küpper, Hans-Ulrich (1997): Pagatorische und kalkulatorische Rechensysteme, in: krp, 41. Jg., Heft 1, S. 20-26.	kein Konvergenzbegriff	nicht näher definiert	Kern der Konvergenzdiskussion
57	Küpper, Hans-Ulrich (1998): Angleichung des externen und internen Rechnungswesens, in: Börsig, Clemens/Coenenberg, Adolf Gerhard (Hrsg.): Controlling und Rechnungswesen im internationalen Wettbewerb, Stuttgart, S. 143-162.	Angleichung	Angleichung von internem und externem Rechnungswesen	Kern der Konvergenzdiskussion
58	Küpper, Hans-Ulrich (1999): Zweckmäßigkeit, Grenzen und Ansatzpunkte einer Integration der Unternehmensrechnung, in: krp, Sonderheft 3, S. 5-11.	Integration	Integration von Teilsystemen der Unternehmensrechnung	Kern der Konvergenzdiskussion
59	Küpper, Hans-Ulrich (2001): Struktur und Teilsysteme der Unternehmensrechnung, Ludwig-Maximilians-Universität München, Institut für Produktionswirtschaft und Controlling, München 2001.	Integration	Integration von Teilsystemen der Unternehmensrechnung	Kern der Konvergenzdiskussion

Nummer	Quelle	Benutzter Konvergenzbegriff	Konvergenzbezeichnung und -objekte	Diskussionsstrang
60	Küting, Karlheinz (2000): Perspektiven der externen Rechnungslegung, in: BB, 55. Jg., Heft 9, S. 451-456.	Reintegration	Reintegration von internem und externem Rechnungswesen	Kern der Konvergenzdiskussion
61	Küting, Karlheinz/Lorson, Peter (1998): Anmerkungen zum Spannungsfeld zwischen externen Zielgrößen und internen Steuerungsinstrumenten, in: BB, 53. Jg., Heft 9, S. 469-475.	Integration	Integration externer Zielgrößen in das interne Steuerungssystem	Kern der Konvergenzdiskussion
62	Küting, Karlheinz/Lorson, Peter (1998): Grundsätze eines Konzernsteuerungskonzepts auf "externer" Basis (Teil I), in: BB, 53. Jg., Heft 44, S. 2251-2258; (Teil II), in: BB, 53. Jg., Heft 45, S. 2303-2309.	Konvergenz	Konvergenz von internem und externem Rechnungswesen	Kern der Konvergenzdiskussion
63	Küting, Karlheinz/Lorson, Peter (1998): Konvergenz von internem und externem Rechnungswesen: Anmerkungen zu Strategien und Konfliktfeldern, in: WPg, 51. Jg., Heft 11, S. 483-493.	Konvergenz	Konvergenz von internem und externem Rechnungswesen	Kern der Konvergenzdiskussion
64	Küting, Karlheinz/Lorson, Peter (1999): Harmonisierung des Rechnungswesens aus Sicht der externen Rechnungslegung, in: krp, Sonderheft 3, S. 47-57.	Harmonisierung	Harmonisierung von internem und externem Rechnungswesen	Kern der Konvergenzdiskussion
65	Küting, Karlheinz/Lorson, Peter (1999): Konzernrechnungslegung: Ein neues Aufgabengebiet des Controllers? Zukunft der deutschen Rechnungslegung und Auswirkungen auf das Controlling, in: Controlling, Heft 4/5, S. 215-222.	Konvergenz	Konvergenz von internem und externem Rechnungswesen	Kern der Konvergenzdiskussion
66	Lingnau, Volker/Jonen, Andreas (2004): Konvergenz des internen und externen Rechnungswesens – Betriebswirtschaftliche Überlegungen und Umsetzung in der Praxis, Beiträge zur Controlling-Forschung, Technische Universität Kaiserslautern, Kaiserslautern 2004.	Konvergenz	Konvergenz von internem und externem Rechnungswesen	Kern der Konvergenzdiskussion
67	Lorson, Peter (1996): Erfolgsrechnung und -überwachung in globalen Konzernen, in: DB, 49. Jg., Heft 50, S. 2505-2511.	Integration	Integration von internem und externem Rechnungswesen	wertorientierte Unternehmenssteuerung
68	Löw, Edgar (1999): Einfluß des Shareholder Value-Denkens auf die Konvergenz von externem und internem Rechnungswesen, in: krp, Sonderheft 3.	Konvergenz	Konvergenz von internem und externem Rechnungswesen	Unternehmensbeispiele
69	Löw, Edgar (2004): Bilanzierung von Finanzinstrumenten und Risikocontrolling, in: ZfCM, Sonderheft 2, S. 32-41.	Harmonisierung	Harmonisierung von Controlling und Bilanzierung	Schnittstellen und Interdependenzen

Nummer	Quelle	Benutzter Konvergenzbegriff	Konvergenzbezeichnung und -objekte	Diskussionsstrang
70	Männel, Wolfgang (1997): Reorganisation des führungsorientierten Rechnungswesens durch Integration der Rechenkreise, in: krp, 41. Jg., Heft 1, S. 9-19.	Konvergenz	Konvergenz der Rechenkreise / des internen und externen Rechnungswesens	Kern der Konvergenzdiskussion
71	Männel, Wolfgang (1997): Zur Problematik des Rechnens mit kalkulatorischen Kosten, in: krp, Sonderheft 1, S. 5-12.	Konvergenz	Konvergenz von internem und externem Rechnungswesen	Kern der Konvergenzdiskussion
72	Männel, Wolfgang (1999): Harmonisierung des Rechnungswesens für ein integriertes Ergebniscontrolling, in: krp, Sonderheft 3, S. 13-29.	Harmonisierung	Harmonisierung von internem und externem Rechnungswesen	Kern der Konvergenzdiskussion
73	Männel, Wolfgang (1999): Integration des Rechnungswesens für ein durchgängiges Ergebniscontrolling, in: krp, 43. Jg., Heft 1, S. 11-21.	Konvergenz	Konvergenz von internem und externem Rechnungswesen	Kern der Konvergenzdiskussion
74	Mansch, Helmut (2006): Bilanzierung und Controlling im Rahmen der langfristigen Auftragsfertigung, in: Wagenhofer, Alfred (Hrsg.): Controlling und IFRS-Rechnungslegung, Berlin, S. 105-122.	Angleichung	Angleichung von internem und externem Rechnungswesen	Schnittstellen und Interdependenzen
75	Melcher, Winfried (2002): Konvergenz von internem und externem Rechnungswesen: Umstellung des traditionellen Rechnungswesens und Einführung eines abgestimmten vertikalen und horizontalen Erfolgsspaltungskonzepts, Hamburg.	Konvergenz	Konvergenz von internem und externem Rechnungswesen	Kern der Konvergenzdiskussion
76	Melching, Hans-Georg (1997): Internationale Rechnungslegung und Ergebniskontrolle bei der VOLKSWAGEN AG, in: Controlling, Heft 4, S. 247-252.	kein Konvergenzbegriff	nicht näher definiert	Unternehmensbeispiele
77	Müller, Stefan (2003): Management-Rechnungswesen. Ausgestaltung des externen und internen Rechnungswesens unter Konvergenzgesichtspunkten, Wiesbaden.	Konvergenz	Gestaltung von internem und externem Rechnungswesen unter Konvergenzaspekten	Kern der Konvergenzdiskussion
78	Müller, Stefan/Peskes, Markus (2006): Konsequenzen der geplanten Änderung der Segmentberichterstattung nach IFRS für Abschlusserstellung und Unternehmenssteuerung, in: BB, 61. Jg., Heft 15, S. 819-825.	Konvergenz	Konvergenz von internem und externem Rechnungswesen	Schnittstellen und Interdependenzen

Nummer	Quelle	Benutzter Konvergenzbegriff	Konvergenzbezeichnung und -objekte	Diskussionsstrang
79	Nebel, Martin/Brandl, Max/Arnaout, Ali (1998): Centersteuerung mit Größen des externen Rechnungswesens - Das Beispiel der MTU München, in: krp, 42. Jg., Heft 5, S. 274-281.	kein Konvergenzbegriff	nicht näher definiert	Unternehmensbeispiele
80	Neubürger, Heinz-Joachim (2000): Wertorientierte Unternehmensführung bei Siemens, in: ZfbF, 52. Jg., Heft 3, S. 188-196.	Annäherung	nicht näher definiert	Unternehmensbeispiele
81	Oehler, Karsten (1997): Das General Ledger-Konzept in Rechnungswesen und Controlling - Zeit für einen Wandel?, in: Controlling, Heft 5, S. 356-361.	kein Konvergenzbegriff	nicht näher definiert	EDV
82	Ohlms, Dirk/Tomaszewski, Claude/Trützschler, Klaus (2002): Entwicklungstendenzen der Rechnungslegung aus Sicht des Familienunternehmens Haniel, in: ZfbF, 54. Jg., Heft 3, S. 191-203.	kein Konvergenzbegriff	nicht näher definiert	Unternehmensbeispiele
83	Pellens, Bernhard/Tomaszewski, Claude/Weber, Nicolas (2000): Wertorientierte Unternehmensführung in Deutschland, in: DB, 53. Jg., Heft 37, S. 1825-1833.	Vereinheitlichung	Vereinheitlichung des internen und externen Rechnungswesens	wertorientierte Unternehmenssteuerung
84	Pfaff, Dieter (1994): Zur Notwendigkeit einer eigenständigen Kostenrechnung - Anmerkung zur Neuorientierung des internen Rechnungswesens im Hause Siemens -, in: ZfbF, 46. Jg., S. 1065-1084.	kein Konvergenzbegriff	nicht näher definiert	Kern der Konvergenzdiskussion
85	Pfaff, Dieter (1995): Der Wert von Kosteninformationen für die Verhaltenssteuerung in Unternehmen, in: Schildbach, Thomas/Wagner, Franz (Hrsg.): Unternehmensrechnung als Instrument der internen Steuerung (ZfbF-Sonderheft 34), Düsseldorf, S. 119-156.	kein Konvergenzbegriff	nicht näher definiert	Verhaltensbeeinflussung
86	Pfaff, Dieter/Bärtl, Oliver (1998): Externe Rechnungslegung, internes Rechnungswesen und Kapitalmarkt, in: ZfbF, 50. Jg., Heft 9, S. 757-777.	kein Konvergenzbegriff	nicht näher definiert	Schnittstellen und Interdependenzen
87	Pfaff, Dieter/Schultze, Wolfgang (2006): Beteiligungscontrolling, in: Wagenhofer, Alfred (Hrsg.): Controlling und IFRS-Rechnungslegung, Berlin, S. 123-142.	kein Konvergenzbegriff	nicht näher definiert	Schnittstellen und Interdependenzen
88	Pfaff, Dieter/Weber, Jürgen (1998): Zweck der Kostenrechnung? Eine neue Sicht auf ein altes Problem, in: DB, 58. Jg., S. 151-165.	kein Konvergenzbegriff	nicht näher definiert	Verhaltensbeeinflussung

Nummer	Quelle	Benutzter Konvergenzbegriff	Konvergenzbezeichung und -objekte	Diskussionsstrang
89	Ruhwedel, Franca/Schultze, Wolfgang (2004): Konzeption des Value Reporting und Beitrag zur Konvergenz im Rechnungswesen, in: Controlling, Heft 8/9, S. 489-495.	Konvergenz	Konvergenz von internem und externem Rechnungswesen	Value Reporting
90	Schulte-Nölke, Wolfgang (2001): US-GAAP als Steuerungsgrundlage für Unternehmen: Möglichkeiten einer Konvergenz zwischen internem und externem Rechnungswesen, Wiesbaden.	Konvergenz	Konvergenz von internem und externem Rechnungswesen	Kern der Konvergenzdiskussion
91	Schweitzer, Marcell/Ziolkowski, Ulrich (Hrsg.) (1999): Interne Unternehmensrechnung: aufwandsorientiert oder kalkulatorisch? (ZfbF-Sonderheft 42), Düsseldorf.	kein Konvergenzbegriff	nicht näher definiert	Kern der Konvergenzdiskussion
92	Seeberg, Thomas (1999): Wertorientierte Unternehmensführung bei Siemens mit EVA/GWB, in: Bühler, Wolfgang/Siegert, Theo (Hrsg.): Unternehmenssteuerung und Anreizsysteme. Kongress-Dokumentation 52. Deutscher Betriebswirtschafter-Tag 1998, Stuttgart, S. 269-278.	kein Konvergenzbegriff	nicht näher definiert	Unternehmensbeispiele
93	Seeliger, Ronald/Kaatz, Sven (1998): Konversion und Internationalisierung des Rechnungswesens in Deutschland, in: krp, 42. Jg., Heft 3, S. 125-132.	Konversion	Konversion des Rechnungswesens / Zusammenführung von internem und externem Rechnungswesen	Kern der Konvergenzdiskussion
94	Siefke, Michael (1999): Externes Rechnungswesen als Datenbasis der Unternehmenssteuerung: Vergleich mit der Kostenrechnung und Shareholder-Value-Ansätzen, Wiesbaden.	Vereinheitlichung	Vereinheitlichung von externer und interner Periodenerfolgsrechnung	Kern der Konvergenzdiskussion
95	Sill, Hannes (1995): Externe Rechnungslegung als Controlling-Instrument!, in: Horváth, Péter (Hrsg.): Controllingprozesse optimieren, Stuttgart, S. 13-31.	Vereinheitlichung	Vereinheitlichung von interner und externer Berichterstattung	Unternehmensbeispiele
96	Stahl, Hans-Werner (1999): Unternehmensergebnisse im geschlossenen Rechenkreis, in: krp, Sonderheft 3, S. 31-38.	Integration	Integration von internem und externem Rechnungswesen	Kern der Konvergenzdiskussion
97	Strauch, Joachim (2000): Harmonisierung von Controlling und Rechnungslegung in der internationalen Unternehmung, in: Berens, Wolfgang/Born, Axel/Hoffjan, Andreas (Hrsg.): Controlling international tätiger Unternehmen, Stuttgart, S. 177-205.	Harmonisierung	Harmonisierung von internem und externem Rechnungswesen	Kern der Konvergenzdiskussion

Nummer	Quelle	Benutzter Konvergenzbegriff	Konvergenzbezeichnung und -objekte	Diskussionsstrang
98	Sylvester, Michael (2004): Konsequenzen einer IFRS-Umstellung auf die Informationssysteme - am Beispiel SAP, in: ZfCM, Sonderheft 2, S. 89-97.	kein Konvergenzbegriff	nicht näher definiert	EDV
99	Velthuis, Louis J./Wesner, Peter/Schabel, Matthias M. (2006): Eignung des Fair-Value-Ansatzes für die Verhaltenssteuerung im Unternehmen, in: BB, 61. Jg., Heft 16, S. 875-878.	Konvergenz	Konvergenz von internem und externem Rechnungswesen	Verhaltensbeeinflussung
100	Volkart, Rudolf (1997): Finanzielle Führungsinstrumente im "Konvergenzprozess"?, in: Die Unternehmung, 51. Jg., Heft 6, S. 443-458.	Konvergenz	Konvergenz von Instrumenten des Controllings	wertorientierte Unternehmenssteuerung
101	Wagenhofer, Alfred (2006): Zusammenwirken von Controlling und Rechnungslegung nach IFRS, in: Wagenhofer, Alfred (Hrsg.): Controlling und IFRS-Rechnungslegung, Berlin, S. 1-20.	Harmonisierung	Harmonisierung von internem und externem Rechnungswesen	Schnittstellen und Interdependenzen
102	Weber, Jürgen (1994): Kostenrechnung zwischen Verhaltens- und Entscheidungsorientierung, in: krp, 38. Jg., S. 99-104.	kein Konvergenzbegriff	nicht näher definiert	Verhaltensbeeinflussung
103	Weißenberger, Barbara (2003): Anreizkompatible Erfolgsrechnung im Konzern. Grundmuster und Gestaltungsalternativen, Wiesbaden.	kein Konvergenzbegriff	Einheitlichkeit der Erfolgsrechnung	Verhaltensbeeinflussung
104	Weißenberger, Barbara (2003): Integrierte Erfolgsrechnung: Ein neues Theorie-Praxis-Paradoxon der internen Unternehmensrechnung?, Giessen.	Konvergenz	Konvergenz interner und externer Rechnungslegungssysteme	Kern der Konvergenzdiskussion
105	Weißenberger, Barbara (2004): Integrierte Rechnungslegung und Unternehmenssteuerung: Bedarf an kalkulatorischen Erfolgsgrößen auch unter IFRS?, in: ZfCM, Sonderheft 2, S. 72-77.	Integration	Integration externer und interner Rechnungslegungssysteme	Kern der Konvergenzdiskussion
106	Weißenberger, Barbara (2006): Ergebnisrechnung nach IFRS und interne Performancemessung, in: Wagenhofer, Alfred (Hrsg.): Controlling und IFRS-Rechnungslegung, Berlin, S. 49-79.	Integration	Integration interner und externer Performancemessung	Schnittstellen und Interdependenzen
107	Weißenberger, Barbara/Haas, Cornelia (2004): Neuausrichtung der Interpretationsfunktion des Controllings, in: ZfCM, Sonderheft 2, S. 54-62.	Integration	Fundierung der internen Erfolgsmessung auf IFRS-Größen	Kern der Konvergenzdiskussion
108	Weißenberger, Barbara/Liekweg, Arnim (1999): Vorschriften zur Segmentberichterstattung im Konzern - Schnittstelle zwischen interner und externer Rechnungslegung, in: krp, 43. Jg., Heft 3, S. 165-173.	kein Konvergenzbegriff	nicht näher definiert	Schnittstellen und Interdependenzen

Nummer	Quelle	Benutzter Konvergenzbegriff	Konvergenzbezeichung und -objekte	Diskussionsstrang
109	Wenning, Werner (2001): Internationale Rechnungslegung als Instrument der Unternehmenssteuerung, in: Coenenberg, Adolf Gerhard/Pohle, Klaus (Hrsg.): Internationale Rechnungslegung - Konsequenzen für Unternehmensführung, Rechnungswesen, Standardsetting, Prüfung und Kapitalmarkt, Stuttgart, S. 27-43.	kein Konvergenzbegriff	nicht näher definiert	Unternehmensbeispiele
110	Wurl, Hans-Jürgen/Kuhnert, Marcus/Hebeler, Christian (2001): Traditionelle Formen der kurzfristigen Erfolgsrechnung und der "Economic Value Added"-Ansatz. Ein kritischer Vergleich unter dem Aspekt der Unternehmenssteuerung, in: WPg, 54. Jg., Heft 23, S. 1361-1372.	Harmonisierung	Harmonisierung von internem und externem Rechnungswesen	Kern der Konvergenzdiskussion
111	Ziegler, Hasso (1994): Neuorientierung des internen Rechnungswesens für das Unternehmens-Controlling im Hause Siemens, in: ZfbF, 46. Jg., S. 175-188.	kein Konvergenzbegriff	nicht näher definiert	Unternehmensbeispiele
112	Zirkler, Bernd/Nohe, Ralph (2003): Harmonisierung von internem und externem Rechnungswesen - Gründe und Stand in der Praxis, in: Bilanzbuchhalter und Controller, 10/2003, S. 222-225.	Harmonisierung	Harmonisierung von internem und externem Rechnungswesen	Kern der Konvergenzdiskussion

Literaturverzeichnis

Altenburger, Otto/Busse v. Colbe, Walther/Küpper, Hans-Ulrich/Loitlsberger, Erich /Siegwart, Hans (2001): Vorschläge zur Weiterentwicklung des internen und externen Rechnungswesens, in: BFuP, 53. Jg., Heft 1, S. 67-76.

Alvarez, Manuel/Büttner, Manuel (2006): ED 8 Operating Segments. Der neue Standardentwurf des IASB zur Segmentberichterstattung im Kontext des "Shortterm Convergence Projects" von IASB und FASB, in: Kapitalmarktorientierte Rechnungslegung, 6. Jg., Heft 5, S. 307-318.

American Accounting Association (1976): Report of the American Accounting Association Committee on International Accounting Operations and Education 1975-76, in: The Accounting Review, Supplement to Vol. 51, Issue 4, S. 67-132.

American Institute of Certified Public Accountants (1994): Improving Business Reporting: A Customer Focus, New York.

Angermann, Adolf (1973): Industrie-Kontenrahmen (IKR) und Gemeinschafts-Kontenrahmen (GKR) in der Praxis, Berlin.

Ansari, Shahid/Euske, K.J. (1995): Breaking Down the Barriers Between Financial and Managerial Accounting. A Comment on the Jenkins Committee Report, in: Accounting Horizons, Vol. 9, No. 2, S. 40-43.

Atkinson, Anthony, A./Kaplan, Robert S./Matsumura, Ella Mae/Young, S. Mark (2007): Management Accounting, 5th ed., Upper Saddle River.

Auer, Kurt V. (2004): IAS 14 (Segment Reporting): Inhalte / Schnittstellen zum Controlling, in: ZfCM, Sonderheft 2, S. 4-11.

Aust, René (1999): Kostenrechnung als unternehmensinterne Dienstleistung, Wiesbaden.

Baetge, Jörg/Kirsch, Hans-Jürgen/Thiele, Stefan (2004): Konzernbilanzen, 7., überarbeitete Aufl., Düsseldorf.

Baetge, Jörg/Kirsch, Hans-Jürgen/Thiele, Stefan (2005): Bilanzen, 8., wesentlich überarbeitete Aufl., Düsseldorf.

Ballwieser, Wolfgang (1995): Ein neuer Ansatz zur Theorie des externen Rechnungswesens?, in: ZfbF, 47. Jg., Heft 7/8, S. 726-734.

Ballwieser, Wolfgang (2000): Wertorientierte Unternehmensführung: Grundlagen, in: ZfbF, S. 160-166.

Ballwieser, Wolfgang/Hettlich, Silvia (2004): Das IASB-Projekt "Reporting Comprehensive Income": Bedeutung für das Controlling, in: ZfCM, S. 79-97.

Balme, David M. (1987): Aristotle's Use of Division and Differentiae, in: Gotthelf, A./Lennox, J. G. (Hrsg.): Philosophical Issues in Aristotle's Biology, Cambridge, New York, New Rochelle, Melbourne, Sydney, S. 69-89.

Bamberg, Günter/Baur, Franz (1998): Statistik, 10., überarbeitete Aufl., München, Wien, Oldenbourg.

Bartelheimer, Jörn/Kückelhaus, Markus/Wohlthat, Andreas (2004): Auswirkungen des Impairment of Assets auf die interne Steuerung, in: ZfCM, Sonderheft 2, S. 22-31.

Bärtl, Oliver (2001): Wertorientierte Unternehmenssteuerung. Zum Zusammenhang von Kapitalmarkt, externer und interner Rechnungslegung, Frankfurt am Main et al.

Bärtl, Oliver/Pfaff, Dieter (1997): Wertorientierte Unternehmenssteuerung mit differenzierten Kapitalkosten. Stellungnahme zum Beitrag des Arbeitskreises "Finanzierung" der Schmalenbach-Gesellschaft - Deutsche Gesellschaft für Betriebwirtschaft e.V., in: ZfbF, 49. Jg., Heft 4, S. 370-378.

Battenfeld, Dirk (2001): Behandlung von Komplexitätskosten in der Kostenrechnung, in: krp, 45. Jg., Heft 3, S. 137-143.

Beißel, Jörg/Steinke, Karl-Heinz (2004): Integriertes Reporting bei der Lufthansa, in: ZfCM, Sonderheft 2, S. 63-70.

Bellinger, Bernhard (1967): Geschichte der Betriebswirtschaftslehre, Stuttgart.

Bischof, Stefan (1998): Anwendbarkeit der percentage of completion-Methode nach IAS und US-GAAP im internen Rechnungswesen, in: krp, 42. Jg., Heft 1, S. 8-15.

Böcking, Hans-Joachim/Benecke, Birka (1998): Neue Vorschriften zur Segmentberichterstattung nach IAS und US-GAAP unter dem Aspekt des Business Reporting, in: WPg, 51. Jg., Heft 3, S. 92-107.

Borchers, Stefan (2006): Integriertes Wertmanagament im Bayer-Konzern, in: Wagenhofer, A. (Hrsg.): Controlling und IFRS-Rechnungslegung, Berlin, S. 267-288.

Börsig, Clemens (2000): Wertorientierte Unternehmensführung bei RWE, in: ZfbF, 52. Jg., Heft 11, S. 167-175.

Bruns, Hans-Georg (1998): Die Umstellung der Rechnungslegung aus Sicht des Konzernmanagements, in: Auer, K. V. (Hrsg.): Die Umstellung der Rechnungslegung auf IAS/US-GAAP, Wien, S. 67-89.

Bruns, Hans-Georg (1999): Harmonisierung des externen und internen Rechnungswesens auf Basis internationaler Bilanzierungsvorschriften, in: Küting, K./Langenbucher, G. (Hrsg.): Internationale Rechnungslegung. Festschrift für Professor Dr. Claus-Peter Weber zum 60. Geburtstag, Stuttgart, S. 585-603.

Budde, Thomas (2005): Wertminderungstest nach IAS 36: komplexe Rechenwerke nicht nur für die Bewertung des Goodwill, in: BB, 60. Jg., Heft 47, S. 2567-2573.

Bungenstock, Christian (1995): Entscheidungsorientierte Kostenrechnungssysteme: eine entwicklungsgeschichtliche Analyse, Wiesbaden.

Burchell, Stuart/Clubb, Colin/Hopwood, Anthony/Hughes, John/Nahapiet, Janine (1980): The Roles of Accounting in Organizations and Society, in: Accounting, Organizations and Society, Volume 5, Issue 1, S. 5-27.

Burger, Anton/Burchhart, Anton (2001): Integration des Rechnungswesens im Shareholder Value-Ansatz, in: DB, 54. Jg., Heft 11, S. 549-554.

Burger, Anton/Ulbrich, Philipp (2004): Kapitalmarktorientierung in Deutschland. Eine Studie vor dem Hintergrund der Änderungen der Rechnungslegung, in: Kapitalmarktorientierte Rechnungslegung, Heft 6, S. 235-246.

Busse v. Colbe, Walther (1991): Rechnungswesen, in: Busse v. Colbe, W. (Hrsg.): Lexikon des Rechnungswesens: Handbuch der Bilanzierung und Prüfung, München, Wien, S. 467-470.

Busse v. Colbe, Walther (1998): Rechnungswesen, in: Busse v. Colbe, W. (Hrsg.): Lexikon des Rechnungswesens, 4. Aufl., München, S. 599-602.

Calmes, Albert (1908): Die Buchhaltung und das Selbstkostenwesen einer Eisenhütte, in: Zeitschrift für handelswissenschaftliche Forschung, 3. Jg., o. Heft, S. 121-142.

Chmielewicz, Klaus (Hrsg.) (1983): Entwicklungslinien der Kosten- und Erlösrechnung, Stuttgart.

Clark, Maurice J. (1923): Studies in the Economics of Overhead Costs, London.

Coenenberg, Adolf Gerhard (1995): Einheitlichkeit oder Differenzierung von internem und externem Rechnungswesen: Die Anforderungen der internen Steuerung, in: DB, 48. Jg., Heft 42, S. 2077-2083.

Coenenberg, Adolf Gerhard (1996): Einheitlichkeit oder Differenzierung von internem und externem Rechnungswesen: Die Anforderungen der internen Steuerung, in: SG-DGfB (Hrsg.): Globale Finanzmärkte, Stuttgart, S. 137-161.

Coenenberg, Adolf Gerhard (2003): Kostenrechnung und Kostenanalyse, 5., überarbeitete und erweiterte Aufl., Stuttgart.

Coenenberg, Adolf Gerhard (2005): Jahresabschluss und Jahresabschlussanalyse, 20., überarbeitete Aufl., Stuttgart.

Currle, Michael/Fauth, Gunter/von Wangenheim, Sascha (1998): Internationalisierung und Integration des Rechnungswesens im debis Systemhaus, in: Controlling, Heft 4, S. 252-259.

d'Arcy, Anne (2004): Aktuelle Entwicklungen in der Rechnungslegung und Auswirkungen auf das Controlling, in: ZfCM, Sonderheft 2, S. 119-128.

d'Arcy, Anne (2006): Berichtspflichten nach IFRS und Anforderungen an das Controlling, in: Wagenhofer, A. (Hrsg.): Controlling und IFRS-Rechnungslegung, Berlin, S. 203-224.

Deitermann, Manfred/Schmolke, Siegfrid/Rückwart, Wolf-Dieter (2004): Industrielles Rechnungswesen - IKR, 32., überarbeitete und erweiterte Aufl., Darmstadt.

Deleker, Oliver (1997): Zur Möglichkeit einer Konzernführung auf Basis vereinheitlichter Steuerungsgrößen, in: DStR, 35. Jg., Heft 16, S. 631-636.

Dellmann, Klaus (1979): Zum Stand der betriebswirtschaftlichen Theorie der Kostenrechnung, in: ZfB, 49. Jg., Heft 4, S. 319-332.

Demougin, Dominique/Jost, Peter-J. (2001): Theoretische Grundlagen der Prinzipal-Agenten-Theorie, in: Jost, P.-J. (Hrsg.): Die Prinzipal-Agenten-Theorie in der Betriebswirtschaftslehre, Stuttgart, S. 45-81.

Demski, Joel S./Feltham, Gerald Albert (1976): Cost determination: a conceptual approach, Ames, Iowa.

Denzau, Arthur T./North, Douglass C. (1994): Shared Mental Models: Ideologies and Institutions, in: Kyklos, Vol. 47, No. 1, S. 1-31.

Deyhle, A. (1971): Unternehmensplanung und Controller-Funktion, Gauting.

Dirrigl, Hans (1998): Wertorientierung und Konvergenz in der Unternehmensrechnung, in: BFuP, 50. Jg., Heft 5, S. 540-579.

Dorn, Gerhard (1961): Die Entwicklung der industriellen Kostenrechnung in Deutschland, Berlin.

Dorn, Gerhard (1992): Geschichtliche Entwicklung der Kostenrechnung, in: Männel, W. (Hrsg.): Handbuch Kostenrechnung, Wiesbaden, S. 97-104.

Drury, Colin (2004): Management and cost accounting, 6th ed., London.

Eccles, Robert G./Herz, Robert H./Keegan, E. Mary/Phillips, David M. H. (2001): The ValueReporting Revolution: Moving Beyond the Earnings Game, New York, Chichester, Weinheim, Brisbane, Singapore, Toronto.

Edwards, John R. (1989): A History of Financial Accounting, London, New York.

Eisele, Wolfgang (2002): Technik des betrieblichen Rechnungswesens, 7., überarbeitete und erweiterte Aufl., München.

Esser, Klaus (2000): Wertorientierte Unternehmensführung bei Mannesmann, in: ZfbF, 52. Jg., Heft 3, S. 176-187.

Ewert, Ralf (2006): Fair Values und deren Verwendung im Controlling, in: Wagenhofer, A. (Hrsg.): Controlling und IFRS-Rechnungslegung, Berlin, S. 21-47.

Ewert, Ralf/Wagenhofer, Alfred (2005): Interne Unternehmensrechnung, 6., überarbeitete Aufl., Berlin et al.

Fachausschuss für Terminologie (1930): Fachausschuss für Terminologie beim AWV; Obmann Prof. Dr. Nicklisch. System und einheitliche Terminologie des betrieblichen Rechnungswesens, in: DBW, 23. Jg., Heft 4, S. 97-100.

Fischer, Thomas/Rödl, Karin (2005): Publizität wertorientierter Managementkonzepte in den Geschäftsberichten der DAX-30 Unternehmen, in: Controlling, Heft 1, S. 23-32.

Frank, Ulrich (2003): Einige Gründe für eine Wiederbelebung der Wissenschaftstheorie, in: DBW, 63. Jg., Heft 3, S. 278-292.

Frese, Erich (2000): Grundlagen der Organisation, 8. Aufl., Wiesbaden.

Fülbier, Rolf Uwe (2004): Wissenschaftstheorie und Betriebswirtschaftslehre, in: WiSt, Heft 5, S. 266-271.

Gebhardt, Günther/Mansch, Helmut (Hrsg.) (2005): Wertorientierte Unternehmenssteuerung in Theorie und Praxis, Düsseldorf.

Gerdin, Jonas (2005): The Impact of Departmental Interdependencies and Management Accounting System Use on Subunit Performance, in: European Accounting Review, Vol. 14, No. 2, S. 297-327.

Glaum, Martin (1998): Kapitalmarktorientierung deutscher Unternehmungen, Frankfurt a. M.

Glaum, Martin/Vogel, Silvia (2004): Bilanzierung von Unternehmenszusammenschlüssen nach IFRS 3, in: ZfCM, Sonderheft 2, S. 43-53.

Goldberg, Joachim/von Nitzsch, Rüdiger (1999): Behavioral Finance, München.

Goodman, Nelson (1958): The Test of Simplicity, in: Science, Vol. 128, S. 1064-1069.

Goodman, Nelson (1977): The Structure of Appearance, 3rd edition, Dordrecht.

Granlund, M./Lukka, K. (1998): It's a small world of management accounting practices, in: Journal of Management Accounting Research, Vol. 10, S. 153-179.

Grochla, Erwin (1957): Kritik und Weiterentwicklung des deutschen Kontenrahmens, in: ZfB, 27. Jg., S. 556-576.

Grochla, Erwin (1978): Einführung in die Organisationstheorie, Stuttgart.

Gröjer, Jan-Erik (2001): Intangibles and Accounting Classifications: in Search of a Classification Strategy, in: Accounting, Organizations and Society, Vol. 26, S. 695-713.

Haberstock, Lothar (2002): Kostenrechnung I. Einführung mit Fragen, Aufgaben, einer Fallstudie und Lösungen, 11., unveränderte Aufl., Berlin.

Hachmeister, Dirk (2003): Das Controlling als Objekt der handelsrechtlichen Abschlussprüfung, in: Zeitschrift für Planung und Unternehmenssteuerung, 14. Jg., S. 437-456.

Haeger, Bernd (2006): Harmonisierung von Rechnungswesen und Controlling bei E.ON, in: Wagenhofer, A. (Hrsg.): Controlling und IFRS-Rechnungslegung, Berlin, S. 243-266.

Hafner, J. (1992): Klassifikation aus wissenschaftstheoretischer Perspektive, in: Goebl, H./Schader, M. (Hrsg.): Datenanalyse, Klassifikation und Informationsverarbeitung. Methoden und Anwendungen in verschiedenen Fachgebieten, Heidelberg, S. 3-9.

Hahn, Dietger/Nicklas, Michael (1999): PuK auf Basis eines einheitlichen periodischen Rechnungswesens und nach US-GAAP, in: Controlling, Heft 2, S. 67-74.

Hahn, Klaus (1999): Beteiligungscontrolling auf Basis von US-GAAP und IAS, in: krp, Sonderheft 3, S. 79-86.

Haller, Axel (1997a): Herausforderungen an das Controlling durch die Internationalisierung der externen Rechnungslegung, in: Horváth, P. (Hrsg.): Das neue Steuerungssystem des Controllers, Stuttgart, S. 113-131.

Haller, Axel (1997b): Zur Eignung der US-GAAP für Zwecke des internen Rechnungswesens, in: Controlling, Heft 4, S. 271-276.

Haller, Axel (2006): Segmentberichterstattung - Schnittstelle zwischen Controlling und Rechnungslegung, in: Wagenhofer, A. (Hrsg.): Controlling und IFRS-Rechnungslegung, Berlin, S. 143-168.

Haller, Axel/Park, Peter (1999): Segmentberichterstattung auf Basis des "Management Approach" - Inhalt und Konsequenzen, in: krp, Sonderheft 3, S. 59-67.

Haring, Nicolai/Prantner, Renate (2005): Konvergenz des Rechnungswesens. State-of-the-Art in Deutschland und Österreich, in: Controlling, 17. Jg., Heft 3, S. 147-154.

Havermann, Hans (2000): Konzernrechnungslegung - quo vadis?, in: WPg, 53. Jg., Heft 3, S. 121-127.

Hebeler, Christian (2003): Harmonisierung des internen und externen Rechnungswesens. US-amerikanische Accounting-Systeme als konzeptionelle Grundlage für deutsche Unternehmen?, Wiesbaden.

Heineke, Carsten (2005): Kennzahlen als Instrument der Führung. Eine sach-analytische Untersuchung aus einer verhaltensorientierten Perspektive unter Einbeziehung kommunikationstheoretischer Überlegungen, Hamburg.

Heinen, Edmund (1968): Einführung in die Betriebswirtschaftslehre, Wiesbaden.

Heinen, Edmund (1976): Grundlagen betriebswirtschaftlicher Entscheidungen, Wiesbaden.

Hennig-Thurau, Thorsten/Walsh, Gianfranco/Schader, Ulf (2003): VHB-JOURQUAL: Ein Ranking von betriebswirtschaftlich relevanten Zeitschriften auf der Grundlage von Expertenurteilen, Working Paper No. 1 - Juni 2003, Bauhaus-Universität Weimar, Weimar.

Henrici, Alexander (2004): Rechnungslegung und Unternehmensberichterstattung ab 2005. Quo vadis Deutschland?, Köln.

Heyd, Reinhard (2001): Zur Harmonisierung von internem und externem Rechnungswesen nach US-GAAP. Die Sichtweise deutscher Konzernunternehmen, in: Der Schweizer Treuhänder, Heft 3, S. 201-214.

Himmel, Holger (2004): Konvergenz von interner und externer Unternehmensrechnung am Beispiel der Segmentberichterstattung, Aachen.

Hirsch, Bernhard (2005): "Controlling und Accounting benötigen mehr Integration!" Ein Gespräch mit Dr. Alan Hippe, CFO der Continental AG, Hannover, in: ZfCM, 49. Jg., Heft 3, S. 180-182.

Hirsch, Bernhard/Meyer, Matthias (2006): "Controlling-Wissen wird für Wirtschaftsprüfer aufgrund der IFRS immer wichtiger!" Interview mit WP Dr. Oliver Beyhs, Senior Manager, KPMG International Financial Reporting Group (IFRG), London, in: ZfCM, 50. Jg., Heft 4, S. 208-210.

Hoffjan, Andreas/Wömpener, Andreas (2005): Comparative Management Accounting - Similarities and differences in German and English language Management Accounting textbooks, in: Weber, J./Meyer, M. (Hrsg.): Internationalisierung des Controllings. Standortbestimmung und Optionen, Wiesbaden, S. 49-65.

Hoke, Michaela (2001): Konzernsteuerung auf Basis eines intern und extern vereinheitlichten Rechnungswesens. Empirische Befunde vor dem Hintergrund der Internationalisierung der Rechnungslegung, Bamberg.

Horngren, Charles/Srikant, Datar/Foster, George (2006): Cost Accounting: a Managerial Emphasis, 12th ed., Upper Saddle River (New Jersey).

Horngren, Charles/Sundem, Gary/Elliot, John/Philbrick, Donna (2006): Introduction to Financial Accounting, 9th ed., Upper Saddle River (New Jersey).

Horváth, Péter (2003): Controlling, 9., vollständig überarbeitete Aufl., München.

Horváth, Péter/Arnaout, Ali (1997): Internationale Rechnungslegung und Einheit des Rechnungswesens, in: Controlling, Heft 4, S. 255-269.

Hummel, Siegfried/Männel, Wolfgang (1983): Kostenrechnung 2: Moderne Verfahren und Systeme, 3. Aufl., Wiesbaden.

Hummel, Siegfried/Männel, Wolfgang (1986): Kostenrechnung 1: Grundlagen, Aufbau und Anwendung, 4. Aufl., Wiesbaden.

IASB (Hrsg.) (2006): ED 8 Operating Segments, London.

Jehle, Egon (1973): Über Fortschritt und Fortschrittskriterien in betriebswirtschaftlichen Theorien, Stuttgart.

Johnson, Thomas H./Kaplan, Robert S. (1987): Relevance Lost. The Rise and Fall of Management Accounting, Boston, Massachusetts.

Jost, Peter-J. (2001): Die Prinzipal-Agenten-Theorie im Unternehmenskontext, in: Jost, P.-J. (Hrsg.): Die Prinzipal-Agenten-Theorie in der Betriebswirtschaftslehre, Stuttgart, S. 11-43.

Kahle, Holger (2003): Unternehmenssteuerung auf Basis internationaler Rechnungslegungsstandards?, in: ZfbF, Heft 3, S. 773-789.

Kammer, Karsten (2005): Reporting internationaler Unternehmen. Auswirkungen der Harmonisierung und der Konvergenz des Rechnungswesens in Europa, Wiesbaden.

Karlshaus, Jan Thido (2000): Die Nutzung von Kostenrechnungsinformationen im Marketing: Bestandsaufnahme, Determinanten und Erfolgsauswirkungen, Wiesbaden.

Kieso, Donald/Weygandt, Jerry/Warfield, Terry (2007): Intermediate Accounting, 12th ed., Hoboken.

Kilger, Wolfgang (1987): Einführung in die Kostenrechnung, 3. Aufl., Wiesbaden.

Kirsch, Hanno (2002): Tendenzen in der Kostenrechnung durch Internationalisierung des externen Rechnungswesens, in: krp, 46. Jg., Heft 4, S. 207-213.

Kirsch, Hanno (2003a): Anforderungen an das Controlling durch internationale Rechnungslegungsstandards, in: Controlling, Heft 1, S. 11-17.

Kirsch, Hanno (2003b): Cashflow-Planungen zur Durchführung des Asset Impairment Test nach US-GAAP, in: BB, 58. Jg., Heft 34, S. 1775-1781.

Kirsch, Hanno (2005): Ausgestaltung des Informationsmanagements zur Erstellung des IFRS-Abschlusses, in: BB, 60. Jg., Heft 21, S. 1155-1160.

Kirsch, Hans-Jürgen (2004): Vom Bilanzrichtlinien-Gesetz zum Transparenz- und Publizitätsgesetz - die Entwicklung der deutschen Bilanzierungsnormen in den vergangenen 20 Jahren, in: WPg, 55. Jg., Heft 14, S. 743-755.

Kirsch, Hans-Jürgen/Steinhauer, Leif (2003): Zum Einfluss der internationalen Rechnungslegung auf das Controlling, in: Zeitschrift für Planung und Unternehmenssteuerung, 14. Jg., S. 415-435.

Klein, Georg A. (1999a): Konvergenz von internem und externem Rechnungswesen auf Basis der International Accounting Standards (IAS), in: krp, Sonderheft 3, S. 67-77.

Klein, Georg A. (1999b): Unternehmenssteuerung auf Basis der International Accounting Standards, München.

Kley, Karl-Ludwig (2000): Die externe und interne Rechnungslegung als Basis für eine offene Unternehmenskommunikation, in: Küting, K./Weber, C.-P. (Hrsg.): Wertorientierte Konzernführung: Kapitalmarktorientierte Rechnungslegung und integrierte Unternehmenssteuerung, Stuttgart, S. 337-354.

Kley, Karl-Ludwig (2002): IAS und wertorientiertes Controlling, in: krp, 46. Jg., Heft 5, S. 277-281.

Kley, Karl-Ludwig (2006): IFRS - Möglichkeiten und Grenzen ihrer Abbildung im Controlling, in: ZfCM, 50. Jg., Heft 3, S. 150-157.

Kloock, Josef (1981): Mehrperiodige Investitionsrechnungen auf dem Basis kalkulatorischer und handelsrechtlicher Erfolgsrechnungen, in: ZfbF, 33. Jg., Heft 10, S. 873-890.

Kloock, Josef (1995): Kalkulatorische Planungsrechnung aus investitionstheoretischer Sicht, in: Schildbach, T./Wagner, F. (Hrsg.): Unternehmensrechnung als Instrument der internen Steuerung (ZfbF-Sonderheft 34), Düsseldorf, S. 51-80.

Koch, Helmut (1999): Zur Frage der Vereinheitlichung der Entscheidungsrechnungen: Kalkulatorische Planerfolgsrechnung oder Zahlungsrechnung, in: ZfB, 69. Jg., Heft 2, S. 195-209.

Koch, Helmut (2002): Zweckorientierte Kostenrechnung, in: ZfB, 72. Jg., Heft 5, S. 513-527.

Kosiol, Erich (1950): Kalkulatorische Buchhaltung, 4. Aufl., Wiesbaden.

Kosiol, Erich (1972): Zur Theorie und Systematik des Rechnungswesens, in: Lechner, K. (Hrsg.): Analysen zur Unternehmenstheorie. Festgabe für Leopold L. Illetschko zum 70. Geburtstag, Berlin, S. 133-147.

KPMG (Hrsg.) (2000): Shareholder Value Konzepte. Eine Untersuchung der DAX 100 Unternehmen, Franfkurt am Main.

Kruk, Max/Potthoff, Erich/Sieben, Günter (1984): Eugen Schmalenbach. Der Mann - Sein Werk - Die Wirkung, Stuttgart.

Kuhn, Thomas S. (1976): Die Struktur wissenschaftlicher Revolutionen, 2., revidierte und um das Postskriptum von 1969 ergänzte Aufl., Frankfurt am Main (Original: Kuhn, Thomas S.: The Structure of Scientific Revolutions, Chicago, 1962).

Kümpel, Thomas (2002a): Integration von internem und externem Rechnungswesen bei der Bewertung erfolgversprechender langfristiger Fertigungsaufträge, in: DB, 55. Jg., Heft 18, S. 905-911.

Kümpel, Thomas (2002b): Vereinheitlichung von internem und externem Rechnungswesen, in: WiSt, Heft 6, S. 343-345.

Kunz, Alexis H./Pfeiffer, Thomas (2001): Kapitalmarktorientierte Unternehmenspublizität und der Informationsverbund zwischen in- und externem Rechnunsgswesen, in: ZfbF, 53, August, S. 500-530.

Küpper, Hans-Ulrich (1985): Investitionstheoretische Fundierung der Kostenrechnung, in: ZfbF, 37. Jg., Heft 1, S. 26-46.

Küpper, Hans-Ulrich (1995a): Controlling: Konzeption, Aufgaben und Instrumente, Stuttgart.

Küpper, Hans-Ulrich (1995b): Unternehmensplanung und -steuerung mit pagatorischen oder kalkulatorischen Erfolgsrechnungen?, in: Schildbach, T./Wagner, F. (Hrsg.): Unternehmensrechnung als Instrument der internen Steuerung (ZfbF-Sonderheft 34), Düsseldorf, S. 19-50.

Küpper, Hans-Ulrich (1997a): Controlling: Konzeption, Aufgaben und Instrumente, 2., aktualisierte und ergänzte Aufl., Stuttgart.

Küpper, Hans-Ulrich (1997b): Pagatorische und kalkulatorische Rechensysteme, in: krp, 41. Jg., Heft 1, S. 20-26.

Küpper, Hans-Ulrich (1998): Angleichung des externen und internen Rechnungswesens, in: Börsig, C./Coenenberg, A. G. (Hrsg.): Controlling und Rechnungswesen im internationalen Wettbewerb, Stuttgart, S. 143-162.

Küpper, Hans-Ulrich (1999): Zweckmäßigkeit, Grenzen und Ansatzpunkte einer Integration der Unternehmensrechnung, in: krp, Sonderheft 3, S. 5-11.

Küpper, Hans-Ulrich (2001a): Controlling: Konzeption, Aufgaben und Instrumente, 3., überarbeitete und erweiterte Aufl., Stuttgart.

Küpper, Hans-Ulrich (2001b): Struktur und Teilsysteme der Unternehmensrechnung, Ludwig-Maximilians-Universität München, Institut für Produktionswirtschaft und Controlling, München.

Küpper, Hans-Ulrich (2002): Unternehmensrechnung, Struktur und Teilsysteme, in: Küpper, H.-U./Wagenhofer, A. (Hrsg.): Handwörterbuch Unternehmensrechnung und Controlling, 4., völlig neu gestaltete Aufl., Stuttgart, S. 2030-2043.

Küpper, Hans-Ulrich (2005): Controlling. Konzeption, Aufgaben, Instrumente, 4., überarbeitete Aufl., Stuttgart.

Küpper, Hans-Ulrich/Winckler, Barbara/Zhang, Suixin (1990): Planungsverfahren und Planungsinformationen als Instrument des Controllings, in: DBW, 50. Jg., S. 435-458.

Küting, Karlheinz (2000): Perspektiven der externen Rechnungslegung, in: BB, 55. Jg., Heft 9, S. 451-456.

Küting, Karlheinz/Lorson, Peter (1998a): Anmerkungen zum Spannungsfeld zwischen externen Zielgrößen und internen Steuerungsinstrumenten, in: BB, 53. Jg., Heft 9, S. 469-475.

Küting, Karlheinz/Lorson, Peter (1998b): Grundsätze eines Konzernsteuerungskonzepts auf "externer" Basis (Teil I), in: BB, 53. Jg., Heft 44, S. 2251-2258.

Küting, Karlheinz/Lorson, Peter (1998c): Grundsätze eines Konzernsteuerungskonzepts auf "externer" Basis (Teil II), in: BB, 53. Jg., Heft 45, S. 2303-2309.

Küting, Karlheinz/Lorson, Peter (1998d): Konvergenz von internem und externem Rechnungswesen: Anmerkungen zu Strategien und Konfliktfeldern, in: WPg, 51. Jg., Heft 11, S. 483-493.

Küting, Karlheinz/Lorson, Peter (1999a): Harmonisierung des Rechnungswesens aus Sicht der externen Rechnungslegung, in: krp, Sonderheft 3, S. 47-57.

Küting, Karlheinz/Lorson, Peter (1999b): Konzernrechnungslegung: Ein neues Aufgabengebiet des Controllers? Zukunft der deutschen Rechnungslegung und Auswirkungen auf das Controlling, in: Controlling, Heft 4/5, S. 215-222.

Landsberg, Georg v./Mayer, Elmar (1988): Berufsbild des Controllers, Stuttgart.

Lange, Jan-Ulrich/Schauer, Bernd D. (1996): Ausgestaltung und Rechenzwecke mittelständischer Kostenrechnung, in: krp, 40. Jg., Heft 4, S. 202-208.

Langenbach, Wilm (2001): Börseneinführungen von Tochtergesellschaften: eine konzeptionelle und empirische Analyse zur Optimierung der Rationalitätssicherung durch Märkte, Wiesbaden.

Langguth, Heike/Engelmann, Andreas (2005): Empirische Untersuchung zur Segmentberichterstattung am deutschen Kapitalmarkt, in: DB, 58. Jg., Heft 12, S. 621-628.

Lavoie, Don (1987): The Accounting of Interpretations an the Interpretation of Accounts: The Communicative Function of the "Language of Business", in: Accounting, Organizations and Society, Vol. 12, Issue 6, S. 579-604.

Lehmann, Max Rudolf (1925): Die industrielle Kalkulation, Berlin, Wien.

Libby, Robert/Libby, Patricia/Short, Daniel (2007): Financial Accounting, 5th ed., New York.

Lingnau, Volker (1998): Geschichte des Controllings, in: WiSt, Heft 6, S. 274-281.

Lingnau, Volker/Jonen, Andreas (2004): Konvergenz des internen und externen Rechnungswesens - Betriebswirtschaftliche Überlegungen und Umsetzung in der Praxis, Technische Universität Kaiserslautern, Kaiserslautern.

Lorson, Peter (1996): Erfolgsrechnung und -überwachung in globalen Konzernen, in: DB, 49. Jg., Heft 50, S. 2505-2511.

Löw, Edgar (1999): Einfluß des Shareholder Value-Denkens auf die Konvergenz von externem und internem Rechnungswesen, in: krp, Sonderheft 3, S.

Löw, Edgar (2004): Bilanzierung von Finanzinstrumenten und Risikocontrolling, in: ZfCM, Sonderheft 2, S. 32-41.

Löw, Edgar (2006): Risikomanagement, Risikocontrolling und IFRS, in: Wagenhofer, A. (Hrsg.): Controlling und IFRS-Rechnungslegung, Berlin, S. 169-201.

Lücke, Wolfgang (1993): Rechnungswesen, in: Chmielewicz, K./Schweitzer, M. (Hrsg.): Handwörterbuch des Rechnungswesens, 3., völlig neu gestaltete und ergänzte Aufl., Stuttgart, S. 1684-1702.

Macintosh, Norman B. (1994): Management Accounting and Control Systems. An Organizational and Behavioral Approach, Chichester et al.

Mandler, Udo (2004): Der deutsche Mittelstand vor der IAS-Umstellung 2005, Herne, Berlin.

Manecke, Hans-Jürgen (1997): Klassifikation, in: Buder, M./Rehfeld, W./Seeger, T./Strauch, D. (Hrsg.): Grundlagen der praktischen Information und Dokumentation, 4., völlig neu gefaßte Aufl., München, New Providence, London, Paris, S. 141-159.

Männel, Wolfgang (1981): Rechnungswesen, in: Willi, A./Born, K. E./Dürr, E./Zottmann, A. (Hrsg.): Handwörterbuch der Wirtschaftswissenschaft, Göttingen, S. 456-478.

Männel, Wolfgang (1997a): Reorganisation des führungsorientierten Rechnungswesens durch Integration der Rechenkreise, in: krp, 41. Jg., Heft 1, S. 9-19.

Männel, Wolfgang (1997b): Zur Problematik des Rechnens mit kalkulatorischen Kosten, in: krp, Sonderheft 1, S. 5-12.

Männel, Wolfgang (1999a): Harmonisierung des Rechnungswesens für ein integriertes Ergebniscontrolling, in: krp, Sonderheft 3, S. 13-29.

Männel, Wolfgang (1999b): Integration des Rechnungswesens für ein durchgängiges Ergebniscontrolling, in: krp, 43. Jg., Heft 1, S. 11-21.

Männel, Wolfgang/Küpper, Hans-Ulrich (1999): Editorial, in: krp, Sonderheft 3, S. 1.

Mansch, Helmut (2006): Bilanzierung und Controlling im Rahmen der langfristigen Auftragsfertigung, in: Wagenhofer, A. (Hrsg.): Controlling und IFRS-Rechnungslegung, Berlin, S. 105-122.

March, James G. (1987): Ambiguity and Accounting: The Elusive Link Between Information and Decision Making, in: Cushing, B. E. (Hrsg.): Accounting and Culture. Plenary Session Papers and Discussants' Comments from the 1986 Annual Meeting of the American Accounting Association, S. 31-49.

Melcher, Winfried (2002): Konvergenz von internem und externem Rechnungswesen: Umstellung des traditionellen Rechnungswesens und Einführung eines abgestimmten vertikalen und horizontalen Erfolgsspaltungskonzepts, Hamburg.

Melching, Hans-Georg (1997): Internationale Rechnungslegung und Ergebniskontrolle bei der VOLKSWAGEN AG, in: Controlling, Heft 4, S. 247-252.

Menon, Anil /Varadarajan, P. Rajan (1992): A model of marketing knowledge use within firms, in: Journal of Marketing, 56, 4, S. 53-71.

Menrad, Siegfried (1983): Vollkostenrechnung, in: Chmielewicz, K. (Hrsg.): Entwicklungslinien der Kosten- und Erlösrechnung, Stuttgart, S. 1-15.

Meyer, Matthias (2004): Die vernachlässigte sprachliche Dimension wirtschaftswissenschaftlicher Theorie. Dargestellt am Beispiel der Theorie unvollständiger Verträge, in: Frank, U. (Hrsg.): Wissenschaftstheorie in Ökonomie und Wirtschaftsinformatik. Theoriebildung und -bewertung, Ontologien, Wissensmanagement, Wiesbaden, S. 31-56.

Müller, Gilbert/Hirsch, Bernhard (2005): Die Wertorientierung in der Unternehmenssteuerung - Status quo und Perspektiven, in: ZfCM, 49. Jg., Heft 1, S. 83-87.

Müller, Stefan (2003): Management-Rechnungswesen. Ausgestaltung des externen und internen Rechnungswesens unter Konvergenzgesichtspunkten, Wiesbaden.

Müller, Stefan/Peskes, Markus (2006): Konsequenzen der geplanten Änderung der Segmentberichterstattung nach IFRS für Abschlusserstellung und Unternehmenssteuerung, in: BB, 61. Jg., Heft 15, S. 819-825.

Nebel, Martin/Brandl, Max/Arnaout, Ali (1998): Centersteuerung mit Größen des externen Rechnungswesens - Das Beispiel der MTU München, in: krp, 42. Jg., Heft 5, S. 274-281.

Neubürger, Heinz-Joachim (2000): Wertorientierte Unternehmensführung bei Siemens, in: ZfbF, 52. Jg., Heft 3, S. 188-196.

Nicklisch, H. (1929): Budgetierung und Rechnungswesen. Die Glieder des Rechnungswesens und ihre Terminologie, in: Zeitschrift für Handelswissenschaft und Handelspraxis, Heft 2, S. 50-55.

Nobes, Christopher (1992): International Classification of Financial Reporting, 2nd edition, London, New York.

O.V. (2004): Rechnungswesen, in: Alisch, K./Arentzen, U./Winter, E. (Hrsg.): Gabler Wirtschaftslexikon, 16., vollständig überarbeitete und aktualisierte Aufl., Wiesbaden, S. 2489-2490.

Oehler, Karsten (1997): Das General Ledger-Konzept in Rechnungswesen und Controlling - Zeit für einen Wandel?, in: Controlling, Heft 5, S. 356-361.

Ohlms, Dirk/Tomaszewski, Claude/Trützschler, Klaus (2002): Entwicklungstendenzen der Rechnungslegung aus Sicht des Familienunternehmens Haniel, in: ZfbF, 54. Jg., Heft 3, S. 191-203.

Pellens, Bernhard (1999): Internationale Rechnungslegung, 3. Aufl., Stuttgart.

Pellens, Bernhard (2001): Internationale Rechnungslegung, 4. Aufl., Stuttgart.

Pellens, Bernhard/Fülbier, Rolf Uwe/Gassen, Joachim (2004): Internationale Rechnungslegung, 5., überarbeitete und erweiterte Aufl., Stuttgart.

Pellens, Bernhard/Tomaszewski, Claude/Weber, Nicolas (2000): Wertorientierte Unternehmensführung in Deutschland, in: DB, 53. Jg., Heft 37, S. 1825-1833.

Pfaff, Dieter (1994): Zur Notwendigkeit einer eigenständigen Kostenrechnung - Anmerkung zur Neuorientierung des internen Rechnungswesens im Hause Siemens -, in: ZfbF, 46. Jg., S. 1065-1084.

Pfaff, Dieter (1995): Der Wert von Kosteninformationen für die Verhaltenssteuerung in Unternehmen, in: Schildbach, T./Wagner, F. (Hrsg.): Unternehmensrechnung als Instrument der internen Steuerung (ZfbF-Sonderheft 34), Düsseldorf, S. 119-156.

Pfaff, Dieter/Bärtl, Oliver (1998): Externe Rechnungslegung, internes Rechnungswesen und Kapitalmarkt, in: ZfbF, 50. Jg., Heft 9, S. 757-777.

Pfaff, Dieter/Schultze, Wolfgang (2006): Beteiligungscontrolling, in: Wagenhofer, A. (Hrsg.): Controlling und IFRS-Rechnungslegung, Berlin, S. 123-142.

Pfaff, Dieter/Weber, Jürgen (1998): Zweck der Kostenrechnung? Eine neue Sicht auf ein altes Problem, in: DBW, 58. Jg., S. 151-165.

Pfaff, Dieter/Weber, Jürgen/Weißenberger, Barabara (1999): Relevance Lost and Found: Kostenrechnung als Steuerungsinstrument und Sprache. Replik auf die Anmerkungen von Josef Kloock/Ulf Schiller und Alfred Wagenhofer zum Beitrag "Zweck der Kostenrechnung?" Eine neue Sicht auf ein altes Problem" von Dieter Pfaff/Jürgen Weber, in: DBW, 59. Jg., S. 138-143.

Pleitgen, Verena (2005): Die Entwicklung des betriebswirtschaftlichen Rechnungswesens von 1890 bis 1940 am Beispiel der Firmen Krupp, Scheidt und Farina, Köln.

Popper, Karl (1989): Logik der Forschung, 9. Aufl., Tübingen.

Prim, Rolf/Tilmann, Heribert (2000): Grundlagen einer kritisch-rationalen Sozialwissenschaft: Studienbuch zur Wissenschaftstheorie Karl R. Poppers, 8., durchgesehene Aufl., Wiebelsheim.

Rappaport, Alfred (1986): Creating shareholder value, New York, London.

Rauchhaus, Rolf/Sieler, Carina (2004): Anforderungen des Sarbanes-Oxley-Gesetzes, in: Frankfurter Allgemeine Zeitung, 15.11.2004, S. 21.

Reichmann, Thomas (1985): Controlling mit Kennzahlen, München.

Reichmann, Thomas (2001): Controlling mit Kennzahlen und Managementberichten, 6., überarbeitete und erweiterte Aufl., München.

Riebel, Paul (1983): Thesen zur Einzelkosten- und Deckungsbeitragsrechnung, in: Chmielewicz, K. (Hrsg.): Entwicklungslinien der Kosten- und Erlösrechnung, Stuttgart, S. 21-47.

Riebel, Paul (1994): Einzelkosten- und Deckungsbeitragsrechnung: Grundfragen einer markt- und entscheidungsorientierten Unternehmensrechnung, 7. Aufl., Wiesbaden.

Riegler, Christian (2000): Hierarchische Anreizsysteme im wertorientierten Management, Stuttgart.

Roberts, Alan (1995): The Very Idea of Classification in International Accounting, in: Accounting, Organizations and Society, Vol. 20, No. 7/8, S. 639-664.

Roso, Marcus/Vormweg, Rainer/Wall, Friederike (2003): Controlling-nahe Begriffe in Deutschland und USA - Eine vergleichende Lehrbuchanalyse, in: ZfCM, 47. Jg., Heft 1, S. 5661.

Rudner, Richard S. (1961): An Introduction to Simplicity, in: Philosophy of Science, Vol. 21, No. 2, S. 109-119.

Rudner, Richard S. (1966): Philosophy of Social Science, Englewood Cliffs.

Ruhwedel, Franca/Schultze, Wolfgang (2002): Value Reporting: Theoretische Konzeption und Umsetzung bei den DAX 100-Unternehmen, in: ZfbF, 54. Jg., Heft 11, S. 602-632.

Ruhwedel, Franca/Schultze, Wolfgang (2004): Konzeption des Value Reporting und Beitrag zur Konvergenz im Rechnungswesen, in: Controlling, Heft 8/9, S. 489-495.

Schäfer, Erich (1953): Von der statischen zur dynamischen Betriebswirtschaftslehre, in: Zeitschrift für handelswissenschaftliche Forschung, Neue Folge, 5. Jg., o. Heft, S. 205-211.

Schäffer, Utz/Steiners, Daniel (2004): Zur Nutzung von Controllinginformationen, in: Zeitschrift für Planung und Unternehmenssteuerung, 15. Jg., S. 377-404.

Schäffer, Utz/Steiners, Daniel (2005): Controllinginformationen für das Top-Management deutscher Industrieunternehmen - Angebot und Nutzung im Spiegel einer empirischen Erhebung, in: ZfCM, 49. Jg., Heft 3, S. 209-224.

Schaier, Sven (2004): "Fabriken im Rechnungswesen". Konferenz "Trends im Rechnungswesen" des Management Circle in Wiesbaden, in: ZfCM, 48. Jg., Heft 5, S. 306-307.

Schierenbeck, Henner (2003): Grundzüge der Betriebswirtschaftslehre, 16. Aufl., München, Wien.

Schildbach, Thomas (1995): Entwicklungslinien in der Kosten- und internen Unternehmensrechnung, in: Schildbach, T./Wagner, F. (Hrsg.): Unternehmensrechnung als Instrument der internen Steuerung (ZfbF-Sonderheft 34), Düsseldorf, S. 1-18.

Schlegelberger, Franz (1973): Handelsgesetzbuch, Bd. 1: §§ 1-47a, bearbeitet von Ernst Geßler u. a., 5., neubearbeitete Aufl., München.

Schmalenbach, Eugen (1899): Buchführung und Kalkulation im Fabrikgeschäft, in: Deutsche Metall-Industrie-Zeitung, Nr. 13-22, 15. Jg., S. 98-172.

Schmalenbach, Eugen (1911/12): Die Privatwirtschaftslehre als Kunstlehre, in: Zeitschrift für handelswissenschaftliche Forschung, 6. Jg., o. Heft, S. 304-316.

Schmalenbach, Eugen (1919): Selbstkostenrechnung I, in: Zeitschrift für handelswissenschaftliche Forschung, 13. Jg., o. Heft, S. 257-299, 321-356.

Schmalenbach, Eugen (1927): Der Kontenrahmen, in: Zeitschrift für handelswissenschaftliche Forschung, 21. Jg., o. Heft, S. 385-402, 433-475.

Schmalenbach, Eugen (1929): Der Kontenrahmen, 2., erweiterte Aufl., Leipzig.

Schmalenbach, Eugen (1934): Selbstkostenrechnung und Preispolitik, 6., erweiterte Aufl., Leipzig.

Schmalenbach, Eugen (1935): Der Kontenrahmen, 4., neubearbeitete Aufl., Leipzig.

Schmalenbach, Eugen (1947a): Dynamische Bilanz, 8. Aufl., Bremen-Horn et al.

Schmalenbach, Eugen (1947b): Pretiale Wirtschaftslenkung. Band 1: Die optimale Geltungszahl, Bremen.

Schmalenbach, Eugen (1948): Pretiale Wirtschaftslenkung. Band 2: Pretiale Lenkung des Betriebes, Bremen.

Schmalenbach, Eugen (1950): Die Doppelte Buchführung, Köln, Opladen.

Schmalenbach, Eugen (1956): Kostenrechnung und Preispolitik, 7., erweiterte und verbesserte Aufl., Köln, Opladen.

Schneider, Dieter (1984): Managementfehler durch mangelndes Geschichtsbewußtsein in der Betriebswirtschaftslehre, in: Zeitschrift für Unternehmensgeschichte, 29. Jg., S. 114-130.

Schneider, Dieter (1991): Versagen des Controlling durch eine überholte Kostenrechnung, in: DB, 44. Jg., Heft 15, S. 765-772.

Schneider, Dieter (1992a): Entwicklungsschwerpunkte zur heutigen Kostenrechnung, in: Männel, W. (Hrsg.): Handbuch Kostenrechnung, Wiesbaden, S. 87-96.

Schneider, Dieter (1992b): Theorien zur Entwicklung des Rechnungswesens, in: ZfbF, 44. Jg., Heft 1, S. 3-31.

Schneider, Dieter (1995): Betriebswirtschaftslehre, Band 1: Grundlagen, 2., verbesserte und ergänzte Aufl., München, Wien, Oldenbourg.

Schneider, Dieter (1997): Betriebswirtschaftslehre, Band 2: Rechnungswesen, 2., vollständig überarbeitete und erweiterte Aufl., München, Wien, Oldenbourg.

Schneider, Dieter (2001): Betriebswirtschaftslehre, Band 4: Geschichte und Methoden der Wirtschaftswissenschaft, München, Wien, Oldenbourg.

Schneider, Erich (1939): Einführung in die Grundfragen des industriellen Rechnungswesens, Kopenhagen.

Schneider, Erich (1954): Industrielles Rechnungswesen. Grundlagen und Grundfragen, 2. Aufl., Tübingen.

Schulte-Nölke, Wolfgang (2001): US-GAAP als Steuerungsgrundlage für Unternehmen: Möglichkeiten einer Konvergenz zwischen internem und externem Rechnungswesen, Wiesbaden.

Schumacher, Thilo (2005): Beteiligungscontrolling in der Management-Holding. Optimierung der Rationalitätssicherung durch Nutzung des Eigenkapitalmarktes, Wiesbaden.

Schweitzer, Marcell/Küpper, Hans-Ulrich (2003): Systeme der Kosten- und Erlösrechnung, 8. Aufl., München.

Schweitzer, Marcell/Wagener, Katja (1998): Geschichte des Rechnungswesens, in: WiSt, Heft 9, S. 438-446.

Schweitzer, Marcell/Ziolkowski, Ulrich (Hrsg.) (1999): Interne Unternehmensrechnung: aufwandsorientiert oder kalkulatorisch? (ZfbF-Sonderheft 42), Düsseldorf.

Seeberg, Thomas (1999): Wertorientierte Unternehmensführung bei Siemens mit EVA/GWB, in: Bühler, W./Siegert, T. (Hrsg.): Unternehmenssteuerung und Anreizsysteme. Kongress-Dokumentation 52. Deutscher Betriebswirtschafter-Tag 1998, Stuttgart, S. 269-278.

Seeliger, Ronald/Kaatz, Sven (1998): Konversion und Internationalisierung des Rechnungswesens in Deutschland, in: krp, 42. Jg., Heft 3, S. 125-132.

Sharman, Paul A./Vikas, Kurt (2004): Lessons from German Cost Accounting, in: Strategic Finance, S. 28-35.

Siefke, Michael (1999): Externes Rechnungswesen als Datenbasis der Unternehmenssteuerung: Vergleich mit der Kostenrechnung und Shareholder-Value-Ansätzen, Wiesbaden.

Sill, Hannes (1995): Externe Rechnungslegung als Controlling-Instrument!,in: Horváth, P. (Hrsg.): Controllingprozesse optimieren, Stuttgart, S. 13-31.

Simons, P. (1992): Philosophische Aspekte der Klassifikation, in: Goebl, H./Schader, M. (Hrsg.): Datenanalyse, Klassifikation und Informationsverarbeitung. Methoden und Anwendungen in verschiedenen Fachgebieten, Heidelberg, S. 21-28.

Stahl, Hans-Werner (1999): Unternehmensergebnisse im geschlossenen Rechenkreis, in: krp, Sonderheft 3, S. 31-38.

Stock, Wolfgang (2000): Informationswirtschaft: Management externen Wissens, München, Wien.

Stoffel, Kurt (1995): Controllership im internationalen Vergleich, Wiesbaden.

Straube, Waldemar/Arens, Rolf/Trappe, Hermann-Josef (1994): Kaufmännische Buchführung, 2.Teil, 100., überarbeitete Aufl., Darmstadt.

Strauch, Joachim (2000): Harmonisierung von Controlling und Rechnungslegung in der internationalen Unternehmung, in: Berens, W./Born, A./Hoffjan, A. (Hrsg.): Controlling international tätiger Unternehmen, Stuttgart, S. 177-205.

Süßmair, Augustin (1999): Behavioral Accounting: verhaltenstheoretische Grundlagen des internen Rechnungswesens, Wiesbaden.

Sylvester, Michael (2004): Konsequenzen einer IFRS-Umstellung auf die Informationssysteme - am Beispiel SAP, in: ZfCM, Sonderheft 2, S. 89-97.

Thompson, James D./Tuden, Arthur (1959): Strategies, Structures and Processes of Organizational Decision, in: Thompson, J. D./Hammond, P. B./Hawkes, R. W./Junker, B. H./Tuden, A. (Hrsg.): Comparative Studies in Administration, Pittsburgh, S. 195-216.

Vancil, Richard (1979): Decentralization: Managerial Ambiguity by Design, Burr Ridge.

Velthuis, Louis J./Wesner, Peter/Schabel, Matthias M. (2006): Eignung des Fair-Value-Ansatzes für die Verhaltenssteuerung im Unternehmen, in: BB, 61. Jg., Heft 16, S. 875-878.

Volkart, Rudolf (1997): Finanzielle Führungsinstrumente im "Konvergenzprozess"?, in: Die Unternehmung, 51. Jg., Heft 6, S. 443-458.

Wagenhofer, Alfred (1995): Verursachungsgerechte Kostenschlüsselung und die Steuerung dezentraler Preisentscheidungen, in: Schildbach, T./Wagner, F. (Hrsg.): Unternehmensrechnung als Instrument der internen Steuerung (ZfbF-Sonderheft 34), Düsseldorf, S. 81-118.

Wagenhofer, Alfred (1999): Anreizkompatible Gestaltung des Rechnungswesens, in: Bühler, W./Siegert, T. (Hrsg.): Unternehmenssteuerung und Anreizsysteme. Kongress-Dokumentation 52. Deutscher Betriebswirtschafter-Tag 1998, Stuttgart, S. 183-205.

Wagenhofer, Alfred (2005): IFRS und Machtpolitik, in: Frankfurter Allgemeine Zeitung, 05.09.2005, S. 22.

Wagenhofer, Alfred (Hrsg.) (2006): Controlling und IFRS-Rechnungslegung, Berlin.

Wagenhofer, Alfred (2006): Zusammenwirken von Controlling und Rechnungslegung nach IFRS, in: Wagenhofer, A. (Hrsg.): Controlling und IFRS-Rechnungslegung, Berlin, S. 1-20.

Wagenhofer, Alfred/Ewert, Ralf (2003): Externe Unternehmensrechnung, Berlin et al.

Währisch, Michael (1998): Kostenrechnungspraxis in der deutschen Industrie: eine empirische Studie, Wiesbaden.

Wall, Friederike (1996): Organisation und betriebliche Informationssysteme: Elemente einer Konstruktionstheorie, Wiesbaden.

Wall, Friederike (2002): Das Instrumentarium zur Koordination als Abgrenzungsmerkmal des Controlling?, in: Weber, J./Hirsch, B. (Hrsg.): Controlling als akademische Disziplin, Wiesbaden, S. 67-90.

Weber, Helmut Kurt (1993): Betriebswirtschaftliches Rechnungswesen, Band 1: Bilanz und Erfolgsrechnung, 4., überarbeitete Aufl., München.

Weber, Helmut Kurt/Rogler, Silvia (2004): Betriebswirtschaftliches Rechnungswesen, Band 1: Bilanz sowie Gewinn- und Verlustrechnung, 5., vollständig überarbeitete und erweiterte Aufl., München.

Weber, Jürgen (1992): Entfeinerung der Kostenrechnung?, in: Scheer, A.-W. (Hrsg.): Rechnungswesen und EDV, 13. Saarbrücker Arbeitstagung 1992, Heidelberg, S. 173-199.

Weber, Jürgen (1994): Kostenrechnung zwischen Verhaltens- und Entscheidungsorientierung, in: krp, 38. Jg., S. 99-104.

Weber, Jürgen (1996): Selektives Rechnungswesen, in: ZfB, 66. Jg., Heft 8, S. 925-946.

Weber, Jürgen (2002): Einführung in das Controlling, 9., komplett überarbeitete Aufl., Stuttgart.

Weber, Jürgen (2004): Einführung in das Controlling, 10., überarbeitete und erweiterte Aufl., Stuttgart.

Weber, Jürgen (2005): Gestaltung der Kostenrechnung. Notwendigkeit, Optionen und Konsequenzen, Wiesbaden.

Weber, Jürgen/Bramsemann, Urs/Heineke, Carsten/Hirsch, Bernhard (2004): Wertorientierte Unternehmenssteuerung, Stuttgart.

Weber, Jürgen/Grothe, Martin/Schäffer, Utz (2000): ZP-Stichwort: Mentale Modelle, in: Zeitschrift für Planung, 11. Jg., Heft 2, S. 239-244.

Weber, Jürgen/Schäffer, Utz (1998): Controlling-Entwicklung im Spiegel von Stellenanzeigen 1990-1994, in: krp, 42. Jg., Heft 4, S. 227-233.

Weber, Jürgen/Schaier, Sven/Strangfeld, Oliver (2005): Berichte für das Top-Management. Ergebnisse einer Benchmarking-Studie, Weinheim.

Weißenberger, Barabara (2003a): Anreizkompatible Erfolgsrechnung im Konzern. Grundmuster und Gestaltungsalternativen, Wiesbaden.

Weißenberger, Barabara (2003b): Integrierte Erfolgsrechnung: Ein neues Theorie-Praxis-Paradoxon der internen Unternehmensrechnung?, Giessen.

Weißenberger, Barabara (2004): Integrierte Rechnungslegung und Unternehmenssteuerung: Bedarf an kalkulatorischen Erfolgsgrößen auch unter IFRS?, in: ZfCM, Sonderheft 2, S. 72-77.

Weißenberger, Barabara (2006): Ergebnisrechnung nach IFRS und interne Performancemessung, in: Wagenhofer, A. (Hrsg.): Controlling und IFRS-Rechnungslegung, Berlin, S. 49-79.

Weißenberger, Barabara/Haas, Cornelia (2004): Neuausrichtung der Interpretationsfunktion des Controllings, in: ZfCM, Sonderheft 2, S. 54-62.

Weißenberger, Barabara/Liekweg, Arnim (1999): Vorschriften zur Segmentberichterstattung im Konzern - Schnittstelle zwischen interner und externer Rechnungslegung, in: krp, 43. Jg., Heft 3, S. 165-173.

Wenning, Werner (2001): Internationale Rechnungslegung als Instrument der Unternehmenssteuerung, in: Coenenberg, A. G./Pohle, K. (Hrsg.): Internationale Rechnungslegung - Konsequenzen für Unternehmensführung, Rechnungswesen, Standardsetting, Prüfung und Kapitalmarkt, Stuttgart, S. 27-43.

Wetzel, André (2003): Kapitalmarkt und Mittelstand, Frankfurt am Main.

Wiese, Harald (1994): Das Theorie-Praxis-Paradox der Kostenrechnung aus verhandlungstheoretischer Sicht, in: ZfbF, 46. Jg., Heft 6, S. 525-537.

Wurl, Hans-Jürgen/Kuhnert, Marcus/Hebeler, Christian (2001): Traditionelle Formen der kurzfristigen Erfolgsrechnung und der "Economic Value Added"-Ansatz. Ein kritischer Vergleich unter dem Aspekt der Unternehmenssteuerung, in: WPg, 54. Jg., Heft 23, S. 1361-1372.

Ziegler, Hasso (1994): Neuorientierung des internen Rechnungswesens für das Unternehmens-Controlling im Hause Siemens, in: ZfbF, 46. Jg., S. 175-188.

Zimmerman, Jerold L. (1979): The Costs and Benefits of Cost Allocations, in: The Accounting Review, Vol. 54, No. 3, S. 504-521.

Zimmerman, Jerold L. (2003): Accounting for Decision Making and Control, 4th ed., New York.

Zirkler, Bernd/Nohe, Ralph (2003): Harmonisierung von internem und externem Rechnungswesen - Gründe und Stand in der Praxis, in: Bilanzbuchhalter und Controller, 10/2003, S. 222-225.

FSC
www.fsc.org
MIX
Papier | Fördert
gute Waldnutzung
FSC® C083411

Kolibri 360 GmbH
Ferdinand-Jühlke-Straße 7
99095 Erfurt, Deutschland
produktsicherheit@kolibri360.de